Le grand dictionnaire des rêves

Éditions TrajectoirE

Une marque du groupe éditorial Piktos,
Z.I. de Bogues, rue Gutenberg - 31750 Escalquens
Bureau parisien : 6, rue Régis - 75006 Paris

Imprimé en France

I.S.B.N. 978-2-84197-043-8

Katherine DEBELLE

LE GRAND DICTIONNAIRE DES RÊVES

LES SONGES PRÉMONITOIRES
LES RÊVES ANTI-STRESS
PROVOQUER ET DIRIGER SES RÊVES
LES THÉRAPIES ONIRIQUES
LA VOIE DU SOMMEIL...

ENCYCLOPÉDIE ONIRIQUE

Éditions TrajectoirE

PREMIÈRE PARTIE

« Ne vient de nous-même que ce que nous tirons de l'obscurité qui est en nous et que ne connaissent pas les autres. »

Marcel Proust

Le rêve, source de renseignements

Ce n'est pas sans humour que nous nous adressons à une personne qui prend ses désirs pour des réalités en lui lançant « Mais vous rêvez ! » Cette expression familière est significative du concept.

Rêver est sans aucun doute le moyen le plus sûr de concrétiser nos espoirs les plus fous ! Nous ne saurions transcender notre existence sans chercher à nous évader de notre sphère. La nature a bien fait les choses en réservant une part de notre vie au rêve.

Indispensable à notre équilibre, le rêve constitue un lien entre notre subconscient et notre inconscient, le moi profond qui s'exprime sans aucune censure pendant notre sommeil. Notre champ onirique est dépourvu de frontières et de lois. L'inconscient puise dans le passé et aussi insolite que cela puisse paraître dans le futur pour mieux nous guider. Jung partageait déjà ce point de vue en considérant que le rêve donne une chance au dormeur de se transporter dans l'avenir en lui envoyant ce code imagé. Le rêve utilise des symboles issus d'archétypes universels. Ces signes ou ces métaphores appartiennent à l'inconscient collectif. Cette hérédité ancestrale nous oblige, à notre insu, à rendre des comptes au cosmos dont les lois sont immuables. Pendant que nous reposons, notre esprit, par le canal du rêve, se libère de ces contraintes, de ces pressions existentielles. Le rêve a un rôle régulateur et préventif, c'est pourquoi il cherche à nous montrer par anticipation les conséquences de nos actes ainsi que des réalités en instance.

Si Freud considérait les rêves comme l'expression des désirs refoulés, il serait naïf aujourd'hui, de croire qu'ils se limitent à cette fonction. Cette seconde vie nocturne divulgue, certes, nos aspirations profondes, nos fantasmes enfouis au tréfonds de notre âme, mais elle nous entraîne également dans des situations où la réalité dépasse la fiction et nous fait réagir parfois familièrement lors de circonstances jamais confrontées auparavant. Ces forces qui nous régissent et nous donnent la nuit des pouvoirs que seuls les dieux sont censés détenir, sont gérées par notre inconscient. Elles échappent la plupart du temps à notre contrôle.

Il y a bien longtemps que la psychanalyse classique ne considère plus le rêve comme un désordre psychique. Son analyse est une des principales techniques d'exploration du moi profond. Le rêve est avant tout une source intarissable de renseignements et d'avertissements, un fil d'Ariane qu'il faudrait suivre.

Dans cette optique l'ouvrage proposé n'est pas une simple clef des songes, il a pour objet de guider avantageusement le lecteur dans l'exploration de ses rêves, en lui donnant en plus d'une interprétation prémonitoire symbolique, une signification psychologique révélatrice. Plusieurs situations oniriques sont soumises au rêveur. La base de toute expérience étant l'observation minutieuse des moindres détails, sa seule prétention est de fournir à chacun les indications les plus vraisemblables et appropriées à cet effet. Nous verrons que s'il existe des symboles de même valeur pour tous, comme le serpent ou les fleurs, il en est tout autre pour des symboles comme l'eau ou le feu, leur interprétation sera plus délicate et personnalisée. Ainsi, rêver d'incendie lorsque l'on est en bonne santé est un indice de renouveau affectif, alors que pour une personne affaiblie, ce même rêve annonce des jours hostiles.

Quelques cas peuvent susciter la controverse : Le sens à retenir représente le contraire de notre propre perception. Sur le plan psychologique, une juste interprétation ne pourra se dégager qu'après avoir recherché les éléments porteurs ou certains passages du rêve que l'on associera avec des situations de faits, de comportements du passé ou du présent. On peut se heurter à quelques difficultés car la personnalité est complexe, elle correspond très rarement à ce qu'elle est vraiment. Comme le ferait un psychanalyste, il faut découvrir le meilleur créneau pour extraire du rêve ce qui a le plus d'importance aux yeux du rêveur. Et si l'interprète se trouve parfois embarrassé ou perplexe lors de l'analyse d'un de ses rêves par rapport à l'échelle des données, je lui conseille de se fier à son intuition, elle sera de toute façon profondément objective. Ainsi le rêve examiné, le lecteur trouvera en lui-même quel sens fondé retenir. On doit faire fi d'une logique rationnelle en matière de rêve.

Message du symbole

Notre vie semble orchestrée par un déterminisme cosmique, du moins en ce qui concerne la naissance et la mort. Elle n'est pas pour autant une expérience individuelle, elle dépend des autres, de notre environnement et de notre éducation. Notre expression diurne est différente de celle que nous empruntons la nuit. La première est solidaire de notre corps physique et n'a pas le temps de se soucier des états d'âme de l'esprit. La seconde utilise la voie du rêve pour projeter des réalités du passé, du présent et du futur. Mêmes étranges, tous ces messages codifiés cherchent à attirer notre attention sur nous-même. Le symbole est un langage à la fois personnel et universel, il est porteur d'une émotion, d'une lumière. Il peut être positif ou négatif selon chaque personnalité, mais il traduit obligatoirement une vérité intérieure. Lorsque nous voyons un chien en rêve, il évoque pour la plupart d'entre nous l'amitié, la confiance, c'est un signe de paix, de sérénité. À l'inverse, si nous éprouvons une aversion pour cet animal, le chien du rêve peut alors symboliser un conflit, avec un proche, ou bien un refus d'affronter certaines vérités ou encore la crainte d'être pris en faute, chaque symbole doit être interprété dans son contexte.

L'eau, le feu, l'espace sont des symboles représentatifs de notre état intérieur. Ils traduisent aussi des événements ou des faits qui s'adressent aux autres. Les enfants sont particulièrement prédisposés à rêver pour autrui, l'absence de maturité qui les caractérise leur permet de rêver souvent de réalités présentes ou futures. Leur réceptivité est supérieure à celle des adultes et même, facilement, ils perçoivent ou envoient des messages télépathiques. Les messages diffusés par l'inconscient pendant le sommeil ont une réelle importance, les ignorer serait s'ignorer soi-même, aller à l'encontre de tout ce qui pourrait nous aider à voir clair en nous. Les rêves ont le pouvoir de nous orienter, de révéler notre personnalité, nos qualités, nos défauts, nos angoisses. Ils peuvent répondre à nos questions les plus intimes, nous prévenir de certains dangers et nous aider à maîtriser les difficultés et les antagonismes. Aucun rêve n'est absurde, tous ont une signification qui ouvre une porte au plus profond de nous-même, leurs indications contribuent à notre évolution personnelle.

Il existe plusieurs sortes de rêves

Il va sans dire qu'il faut bien différencier les rêves, des cauchemars, des hallucinations... Ces dernières provoquent des sensations morbides et font apparaître à la personne concernée des éléments totalement irréels. Les drogues, la fièvre, comme certains excitants, occasionnent ces troubles parfois atterrants et éprouvants. Par contre, ils ne doivent pas être confondus avec les images hypnagogiques liées à la phase d'endormissement qui précèdent ou suivent immédiatement le sommeil. Leur perception est différente, ces rêves semi-éveillés n'ayant pas la même origine, ne suscitent pas le même intérêt que ceux qui se déroulent lors du sommeil paradoxal. Cette forme onirique peut être parfois confondue avec une action occulte. Il arrive qu'une personne se croit envoûtée ou sous l'emprise d'une force malveillante. Dans la majorité des cas, il n'en est rien, ces impressions perturbent le raisonnement et fragilisent la sensibilité.

La vision est une autre forme plus rare de perception, elle se produit également à l'état de veille et entre dans le domaine du paranormal, de la voyance pure.

Le cauchemar, très éprouvant pour le rêveur en proie à des péripéties effrayantes ou exposé à des dangers de toutes sortes, est une forme tourmentée du rêve. Parfois le dormeur se réveille angoissé et oppressé. Il faut surtout rechercher la cause avant de donner une signification à tout prix à un cauchemar. La raison peut être physiologique ou psychologique, car bien souvent le cauchemar est généré par une santé défaillante ou des troubles nerveux. Par ailleurs, il existe des cauchemars prémonitoires, ils ont même une utilité pour réagir contre les éventuels traumatismes que déclenchent les conflits existentiels. Voici un témoignage annonciateur de tyrannie et de persécutions à venir.

Chaque fois que M. X devait affronter son directeur commercial, voici ce qu'il rêvait la veille. Une bête sauvage pourvue d'une énorme mâchoire se ruait sur lui pour le dévorer. Prenant les jambes à son cou, il se dirigeait vers chez lui. A l'instant même où la gueule de l'animal était prête à se refermer sur sa jambe, il lui échappait in extremis en refermant rapidement la porte derrière lui. En fait, cet homme était angoissé depuis plusieurs mois de ne pouvoir atteindre le quota de vente imposé par le directeur de sa société. Il appréhendait chaque entretien, ce dernier lui rappelant son incompétence et le menaçant de licenciement.

Je ne citerai pas d'autres exemples, ils sont pléthores. Chacun peut faire, j'en suis sûr, le rapprochement avec un ou plusieurs exemples personnels.

Le rêve prophétique a priori, ne devrait pas réclamer d'élucidation puisque son contenu exprime sa réalisation future. Mais comment savoir et vérifier qu'un rêve a bien un sens prémonitoire ? Même si c'est le cas, il ne se concrétise pas nécessairement le lendemain, il peut se passer des jours, des semaines, voire des mois et plus. Tous n'annoncent pas un événement important et ne méritent pas le qualificatif de prémonitoire, bien heureusement, car nombreux seraient les pseudo-devins qui profiteraient de la situation afin d'augmenter leur capital, malgré l'article 534 du code pénal qui condamne toute personne faisant métier de deviner ou pronostiquer les songes. Dans l'Antiquité, les rêves étaient perçus comme des confidences provenant des dieux, plus proche de nous la Bible en témoigne. Mais si les devins pratiquaient l'oniromancie, on aurait tort de penser qu'ils n'y trouvaient pas avantage ! Dans la Rome antique, les rêves qui présentaient un intérêt quelconque étaient même soumis au Sénat.

L'autre aspect du rêve prophétique est la forme symbolique, beaucoup plus subtile à interpréter par son essence personnalisée.

En voici un exemple :

Une femme rêve qu'elle traque un loup, parvient à lui faire face, un poignard à la main, le frappe à plusieurs reprises. L'animal blessé, allongé dans son sang, gémit comme un être humain. Se sentant coupable, elle décide de le soigner en lavant ses plaies, tout en le rassurant. Brusquement, le loup lui saute à la gorge et elle se réveille.

En réalité, cette femme jalouse faisait tout ce qu'elle pouvait pour se venger de son amant, lui causant toutes sortes de désagréments. Le jour succédant à ce rêve, elle apprit qu'il n'avait pas d'autres maîtresses, qu'elle s'était trompée sur son compte. Elle essaya de renouer avec cet homme en s'excusant et le suppliant. Il l'écouta jusqu'au bout et brutalement lui annonça qu'il désirait mettre un terme à leur liaison. Il ne revint jamais sur sa décision.

Dans ce cas de figure, le loup est l'homme, blessé, il symbolise les luttes intérieures et la passion qui conduisirent cette femme à la vengeance. Les coups de poignard ont une forte connotation sexuelle et reflètent bien le désir de nuire que déclenche la jalousie.

Les gémissements humains sortant de la gueule du loup traduisent l'inquiétude de cet homme face aux harcèlements de sa maîtresse, mais aussi le besoin, si on en juge par ce qui suit, de retourner la situation à son avantage.

L'eau a une signification mystique dont l'origine est la genèse, associée à un élément comme le sang, dans ce thème, elle annonce une période hostile et difficile. Le fait de laver les plaies de l'animal suggère une sorte de rituel impliquant qu'il est possible de revenir en arrière, à partir de quoi tout pourrait recommencer. D'où la tentative désespérée de cette femme pour récupérer son amant en lui faisant des excuses. Être attaquée à son tour par le fauve présageait une rupture, une nécessité de trancher qu'elle ne pouvait soupçonner.

Les rêves prémonitoires, certains d'entre nous se souviennent peut-être avoir ressenti un jour ou l'autre une vive émotion en voyant un lieu pour la première fois. Où avions-nous vu cet endroit, cette rue ? Dans un rêve bien sûr. Mais on doit émettre des réserves avant de le qualifier de prémonitoire et faire la différence entre une simple impression de « déjà vu ». En effet, notre inconscient classe une grande quantité d'informations dont une bonne partie est oubliée. Un beau jour, une circonstance, un événement, ramène à la surface une de ces « informations souvenirs » nous donnant effectivement la conviction de revivre la même situation, c'est le piège ! On ne peut parler dans ce cas de prémonition. Il existe une connexité entre les névroses et les rêves. Une nature anxieuse ou angoissée est sujette à ce type de certitude. Je ne veux pas dire pour autant que cette personne ne fait pas de rêves prémonitoires, loin de là ma pensée, mais la barrière est mince entre la certitude et la réalité. À l'inverse, un rêve peut réellement remplir une fonction télékinésique, certaines personnes éprouvent dans des lieux l'impression très forte de déjà vu, les éléments reconnus dans les moindres détails déboutent de tout scepticisme. À mon avis, deux suppositions sont à considérer. Pendant le rêve, l'âme, corps subtil distinct du corps physique se détache et effectue des déplacements, elle voyage et mémorise ce qui l'intéresse. Plus simplement, un double se sépare du corps physique lors du sommeil, échappant ainsi aux lois de la gravité. En ouvrant les yeux, le rêveur se souvient avec précision de son vécu nocturne qui correspond à la vérité dans les moindres détails. La deuxième possibilité est celle de la réincarnation, on revit une situation familière. Je ne m'étendrai pas sur le sujet car les difficultés rencontrées pour extraire les preuves sont évidentes. Cependant, l'esprit scientifique commence par poser le problème comme une hypothèse. Le professeur Stevenson de l'université de Virginia aux USA, a recueilli au cours de ses travaux sur cette théorie de nombreux témoignages dont la plupart relèvent ou proviennent d'enfants.

VOICI UN TÉMOIGNAGE QUI SEMBLE ENTRER DANS LE CADRE DE LA PREMIÈRE HYPOTHÈSE

DÉDOUBLEMENT NON PROGRAMMÉ

« Maman ! Maman ! Cette nuit je suis allée au Mont Saint-Michel. J'ai survolé une route côtière et des marais, l'air était humide et frais, la grève était déserte. Quelle sensation ! J'étais légère, légère... j'ai traversé un immense fossé entre deux murailles, j'ai frôlé la statue dorée de saint Michel, j'ai vu une vierge noire dans l'église... C'était magique ! Papa pourrait nous y conduire un week-end ! Dis maman ? » Tel était le propos de Karen, huit ans, un matin à Bordeaux, dans la cuisine où sa mère préparait le petit déjeuner « c'est un très beau rêve » répondit-elle à sa fille encore toute imprégnée de ces images de légende et déconnectée des réalités matérielles de ce monde. Karen ne ressentait pas ses voyages nocturnes comme des rêves courants, maintes fois elle avait tenté de l'expliquer à sa mère dont l'enthousiasme était entaché de scepticisme. Nul doute que les impressions et les certitudes de Karen n'étaient pas infaillibles, seulement elle avait la conviction que cette forme de perception ne pouvait être confondue avec un simple rêve. Là n'était pas le problème, cette mère de famille savait au plus profond de son être que sa fille vivait depuis quelque temps des expériences étranges, elle feignait simplement de l'ignorer pour ne pas mettre en danger son équilibre. Les récits et les données géographiques de Karen ne suscitèrent pas le moindre commentaire au début, mais de nombreux faits, entre autres des visites bien réelles sur les lieux qu'elle décrivait et ne pouvait pas connaître, révélèrent par la suite sa bonne foi. À plusieurs reprises, dans la nuit, au petit matin, sa mère, troublée, vérifiait l'authenticité de son sommeil de plomb. Elle se sentit même accéder au royaume expérimental et inattendu de sa fille où l'esprit intervient sans la participation du cerveau, lorsque celle-ci lui raconta, comment au-dessus de son corps inerte elle réintégrait son enveloppe charnelle.

Aujourd'hui Karen a vingt-neuf ans, elle exerce une profession libérale et se souvient de tout. Elle affirme qu'enfant ses voyages astraux n'étaient pas programmés, les aventures qu'elle vivait hors de son corps n'étaient précédées d'aucune préparation mentale ou physique et dans cet état son véhicule astral échappait totalement à la gravité. Le phénomène pouvait se produire n'importe quelle nuit, les lieux visités étaient tous différents les uns des autres. Une entité céleste devait tirer au sort l'endroit et l'heure ! Elle n'avait jamais éprouvé la moindre difficulté pour reprendre possession de son corps. Elle avait seulement l'impression au réveil que sa tête tournait, elle n'était pas en mesure de se lever rapidement, cette sensation durait quelques secondes.

Aucune de ses expériences extra-corporelles n'a pu être rattachée à des causes psychologiques ou physiologiques. Karen avait eu une enfance normale, des parents disponibles et affectueux, une bonne santé, des études poursuivies dans les meilleures conditions, elle était intelligente, sociable et dotée d'une belle sensibilité sans doute supérieure à la moyenne, mais non responsable de ces phénomènes. Même un psychiatre méticuleux n'aurait pas trouvé en elle la moindre trace de nature à déclencher ces projections astrales.

Pour une raison encore méconnue à ce jour, ses expériences irrationnelles continuent, beaucoup plus espacées, avec un détail important à souligner qu'elle doit peut-être à son épanouissement, à sa maturité : dans son état de dédoublement elle peut se diriger où elle veut, de son libre arbitre, elle choisit le lieu et ce qu'elle doit y découvrir. Cet état incorporel est devenu pour elle une discipline qu'elle maîtrise, elle est sereine, sûre d'elle. Je gage que ses déplacements dans l'astral lui apportent des satisfactions professionnelles et une grande confiance en elle.

Le rêve prémonitoire se présente sous l'apparence de la réalité, les événements se rapportent précisément à ce qui a été perçu pendant le sommeil.

Comme exemple simpliste mais véridique je citerai le cas d'une amie qui rêvât d'un gain au millionnaire. N'ayant jamais été une adepte de ce jeu de hasard, sans doute fut-elle stimulée par son rêve puisqu'elle tenta maintes fois sa chance pendant deux semaines sans succès. Le dix-septième jour, elle découvrit 50 000 F sur son ticket. Sympathique ! Si vous voyez ou entendez les numéros du tiercé en songe, dès votre réveil, prenez rapidement un papier et un crayon avant de vous précipiter les jouer.

C'est certain, le rêve annonciateur existe, certaines méthodes scientifiques expérimentées en laboratoire ont permis de vérifier son authenticité. Dans ce cas, me direz-vous, il devrait être possible de modifier le cours de son destin. Cela semble envisageable, l'anecdote ci-dessus paraît significative, mais il faut que les messages transmis par le rêve soient interprétés méticuleusement. Mais il y a le facteur fatalité, à savoir que, quoi qu'on fasse, le déroulement des événements échappe complètement à notre contrôle, comme si le destin à certains moments s'octroyait le droit de nous ôter notre libre arbitre. Quant à la fréquence de ces rêves, elle est relative à l'état d'esprit du rêveur. Une personne qui préfère ne rien savoir sur son avenir, fera très peu cette sorte de rêves. Quoi qu'il en soit, l'inconscient, curieux du devenir, force le rêve à exercer sa fonction prémonitoire plus souvent qu'on ne le pense !

Le rêve incubateur de talents et de dons

Au fil de nos nuits, certains rêves peuvent être déterminants et nous révéler à nous-même. Il suffit même d'une seule nuit. L'inconscient stocke précieusement des ressources inexploitées, quelquefois, elles ne le sont jamais.

Ce sont des talents en dormance qui viennent parfois à nous lorsqu'on s'y attend le moins ou après de grandes épreuves, un peu comme si notre corps et notre âme exigeaient compensation.

Les artistes connaissent bien le pouvoir du rêve. Ils se servent de ces nuits prolifiques pour trouver l'inspiration, créer ou parachever leurs œuvres.

Bien sûr, l'imagination et la sensibilité favorisent le décryptage des symboles, mais un dictionnaire onirique peut être d'un grand secours. L'osmose entre le rêveur et ses rêves est vitale, car seul un esprit réceptif et ouvert sera en mesure de les comprendre et d'en extraire des trésors d'idées.

N'oublions pas que c'est en rêvant que le prix Nobel Niels Borh découvrit la structure de l'atome ! Tout comme le médecin canadien Banting eut l'idée de l'insuline dont dépendent de nombreux diabétiques.

Le somnambulisme : les flâneurs de la nuit

Le sujet reste en partie un mystère. La psychanalyse précise qu'il ne s'agit ni plus ni moins que d'un rêve dont le déroulement s'effectue dans un état d'automatisme, d'où la définition du mot somnambulisme du latin *somnus* (sommeil) et *ambulans* pour ambulatoire. Ce comportement endormi est déterminé par le même mécanisme que celui du rêve. Une personne somnambule obéit à un ordre dicté par la voix de son inconscient, celui-ci influe sur sa conduite et lui fait accomplir certains actes qu'elle ne ferait pas la plupart du temps à l'état de veille.

Généralement les yeux sont ouverts et le regard fixe. Le dormeur évite les obstacles, sa balade achevée il retourne tranquillement se coucher. Son sommeil est très profond. Les accidents sont rares, mis à part un réveil provoqué par un élément extérieur, personne, porte qui claque... etc. Tout se déroule comme si rien ne s'était passé. Au réveil, ces flâneurs de la nuit ne se souviennent de rien. La question qui revient régulièrement est la suivante : Les somnambules sont-ils conscients ? Sont-ils capables de discerner le bien du mal ? Personnellement, je dirai que leur nature profonde est plongée dans le sommeil, pendant qu'à leur insu l'inconscient bien conscient dirige la manœuvre en gérant divinement bien les obstacles de la réalité. Cela ne fait aucun doute, de tels individus sont hypersensibles et forcément différents du commun des mortels. Leur équilibre a été défaillant à un moment ou un autre, leur existence ne s'est pas déroulée dans des conditions normales. Une autre hypothèse est celle des surdoués, ces rêveurs mobiles peuvent relever de facultés intellectuelles au-dessus de la moyenne, leur personnalité complexe est aux prises avec leur inconscient « Le moi profond » qui les pousse à réaliser leurs aspirations par ces voies tourmentées et même parfois machiavéliques. Enfin, le somnambulisme concerne 8 à 10 % d'adolescents dont une majorité de garçons. Certains spécialistes attribuent ces phénomènes qui se produisent la plupart du temps dans la première partie de la nuit à la pratique d'un sport violent avant le coucher. Cette supposition est loin d'être la plus convaincante. De nombreux adolescents se défoulent physiquement après le repas du soir sans pour autant déambuler en plein sommeil dans les pièces des appartements.

Si certains somnambules ont un comportement nocturne assez classique, comme les allées et venues dans le couloir de la maison, descendre les escaliers ou marcher sur le rebord d'un mur, il en existe une catégorie minoritaire beaucoup plus dangereuse. Des histoires de toutes sortes pullulent sur le sujet qui revêt un caractère énigmatique dès qu'il s'agit de faits étranges et d'anecdotes authentiques à vous donner la chair de poule.

Des crimes ont été commis par ces noctambules terrifiants ; on imagine les difficultés et l'indétermination de la justice face à ces situations aussi bizarres que rares. L'inconscient se comporte alors comme un téléviseur recevant une trop forte charge d'électricité il implose ou tombe en panne et de ce fait ne maîtrise plus les actes du dormeur qui peut se glisser dans la peau de mister HYDE. Ces fugues nocturnes sont rarissimes et traduisent comme nous l'avons vu précédemment un besoin d'échapper au joug d'une vie complexe ou spéciale.

Je pense au témoignage de Rachel, danseuse classique de 34 ans. Plusieurs fois au début de son mariage elle n'attacha pas d'importance au fait que son mari Alain quittait le lit conjugal et se recouchait aussitôt. Rapidement, elle découvrit son comportement étrange, il n'était pas conscient de ses mouvements, il se levait, marchait jusqu'à la fenêtre, puis se dirigeait vers la coiffeuse où il déplaçait tous les objets les uns après les autres, ensuite il changeait la chaise de place et revenait dans son lit. Il était somnambule. Une nuit elle fit un rêve. Elle dansait un ballet, virevoltant avec grâce, lorsqu'elle sentit son corps s'alourdir. Elle tenta de se dépasser physiquement au son de la musique, mais ses jambes se dérobèrent sous elle, elle se sentit de plomb. De tout son être elle résistait et commandait à ses jambes d'assumer ce qui aurait dû être un pas de deux afin que le public ne s'aperçoive de rien. Ce rêve physique s'acheva à la limite du cauchemar. Lorsqu'elle ouvrit les yeux, les mains crispées sur les couvertures, en sanglotant elle prononça le nom de son mari. Elle étendit le bras et comprit rapidement que sa place était vide. Elle chercha l'interrupteur. La pendule affichait une heure. Où pouvait-il bien être ? Il n'avait jamais franchi les limites de la chambre à coucher dans cet état second, du moins le pensait-elle. Une sorte d'appréhension, de panique, faite de troubles et d'intuitions lui étreignait la gorge. Souffrait-il seulement d'insomnie ? Elle voulut s'en assurer. Elle le trouva au rez-de-chaussée, réellement endormi, se dirigeant dans la cuisine les bras au-dessus de sa tête dans le but d'atteindre le luminaire amovible dont il tira la poignée et tout naturellement en dévissa l'ampoule. Ensuite il passa dans la salle à manger, sépara une chaise de la grande table en merisier et aussi leste qu'un acrobate se retrouva sur le bois ciré, les mains tendues vers le lustre prêt à accomplir le même rituel. Ce que fit Rachel à cet instant fut probablement le geste qu'elle devait regretter le plus jusqu'à ce jour. Sans réfléchir aux conséquences, voyant qu'Alain pouvait se blesser, elle poussa un cri et éclaira la pièce. Le bruit sourd sur le carrelage résonne encore dans sa tête. Elle réalisa alors le drame. Son mari gisait au sol, essayant vainement de se relever. Ses muscles ne réagissaient plus, dans sa chute il s'était gravement blessé. À la suite de cette nuit mémorable, il resta paralysé vingt-six mois. Aujourd'hui, après une longue rééducation, il se déplace en boitant.

Le rêve de cette femme, sans aucun doute, a exercé une fonction prémonitoire au profit de l'homme qui partageait sa vie. La sensation traumatisante du tumulte onirique de Rachel avait sûrement pour objectif d'informer et de préparer sa sensibilité aux épreuves futures. Le destin avait-il une revanche à prendre pour que l'enchaînement de cette nuit étrange se déroulât de cette façon ? Si Rachel s'était réveillée une minute plus tôt, tout aurait été différent, ses sanglots auraient réveillés Alain qui serait resté à ses côtés. Si instinctivement elle n'avait pas allumé la salle à manger et poussé ce cri, son mari serait remonté se coucher sans qu'aucun incident ne se produise.

Autant de si, inaptes à favoriser la chance. Certaines situations échappent à tout entendement.

Pendant les longs mois où Rachel aida Alain à supporter son immobilisme, il lui fit des confidences sur son enfance. Elle apprit qu'à six ans, il passait des heures interminables à attendre le retour de sa mère qui vivait séparée de son mari. Alain ne se souvenait pas de son père. Pour assurer leur sécurité à tous les deux, cette jeune mère de famille travaillait l'après-midi dans un atelier de couture clandestin où elle était retenue parfois très tard. Lorsqu'il sortait de l'école, il récupérait la clef de l'appartement chez l'épicier à l'angle de la rue où sa mère se servait. Comme un grand, il attendait fébrilement son retour. Il restait peu de temps pour l'affection, elle avait tellement de recommandations à lui faire. Dans ses sermons elle prêchait l'économie, ainsi lorsqu'elle rentrait tard et trouvait toutes les pièces éclairées elle se mettait sérieusement en colère contre son fils.

Alain avait peur du noir, anxieux par anticipation, dès qu'il voyait la nuit tomber, il marchait de long en large dans la pièce principale, déplaçait les objets qui s'y trouvaient. Que pouvait-il faire d'autre ? Ses livres de classe l'accaparaient très peu de temps comparé à ces longues fins de journées, aucune distraction pour ce petit garçon de six ans. Au moindre bruit de pas, il se précipitait à la fenêtre dans l'espoir de voir sa mère traverser juste en face sur le trottoir.

Enfin il n'hésitait pas, malgré ses remontrances à éclairer tout l'appartement pour se rassurer. Contrariée par les factures, sa mère dévissait farouchement les ampoules avant de partir à son travail, croyant, sans doute, le dissuader de ce qu'elle appelait ses manies. Mais Alain était terrifié à l'idée de l'obscurité sans personne à ses côtés. Plusieurs fois il avait essayé de l'expliquer à sa mère. Il résistait autant qu'il pouvait à son angoisse, et malgré lui, montait sur la chaise et revissait toutes les ampoules, une seule pièce éclairée ne le rassurait pas.

Avec ce témoignage authentique, vous avez fait vous-même le rapprochement entre une période particulièrement éprouvante de l'enfance d'Alain et son vagabondage en plein sommeil des années plus tard. Toutes les tensions refoulées engendrées par la crainte et la peur, l'angoisse accumulée par la solitude de ce petit garçon convergeaient au fil de sa maturité vers une voie libératrice, la plus appropriée, la plus discrète aussi, celle du rêve, un rêve vécu différemment certes, avec une participation physique parfaite et subtile. L'inconscient choisit parfois la difficulté, toute blessure psychique réclame compensation et l'être humain irresponsable des ondes qu'il canalise ou émet se voit soumis parfois à un destin difficile à comprendre.

Si vous me demandez s'il est dangereux de réveiller un somnambule, je vous répondrais affirmativement dans ce cas de figure. Mais comme chaque individu est unique et qu'il n'existe pas de poids et de mesure pour évaluer sa sensibilité, abstenez-vous de déranger un de vos proches dans cet état. Si vous le voyez se diriger vers un endroit dangereux ou agir au péril de sa vie, adressez-lui des suggestions de circonstance, très calmement sans hausser le ton, ne faites surtout pas de gestes brusques, invitez-le à regagner son lit.

VAINCRE LE SOMNAMBULISME

Certains spécialistes et adeptes des médecines douces prétendent qu'en dehors d'une thérapie psychologique adaptée au patient, on peut venir à bout du somnambulisme en absorbant du magnésium, cet oligo-élément majeur aux mille fonctions. Une alimentation riche en sels minéraux est un excellent moyen de lutter contre le stress notre ennemi quotidien souvent responsable de nombreux troubles. Le secours des plantes aidera également à trouver un sommeil paisible et réparateur. Les médecins de l'Antiquité prônaient leurs vertus en connaissance de cause. Quelques gouttes d'essence de valériane sur un sucre, ou une infusion de cette plante sédative remplaceront avantageusement un somnifère. La valériane fait merveille dans les troubles et les déséquilibres psychosomatiques.

Pourquoi oublie-t-on ses rêves?

Le rêve se présente au dormeur toutes les nuits. Il est prouvé qu'il en est ainsi, ceux qui prétendent ne pas rêver se trompent, simplement ils n'ont aucune souvenance d'un vécu nocturne. Plusieurs raisons aussi bien physiques que psychiques s'y rattachent. Si le réveil a lieu à la fin ou au cours du rêve, celui-ci persiste environ un quart d'heure en mémoire. Par contre, le souvenir d'un rêve reste très vague si le réveil intervient plus d'une heure après le rêve. Il est même parfois difficile de se remémorer un scénario qui pourtant a laissé son empreinte dans notre esprit, vainement nous essayons de rassembler les pièces du puzzle. Tout comme un réveil inopportun entre les cycles du sommeil profond, les rêves se déroulent surtout pendant cette phase, à intervalles réguliers. Si le dormeur est dérangé pendant ce laps de temps, il aura du mal à se remémorer sa nuit onirique. À l'inverse, s'il se réveille en sursaut au cours du sommeil paradoxal, le rêve revient en mémoire sans difficultés. On se souvient plus facilement du dernier rêve que des précédents.

D'autres raisons favorisent l'oubli du rêve

Comme on ne peut dissocier le rêve du sommeil, je ne recommanderai pas assez d'éviter l'abus des médicaments. Les paradis artificiels tels que les drogues, l'alcool, le café, le thé à fortes doses, les barbituriques, les tranquillisants, endommagent considérablement la vie onirique. Il y a aussi le fait qu'en dehors du manque d'intérêt porté au rêve, si nous pensons que ces images ne sont que le reflet de notre vie de tous les jours, sans aucun doute, une telle impression provoquera l'amnésie au réveil. Dans *L'interprétation des rêves*, Freud ne nie pas le rapport entre le rêve et la veille, mais il a constaté que les faits ou les impressions qui ont intensément occupés la pensée, n'apparaissent au cours du rêve que lorsqu'ils ont été d'une certaine manière refoulés. Le rêve est loin d'être une simple projection fantaisiste de nos préoccupations, son analyse aidera à cerner notre moi profond. En rêvant, nous purifions notre esprit et le libérons des pensées de toutes natures que nous lui imposons à l'état de veille. Il est même possible de résoudre certains problèmes, certaines énigmes, à condition de respecter notre sommeil. Nous verrons plus loin comment les cycles fonctionnent.

Rêver sa mort, message prophétique ou angoisse ?

Certains rêves sont liés à la position du corps pendant le sommeil, à l'état psychologique du dormeur, mais également à la température ambiante. Une pièce surchauffée provoquera des cauchemars tout comme une fatigue, un surmenage, un repas trop lourd.

Il est courant qu'une personne atteinte d'un problème cardiaque rêve qu'elle est victime d'un infarctus, qu'une autre dépressive ou surmenée se voit tomber dans le vide ou essayer de courir désespérément vers son but sans jamais l'atteindre. L'asthmatique chronique rêve qu'il s'asphyxie ou s'étouffe. Je ne citerai pas les nombreux exemples analogues. Dans la plupart de ces cas le rêve s'interrompt au moment crucial, la tension réveille le dormeur, parfois angoissé ou en sueur. Une chose est quasi-certaine, un renouvellement de ces images est rarement lié à l'affection organique en cause. Cela dit, il vaut mieux demander un bilan à son médecin, ne serait-ce que pour se rassurer. Un état anxieux, inquiet, peut déclencher ces rêves. Mais on ne doit pas pour autant les rattacher systématiquement à des perturbations psychologiques ou à des troubles psychosomatiques. De nombreuses personnes font de tels rêves, sans pour autant être dépressives, cardiaques ou asthmatiques.

Mais alors me direz-vous, ce cas de figure peut receler tout de même un caractère prémonitoire. Je n'exclue pas cette hypothèse bien qu'elle soit plus rarissime, du moins sous cette forme. Nous avons tous, une nuit ou l'autre, rêver notre mort, je ne pense pas être contredite sur ce point. Nous sommes encore là pour méditer sur ce type de thème qui renferme le plus souvent un autre message que celui retenu initialement. Ce sont en fait des angoisses qui se manifestent sans déguisement à la conscience, tout comme le processus du rêve intervient sur les désirs en les dissimulant sous l'apparence de scènes ou d'exhibitions, de détails ou d'éléments parfois insignifiants qui peuvent être nonobstant vecteurs de significations essentielles. Mais il y a aussi le fait que la peur de la mort est inscrite dans les gènes de l'homme comme dans ceux de l'animal.

On ne peut le nier, il existe des rêves qui annoncent bel et bien la mort. Il me vient à l'esprit le récit d'une femme qui perdit son fils âgé de 21 ans dans un accident de la route il a quatre ans.

Quelques jours avant le drame, le jeune homme raconta à sa mère comment une voix pendant son sommeil le prévenait de sa mort, un peu comme un leitmotiv dont la teneur était « danger - mort » et inversement. Ce message l'ayant fortement perturbé, il ne sortit plus de chez lui pendant les trois jours suivant. Le quatrième jour, un camarade lui demanda de l'accompagner faire une course. Il accepta, laissant sans doute un peu de côté son malaise. Sur la route, ce fut le drame. Le chauffeur, son ami, perdit le contrôle de sa voiture et s'en sortit avec quelques contusions. Le destin fut moins clément pour lui, il ne survécut pas à ses blessures. Dans ce contexte, le message a été perçu sous forme d'avertissement.

Il n'est pas toujours aussi simple de vérifier l'aspect prémonitoire et dans ce cas précis, nous souhaiterions ne jamais avoir à le faire. On admet aisément que de telles expériences nous confortent à croire d'une manière absolue au message onirique.

Le rêve et les défunts

Si certains de ces thèmes sur la mort s'interprètent sur un plan symbolique, d'autres plus subtils ressemblent à un contact télépathique entre la personne décédée et le rêveur. Ce dernier éprouve parfois la sensation réelle de l'étreindre et de toucher sa peau, l'émotion est si intense que le corps tout entier participe. Il n'est pas exclu qu'au réveil le rêveur essuie quelques larmes sur ses joues. Le message d'un être cher disparu est délicat à décrypter, car si on souhaite voir son image en rêve, ce désir se concrétise inévitablement et fait naître un doute au réveil. On en déduit, peut-être trop rapidement, que ces désirs de contact avec nos morts ne font que traduire l'envie légitime de les retrouver. Mais au nom de quelles certitudes ces rêves ne seraient que la manifestation de notre volonté ? Les morts que nous voyons dans nos rêves ont le plus souvent les traits reposés, ne serait-ce pas un signe de vie ?

Le rêve est le meilleur complice de la mort, comme elle, il donne accès à un autre plan d'existence et tisse avec elle des liens éternels, son contenu est parfois puissant et salvateur comme le témoignage qui suit.

Une femme d'une quarantaine d'années se trouvait en pleine dépression, très accablée par la mort accidentelle de sa grand-mère. Cette jeune femme se sentait en partie responsable de ce drame. Jour après jour son chagrin s'intensifiait et d'autant plus, car elle désirait de tout son être retrouver sa grand-mère dans ses rêves, compensation bien logique qui aurait pu rendre supportable son chagrin. Pendant des semaines elle n'y parvint pas, bien qu'elle se concentra chaque soir avant de s'endormir, sur son visage et sur ses souvenirs. Elle ressentit cette absence comme une punition, ce qui renforça encore son sentiment de culpabilité. Puis une nuit, enfin, elle rêva d'elle, la vieille dame lui apparaissait bien vivante mais ne parlait pas, ne répondait pas à ses questions, ne lui tendait pas les bras malgré les efforts qu'elle déployait pour instaurer un dialogue ou un rapprochement. Tous les muscles de son corps se tendaient dans cette attente fébrile. Au réveil, elle était épuisée. Plusieurs fois cette même année les rêves eurent les mêmes composantes, impossible de franchir la barrière affective.

La jeune femme ressentait ces rendez-vous nocturnes comme une véritable épreuve, une sorte de barrage, de censure interdisant tout contact avec sa chère disparue. Pourquoi ? Dans la plupart des rêves, ceux qui nous ont quittés s'expriment en nous rassurant de leur bien-être et même de leur vitalité, comme si cette information était d'une importance majeure. Enfin, lorsqu'elle fut persuadée qu'elle n'avait pas eu assez d'attention pour la vieille dame les semaines précédant sa mort, elle conclut, en son for intérieur, que ses retrouvailles frustrantes pendant son sommeil n'étaient qu'un châtiment divin ou cosmique qu'elle devait accepter.

Le temps passa. La nuit du premier anniversaire de la mort de la grand-mère le rêve fut différent. Elles se retrouvèrent toutes les deux dans un cadre familier autour d'une table, entourées de nombreuses personnes de connaissance dont la plupart étaient décédées. Dans ce rêve, la défunte assise en face d'elle, glissa ses mains dans les siennes et lui dit distinctement :

« J'ai réfléchi longtemps à ton bonheur, c'est la raison de mon absence, viens suis-moi. »

Elle l'entraîna à l'extérieur dans la lumière, elle se tenait juste derrière elle, lui enserrant fermement son bras gauche de sa main droite.

« Tu ne penses tout de même pas que je suis morte ? »

Elle a ressenti au cours de ce rêve la sensation physique de sa présence.

« Regarde là-bas toute cette eau. »

Elle aperçut à l'horizon une mer bouillonnante blanche et argentée qui se fondait au travers d'un ciel nuageux de la même couleur. Tout en marchant elle sentait l'eau tiède monter le long de ses jambes, un bien-être l'envahissait comme si cette seule sensation ainsi que la toile de fond environnante primaient sur l'émotion intense que lui procurait la présence de sa grand-mère. Puis les nuages s'écartèrent rapidement par le centre de l'horizon où elle vit apparaître la tête d'un bébé. L'image était claire et nette, les contours du visage parfaitement dessinés, les yeux très expressifs. L'enfant lui souriait et ressemblait à s'y méprendre à sa fille au même âge. Elle se retourna vers la défunte qui marchait lentement à reculons en lui souriant, sa silhouette s'estompait doucement. Elle éprouva une sensation d'infini, de plénitude et se réveilla, étrangement apaisée.

Elle rassembla ses idées et pensa à sa fille âgée de vingt-deux ans, elle venait de la revoir toute petite. Une chose était certaine, celle-ci n'était pas enceinte, rien ne laissait supposer dans un avenir proche de cet état de fait. Au fond, ce n'était qu'un rêve.

Les rêves qu'elle fit ensuite ne se rapportèrent pas au bébé, mais elle retrouva sa grand-mère sans cette impression d'inaccessibilité. Plusieurs fois la défunte la prévint de certains faits et événements dont elle put vérifier à quelques nuances près le bien-fondé. Ce n'est qu'au seuil de la troisième année que son grand rêve prit toute sa signification, sa fille qui s'était mariée entre-temps mit au monde la petite fille du rêve.

À mon avis, ce thème onirique réunit trois fonctions : compensatoire, prémonitoire et curative. Il semble s'être présenté à la rêveuse à une période-clef, une crise psychologique exigeait la résolution du conflit. On sait à quel point une rupture affective peut entraîner une dégradation de la personnalité chez une nature sensible. La vision de l'enfant représente un tournant essentiel, il révèle en premier lieu une naissance future, tout le monde l'aura compris, un transfert d'affection fera oublier à cette femme sa perte inacceptable.

Mais c'est surtout le climat du rêve que nous retiendrons, il procura une sensation de délivrance à la rêveuse. Je confirme ici ses propres termes. Dans un premier temps qui dura presque deux ans, ne pouvant par logique vérifier l'authenticité de son rêve, elle se trouva dans de meilleures dispositions psychiques, cette amélioration retentit bien sûr sur sa forme. Malgré l'aspect troublant de ce vécu nocturne, je précise qu'à aucun moment, la rêveuse n'a parlé de réincarnation, du moins sous sa forme classique. Dans son récit, elle ne fait jamais référence à une quelconque ressemblance entre la grand-mère disparue et la petite fille. Mais cette théorie ne tient pas la route dans l'absolu, je pense que la réincarnation revêt un aspect plus subtil dont nous ne débattrons pas dans ce chapitre, car tel n'est pas notre propos. Revenons au sens profond de ce rêve.

Nous retrouvons encore l'eau dans ce rêve. Elle symbolise la fécondité, le renouvellement. Notons la perception de tiédeur qui reflète l'état d'âme de la rêveuse, l'apaisement débute dans le thème lui-même, c'est l'eau régénérante, à la température du corps comme les eaux de la femme dans lesquelles le fœtus se développe. La couleur blanc argenté reflète la pureté, les horizons infinis où l'on se cherche, l'espoir éternel. Le message traduit une sublimation de l'affectivité, une recanalisation des énergies. L'inconscient possède sa défense immunitaire, il émet les images que lui dicte sa propre exigence et attache de l'importance au processus de la vie qui se renouvelle indéfiniment. Sa mémoire sonde le futur en écumant le passé et se sert du rêve pour circuler d'un monde à l'autre.

Ces rêves anti-stress

Voler comme un oiseau, se déplacer dans les airs, survoler d'immenses superficies de terre et d'eau, sans se soucier de la direction à prendre, sans aucune notion de temps, sans passé ni futur. L'envol onirique exprime la plupart du temps un besoin de s'élever, de surmonter ses difficultés et ses conflits, un moyen de fuir les réalités et les obligations de ce monde.

Ce type de rêve est une véritable soupape de sécurité à fonction curative : il libère les tensions intérieures de la personnalité. FREUD voyait dans ces rêves de lévitation un rapport avec la sexualité, mais cette explication s'applique surtout à la période de l'adolescence. Ces rêves aériens dénonçaient pour JUNG, une tendance à la sublimation.

Ce rêve procure une sensation de bien-être qui se prolonge au-delà du réveil, à l'insu du rêveur et pour son plus grand bien. Par contre, si au cours du rêve le vol est interrompu par une chute ou tout autre élément à caractère effrayant, le sommeil étant très agité, le sentiment de sérénité se transforme en angoisse et le rêve perd son caractère curatif.

Voler est le symbole le plus représentatif de nos ambitions et l'expression d'un gène atavique ancestral. Les conclusions de la psychanalyse sur ces rêves laissent deviner qu'ils puisent leurs sources dans l'enfance. Quel est celui d'entre nous qui pendant son enfance n'a pas joué à l'avion dans les bras d'un parent ? Plus le numéro de voltige est dangereux, plus l'enfant est excité et heureux, confiant dans des bras qui le rattrapent. Par la suite, la coupure affective parentale intervenant vers l'adolescence, le rêveur peut se sentir insécurisé à certaines périodes de son existence. Aussi, lorsque ce rêve intervient, il lui arrive de tomber du lit. L'expérience est très désagréable et traduit le plus souvent un manque de stabilité affective ou matérielle.

La sexualité dans le rêve, toutes les expériences sensuelles que vous vivez pendant votre sommeil ne doivent pas déclencher au réveil le moindre sentiment de honte ou de culpabilité. Dites-vous que c'est tout à fait naturel. Dans les rêves, la morale fait l'école buissonnière, même si vous dépassez toutes les convenances, nul ne vous en tiendra rigueur, toutes les perversions sexuelles sont tolérées. Le rêve c'est aussi notre jardin secret, qui dissimule des désirs inavouables, des angoisses permanentes ou toutes sortes de réalités, il fait partie de nous. Si vous avez des relations sexuelles, laissez-les se dérouler jusqu'à l'orgasme, si votre conscient parvient à censurer l'acte, vous serez mal disposé au réveil.

Les rêves de combativités et de luttes, si vous êtes impliqué dans l'action et éprouvez le besoin d'y participer, ou de dominer votre adversaire, laissez-vous porter par cet élan destructeur qui peut aller jusqu'à la mort de l'ennemi ou de l'entité en question. Si la haine libère des toxines et conduit au chaos dans la réalité, il en est tout autre dans le rêve : cette violence est salutaire, car elle décharge le rêveur de son agressivité.

Alors luttez, soyez téméraire, dans votre intérêt vous devez vaincre ! Il en résultera un sentiment de sérénité les jours suivants.

Les Thérapies oniriques : provoquer des rêves pour mieux être

D'autres rêves peuvent exercer un pouvoir sédatif sur le psychisme.

Le thème de l'eau, son apparition en rêve est fréquente. Symboliquement elle est féminine, elle représente la jeune fille pure, la mère, l'épouse, la psyché de l'homme. Si elle est pacifique, tiède, on s'y sent bien, une partie de nos tensions reste dans cet élément de régénération et de purification lié à la détente, à l'hydratation. Lorsque vous parviendrez à diriger vos rêves, vous choisirez l'image la plus appropriée à votre cas.

Ainsi, **l'image d'un lac est apaisante**, son eau doit être limpide, vous devez voir votre reflet à la surface. Grâce à cette thérapie douce, vous pouvez traiter une migraine tenace responsable de votre irritabilité. Pour un mal de tête déclaré, les bruits extérieurs et la lumière semblent être une véritable torture. Ces céphalées affectent dans quatre-vingt-dix pour cent des cas des êtres tourmentés, elles sont inoffensives, malheureusement aucun médicament n'en vient réellement à bout. Essayez plutôt cette méthode et vous constaterez jour après nuit que votre migraine perd de sa virulence.

Les images d'un ruisseau, de cascades qui déferlent sont excellentes pour les troubles circulatoires, pensez à dormir les jambes légèrement relevées.

Un thème sur une rivière ou **sur un fleuve** dynamise le mental, traite certaines formes de léthargies et vient à bout de l'indétermination chronique. Par contre une nature anxieuse, sensible ou insomniaque évitera de provoquer ces clichés. Les cours d'eau entraînent le rêveur au-delà de l'effet désiré. Son thème risque de manquer de clarté à cause des nombreuses préoccupations de son esprit et de ses réactions émotionnelles, il se laissera porter par les forces de son inconscient et ne parviendra pas à dominer les obstacles qui se présenteront.

Et la mer... L'eau illustrant toutes les potentialités, demander une telle vision ne peut être que bénéfique. La seule difficulté réside dans la maîtrise des aspects du rêve. Se voir nager tranquillement dans une eau légèrement agitée est excellent pour les organes, les glandes et le système immunitaire.

Les vagues de l'océan tonifieront le système nerveux et pourront aider à vaincre l'anorexie. D'une manière générale, tous les thèmes sur la mer renforcent l'organisme et combattent la dépression, tout dépend de l'idée que l'on s'en fait, il est certain que si vous avez horreur de la mer, changez de cap...

... Axez vos pensées vers des cimes enneigées... imaginez... comme **la montagne** est belle !... Il n'y a pas que Jean Ferrat pour clamer ces vérités, elle dégage une véritable puissance énergétique par sa masse immobile. Inventez votre paysage, avec ou sans vol d'hirondelles, sélectionnez votre saison pour les couleurs et demandez à votre esprit d'en figer l'illustration. Ce rêve peut aider le dormeur à surmonter ses épreuves en période de spleen et le faire basculer vers un climat très positif.

Le soleil tient un rôle important dans la marche des planètes, c'est le plus grand des symboles universels. Il représente l'idéal que tout être cherche à atteindre, tout en étant lié à la vie, ses rayons peuvent être destructeurs. Son feu anime ou tue. Il en est de même dans les rêves où il vous procurera vitalité, si vous regardez cet astre comme un disque flamboyant dans toute sa splendeur dont l'énergie stimule les forces créatrices, donne l'instinct de domination et décuple les sensations de plaisir et de langueur. Son rayonnement onirique combat la fatigue et restructure l'esprit. Nous savons que nos pensées, nos états d'âme conditionnent notre forme physique. Une personne positive et enthousiaste a plus de chance d'être en bonne santé et de le rester qu'une autre cultivant sa mauvaise foi. Aucun doute sur ce point, des expériences scientifiques ont prouvé que la pensée est canalisable à des fins curatives. Aussi, si votre moral ou votre forme est loin d'être au zénith, servez-vous du soleil, observez sa représentation sur image ou sur photo, vous aurez plus de facilité pour vous la rediffuser si vous débutez dans l'art de provoquer les rêves. À l'inverse, ne cherchez pas à rêver du soleil si vous souffrez de problèmes inflammatoires.

Rêver de la lune peut être également bénéfique pour la santé, le caractère de ce thème se veut rassurant comme tout rêve programmé, cela va de soi. Imaginez cet astre comme une sphère très lumineuse, un peu argentée. Une telle vision pendant le sommeil influencera favorablement les cycles menstruels irréguliers. La lune régit la vie, la mort et représente notre inconscient, maître de notre seconde vie nocturne. Elle est si proche de la terre que son influence magnétique est supérieure aux autres planètes. D'étonnantes relations entre ses différentes phases et le sang humain ont été découvertes il y a maintenant plus de cinquante ans.

L'activité qu'exerce ce luminaire sur l'homme et la nature tout entière n'est plus à démontrer. Une fréquence régulière de ces rêves viendra au secours de certains troubles. Si vous êtes une nature très nerveuse, vous avez peut-être pu vous rendre compte qu'en phase de pleine lune votre agitation augmente et que vous êtes même particulièrement excité. À ce moment-là, les marées sont plus hautes et lorsqu'une personne est grippée, sa température s'élève rapidement. En aucun cas vous ne commanderez de surcroît un rêve de pleine lune. Préférez la période où elle décroît pour améliorer les problèmes nerveux, digestifs, les gastrites, la boulimie, l'inflammation, les dérèglements hormonaux, les douleurs abdominales. Si vous êtes obligés de prendre des tranquillisants, leur action sera plus efficace lorsque l'astre décline, à l'inverse des stimulants dont l'effet sera médiocre. Les traitements pour le cœur seront également avantagés.

Si vous êtes bien équilibré, réservez les jours de pleine lune pour fertiliser l'imagination et stimuler les aptitudes à la création. En panne d'idées, nanti d'un talent artistique réel ou peut-être sous-jacent, invoquez cet astre, en rêve et dans la réalité, rien ne vous empêche de conjuguer les deux, mais surtout ne culpabilisez pas en pensant qu'un tel acte est empreint de naïveté. Depuis des lunes on sait quel pouvoir lui attribuer !

Du sable pour vaincre l'épuisement nerveux alias le *burn out* pour nos amis d'outre-Atlantique. Cet ennemi masqué cherche à atteindre les plus endurcis, mais également les plus nerveux, hommes ou femmes. On trouve facilement les facteurs responsables du surmenage dans notre quotidien : pression omniprésent au travail, discussions assommoirs dans le couple, activités débordantes etc. Il est certain que le manque de repos est corollaire de cet essoufflement et doit être pris au sérieux. Pratiquez la relaxation, même si vous ne disposez que de quelques minutes afin de retrouver votre équilibre. Commandez avant de vous endormir une plage au sable blond, chaud et irisé où vos pieds s'enfoncent jusqu'aux chevilles. Cette oasis peut être le lieu de vos dernières vacances, ainsi, vous aurez plus de facilité pour vous la représenter. Marchez quelques instants et étendez-vous voluptueusement, appréciez la douceur et la tiédeur du sable. Le fait de s'y enfoncer mollement décontracte et soulage la fatigue. En alimentant votre esprit de cette façon durant votre sommeil, vous récupèrerait la forme.

Comment diriger et contrôler vos rêves

Vous savez sans doute que certaines disciplines permettent de contrôler et diriger les rêves. Si vous avez envie par exemple de bénéficier des bienfaits d'un rêve de lévitation et planer comme un oiseau sans être interrompu jusqu'au réveil, vous pouvez y parvenir, il suffit d'un peu de patience et de pratique. D'autres expériences oniriques pourront être tentées, rien ne vous empêchera de mettre en scène des rêves exotiques. En vous délectant de vos fantasmes conscients, vous vous sentirez authentique et libéré. Bien sûr, je mentirais si je vous disais que vous allez exceller dans cet art sans aucun effort, mais les bienfaits que vous en retirerez transformeront votre vie. Le but de cette technique est d'améliorer les rêves et leurs déroulements, car sans aucun doute il est possible d'en maîtriser les paramètres et de les influencer. Dans un premier temps, préparez votre nuit surtout si vous avez une activité diurne intense. À partir de 17 heures, vous pouvez œuvrer pour votre sommeil.

A) Fuyez les tensions extérieures telles que disputes avec les enfants, discussions assommoirs avec votre partenaire. Ne haussez pas le ton en parlant, exprimez-vous calmement, contrôlez vos émotions.

B) Lorsque vous y pensez, dans la journée, prenez de longues inspirations et gardez quelques secondes vos poumons pleins d'air. Ensuite, expirez lentement.

C) Si votre profession vous oblige à être fixe à un bureau, respirez profondément, contractez et relâchez tous les muscles de votre corps. Commencez par les cuisses et les fessiers, ces petits exercices faciles amorceront une bonne détente physique.

D) Si vous regardez un programme télévisé en soirée, asseyez-vous confortablement, le bas du dos plaqué au siège, surélevez légèrement vos jambes avec un coussin pour faciliter la circulation, la nuque bien calée pour soulager les cervicales. Bien sûr, tout le monde aura compris qu'une bonne détente, un esprit reposé seront garants d'un sommeil réparateur. Aussi, avant de vous coucher, une infusion de mélisse, de passiflore et d'oranger sucré de miel d'acacia rendra votre sommeil paisible et favorisera les rêves.

E) Évitez les oreillers où la tête s'enfonce, les traversins qui cassent le cou et gênent la circulation. Si vous n'aimez pas dormir à plat, optez en faveur d'une serviette éponge pliée en deux.

F) Choisissez l'axe du pôle terrestre qui vous convient le mieux, il peut avoir une influence sur votre repos nocturne, c'est à vous de le découvrir. On a beaucoup dit et écrit qu'une orientation de la tête vers le nord était déterminante en matière de sommeil. C'est vrai que cela facilite l'endormissement, le corps se trouvant dans l'alignement du champ magnétique terrestre. Rassurez-vous, votre repos ne sera pas pour autant altéré si une telle orientation est impossible. Il faut considérer en priorité la pièce où l'on dort, généralement on place son lit où on se sent le mieux en faisant la plupart du temps abstraction de l'orientation. C'est l'âme environnante de la pièce qui procure ou non le bien-être recherché et sécurise. Plus une personne est sensible, plus elle attachera d'importance à son milieu ambiant, aux détails de son home, aux éléments susceptibles de lui apporter quiétude et harmonie. La preuve est faite lors des voyages. Combien sommes-nous à ne pas fermer l'œil de la nuit lorsque nous sortons de notre cadre habituel. Dans ce cas de figure, nous ne mettons pas en cause les quatre points cardinaux.

Enfin, après avoir sélectionné le rêve qui vous paraît être le plus intéressant pour la circonstance, soyez clair dans sa description mentale. Évitez un thème compliqué où des personnages entrent en jeu, où des événements doivent se produire si vous êtes néophyte dans cette pratique. L'objectif doit être précis.

Méditez sur ce rêve, la méditation vous aidera à vous décontracter. Faites-le, lorsque vous êtes seul, imaginez votre objectif autant de temps qu'il sera possible. En faisant votre toilette, formulez plusieurs fois votre idée. L'autosuggestion est un excellent préliminaire à votre repos nocturne.

Exemple : Répétez je veux voir un soleil ! Rien ne viendra troubler cette image ! Inutile de vous dire que vous devez y croire fermement. Votre certitude influence positivement le résultat. Ensuite viendra le moment idéal pour diriger votre rêve, il s'agit des quinze à vingt minutes qui précèdent les premiers stades du sommeil. Quelle que soit la représentation de l'image choisie, elle doit remplacer progressivement les associations d'idées et les clichés quotidiens. Afin de mettre tous les atouts de votre côté, il existe un moyen infaillible de conditionner votre esprit et de faciliter la programmation de votre objectif. Placez-en l'image sous votre oreiller, une représentation ou une carte postale de **la mer**, de **la montagne**, de **la lune**

ou **du soleil** cautionneront avantageusement cette expérience onirique. Votre inconscient imprégné des vibrations de l'illustration «travaillera» pour vous. Si vous doutez par moments de votre réussite dans ce domaine, ressaisissez-vous en mettant votre volonté à l'épreuve. Dites-vous que la foi soulève des montagnes et la peur fait accomplir parfois des actes d'une force incroyable. Donc rien de surhumain à ce que votre déterminisme induise votre esprit et le rende apte à contrôler votre vie onirique. Soyez affirmatif, vous progresserez avantageusement avec le temps, et que vous provoquiez ou non le rêve, vous serez en mesure de manœuvrer habilement dans les différents thèmes et de vous y impliquer, ou de vous protéger, selon leur contexte. Ce concept qui existe depuis l'Antiquité renforcera votre personnalité.

Il y a quelques millénaires, les dirigeants et les chefs de guerre exploitaient leurs rêves afin de savoir si ces messages des dieux seraient bénéfiques ou contraires à leurs causes. Certains plaçaient une représentation du dieu concerné sous leur couche et l'exhortaient ainsi, à leur envoyer des rêves dits «cohérents». Ces messages divins étaient censés les guider dans la marche à suivre.

Au siècle dernier dans l'aristocratie italienne, les jeunes filles désireuses de connaître leur avenir sentimental et par conséquent leur futur époux se livraient à un petit rituel. Les jours de pleine lune, elles sollicitaient l'astre argenté en ces termes : *« Je te salue, belle lune, fais-moi voir en dormant celui qui sera en mon vivant. »*

Le vœu était ensuite écrit et glissé sous l'oreiller.

Une comtesse milanaise, française de cœur, et convaincue que cette pratique fonctionne à merveille, m'a raconté sa propre expérience.

« Il y a un vingtaine d'années, je vis dans mon rêve un grand et bel homme aux yeux bleus, il tenait dans sa main une paire de gants blancs. J'ai pu accorder crédit à ce rituel quelques semaines plus tard. Je me trouvais dans un bal avec une amie, lorsque je sentis une main effleurer mon épaule. Je me retournais et l'homme de mon rêve se trouvait devant moi, son regard limpide croisant le mien. L'émotion noua ma gorge alors qu'il me tendait quelque chose. Un de mes gants avait glissé de ma pochette de satin ». C'est ce même homme qui partage sa vie aujourd'hui.

Bien sûr, la dame est devenue une fervente adepte de l'oniromancie.

Le sommeil vecteur du rêve
Le rêve, manifestation universelle

Le rêve est un phénomène qui semble se produire chez tous. Le sommeil paradoxal, celui du rêve, est encore plus important chez le bébé qui passe les trois quarts de son temps à dormir, son activité onirique ne fait aucun doute. Le processus se met en place avant la naissance lors des phases correspondant au sommeil profond du fœtus. Ainsi, les principes innés de la personnalité et la mémoire génétique s'expriment au cours du rêve. Les mammifères et les oiseaux connaissent également le sommeil de Morphée. Seuls les squales, pour une raison encore méconnue, échappent au sommeil profond et par voie de conséquence au rêve. Le rôle qu'exerce le rêve sur notre équilibre n'est plus à démontrer. Une expérience qui contribuerait à empêcher une personne de rêver serait un acte criminel, car à long terme, elle entraînerait sa mort.

Pour rêver il faut dormir. En général une bonne nuit compte en moyenne huit heures de bon sommeil réparateur. Nul doute, nous sommes pléthore à nous contenter de beaucoup moins. Nos ancêtres dormaient plus que nous, ils se levaient et se couchaient plus tôt. Aujourd'hui rares sont les gens couchés à vingt heures, plus de 30 pour cent sont encore debout à minuit. La vie moderne est responsable de nos bâillements diurnes. Ceci dit, on ne peut fixer de normes réelles sur le temps de sommeil nécessaire, il est propre à chacun. Certains récupèrent en dormant moins de cinq heures, d'autres son très fatigués en dépassant les huit heures. Pour une même personne les besoins sont différents d'une nuit à l'autre.

Bien sûr, nous sommes tous capables de réduire ce temps si cela représente un intérêt quelconque, même à nos dépends. Un fait rassurant est reconnu scientifiquement, une privation temporaire de sommeil n'entraîne pas de dommages physiologiques irréversibles, ce manque est compensable assez rapidement. Cependant, on a tout intérêt à ne pas s'en priver car il possède des vertus bienfaisantes. Il favorise la digestion, la cicatrisation et donne même un sérieux coup de pouce à la guérison de certaines maladies. Le rêve est corollaire du sommeil, par un mécanisme parfait, l'organisme récupère la nuit, la fatigue du jour.

On s'endort le soir parce que l'on est resté longtemps éveillé, cela semble évident. Mais une nouvelle propension au sommeil se fait sentir vers quatorze heures. Sachez qu'elle n'a rien à voir avec le repas qui la précède. Le sommeil peut s'installer en maître si notre horloge biologique le décide. L'activité cérébrale est aussi intense lors de la phase paradoxale qu'à l'état de veille. Le sommeil lent, profond sert à la mémoire, il permet de réintégrer tout ce qu'on apprend au cours de la vie.

Comment trouver la voie du sommeil, si vous êtes stressé et tendu, non seulement vous ne parviendrez pas à vous endormir, mais de surcroît votre réceptivité sera déficiente, ce qui rendra laborieuse la mémorisation de vos rêves. La relaxation produit des ondes alpha, pratiquez-la, elle sera garante de votre sommeil. (Les ondes alpha correspondent à une activité cérébrale réduite. Ces ondes se produisent entre la veille et le sommeil.)

Il est primordial de ne pas focaliser sur la crainte de l'insomnie lorsqu'on se trouve à l'horizontale. C'est vrai, la loi des contraires entre en action pour contredire le principe même du sommeil quand notre esprit cogite ce refrain bien connu des plus nerveux qui voudraient être en forme le lendemain : « Faites que je dorme » ou « pourvu que je dorme » ou encore « je dois m'endormir »... Restez dans la passivité, essayez de ne penser à rien. Dites-vous qu'après tout, une nuit blanche, ce n'est jamais aussi dramatique que d'absorber des tranquillisants ou des somnifères dont les effets ultérieurs pourraient déclencher une dépendance.

Nous en avons déjà parlé, l'organisme n'est pas rancunier, vous effacerez plusieurs nuits de fatigue avec seulement quelques heures de sommeil profond les jours suivants. Si vous portez des lunettes de vue, évitez de lire tard le soir, une tension des yeux retardera l'endormissement, de même qu'une activité physique après le repas et de longues conversations après 18 heures.

Les rythmes du sommeil

Nous avons tous des heures plus favorables que d'autres pour dormir. Au-delà de ce moment particulier, le sommeil passe, nous manquons l'opportunité et il faut attendre une heure et demie à deux heures pour nous endormir. Notre organisme fonctionne par cycles, chacun de ces cycles dure entre une heure trente et deux heures, divisible en cinq paliers.

- **Premier palier :** sommeil très léger, phase d'endormissement, le cerveau émet des ondes alpha.

- **Deuxième palier :** sommeil léger, on se réveille au moindre bruit...
- **Troisième palier :** sommeil lent, profond.
- **Quatrième palier :** sommeil réparateur très profond.
- **Cinquième palier :** sommeil paradoxal, représente environ vingt-cinq pour cent du cycle. C'est durant cette phase que nous rêvons. Le cœur et la circulation s'accélèrent, l'activité cérébrale augmente, le corps est comme paralysé, complètement coupé du monde extérieur.

Il est très simple de calculer soi-même la durée de son cycle de sommeil et d'en obtenir le nombre moyen en une nuit.

Exemple : si vous vous endormez vers vingt-trois heures et vous vous réveillez vers sept heures, vous obtiendrez quatre cycles de deux heures.

Les jours de la semaine privilégiés pour les thérapies oniriques

Depuis les temps les plus anciens nous savons que certaines planètes correspondent et vibrent à un jour de la semaine. L'univers cosmique fonctionne avec une grande précision. Chaque jour de notre existence apporte une influence magnétique des éléments extérieurs de notre milieu ambiant. Il est intéressant de mettre de notre côté des atouts supplémentaires issus de principes fondamentaux. Les vibrations de la lune et les rayonnements du soleil jouent un rôle essentiel sur notre équilibre, notre façon d'agir et de penser. Ces données sont destinées à vous faire profiter des meilleures influences astrales.

JOURS DE LA SEMAINE	PLANÈTES	CORRESPONDANCE
LUNDI	**Lune** ☽	Imagination, réceptivité, rêve, fécondité, vie animale végétative.
MARDI	**Mars** ♂	Dynamisme, impulsivité, agressivité, désir de vaincre, passion violente.
MERCREDI	**Mercure** ☿	Vie relationnelle, échanges, esprit, adaptation, cérébralité.
JEUDI	**Jupiter** ♃	Expansion, protection, affirmation, confiance en soi, aisance, équilibre physique et mental.
VENDREDI	**Vénus** ♀	Amour, sentiments, attirance pour la beauté, détente physique, sens artistique, générosité, sensualité.
SAMEDI	**Saturne** ♄	Concentration, intériorisation, inhibition, abstraction, dépouillement, patience.
DIMANCHE	**Soleil** ☉	Vie, puissance, chaleur, illumination, volonté, conscience, équilibre, moralité, vocation idéaliste.

Programmez et dirigez vos rêves

Pour un thème sur la lune

Choisissez de préférence le lundi qui est son jour par excellence, en second vendredi, jour de Vénus, propice aux émotions, à la détente au domaine créatif et artistique, il vous motivera et vous aidera à donner forme à vos objectifs. Attendre la période où la lune décroît pour les nerveux.

Thèmes sur l'eau

- **Eaux calmes :** Toujours commander ce rêve pendant le décours de la lune le lundi, puis le samedi jour de Saturne qui force la réflexion et la concentration, il permet à l'esprit de mieux se détacher de la matérialité en freinant l'impulsivité qui libère l'adrénaline.
- **Eaux agitées :** Pour dynamiser et tonifier, période où la lune croît. Jours lundi et mardi. Le mardi correspondant à Mars bénéficiera de la force énergétique de cette planète qui symbolise l'esprit de conquête et qui régit le fer dans le sang. Si votre mémoire et votre intellect sont carencés, vous tenterez également ces rêves le mercredi car Mercure influence l'intelligence et la forme de pensée.
- **Nota :** N'oubliez pas de faire coïncider le jour choisi avec la phase lunaire adéquate pour optimiser la projection onirique.

Thèmes sur le soleil

Malgré sa complicité avec la lune, il est superflu d'observer les phases lunaires pour un tel rêve, idem pour la montagne et le sable. Le soleil étant présent partout, il contrôle notre climat le jour comme la nuit.

- Le dimanche dispense le mieux l'énergie et la lumière de l'astre.
- Le mercredi, favorable au moral par son affinité avec Mercure.
- Le jeudi, pour la force d'aisance, de facilité et d'épanouissement que dégage Jupiter. C'est le jour que choisira une personne timide ou complexée.

(Voir le tableau de programmation des rêves, page 40)

Petite expérience préliminaire de visualisation à la programmation des rêves

Ce petit test de persistance rétinienne a pour objet de préparer votre inconscient à obéir à vos suggestions, lorsque vous serez endormi.

COMMENT FAIRE :

- Épinglez sur votre mur à hauteur des yeux l'image que vous aurez sélectionnée pour votre rêve.
- Elle doit être bien éclairée, asseyez-vous en face d'elle, entre cinquante centimètres et un mètre, fixez-la en son centre durant deux pleines minutes.
- Pour faciliter votre concentration, enfoncez en son centre une punaise de couleur blanche.
- Ne vous laissez pas distraire par l'ensemble du graphisme.
- Pendant toute la durée de la fixation, vous ne devez chercher à voir que la punaise.
- Lorsque le temps sera écoulé, lentement, détournez votre regard et fixez l'endroit de votre pièce le moins éclairé.
- Cette surface doit être impérativement plus sombre.
- Les contours de la représentation que vous avez choisie doivent alors vous apparaître de façon très nette.

Cet exercice vous apportera au-delà de son effet magique une certaine détente psychique qui favorisera le rêve. Il est conseillé de ne pas lire ou de regarder la télévision après cette expérience.

THÉRAPIE ONIRIQUE - Tableau de programmation des rêves

RÊVES À PROGRAMMER	OBJECTIF	NATURE NERVEUSE ANXIEUSE	NATURE BIEN ÉQUILIBRÉE	JOURS PROPICES
SPHÈRE LUNAIRE	Pour lutter contre la nervosité. Les problèmes psychosomatiques. Gastrites, inflammations. Les cycles irréguliers. Les douleurs abdominales. Pour renforcer les traitements sédatifs.	↘☽	↘☽	LUNDI VENDREDI
SPHÈRE LUNAIRE	Pour stimuler le domaine créatif, recherche artistique. Motivation des objectifs.	↘☽	↗☽	LUNDI VENDREDI
RUISSEAU, CASCADE	Manque de tonus, anémie. Troubles circulatoires. Mémoire défaillante.	↘☽	↗☽	LUNDI MARDI MERCREDI
FLEUVE, RIVIÈRE	Pour lutter contre : la léthargie. L'indétermination.	À déconseiller	↗☽	LUNDI MARDI MERCREDI
SPHÈRE LUNAIRE	Pour amplifier l'action des stimulants.	À déconseiller	↗☽	LUNDI MARDI
SPHÈRE LUNAIRE À ALTERNER AVEC LE SOLEIL	Pour la concrétisation des objectifs. Les contrats, les associations. Les talents en dormance. Pour sublimer les rapports sexuels. Procréer. Positiver.	↗☽	○ ↗☽	LUNDI MERCREDI DIMANCHE
SOLEIL	Pour lutter contre : la fatigue, le pessimisme, les coups de pompe, la timidité, le découragement. Le spleen.	↘☽ ↗☽	↘☽ ↗☽	DIMANCHE JEUDI
PAYSAGE DE MONTAGNE	Pour surmonter les épreuves physiques, morales. L'anémie, la fatigue.	↗☽	↗☽ ○	DIMANCHE MERCREDI JEUDI
LA MER UN PEU AGITÉE L'OCÉAN	Pour la déprime, les glandes, la circulation, l'anorexie. Pour renforcer le système immunitaire.	↗☽	↗☽ ○	LUNDI MERCREDI JEUDI VENDREDI DIMANCHE
SABLE BLOND OU BLANC	Pour combattre le surmenage, les tensions. Pour décompresser.	↘☽ ↗☽	↘☽ ↗☽	LUNDI MERCREDI JEUDI VENDREDI SAMEDI
SPHÈRE LUNAIRE	Pour freiner toutes les tendances. Pour les tempéraments cyclothymiques et excessifs. La tension artérielle. L'impulsivité.	↘☽	↘☽	LUNDI JEUDI SAMEDI
UNE MER D'HUILE UN LAC	Pour les douleurs aux cervicales, les migraines.	↘☽	↘☽	LUNDI MERCREDI SAMEDI DIMANCHE

↘☽ Lune descendante, ↗☽ Lune montante, ○ Pleine lune.
Évitez de programmer vos rêves le jour de la nouvelle lune, lorsque l'astre est invisible.

La lune influence nos rêves

Phase de la nouvelle lune :

Certains rêves sont de mauvaise augure. Ils parlent d'hostilité, de vengeance, ils remuent parfois le couteau dans la plaie. Après ces rêves on se sent persécuté ou insatisfait de son sort. On rêve pour autrui, c'est la période où interviennent les rêves prémonitoires de graves maladies, de décès.

Phase ascendante de la lune :

Les rêves sont un peu romancés, parfois difficiles à retenir. Ils font souvent allusion à l'enfance. Ils dénoncent des attitudes à corriger. Ils prédisent des faits de faible incidence qui se vérifient assez rapidement dans le temps. Les grands rêves peuvent se dérouler durant cette période.

Phase de pleine lune :

Les rêves sont fortement prémonitoires. Ils sont généralement courts et laissent leur empreinte dans notre esprit. On retient longtemps leur essence. Cette phase est également marquée par des rêves érotiques et sexuels. Notez ces rêves afin de les retenir, leur contenu est précieux.

Phase descendante de la lune :

Il est rare de connaître la fin d'un rêve, certains scénarios cherchent à démontrer quelque chose qui cloche dans l'existence du rêveur. Les personnages impliqués sont la plupart du temps ceux que nous aimons, mais leurs rôles sont totalement différents ou contradictoires. C'est la période où nos rêves peuvent faire allusion à la fatigue, au surmenage sous des formes symboliques qu'il vaudrait mieux décoder. Les rêves prémonitoires, avertissements, catastrophes se déroulent généralement pendant cette phase.

Les fleurs

Les fleurs symbolisent nos états d'âme. Les différentes espèces florales et leur couleur traduisent depuis toujours des sentiments ou des émotions. Dans un jardin ou dans vos bras, cueillies ou offertes, les fleurs que vous voyez dans vos rêves ont un sens prophétique et vous délivrent un message.

En général

- **Rêver d'un bouquet de fleurs** est un présage heureux, de vie active, de grande satisfaction.
- **Un bouquet fané** doit vous inciter à vous préoccuper de votre forme physique, votre vitalité est en baisse.
- **Si on vous offre un bouquet,** la personne qui vous l'offre nourrit des sentiments très forts pour vous.
- **Des fleurs artificielles** annoncent la fin d'une passion.
- **Des fleurs séchées** annoncent des querelles chroniques dans la famille ou dans le couple.

Anémones

- Signe de dynamisme et de stabilité matérielle. Les décisions seront favorables, car mûrement réfléchies.

Bégonia

- Les sentiments sont superficiels, les relations sont basées sur le charme et la séduction.

Bleuet

- Le souvenir d'un amour d'enfance vous préoccupe.

Camélia

- L'être aimé vous protège, vous vivrez dans un cocon.

Chrysanthème

- Une tierce personne viendra s'insérer dans votre bonheur.

Coquelicot

- Rupture douloureuse à venir.

Cyclamen

- Ces fleurs se plaisent à l'abri des arbres, vous, à l'abri des curieux, vous ne supporterez que vos intimes.

Dahlia

- On vous aime chaleureusement, les témoignages abondent.

Digitale

- Des circonstances imprévisibles vous feront retrouver un ami.

Géranium

- L'amour est compliqué, prévoyez une issue de secours.
- **Des géraniums blancs :** Une sainte nitouche cherche à vous créer des ennuis.
- **Des géraniums oranges :** Tout n'ira pas sans trouble pendant le week-end.
- **Des géraniums roses :** Vous retrouverez une connaissance que vous n'aviez pas vue depuis des lustres.
- **Des géraniums rouges :** Une personne se mêle de ce qui ne la regarde pas, vous la remettrez à sa place.

Giroflée

- **Si vous rêvez de cette plante odorante**, vous n'allez pas tarder à rencontrer l'amour passion.
- **Vous cueillez des giroflées :** L'amour est heureux et impérissable.

Glaïeul

- **Des glaïeuls coupés :** Une personne prétentieuse cherche à vous tromper sur ses aptitudes.
- **Des glaïeuls sur pieds :** Vous demanderez un temps de réflexion.

Glycine

- **Mauve :** De nombreuses preuves d'affection.
- **Rose :** Un amour sans lendemain.

Hortensia

- **Rose :** Les serments ne sont pas sérieux.
- **Bleu :** La timidité fait barrage aux aveux amoureux.

Iris

- Vous parlez trop de votre vie privée.

Jacinthe

- **Blanche :** Signe de naïveté, d'innocence.
- **Rose :** L'émotion est à fleur de peau.
- **Bleue :** Une infidélité se prépare.

Jasmin

- Une rencontre sera empreinte de charme et de discrétion.

Jonquille

- Une petite déception.

Lavande

- L'amour est rustique, dommage si vous aimez la poésie !
- **Récolter de la lavande pour en extraire de l'essence :** Vous resterez jeune très longtemps.

Lilas

- **Blanc :** Signe de mariage.
- **Rose, bleu ou pourpre :** Prudence, ne vous investissez pas sentimentalement sans avoir testé la confiance de l'autre.

Lis

- **Blanc :** Il symbolise la pureté, une personne jeune vous déclarera son amour.
- **Rouge :** En amour, vous flambez et succombez trop vite.

Lotus

- Cette fleur mystique aux pétales sacrés exprime une force cachée. Si vous canalisez votre énergie positivement, vous en retirerez une grande satisfaction sur tous les plans.

Lupin

- Votre conquête est immature, ne comptez pas sur ses belles paroles.

Magnolia

- For ever ! Vous serez marqué jusqu'à la fin de votre vie par une histoire d'amour.

Marguerite

- Vous aimez la loyauté et la franchise, vous ne supportez pas les gens qui louvoient.

Mimosa

- Prédit une fin de vie très heureuse.
- **Si on vous l'offre,** vous déclarerez votre amour au grand jour.

Muguet

- Votre cœur va tomber profondément amoureux.

Myosotis

- Une personne sage, d'un certain âge, vous demandera en mariage. Si vous n'êtes pas libre, vous accepterez son soutien.

Narcisse

- Cette fleur dans la nature est un présage de chance dans les affaires les plus scabreuses.
- **Si vous voyez ces fleurs pousser dans des pots** soyez prudent dans vos investissements, vous aurez à faire face à des obligations incontournables financièrement.

Nénuphar

- **Nénuphar sur l'eau :** De grandes joies liées à un enfant.
- **Hors de l'eau :** L'amour est platonique.

Œillet

- On vous désire et pour la cause on vous flatte.

Orchidée

- Échange subtil entre amants.

Pâquerette

- **Voir des pâquerettes en plants :** En amour vous manquerez d'assurance.
- **Dans un vase :** Ne dévoilez pas trop vite vos sentiments.
- **Cueillir des pâquerettes** prédit une relation amoureuse triste et douloureuse.

Pavot

- Trahison d'une femme.

Pensée

- Conforme à l'essence de son appellation, l'esprit de l'être aimé est tourné vers vous.
- **Des pensées de toutes les couleurs :** Un ami éloigné pense à vous.
- **Un bouquet de pensées jaunes :** Quelqu'un cherche à attirer votre attention pour vous séduire.
- **On vous offre des pensées :** Des malentendus avec une personne du sexe opposé.

Pivoine

- Vos propos sont caustiques et votre humour dérange.

Primevère

- Une rencontre marquera toute votre existence.

Roses

- **Rêver de roses blanches :** Les sentiments sont purs et sincères.
- **De roses rouges :** L'amour est passionné.
- **De roses jaunes :** Votre esprit brillant subjugue le sexe opposé.
- **De roses noires :** La fin d'un grand amour.

Soucis

- Ces fleurs annoncent bel et bien des tracas ainsi qu'une période mélancolique.

Tulipe

- Fierté, dignité sont vos armes secrètes.
- **Noire :** Signe de veuvage.

Violette

- L'amour vous ensorcelle, méfiez-vous de l'emprise de l'autre.

Les pierres précieuses et semi-précieuses

De nombreuses gemmes possédant une énergie et une vibration particulière, l'affinité de certaines d'entre elles avec la personnalité peut être la raison pour laquelle elles apparaissent parfois dans un rêve. Leur message présente alors un grand intérêt. Il est primordial, tout en analysant le contexte et les autres éléments du rêve, de connaître leur symbolisme.

EN GÉNÉRAL

- **Voir toutes sortes de pierres précieuses en rêve** est un appel à mieux développer vos aptitudes dans vos activités, la tentation de céder à la dispersion est forte, avec de la volonté, une réussite matérielle peut être acquise rapidement.
- **Si vous négociez ou vendez des pierres précieuses :** Vous allez bénéficier de certains privilèges sans en assumer les contraintes ou les conséquences.
- **Des amis ou des relations ont une collection de pierres précieuses :** Vous utiliserez l'argent d'un vol.

Agate

- C'est un signe d'endurance, vous avez l'instinct de survie et même une certaine facilité à maîtriser vos émotions. Vous allez devoir mettre ces qualités à l'épreuve dans les jours qui viennent.
- Cette pierre conseille également la philosophie dans les situations qui semblent relever de la fatalité.
- **Si on vous l'offre :** Vous tournerez en dérision une circonstance tragique.

Aigue-marine

- C'est un talisman idéal pour développer les facultés extra-lucides. Une telle vision honore votre intuition, vos pressentiments deviendront réalité. Des énergies puissantes sont en gestation dans votre âme, des circonstances particulières les feront naître et serviront de belles causes.
- **Si on vous l'offre :** Un talent particulier vous sera octroyé.

Améthyste

- Pierre de la magie, de l'illumination et de la sagesse. On lui octroie le pouvoir de déclencher des rêves prophétiques d'où l'intérêt d'étudier méticuleusement les composantes et l'aboutissement de votre rêve. Un fait ou un événement se confirmera. Plus sûr encore si ce rêve s'est déroulé dans la nuit du mardi au mercredi.
- **Si on vous l'offre :** Vous prendrez de sages résolutions et donnerez un sens à votre vie.

Aventurine

- Elle indique des retournements de situation, de la chance dans les procès. Une autre possibilité, des circonstances étranges vous feront changer favorablement d'opinion, la raison peut être une plus grande liberté dans l'action.
- **Si on vous l'offre :** Vous claquerez la porte sur un coup de tête et reviendrez ensuite faire votre mea culpa.

Cornaline

- Dans le rêve, c'est un indice de retard, peut-être parce que Saturne lui correspond et génère quelques obstacles. Elle conseille d'être patient, de ne pas brûler les étapes. Le temps est un allié, toute précipitation augmentera les difficultés de progression et de réalisation.
- **Si on vous l'offre :** Vous jouirez tardivement de l'existence dans la paix et la sérénité.

Cristal de roche

- Sa planète, Mercure, lui confère des pouvoirs permettant des communications sur de nombreux plans, tout autre que ceux du verbe. Un tel rêve montre un esprit limpide, vous pensez juste, les initiatives ou les démarches seront positives.

  Mais on cherche à vous transmettre par le biais de votre inconscient un message essentiel, celui de mieux gérer vos énergies et de combattre l'isolationnisme dû à votre nature réservée et méfiante.

- **Si on vous l'offre :** Votre imagination fertile vous permettra de réaliser de grandes choses.
- **Si vous rêvez de miniatures en cristal de roche,** c'est un message sensuel et charnel.
- **Si vous l'utilisez comme pendule :** Une expérience artistique vous ouvrira les portes de la réussite.

Diamant

- Cette pierre représente l'âme. Son éclat et sa transparence symbolisent le libre arbitre de l'être. Son apparition en rêve est un excellent présage d'harmonie, de vitalité, d'équilibre et d'expansion.
- **Si on vous l'offre :** Vous détiendrez bientôt des pouvoirs secrets sur l'amour et vous aurez hâte de les tester sur vos partenaires. N'en abusez pas !
- **En négocier** marque des choix matériels aux dépens des valeurs affectives.

Émeraude

- Le vase du Graal, d'après la légende, a été taillé dans cette pierre vénusienne tombée du front de Lucifer. Elle demeure inquiétante, sa couleur vert translucide fait penser à l'eau passive et traître, celle qui retire la vie si on ignore sa loi. Prudence, si vous en rêvez, votre nature changeante lui ressemble, vous vous dispersez dangereusement dans l'action et passez à côté de l'essentiel. Pensez à ceux qui vous aiment. Ils ont du mal à vous suivre.
- **Si on vous l'offre :** Vous aurez tendance à vous laisser entraîner dans des relations ambiguës au péril de votre sérénité.
- **En négocier :** Une personne très proche joue la comédie.

Escarboucle ou Grenat

- Cette pierre pourpre composée de fer et de calcium est reliée au Soleil et à Mars. C'est pourquoi elle peut dénoncer dans le rêve une énergie dangereuse susceptible de se retourner contre soi-même. Les tendances et les pulsions sont trop primaires et doivent être freinées. Une autre hypothèse à ce thème : certains philosophes ont dit d'elle, qu'elle donnait des explications sur les secrets de la vie et de la mort. Si vous en rêvez, il est possible que certains mystères vous troublent, vous avez envie de les élucider sans la curiosité et l'ironie de votre entourage. Des superstitions font parties de vos principes. C'est votre droit. Personne n'en sourit.
- **Si on vous l'offre :** Craignez la trahison d'une amie.
- **En négocier :** Une période non propice aux démarches.

Jade

- Pierre divine, elle protège contre les agressions extérieures, animaux et catastrophes naturelles. Elle aurait même le pouvoir de guérir certaines maladies d'origines nerveuses. Son message tranquillise, vous bénéficiez d'une protection divine ou astrale selon vos conceptions. La période est idéale pour extérioriser vos possibilités.
- **Si on vous l'offre :** Vous vivrez une relation exceptionnelle avec votre partenaire.
- **Porter un bijou en jade blanc** prédit un affrontement avec une personne jeune et perverse. Il est rare que la couleur blanche présente un caractère maléfique, dans ce cas de figure, elle est l'exception qui confirme la règle.

Jaspe

- **Rouge ou rose :** Elle prédit des périodes d'agressivité, de tensions, dans toutes les circonstances. Il est déconseillé de partir en voyage.
- **Verte :** Danger de corruption, ne vous laissez pas séduire par le chant des sirènes.
- **Si on vous l'offre, rouge ou rose :** Risque d'autodestruction.
- **Verte :** Piège d'une dépendance affective.

Lapis-lazuli

- Cette pierre contient du soufre, c'est certainement pour cette raison qu'on lui attribue certains pouvoirs magiques. **Son image onirique** peut être interprétée ainsi : Certaines facultés parapsychologiques sont en vous, si vous les réveillez vous maîtriserez mieux les événements qui suivront. Le message peut vouloir dire que vous ne faites pas assez confiance à votre intuition.
- **Si on vous l'offre :** Vous devrez renoncer à certains plaisirs au profit de valeurs plus sûres.

Malachite

- Le cuivre entre dans la constitution de cette pierre de couleur verte, ses influx sont étranges, ils incitent la personne qui la porte à rejeter toutes les censures y compris celles des lois et de la morale. C'est peut-être pour cette raison qu'elle est fortement conseillée aux grands timides. Il vous appartient de découvrir le message onirique qui vous est destiné, à des fins utiles.
- Si vous manquez d'audace dans toutes les circonstances, c'est probablement le moment pour vous impliquer dans l'action ou donner votre point de vue à ceux qui ont l'habitude de votre absentéisme.

- Dans le cas contraire, c'est un avertissement sérieux de rentrer rapidement dans le rang et de vous plier aux normes de la société.
- **Si on vous l'offre :** Vous aurez besoin des autres et peut-être même de leur apport financier pour atteindre votre but.

Onyx

- **Noir :** Vos ondes sont négatives, le message est profond : votre corps et votre âme sont en danger. Vous pensez sans arrêt que les gens vous veulent du mal. Changez d'état d'esprit, pensez positivement, vous trouverez l'harmonie et la paix.
- **Blanc :** Comme cette pierre vous dégagez de très bonnes ondes. On recherche votre compagnie, une personne va avoir besoin de votre soutien ou de votre magnétisme. Pureté et sincérité dans le comportement sont vos meilleurs atouts.
- **Si on vous offre un onyx noir,** vous allez affronter «une saison en enfer».
- **Un onyx blanc :** Joie de vivre avec des relations authentiques.

Opale

- C'est une pierre maléfique, rassurez-vous son influence lunaire négative est relative dans le rêve, seul un esprit superstitieux appréhendera une «tuile». En fait, sa présence cherche à réveiller en vous et pour votre bien des souvenirs qui ont laissés leur empreinte.

  Vous constaterez les jours suivants que certaines circonstances vous rappellent effectivement les erreurs du passé, gardez-vous de les renouveler.
- **Si on vous l'offre :** Évitez de porter des jugements préconçus sur vos amis ou votre famille.

Pierre de lune

- Un rêve plutôt rare pour une pierre qui sent le «soufre». En effet, elle donne accès à la clairvoyance. Ce rêve vous invite à vous la procurer et à la placer sous votre oreiller, plus encore, si vous êtes un signe d'eau. Elle aura un heureux effet sur votre mental et renforcera vos facultés intuitives.
- En général le message porte sur la finalité heureuse d'une de vos préoccupations. Ne négligez pas les rêves de la semaine suivante, ils peuvent vous donner des renseignements précieux et même la clef de votre réussite.
- **Si on vous l'offre :** Un désir apparemment irréalisable se concrétisera.

Quartz rose

- Votre vision des choses est un peu déformée, c'est l'une des causes pour lesquelles une «pseudo malchance» ne vous quitte pas. Tous les prétextes sont bons pour vous décharger des responsabilités de vos actes malheureux. Vos sentiments sont flous, mal définis et la lumière de votre énergie et de vos capacités intellectuelles vacille. C'est un message de prise en charge, d'effort à consentir pour reprendre une vie plus logique et d'éliminer en soi comme à l'extérieur tout ce qui est générateur de problèmes.
- Ce rêve suspend les difficultés, il est propice à une nouvelle orientation et à la matérialisation des projets. Ne laissez pas passer cette chance qui vous aidera à mieux vivre votre futur.
- **Si on vous l'offre :** Vous trouverez la relation idéale qui vous incitera à vous engager d'une manière authentique.

Rubis

- Pierre maléfique de la passion, elle envoûte les amants et leur coupe l'accès à la logique. Certains penseurs lui ont même attribué des vertus médicinales. Dans un rêve le présage est favorable au plan affectif qui va se modifier. Si vous avez une liaison, la rupture est proche et vous apportera la paix intérieure. Amoral, mais vrai, si vous êtes marié, aucun regret de la faute ne subsistera.
- **Si on vous l'offre :** Vous attendez impatiemment un verdict vous concernant, on vous laissera encore un peu sur le gril, à vos yeux cette attente est excitante.
- **En négocier :** Vos énergies sont bien gérées, vous surmonterez aisément les obstacles.

Saphir

- Son symbolisme est lié à la couleur bleue qui est celle du ciel de la vérité éternelle et de Jupiter sa planète. Le saphir dans le rêve est une marque de fidélité, l'être aimé ou la personne qui vous est chère ne conçoit pas son existence sans vous. Cette pierre révèle pourtant un doute omniprésent dans votre esprit, la crainte d'être trompé par l'autre.
- **Si on vous l'offre :** Un proche contribuera à orienter votre destin.
- **En négocier :** Signe d'aisance financière.

Topaze

- Symbolise l'amour et l'argent. Dans le rêve, elle s'oppose généralement au libre arbitre et vous prévient de la valeur erronée de vos désirs matériels. Vous devez laisser parler vos sentiments et repousser toute pensée spéculative. Parfois, cette pierre cherche à informer de l'urgence à faire un choix dans la vie sentimentale.

- **Si on vous l'offre :** Des ennuis pour le non-respect d'un engagement.
- **En négocier :** Ne vous laissez pas influencer dans vos décisions.

Turquoise

- Subtil mélange de bleu et de vert, on connaît le symbolisme de ces deux couleurs réunies qui inclinent vers un univers hallucinatoire. Prenez ce thème au sérieux, il reflète votre présent, en réalité vous désirez l'inaccessible. Mais savez-vous à quel point, l'inaccessible pour vous serait dangereux si vous parveniez à l'obtenir ? Votre sécurité dépend d'une sage abnégation, méditez sur cela.
- **Si on vous l'offre :** Soyez plus clair dans vos rapports et prenez conscience de vos obligations.
- **En négocier :** Signe d'autosatisfaction.

L'**AMBRE**, le **CORAIL** et la **PERLE** sont référencés dans le lexique.

DEUXIÈME PARTIE

LEXIQUE

A

ABANDON, être abandonné ou rejeté par ses proches sont des thèmes fréquents. Ils expriment le plus souvent des angoisses qui prennent racines dans la petite enfance et perdurent jusqu'à la fin de l'existence. Le besoin d'être aimé transcende naturellement celui d'aimer, encore plus chez la femme que chez l'homme. De tels rêves sont parfois solidaires d'une prise de conscience salutaire et favorable aux réconciliations affectives.

- **L'être aimé vous abandonne :** Votre attitude le déconcerte, vous entretenez un climat de tension et fuyez les explications, d'où une incompréhension mutuelle.
- **Abandonner quelqu'un dont vous avez la charge** reflète des tendances vaniteuses suscitées par un sentiment de responsabilité. Se sentir indispensable flatte l'ego, cette suffisance n'est malheureusement que la psyché de notre propre angoisse.
- **Abandonner l'être aimé** suscite la controverse et promet un redoublement d'affection.
- **Abandonner ses enfants :** vous devrez surmonter de lourdes épreuves.
- **Abandonner un animal domestique :** Un cap difficile à franchir sur le plan psychologique.
- **Abandonner sa maison :** Méfiez-vous de votre entourage, une personne est hostile à votre bonheur.
- **Être témoin d'un abandon :** Les actions présentes doivent être considérées par rapport à celles du passé, ainsi les décisions affectives seront plus faciles à prendre.
- **S'abandonner aux plaisirs des sens :** Une désillusion sentimentale.

ABAT-JOUR

- **Rêver d'un abat-jour, rouge :** Complot, jalousie. **Bleu :** Confidence. **Vert :** Concrétisation d'un espoir. **Noir :** Votre honorabilité risque d'être entachée.
- **L'abat-jour est percé ou en mauvais état :** Un de vos fantasmes sera dévoilé.
- **Vous détériorez un abat-jour :** Votre conduite est loin d'être irréprochable.
- **Vous achetez un abat-jour :** Le soutien que vous attendez ne vous sera d'aucune utilité.

ABATS

- **Rêver d'abats :** Signe de troubles organiques.
- **Vous touchez des abats :** Une personne va vous demander assistance.
- **Vous mangez des abats crus :** Un sacrifice inutile.
- **Vous mangez des abats cuits :** Vous reviendrez sur une décision.
- **Vous faites cuire des abats :** La période à venir sera propice aux affaires.

ABBAYE

- **Voir une abbaye de l'extérieur :** De très bonne augure, une personne décédée vous protège.
- **Vous êtes à l'intérieur d'une abbaye :** Honneurs et félicitations.
- **Vous vous recueillez dans une abbaye :** D'excellentes résolutions seront source de satisfactions.
- **Vous rencontrez une connaissance dans une abbaye :** Vous ne tarderez pas à apprendre le décès d'un ami.
- **Vous visitez une abbaye :** Période d'isolement, nécessité d'une retraite pour se ressourcer.

ABBÉ

- **Vous rêvez d'un abbé :** Vous chercherez à être rassuré sur vous-même.
- **Voir un abbé prier :** Votre confiance est bien placée.
- **Un abbé a une conduite déplacée :** Une humiliation en public.
- **Vous êtes un abbé :** Changement dans le domaine professionnel.

ABCÈS

- **Vous rêvez qu'un abcès vous fait souffrir :** Un conflit intérieur perturbe votre sérénité ou un complexe d'infériorité complique votre existence.
- **Si l'abcès se vide :** Vous parviendrez à retrouver le calme.
- **Vous êtes couvert d'abcès :** Vos idées sont malsaines et sécrètent une essence de vengeance.
- **Un de vos proches souffre d'un abcès :** Un fait que vous souhaitez garder secret sera dévoilé.

ABDICATION

- **Voir en rêve un puissant abdiquer :** Désordre, gabegie.
- **Vous renoncez à votre travail** : Une nouvelle va ébranler vos convictions.
- **Renoncer à la fortune** annonce une rentrée d'argent inattendue.
- **Renoncer à un titre :** Manque de confiance en ses moyens.

ABDOMEN

- **Vous rêvez d'un abdomen nu :** Vous êtes sûr de vous mais limité dans l'action.
- **De l'abdomen de votre époux :** Ce dernier est infidèle.
- **De l'abdomen de votre épouse** : Vous serez frustré.
- **De l'abdomen de votre amant :** Une perte d'affection.
- **De l'abdomen de votre maîtresse :** Une dispute conjugale.
- **Vous êtes blessé à l'abdomen :** Vous vous faites du souci pour un de vos enfants ou un parent.
- **Un poignard est planté dans un abdomen :** Déception amoureuse.
- **Dans votre abdomen :** La fin d'une liaison extra-conjugale ou une longue coupure dans les rapports sexuels.

ABEILLE, elles symbolisent les émanations spirituelles de l'âme après la mort. La ruche est l'enceinte secrète au centre de laquelle se cache la reine qui représente la science. Elle est l'image du travail et de la productivité.

- **Voir voler des abeilles** promet une réussite matérielle.
- **Voir un essaim d'abeilles :** Secours dans le travail, aide sociale.
- **Tuer des abeilles :** Une victoire sur les adversaires.
- **Voir des abeilles butiner des fleurs :** Un nouvel amour.
- **Se faire piquer par ces insectes :** Une sanction sera prise contre vous.
- **Être poursuivi par des abeilles :** Dispute, désaccord.
- **Détruire un essaim d'abeille :** Vous êtes en train de scier la branche sur laquelle vous êtes assis.

ABÎME, à l'origine c'est l'image de l'enfer. Le rêveur cherche au plus profond de lui des vérités qu'il appréhende. Lorsque ce thème se répète fréquemment, il peut révéler des névroses qui remontent à l'adolescence ou un manque réel de sécurité.

- **Se voir au bord d'un abîme** présage un danger pour soi comme pour ceux que l'on aime.
- **Tomber dans un abîme** est un signal d'alarme, vous prenez de gros risques, votre organisme en souffre.
- **Un être cher bascule dans un abîme :** Message de prudence, de méditation.

ABJECT

- **Vous êtes abject :** L'adversité sera difficile à surmonter.
- **Une personne est abjecte :** On parle de vous.
- **Un membre de la famille est abject :** Ne vous investissez pas sentimentalement sans réfléchir aux conséquences.

ABOIEMENT

- **Dans votre rêve vous entendez un chien aboyer :** L'amitié porte conseil.
- **Vous entendez les aboiements menaçants d'un ou plusieurs chiens :** Reproche, désapprobation des amis.
- **Vous aboyez :** Manque de solidarité envers un ami.
- **Un de vos proches aboie :** Il sera victime d'une petite défaillance physique.

ABONDANCE, ce thème représente souvent le contraire de la réalité.

- **Si vous rêvez d'une abondance d'argent :** Votre sécurité est plus apparente que réelle.
- **Si vous jouissez d'une abondance de biens :** Les acquisitions seront difficiles.

- **Voir un parent dans l'abondance :** Vous profiterez d'un avantage non négligeable grâce à une heureuse opportunité.
- **Voir une personne dans l'abondance :** Vous évaluez très mal vos ressources matérielles.

ABORDAGE

- **Rêver d'un abordage entre navires :** des explications houleuses aboutiront à une entente.
- **Être présent sur le navire à l'abordage :** Des rebondissements bénéfiques dans la sphère matérielle.
- **Participer à l'abordage :** Une victoire sur l'adversité.

ABREUVOIR

- **Rêver d'un abreuvoir plein d'eau :** Quiétude, espérance.
- **Des animaux s'y désaltèrent :** Signe de réconfort, d'optimisme.
- **Des abreuvoirs asséchés :** Des ennuis de santé dus à un déséquilibre.
- **Remplir un abreuvoir :** Sentiment de supériorité, autosatisfaction.
- **Se mirer dans un abreuvoir :** Une intuition se concrétise.

ABRI

- **Rêver d'un abri :** Vos ressources physiques vous aideront à progresser sans l'aide de personne.
- **Vous cherchez un abri :** Vous avez besoin d'un secours rapidement.
- **Vous trouvez un abri :** Une personne de votre entourage vous prouvera son affection.
- **Vous êtes dans l'impossibilité d'atteindre un abri :** Vous dissimulez vos véritables sentiments, par crainte d'un manque de réciprocité.

ABSENCE

- **Rêver de l'absence d'un ami :** Un petit accès de jalousie vous fera perdre votre self-control.
- **Un parent est absent :** Ses pensées sont tournées vers vous.
- **Plusieurs personnes sont absentes :** À l'avenir, vous n'allez pas vous faire que des amis.
- **Vous éprouvez de la satisfaction pour l'absence d'un membre de votre famille :** Convoitise, désirs inavouables.
- **La personne que vous avez conviée est absente :** Votre franchise n'est pas au-dessus de tout soupçon !

ABSINTHE

- **Rêver de cette plante ou entendre son nom** présage des épreuves et des chagrins.

- **Boire la liqueur verte de l'absinthe** est un signe de trahison.
- **D'autres personnes boivent de l'absinthe :** Vous risquez de tomber dans la gueule du loup. On vous tend un piège.

ACACIA

- **Vous rêvez de cet arbre :** Conflit sentimental.
- **De fleurs d'acacia :** L'amour est sincère.
- **Vous offrez des fleurs d'acacia :** Une déception amoureuse.
- **Vous respirez le parfum de ces fleurs :** Vous allez vivre un grande passion.
- **Vous vous piquez le doigt avec une épine d'acacia :** Votre franchise vous fera du tort, toutes les vérités ne sont pas bonnes à dire.

ACADÉMIE

- **Rêver d'une académie :** Vos revendications seront justes.
- **Vous êtes dans une académie :** Une affaire ennuyeuse.
- **Vous êtes académicien :** Vous allez saisir une véritable opportunité.
- **Faire la fête dans une académie :** L'avenir vous réserve de grandes joies.

ACCENT

- **Vous avez un accent :** Un voyage à l'étranger, très bref.
- **Vous faites semblant d'avoir un accent :** En croyant bien faire, vous allez vous retrouver au cœur d'une embrouille.
- **Votre partenaire à un accent :** On va vous proposer un deal.
- **Quelqu'un parle avec un accent :** Vous réussirez toutes vos transactions.

ACCEPTER

- **Vous acceptez une proposition :** Ne vous faites pas trop d'illusions, soyez plus réaliste.
- **Vous acceptez un arrangement :** La chance favorise de nouvelles activités.
- **Vous acceptez une invitation :** Vous allez découvrir de nouveaux centres d'intérêts.
- **Vous acceptez un cadeau :** Bonnes perpectives dans les affaires.
- **Vous acceptez un bijou :** On vous aime en secret et vous vous en doutez.

ACCIDENT

- **Rêver d'un accident :** Dans votre intérêt changez rapidement de comportement.
- **Vous avez un accident de voiture seul :** Votre vie amoureuse vous distrait dangereusement.
- **Vous avez un accident avec un proche en place passager :** Vous allez vous séparer de certaines relations, car vous avez besoin d'indépendance et de liberté.

- **En voiture avec de la famille ou des amis vous avez un accident :** La motivation vous manque, vous ne réussirez jamais rien avec cet état d'esprit.
- **Une personne a un accident :** Vous n'hésiterez pas à vous charger de responsabilités.
- **Vous êtes en place passager lors d'un accident :** Vous êtes difficile à vivre et vos pulsions sont destructives pour les autres comme pour vous-même.
- **Vous êtes victime d'un accident d'avion :** C'est un avertissement, vous centrez tout sur votre univers, vous n'êtes pas conscient du mal que vous pouvez faire à vos intimes.
- **Vous vous trouvez dans un train qui déraille :** Cessez de jouer avec le pour et le contre, fuyez les engagements hasardeux. **Si vous êtes blessé dans cet accident :** Votre santé est en danger.
- **Un accident se produit dans le métro :** Extrême prudence. Conseil de changer d'orientation.
- **Vous êtes témoin d'un accident :** Une personne cherche à obtenir votre approbation.
- **Un membre de votre famille est victime d'un accident :** Un manque de réalisme fausse vos objectifs.
- **Vous portez secours lors d'un accident :** Les promesses seront tenues.

ACCLAMATION

- **Vous rêvez qu'on vous acclame :** Chance éphémère.
- **Vous acclamez les autres :** Agressivité mal contenue avec l'entourage.
- **Vous acclamez une personnalité :** Des ennuis avec les subalternes au travail.
- **Une personnalité vous acclame :** Réussite dans le domaine professionnel, parfois de grande envergure.

ACCOMPAGNER

- **Vous accompagnez quelqu'un :** Nouvelle d'une personne qui vous est chère.
- **Vous êtes accompagné :** Vous serez magnanime dans vos rapports avec les autres.
- **Vous demandez à quelqu'un de vous accompagner :** Vous nouerez des liens d'amitié avec une personne un peu sauvage.
- **Vous accompagnez un corbillard :** Mauvaise entente entre frères et sœurs.

ACCORD

- **Vous donnez votre accord :** Une satisfaction personnelle.
- **Vous refusez votre accord :** Séance tenante vous quitterez votre domicile.
- **On vous donne un accord :** Des changements vont survenir dans votre foyer.
- **On vous refuse un accord :** Vous prendrez une résolution qui vous pénalisera.
- **Donner l'accord en musique :** Vous trouverez aide et soutien dans vos projets.

ACCORDÉON

- **Rêver d'accordéon :** Une heureuse nouvelle.
- **Vous jouez de l'accordéon :** Vous avez besoin de marques d'affection.
- **Un enfant joue de l'accordéon :** Vous avez tous les atouts pour rallier les autres à votre cause.
- **Une personne joue de l'accordéon :** Soyez prudent dans vos projets, souvenez-vous que les conseilleurs ne sont pas les payeurs.

ACCOUCHER

- **Vous rêvez que vous accouchez :** Succès dans vos entreprises.
- **Vous mettez un garçon au monde :** Une sœur ou une parente a de sérieux ennuis avec son fils. **Une fille :** Naissance de projets qui apporteront de belles satisfactions.
- **Vous accouchez de jumeaux :** Une réussite que vous n'attendiez plus.
- **Vous accouchez de jumelles :** De très bonne augure pour la vie matérielle.
- **Vous accouchez d'un enfant mort-né :** Un grand danger vous menace.
- **Vous assistez à l'accouchement d'une personne :** Désir de sécurité, de changement, de renouveau.

ACCROÎTRE

- **Vous accroissez votre train de vie :** La période à venir présentera financièrement des hauts et des bas.
- **Vous accroissez vos revenus :** Vous êtes beaucoup trop matérialiste.
- **Vous accroissez votre propre affaire :** Des ennemis cachés cherchent à vous faire du tort.
- **Votre famille s'accroît :** Une métamorphose heureuse sera liée à une rencontre.

ACCUSATION

- **Accuser un parent** laisse entrevoir une nature faible qui rend la société responsable de ses propres échecs.
- **Vous êtes sur le banc des accusés :** des ennuis divers et des troubles du comportement.
- **Vous accusez les autres :** Vos objectifs sont trop élevés et ne cadrent pas avec votre vie actuelle.
- **Vous êtes accusé et non coupable :** Attendez-vous à du retard dans tout ce que vous entreprendrez.
- **Vous êtes accusé et coupable :** Vous avez tendance à agir avec ostentation.

ACHAT

- **Vous faites des achats :** Esprit dynamique, propice aux démarches de toute nature.

- **Vous faites des achats avec une amie :** Vous intégrerez une ou plusieurs personnes à un projet.
- **Vous faites des achats avec un ami :** Les amitiés seront saines et durables.
- **Vous regrettez vos achats :** Vous êtes attiré par la facilité, vous comptez sur les autres pour concrétiser.
- **Vous perdez vos achats :** Reste conforme à la réalité, vérifier bien votre monnaie.
- **Vous oubliez vos achats dans un magasin :** Le doute et l'incertitude sont omniprésents dans l'action comme dans les démarches, il faut développer votre assurance.

ACIDE

- **Rêver d'acides :** Pleurs et désillusions.
- **Vous manipulez des acides :** Des disputes auront pour mobile la jalousie.
- **Vous ingérez des acides :** On vous cache l'essentiel pour ne pas vous inquiéter.
- **Un acide vous brûle la bouche :** Vous serez dans l'obligation de revenir très vite sur une décision.

ACQUITTEMENT

- **Vous vous acquittez de dettes :** Suivez le proverbe, qui paye ses dettes s'enrichit, car côté finance, vous avez des progrès à faire !
- **Un proche s'acquitte de sa dette :** Vous faites beaucoup de commentaires sans jamais passer à l'action.
- **Vous vous acquittez d'une mission :** Vous éclaircirez un mystère.
- **Vous êtes acquitté par un tribunal :** Des tracasseries sans conséquences.

ACROBATIE

- **Vous rêvez d'acrobates :** Signe de vitalité.
- **Un acrobate fait son numéro :** N'investissez pas d'argent, ne jouez pas à la loterie et évitez de boursicoter.
- **Vous êtes l'acrobate :** Vous aimez prendre des risques pour le plaisir et pour gagner plus d'argent.
- **Un acrobate fait une chute :** Danger, vous perdrez de l'argent et vos illusions.

ACTE

- **Vous signez un acte :** Les engagements seront difficiles à tenir.
- **Vous refusez de signer un acte :** Un héritage souillé dans sa source.
- **Un parent signe un acte :** Une longue séparation avec un proche, après une dispute.
- **Vous lisez un acte à haute voix :** Vous recevrez un courrier déterminant.

ACTION (titres)

- **Vous achetez des actions :** Une faillite partielle.
- **Vous donnez des actions à l'un de vos enfants :** Réserve et prudence sont vos deux mots d'ordre.
- **Vous vendez des actions :** La fuite de vos capitaux.
- **Vous découvrez que vos actions n'ont plus de valeur :** Prudence en affaires. Vous serez victime d'un abus de confiance.
- **Vous faites des bénéfices en vendant des actions :** Une décision sera prise trop rapidement.

ADIEU

- **Vous faites vos adieux :** Vous allez rencontrer quelques déboires sans tarder.
- **Dire adieu à une personne chère :** Période de tristesse et de mélancolie à venir.
- **Un ami vous dit adieu :** Chagrin d'amour.
- **L'être aimé vous dit adieu :** Il vous prouvera son attachement.
- **Des parents vous disent adieu :** Un isolement sera salutaire pour l'équilibre.

ADMIRATION

- **Vous provoquez l'admiration :** Vous avez besoin d'être rassuré et approuvé sur vos choix.
- **Vous admirez quelqu'un :** Vous allez vous poser plein de questions... Posez-vous les bonnes !
- **Vous admirez quelque chose :** Vos hésitations sont trop fréquentes, elles vous feront rater des occasions.
- **Un lieu ou un endroit suscite votre admiration :** Vous cherchez trop loin ce qui est tout près de vous. L'herbe n'est pas plus verte de l'autre côté.

ADOPTION

- **Vous adoptez un enfant :** L'estime de l'entourage vous est acquise.
- **Vous adoptez plusieurs enfants :** Vous serez entouré d'affection tout au long de votre vie.
- **Vous adoptez une personne âgée :** Honneurs post mortem.
- **Vous êtes adopté :** Vous allez déjouer un piège.

ADORATION

- **Vous adorez Dieu :** Votre vie est bien équilibrée, mais vous avez besoin d'être stimulé par des références.
- **Vous adorez une idole :** Vous vous révolterez contre des restrictions.
- **Vous adorez un objet :** Votre conduite laisse un peu à désirer.

ADRESSE

- **Vous écrivez une adresse :** Un ami va vous appeler.
- **Vous donnez votre adresse :** Vos imprudences sont solidaires de vos étourderies.
- **Voir des gens écrire des adresses :** Vous vous enfermez trop souvent dans vos habitudes.
- **Vous faites un exercice d'adresse :** Vous serez victime de troubles nerveux liés à une activité trop intense.

ADULTÈRE

- **Vous commettez un adultère :** Vous serez victime de tyrannie passionnelle.
- **Une personne de connaissance commet un adultère :** Votre vie n'est pas en concordance avec vos aspirations.
- **Vous êtes victime d'un adultère :** Des gains aux jeux.
- **Vous dénoncez un adultère :** Des échanges d'insultes entraîneront une rixe dans un lieu public.

ADVERSAIRE

- **Votre adversaire vous harcèle ou vous menace :** Il ne vous fera aucune concession et vous vous en doutez.
- **Votre adversaire est une personnalité :** Vous devez consulter rapidement pour mieux vous renseigner sur vos droits.
- **Votre adversaire cherche à se réconcilier avec vous :** Habilement il tentera une nouvelle action.
- **Vous apprenez le décès de votre adversaire :** Décès symbolique, il sera réduit à l'impuissance.

ADVERSITÉ

- **Rêver que l'on rencontre l'adversité** suscite la controverse dans les entreprises liées aux affaires.
- **L'être aimé rencontre l'adversité :** La chance est de votre côté.
- **Vous rencontrez l'adversité en amour :** Vous n'aurez que faire des conseils des autres.

AÉRATION

- **Vous aérez votre maison :** Vous allez bénéficier d'un repos inattendu.
- **Vous aérez votre bureau :** Les jours à venir seront riches en surprises.
- **L'aération d'une salle ou d'un lieu public :** Vous avez besoin de prendre des vacances.
- **Le médecin vous demande de vous aérer :** La logique est absente de votre raisonnement, dans votre intérêt, réintégrez-la.

AFFAIRE

- **Vous traitez des affaires :** Signe d'insécurité, de mauvaise fortune.
- **Vous faites des affaires :** Méfiez-vous de vos initiatives, elles peuvent être très mal perçues.
- **Vous aidez quelqu'un dans ses affaires :** La promotion que vous espériez viendra plus tard.
- **Vous vous faites rouler en affaires :** On vous versera des dommages.

AFFECTION

- **Vous donnez votre affection à un enfant :** Vous recevrez un cadeau dans la semaine.
- **Un enfant vous donne son affection :** Un cycle heureux en perspective.
- **Vous manquez d'affection :** Un conflit intérieur trouble votre santé.
- **D'autres personnes ont de l'affection pour vous :** Votre vie sera facilitée par des concours de circonstance.

AFFICHE

- **Rêver d'affiches publicitaires :** Danger de voyeurisme.
- **Voir poser des affiches :** Vous allez faire une découverte.
- **Poser soi-même des affiches :** Vous ne parviendrez pas à faire des économies.
- **Voir quelqu'un arracher des affiches :** On vous trompe sur un point essentiel.
- **Arracher soi-même des affiches :** Vous accordez votre confiance à n'importe qui.

AFFRONT

- **Une personne chère vous fait subir un affront :** Attendez-vous à recevoir une mauvaise nouvelle.
- **Vous infligez un affront à l'un de vos proches :** Vos relations manquent d'intérêt.
- **Vous infligez un affront à quelqu'un :** Le doute vous rendra malheureux.
- **D'autres personnes vous font subir un affront :** Vos objectifs seront bloqués provisoirement.

AFFÛT

- **Vous êtes à l'affût :** Un souhait se réalisera.
- **Quelqu'un est à l'affût :** Des problème dus à une rivalité.
- **Vous êtes à l'affût d'une bonne affaire :** On vous jette de la poudre aux yeux, n'entreprenez rien sans vous renseigner au préalable.

AFRIQUE

- **Vous rêvez de l'Afrique** : Vous allez bientôt changer votre modus vivendi.
- **Vous partez en voyage en Afrique :** Vous allez rencontrer un ami fidèle et serviable.
- **Vous vivez en Afrique :** Vous avez besoin de calme et de sérénité.
- **Vous revenez d'Afrique :** Vous ne ferez pas fortune, mais vous vivrez décemment jusqu'à la fin de vos jours.

ÂGE

- **Vous donnez votre âge :** Vous allez rencontrer l'amour.
- **Vous cachez votre âge :** Troubles nerveux, émotivité.
- **Quelqu'un donne votre âge à voix haute :** Une rivalité complexe.
- **Vous demandez l'âge d'une personne :** Un souhait se réalisera.
- **Vous falsifiez votre âge sur un document :** Vous redoutez la concurrence dans tous les domaines et vous avez tort.
- **Vous mentez en donnant votre âge :** On exercera un petit chantage sur vous et vous n'oserez en parler.

AGENDA

- **Rêver d'un agenda :** Vous manquez d'organisation.
- **Vous trouvez un agenda :** Des ennuis administratifs.
- **Vous consultez un agenda :** Vous perdrez un temps fou en discussions.
- **Regarder le calendrier de votre agenda :** Une omission volontaire.
- **Marquer une date sur le calendrier :** Vous manquez d'organisation dans votre travail.
- **Perdre son agenda :** Le temps vous manquera pour mettre à exécution un de vos projets.
- **Vous consultez un agenda électronique :** À tort, vous remettrez un rendez-vous important.

AGENOUILLER (s')

- **Un homme rêve qu'il s'agenouille devant une femme :** Une aventure remettra ses sentiments en question.
- **Une femme rêve qu'elle s'agenouille devant un homme :** On lui manquera de respect.
- **S'agenouiller devant Dieu :** Les gens ne vous veulent que du bien.
- **Voir d'autres personnes s'agenouiller :** Les reproches qu'on vous adresse sont justifiés.

AGNEAU

- **Rêver d'agneaux :** L'affection qu'on vous porte est sincère et dépourvue de spéculation.
- **Caresser un agneau :** Vous avez besoin de vous mettre au vert quelque temps.
- **Porter un agneau dans ses bras :** Votre vie sera longue et prospère.
- **Chercher un agneau égaré :** La perte d'un procès.
- **Retrouver un agneau perdu :** Certaines relations ne sont pas ce qu'elles veulent laisser paraître.
- **Acheter un agneau :** Dévouement d'un ami.
- **Vendre des agneaux :** Rentrée d'argent par des moyens douteux.
- **Manger de l'agneau :** Vous devez purifier votre corps et votre esprit, vos objectifs sont trop flous.
- **Tuer un agneau,** voir **MOUTON.**

AGRESSION

- **Vous êtes agressé :** Vous êtes sur la défensive, depuis quelque temps la pression monte.
- **Vous assistez à une agression :** Risque d'escroquerie, de vol.
- **Vous agressez une personne :** Sous vos apparences se cache une faiblesse.
- **Des jeunes gens agressent une personne âgée :** Des conflits vous conduiront au tribunal.

AGRICULTURE

- **Vous vous livrez à l'agriculture :** Vos revenus seront confortables.
- **Vous gagnez de l'argent dans l'agriculture :** Votre fortune dépendra d'un dur labeur.
- **Vous perdez de l'argent dans l'agriculture :** Vous gérez très mal votre budget.
- **D'autres personnes se livrent à l'agriculture :** Les amitiés sont solides.

AIGLE, c'est le symbole le plus ancien et le plus représentatif de la force et du courage. Comme lui, l'homme, dans ses aspirations, cherche à atteindre les plus hauts sommets.

- **Dans son environnement naturel, ce rapace** exprime pour le rêveur un besoin d'élargir son point de vue sur le monde ou de découvrir de nouveaux horizons.
- **Rêver d'un aigle perché :** Très positif et rassurant pour les jours à venir.
- **D'un aigle perché sur les plus hautes cimes :** Du succès dans les créations.
- **D'un aigle en vol :** Les forces physiques et mentales sont bien équilibrées.
- **D'un aigle blessé :** Une blessure d'amour-propre.
- **Vous êtes attaqué par un aigle :** La réputation est en jeu.
- **Vous capturez un aigle :** Une victoire sur l'adversité.

- **Voir un aigle mort :** Un deuil.
- **Vous tuez un aigle :** Ascension malheureuse. Passions destructrices.
- **D'autres tuent un aigle :** On vous trahira.

AIGUILLE

- **Vous rêvez d'aiguilles à coudre :** Des tracasseries.
- **Vous piquez quelqu'un avec des aiguilles :** Votre vertu est en danger.
- **Vous vous piquez avec une aiguille :** Une grande fatigue.
- **Vous cherchez une aiguille :** Vous manquez de vigilance.
- **Vous trouvez une aiguille :** Un nouveau travail va réclamer une grande concentration.
- **Rêver d'aiguilles à tricoter :** Les calomnies vont bon train.

AIL

- **Rêver d'ail :** Les démarches seront promptes et fertiles.
- **Manger de l'ail cru** est un signe de dispute.
- **Manger de l'ail cuit :** Des mois s'écouleront avant que vous ne donniez votre accord.
- **Cuisiner avec de l'ail :** Une convention deviendra sujet de discussion, de conflit.
- **Planter de l'ail :** Vous possédez des aptitudes paranormales qui ne demandent qu'à se développer.
- **Voir une tresse d'ail :** De la chance pure.

AILE, les ailes symbolisent la liberté, le moyen de transcender la condition humaine, elles sont signe d'air, d'intelligence. Ce rêve peut traduire un besoin d'autonomie.

- **Si vous vous voyez avec des ailes :** Une trop grande dépendance entrave votre plénitude.
- **Voir des ailes aux animaux qui en sont par nature dépourvus** est l'indication qu'une personne cherche à vous influencer favorablement.
- **Rêver de monstres ailés** est un signe d'hypocondrie.
- **Entendre des bruits d'ailes** est l'annonce de nouvelles de parents éloignés.
- **Voir une aile brisée ou blessée :** On portera atteinte à votre liberté.

AIMANT, ce rêve peut dévoiler un certain magnétisme que l'on exerce au profit ou au détriment des autres.

- **Si vous possédez un aimant :** L'emprise de votre partenaire rendra vos relations difficiles.
- **Si quelqu'un utilise un aimant :** Évitez de rendre les autres dépendants de vous car vous en souffrirez.
- **Si vous utilisez un aimant à des fins malhonnêtes :** L'essentiel a pour vous un côté négligeable qui déconcerte vos intimes.

ALAMBIC

- **Vous possédez un alambic :** Des succès intellectuels ou artistiques seront assurés.
- **Vous montez un alambic :** Votre vie amoureuse subira une alternance guerre et paix.
- **Vous distillez des alcools avec un alambic :** votre partenaire recherche les émotions fortes, vous répondrez à ses désirs.
- **Votre alambic ne fonctionne pas :** Vous ferez une chute brutale.

ALARME

- **Vous donnez l'alarme :** Significatif du concept, ce jour même vous préviendrez une personne d'un fait important.
- **Quelqu'un donne l'alarme :** On cherche à vous faire du tort.
- **La sirène d'une alarme se déclenche :** Vous serez dérangé en plein travail pour porter secours à un ami.
- **Vous tirez le signal d'alarme dans un train :** Les ennuis arriveront par wagons !

ALBÂTRE

- **Vous rêvez d'un objet en albâtre :** Un cadeau sans importance vous procurera une grande joie.
- **On vous offre un objet en albâtre :** Une entente amicale fragile et précaire.
- **Vous achetez un objet en albâtre :** Vous romprez avec un ami.
- **Vous travaillez de l'albâtre :** Vous recherchez trop la facilité.

ALBATROS

- **Vous rêvez d'un albatros :** Nouvelle de l'étranger.
- **Vous rêvez d'un vol d'albatros :** Vous prolongerez un voyage.
- **Vous rêvez d'un albatros blessé :** Vous manquez d'espace.
- **Vous tuez un albatros :** Une persécution à venir.

ALIMENT

- **Vous préparez ou mangez des aliments :** Des travaux seront peu rémunérés.
- **Vous achetez des aliments :** Vos économies ne vous rendront pas service.
- **Vous portez des aliments à quelqu'un :** Un ami cherche à vous joindre.
- **Vous jetez des aliments :** Du désordre dans vos affaires.

ALLAITEMENT

- **Vous allaitez :** Bon présage, source de joie émanant de personnes jeunes.
- **Voir une personne allaiter :** Une grossesse dans l'entourage.
- **Voir des animaux allaiter :** C'est un signe de prospérité.
- **Une femme enceinte rêve qu'elle allaite :** Elle donnera naissance à une fille.

ALLÉE

- **Vous rêvez d'une allée d'arbres :** Amélioration de situation.
- **D'une allée de fleurs :** Haute protection.
- **Vous vous promenez dans les allées d'un parc :** Vous fréquenterez des gens hauts placés.
- **Dans les allées d'un château :** Vous ferez de très beaux voyages.

ALLERGIE

- **Vous déclenchez une allergique :** Troubles émotionnels, timidité.
- **L'être aimé déclenche une allergie :** Il est intolérant et susceptible.
- **Un de vos enfants est allergique :** On vous met des bâtons dans les roues.
- **Vous consultez un allergologue :** Des proches vous rendront responsable d'un conflit.

ALLIANCE, ce thème se rapporte au plan affectif.

- **Si vous la portez :** Bonheur stable et de longue durée.
- **Si on vous l'offre :** Déclaration d'amour.
- **Si vous la perdez :** Dispute suivie d'une séparation.
- **Si vous la rendez à votre partenaire :** Il n'attendra qu'un mot de vous pour revenir.
- **Si l'être aimé la passe à votre doigt :** Son cœur est éprouvé par une ancienne histoire sentimentale.
- **Si c'est vous qui la passez à son doigt :** La confiance que vous lui accordez sera élastique.

ALLUMETTE, ce rêve revêt parfois un caractère inattendu.

- **Si vous les voyez en vrac et dans tous les sens,** les amis se détourneront sans raison et les nouvelles recèleront de mauvaises surprises.
- **Vous achetez des allumettes :** Ne cherchez pas à faire dire à vos proches ce qu'ils ne pensent pas.
- **Vous craquez des allumettes qui s'enflamment :** Succès dans la vie matérielle.
- **Si elles ne prennent pas :** Échec d'une entreprise.
- **Vous trouvez une boîte d'allumettes :** Mensonge.

ALMANACH, voir AGENDA

ALOUETTE

- **Rêver de cet oiseau en vol** présage des jours heureux.
- **Une alouette perchée :** Une personne souffre de votre indifférence.
- **Une alouette morte :** De faux serments.
- **Vous mangez des alouettes :** De graves difficultés.
- **Une alouette en cage :** découragement, lassitude.

ALPHABET

- **Voir ou écrire une lettre de l'alphabet :** Petite maladresse.
- **Lire ou imprimer l'alphabet** présage une famille nombreuse.
- **Déchiffrer un alphabet étranger :** Sincérité dans les rapports extérieurs au clan familial.
- **Voir ou imprimer la lettre A :** Début d'une aventure sentimentale.

ALPINISTE

- **Voir un alpiniste en action** : Promotion dans le travail.
- **Vous faites de l'alpinisme :** Vos doutes ne vont pas tarder à devenir des certitudes.
- **Vous rencontrez des alpinistes :** La sécurité peut être compromise par des imprudences coutumières.
- **Un alpiniste se blesse :** Les échecs d'une connaissance ne vous laisseront pas indifférent.

AMANDIER, symbole du pouvoir générateur, on se souvient du génie androgyne Agdistis engendré de la Terre et de Zeus ; ses parties sexuelles furent enterrées et devinrent un amandier. Ce rêve augure d'une sexualité sans problème, d'un bonheur parfait.

- **Vous rêvez d'amandes :** Naissance dans l'entourage.
- **Manger des amandes** est un signe de très bonne santé. Une union heureuse portera ses fruits sans tarder.
- **Vous cueillez des amandes :** Une grossesse peut vous concerner.

AMANT

- **Voir des amants :** C'est un présage d'union heureuse si la personne est célibataire. À l'inverse, si elle est mariée, le plan affectif ne sera guère avantagé à l'avenir.
- **Vous êtes avec votre amant :** Vous allez manquer un rendez-vous important.
- **Vous êtes avec votre maîtresse :** Une femme cherche à se venger de vous.
- **Vous découvrez que deux de vos proches sont amants :** Une catastrophe dans la famille.

AMAZONE, les amazones symbolisent les puissances divines, ce sont les gardiennes de l'Olympe. Ce thème évoque les garde-fous dont l'être s'entoure pour ne pas céder à certaines tentations qui le conduiraient vers une pente dangereuse.

- **Une femme rêve de voir une ou plusieurs amazones :** Rigueur. Nécessité de prendre rapidement des résolutions.
- **Une femme se voit en amazone :** Elle agira sur un coup de tête et s'en mordra les doigts.
- **Un homme rêve d'amazones :** Des femmes se disputeront ses faveurs.

AMBASSADE

- **Vous rêvez d'une ambassade :** Soirée en société.
- **Vous vous rendez dans une ambassade :** Un événement imprévisible fera avancer un projet de déplacement.
- **Vous rêvez d'un ambassadeur :** La réussite est plus facile à l'étranger que partout ailleurs.
- **Vous êtes ambassadeur :** Long voyage et départ pour une nouvelle vie.

AMBRE

- **Vous possédez ou recevez un objet ou un bijou d'ambre :** Les promesses seront trompeuses.
- **Vous offrez un objet ou un bijou d'ambre :** Vous allez rencontrer une personne sans foi ni loi.
- **Voir la couleur de l'ambre :** Un élément important est à découvrir, sollicitez votre intuition.

AMBULANCE, ce rêve est trop lié à l'environnement pour lui donner une signification. Le stress, les tensions quotidiennes peuvent le déclencher. Le rêveur le prendra comme un message de modération, plus encore s'il se voit allongé à l'intérieur de l'ambulance.

- **Si le rêveur ne retient que le bruit de la sirène,** quelques-unes de ses habitudes seront malmenées. Il peut contourner les obstacles en trouvant une motivation plus profonde.

AMENDE

- **Vous êtes condamné à payer une amende,** il va falloir reconnaître sa faute et faire amende honorable.
- **Vous donnez une amende :** Des problèmes administratifs ou juridiques.
- **Un agent vous donne une amende :** Choisissez rapidement votre camp.
- **Vous collectionnez les amendes impayées :** Une perte de fonds vous obligera à repenser votre situation.

AMIRAL

- **Vous rêvez d'un amiral :** Vos projets ne devraient pas tarder à se réaliser.
- **Un homme rêve qu'il est amiral :** Pensez à protéger vos acquis, la conjoncture va être difficile.
- **Un homme rêve qu'il s'entretient avec un amiral :** Il doit faire preuve de fermeté dans ses décisions.
- **Une femme rêve qu'elle s'entretient avec un amiral :** Une ambition secrète fait son chemin en elle, elle doit la laisser encore mûrir.
- **Une femme rêve qu'elle est amoureuse d'un amiral :** Une rencontre amicale se transformera en douce passion.

AMITIÉ

- **Vous rêvez d'un ami :** Affection durable.
- **Vous rêvez d'une amie :** Des moments privilégiés entre intimes.
- **Vous êtes avec des amis :** La franchise et la sincérité sont les qualités principales de vos relations.
- **Vous rêvez d'un ami lointain :** Vous doutez de vos sentiments et des siens.
- **Un ami vous ridiculise :** Une invitation vous réservera des surprises.
- **Vous faites la fête entouré d'amis :** Petite rentrée de fonds que vous partagerez avec certains de vos proches.

AMOUR

- **Faire l'amour avec celui ou celle qui partage votre vie :** Une querelle certaine avant huit jours.
- **Faire l'amour avec une inconnue** est un signe de vitalité débordante.
- **Faire l'amour avec un inconnu :** Méfiez-vous des mirages.
- **Faire l'amour avec une personne du même sexe :** Les alliances, les associations seront précaires, les contrats délicats.
- **Commettre un inceste,** voir **INCESTE.**
- **Entendre des mots d'amour :** Mélancolie, petite déprime.
- **Prononcer des mots d'amour :** Les jours à venir seront paisibles.
- **Être l'objet de l'amour :** Jalousie maladive d'une personne de votre entourage.

AMOUREUX

- **Votre cœur est amoureux :** Vous avez du mal à oublier une désillusion.
- **Un homme est amoureux de vous :** Un proche s'arrange avec la vérité pour ne pas vous faire de peine.
- **Une femme est amoureuse de vous :** Votre esprit contradictoire gâche votre entente avec la femme aimée.
- **Vous rencontrez des amoureux :** Présage un courant de malchance dans les relations sentimentales.

AMPOULE

- **Vous avez des ampoules sur la peau :** Ce thème exprime la plupart du temps le prix d'une peine, aussi vous devez maintenir vos efforts et redoubler d'énergie dans les entreprises qui vous tiennent à cœur, elles ont toutes les chances d'aboutir.
- **Voir une ampoule électrique :** Ostentation.
- **Voir une ampoule grillée :** Affront, offense.

AMPUTATION

- **On vous ampute d'une jambe :** Une perte affective vous fait perdre goût à la vie.
- **On vous ampute d'un bras :** Perte de sécurité matérielle, diminution de salaire.
- **Vous assistez à une amputation :** De graves problèmes menacent un de vos amis.
- **Une personne chère doit être amputée d'un membre :** Elle n'ose pas vous confier ses vrais problèmes.

AMULETTE

- **Vous achetez une amulette :** Précautions vaines, une tentative avortera.
- **Vous vendez une amulette :** Danger, coercition.
- **Vous portez une amulette :** En général c'est pour qu'elle vous porte chance ! C'est l'inverse qu'il faut retenir.
- **Vous regardez une amulette :** Vos désirs sont loin d'être réalisables.
- **Voler une amulette :** Vos dépenses seront supérieures à vos calculs.

ANALPHABÈTE

- **Vous êtes analphabète :** Vous manquez de sérieux.
- **Un de vos amis est analphabète :** Des propos se retourneront contre vous et feront périr une amitié.
- **Une autre personne est analphabète :** Vous agissez sans réfléchir aux conséquences.

ANARCHIE

- **Si vous rêvez d'anarchie :** Votre comportement est en cause. Votre instabilité provoque des confusions, vous manquez d'organisation.
- Toutes les extensions oniriques de l'anarchie convergent vers les mêmes données négatives. Sauf, **si dans le rêve ce mouvement chaotique prend naissance après un événement heureux, une fête, un carnaval etc**. Dans ce cas de figure, on y verra une libération imminente des contraintes et des tracasseries.

ANCÊTRE

- **Rêver de ses ancêtres vivants :** Le destin vous réserve d'heureuses surprises.
- **De ses ancêtres décédés :** Indice de changement radical dans la vie du rêveur.
- **Voir un de ses ancêtres en portrait :** Une histoire de famille entérinée va resurgir sans tarder.
- **Les ancêtres d'autres personnes :** Vous commettez des actes très imprudents.

ANCRE, symbole de fixité.

- **Rêver d'une ancre à la proue d'un navire :** Vous ferez de grandes ponctions dans votre patrimoine, mais nul ne s'en apercevra.
- **Se voir jeter l'ancre :** Vous aspirez à une certaine stabilité, vos objectifs ont toutes les chances de se matérialiser.
- **Se voir lever l'ancre :** Nouvelle activité, quelque chose à besoin de changer.
- **Perdre une ancre :** De mauvais choix en affaires.

ÂNE

- **Si vous rêvez de cet animal,** vos propos et vos ambitions sont très modestes.
- **Vous entendez un âne braire :** Conversation assommoir avec son partenaire.
- **Vous montez à dos d'âne :** Tendance à l'autosatisfaction.
- **L'âne vous jette à terre :** Méfiez-vous des faux-semblants.
- **Si l'âne est rétif :** Incompatibilité d'humeur avec un proche.
- **Si l'âne rue :** Le week-end promet d'être agité.
- **Si l'âne croule sous le bât :** Le message est sans ambiguïté, fatigue et courbatures feront partie du quotidien.
- **L'âne s'enfuit au galop :** Infatitude.
- **Vous caressez un âne :** Une personne recherche votre soutien moral.
- **Voir un âne mort :** Une rencontre maléfique source de discorde.
- **Rêver d'un âne blanc :** Signe d'épicurisme et de prospérité.

ANGE, les rêves où apparaissent des anges prodiguent des influx bénéfiques à la sphère affective et transmettent la paix intérieure et la confiance en soi.

- **Parler avec un ange ou se voir protégé par ce messager divin** révèle parfois une vocation latente ou un message événementiel.
- **Si l'ange est maléfique,** les forces du mal se retourneront contre celui qui les invoque.
- **Vous rêvez que vous êtes un ange, messager de Dieu :** L'affection que vous dispensez aux vôtres est sincère et intarissable, mais veillez à ce qu'elle ne les rende pas dépendants et malheureux.

ANIMAL

- **Caresser un animal ou lui donner à manger** est un heureux présage, vos forces mentales et physiques sont bien équilibrées.
- **Chasser ou tuer un animal** est annonciateur de difficultés liées aux tensions et au stress.
- **L'animal parle :** Effet boomerang. Retournement de situation.
- **L'animal vous attaque :** Accordez-vous du temps pour vous relaxer, vos tensions perturbent votre sérénité.

ANKYLOSE, c'est une sensation beaucoup plus qu'une image, je n'y verrai personnellement aucun sens prophétique.
Une telle impression onirique devrait pousser la personne à s'intéresser à l'état de sa circulation sanguine, ou tout simplement à consulter son médecin, surtout si ces perceptions se renouvellent fréquemment ; les symptômes peuvent être présents mais perceptibles à l'état de veille.

ANNEAU, voir également **ALLIANCE**
- **Rêver d'un anneau nuptial :** Sens symbolique d'union et signe certain de supériorité sur l'autre.
- **De plusieurs anneaux :** Le mariage d'un proche est voué à l'échec.
- **D'un anneau brisé :** Une rupture mémorable.
- **D'anneaux de rideaux :** Ne prenez pas pour acquises de simples suggestions.
- **D'un anneau serti dans vos narines :** Signe de soumission.
- **Une autre personne porte un anneau dans les narines :** Évitez de prendre les responsabilités qui ne vous appartiennent pas.

ANNÉE
- **Vous rêvez d'un nouvel an :** Une association ou une union heureuse.
- **Vous fêtez la nouvelle année avec des intimes :** Vos projets prendront du retard.
- **Vous fêtez la nouvelle année avec des inconnus :** Du succès et de la chance.
- **Si l'année se termine très mal :** Vous serez victime d'une injustice.

ANNIVERSAIRE
- **Vous rêvez de votre anniversaire :** Vous devrez assumer des obligations parfois contraignantes.
- **Vous fêtez votre anniversaire :** Petite perte d'assurance. Quête de réponses.
- **Vous rêvez de l'anniversaire d'un proche ou d'un parent :** On vous comblera d'attention et de cadeaux.

ANNONCE
- **Vous faites une annonce en place publique :** Des succès prometteurs dans les affaires.
- **Vous lisez les petites annonces :** Une petite découverte profitera à un ami.
- **Vous publiez une annonce :** Votre mémoire va vous jouer un petit tour.
- **Vous êtes contrarié par les petites annonces :** Les difficultés matérielles sont solidaires de vos erreurs.

ANTILOPE

- **Vous rêvez d'une antilope :** Charme naturel, désinvolture.
- **D'une antilope blessée :** Votre insouciance n'est qu'apparente.
- **D'une antilope morte :** Fin de vos illusions.
- **D'une antilope poursuivie par un prédateur :** Votre intérêt est d'échapper aux influences ludiques, elles seront trompeuses.
- **Vous possédez une antilope :** Vous aimez dépendre des autres, vous pensez à tort que c'est plus pratique.

ANTIQUITÉ

- **Rêver d'antiquités :** Indétermination chronique.
- **Vous admirez des antiquités :** Vos hésitations avantagent la concurrence.
- **Vous achetez des antiquités :** Vous allez rater une belle affaire.
- **Vous vendez des antiquités :** De longues démarches coûteuses à l'aboutissement incertain.
- **Des connaissances sont antiquaires :** des altercations désagréables avec le voisinage.

ANTHROPOPHAGIE, les thèmes sur l'anthropophagie, bien que parfois cauchemardesques, ne prédisent que des désenchantements. Ils font allusion à une atteinte à la sécurité matérielle. Dernièrement, vous avez tout fait pour que le loup entre dans votre bergerie. Le plan affectif ne le concerne pas, seul l'argent l'intéresse, il ne vous laissera que les yeux pour pleurer... à vous de voir quel crédit lui accorder !

- **Si vous êtes anthropophage :** Des parasites vous entourent, demandez-leur de se prendre en charge et pensez un peu à vous !
- **Si vous vous dévorez entre vous :** Une personne qui vous hait vous tendra un piège.
- **Manger sa propre chair :** Une mort proche et brutale.

APHONIE

- **Vous êtes aphone :** Vous condamnerez sans preuve un de vos proches.
- **L'être aimé est aphone :** Vous n'êtes pas sur la même longueur d'onde que lui.
- **Une autre personne est aphone :** N'essayez pas d'expliquer votre vision des choses à ceux qui par logique ne pourraient comprendre.

APOPLEXIE

- **Vous êtes victime d'une attaque d'apoplexie :** Décompressez, vos nerfs sont à bout.
- **Un être cher est victime d'une attaque :** Un accident nocturne bouleversant.
- **Une autre personne est victime d'une attaque :** Un adversaire prendra sa revanche, vous n'êtes pas assez sur vos gardes.

APPARITION

- **L'apparition d'une personne décédée** est un rappel de certaines obligations.
- **Une apparition surnaturelle ou une forme ne pouvant être décrite :** Une inspiration heureuse fera son chemin dans votre esprit.
- **Une apparition effrayante :** Une amitié très conflictuelle vous perturbera.
- **Une sainte apparition :** Comme par enchantement tout ira de mieux en mieux.

APPARTEMENT

- **Vous êtes dans un appartement :** Des avantages ou une promotion dans le travail.
- **Vous visitez un appartement :** Vous faites preuve de beaucoup trop d'indulgence.
- **Vous êtes propriétaire d'un appartement :** Vos exigences seront difficiles à combler.
- **Vous louez un appartement :** N'hésitez pas à demander conseils à vos amis, vous n'aurez pas à le regretter.
- **Vous achetez un appartement :** Vous mènerez une vie mondaine, mais vous perdrez un temps précieux.
- **Vous vendez un appartement :** Quelqu'un vous causera des préjudices d'ordre économique.

APPÂT

- **Vous utilisez un appât :** Vous aurez un grand besoin de réconfort.
- **Vous vous procurez des appâts :** Des visites dont vous vous passerez volontiers.
- **D'autres se servent d'appâts :** Gardez-vous de vous endetter.
- **Vous servez d'appât :** Vos nerfs seront à rude épreuve, pour des broutilles.

APPLAUDISSEMENT

- **Les applaudissements vous sont destinés :** Vous saurez trouver les activités qui vous mettent en valeur.
- **Vous mêlez vos applaudissements à ceux d'un public :** Une proposition vous rendra perplexe.
- **Des gens applaudissent :** Vous laissez passer l'occasion de vous enrichir.
- **Les applaudissements sont nourris et enthousiastes :** Une inspiration providentielle vous tirera de l'embarras.

APPRÉHENSION

- **Vous appréhendez les réactions et les comportements de vos proches :** Des querelles vieilles comme le monde pour des idées.

- **Vous appréhendez les fins de mois :** Vos exigences matérielles sont trop élevées.
- **Vous appréhendez la solitude :** Des tracasseries sans importance vous font perdre confiance en vous.
- **Les autres vous appréhendent :** Crise de solitude cyclique.

AQUARIUM

- **Vous rêvez d'un aquarium :** Bonheur parfait, imperturbable.
- **Vous voyez un aquarium avec des poissons étranges :** Attendez-vous à une visite ennuyeuse.
- **Vous plongez un bras dans un aquarium :** Vous surprendrez l'être aimé en flagrant délit.
- **Un aquarium avec des poissons morts :** Une vérité sera difficile à admettre.
- **Vous emménagez un aquarium :** Grande période de disponibilité pour les projets.

AQUEDUC

- **Vous rêvez d'un aqueduc :** Triomphe sur l'adversité.
- **L'eau qui coule sous un aqueduc** est un présage d'enrichissement.
- **Un aqueduc souterrain :** Une fortune en lingots.
- **Des ouvriers construisent un aqueduc :** Les rentrées d'argent seront régulières.

ARABESQUE

- **Voir ou former une arabesque :** Lors d'un voyage vous perdrez votre chemin.
- **Un avion fait des arabesques dans le ciel :** Vous perdrez foi en la vie.
- **Une danseuse décrit des arabesques :** Vous ne ferez pas fortune, mais vous vivrez heureux jusqu'à la fin de vos jours.

ARAIGNÉE, l'image n'est guère réjouissante, elle est malgré tout vectrice de chance et d'opportunité.

- **Si vous la tuez :** Vous démasquerez vos ennemis.
- **Si elle tisse sa toile :** C'est un signe de fertilité, de rendement dans les affaires.
- **Si elle court sur votre corps :** Gardez-vous bien de livrer un seul de vos secrets.
- **Si elle court sur un mur :** Votre forme sera à son zénith.
- **Si elle court au plafond :** Extrême prudence. **Si elle y est fixée,** on ne vous refusera rien.
- **Si les murs d'une pièce sont couverts d'araignées :** Vous sortirez vainqueur d'une cabale.
- **Une toile d'araignée bien tendue** est un appel à ne pas sous-estimer l'adversité.
- **Si vous êtes effrayé par une mygale :** Votre conjoint héritera.

ARBALÈTE

- **Vous rêvez d'une arbalète :** Début d'une relation passionnelle.
- **Vous tirez à l'arbalète :** Sensualité débordante, besoin de concrétiser.
- **Vous chassez à l'arbalète :** Une vengeance personnelle.
- **Vous cassez l'arbalète :** Montée d'adrénaline incontrôlable, contrôlez mieux vos pulsions.

ARBRE, l'arbre est un symbole bénéfique surtout s'il est **isolé et plein de vie,** étant lié à la nature où il puise ses propres ressources, il évoque alors la stabilité et l'endurance.

- **Si vous montez sur l'arbre :** Vous parviendrez à atteindre vos objectifs.
- **Si la branche casse :** Vous rencontrerez des obstacles mineurs.
- **Si vous coupez un arbre :** Vous perdrez votre équilibre psychique et affectif.
- **Si vous tombez d'un arbre :** Une nouvelle vous affectera personnellement.
- **Si vous coupez les branches d'un arbre :** Une maladie ou la présence d'un malade modifiera votre façon de vivre.
- **Voir un arbre mort** est un signe de deuil dans la famille.
- **Un arbre au tronc coupé :** Sens négatif, l'énergie est en baisse.
- **Un arbre en fleurs :** Le grand amour.
- **Vous cueillez ou manger les fruits d'un arbre :** Un désir se concrétisera.
- **Arracher les feuilles, les fleurs ou les fruits d'un arbre** augure d'une séparation prématurée.
- **Un arbre en feu :** Un accident en voyage ou lors d'un déplacement.

ARC

- **Vous bandez un arc :** Séduction, tentative amoureuse.
- **Un arc brisé :** Désir physique incontestable.
- **Vous chassez à l'arc :** Maîtrisez vos impulsions, elles sont dangereuses.
- **Vous assistez à un concours de tir à l'arc :** Vous collectionnez les aventures amoureuses.

ARC-EN-CIEL

- **Voir un arc-en-ciel** est un signe heureux garant d'un accomplissement attendu tant dans la sphère affective que dans la sphère matérielle.
  L'arc-en-ciel évoque le lien symbolique entre la terre et le monde céleste. **Aussi, bien dessiné,** c'est la fin des luttes. **Plus visible à droite :** Enrichissement rapide. **Plus visible à gauche :** Sublimation des sentiments, élévation spirituelle.
- **Un arc-en-ciel séparé en son milieu** annule l'aspect bénéfique du rêve et présage un choc moral perturbateur d'un grand bonheur.

ARCHE

- **Vous rêvez d'une arche :** Un appui. Une intervention inespérée.
- **Vous escaladez l'arche d'un pont :** Plus vous en serez proche, plus votre but sera lointain.
- **Vous vous promenez sous les arches d'une cathédrale :** Signe de renouveau.
- **Vous rêvez de l'arche de Noé** : Vous réaliserez vos ambitions grâce à votre volonté.

ARCHET

- **Vous rêvez d'un l'archet :** Vous allez découvrir les sentiments d'une personne à votre égard.
- **Vous vous procurez un archet :** Vous recevrez un cadeau émouvant.
- **Vous brisez un archet :** Non respect d'une parole donnée.
- **Vous achetez un archet :** Malchance dans les négociations.

ARCHITECTE

- **Vous rêvez d'un architecte :** Favorable à la matérialisation d'un projet.
- **Un architecte travaille sur un plan devant vous :**' Un événement va jouer un rôle important dans votre vie professionnelle.
- **Vous êtes architecte :** Vous devez pérenniser votre réussite.
- **Vous êtes en désaccord avec l'architecte :** Votre existence va changer radicalement.

ARDOISE

- **Voir ou toucher des ardoises en rêve** est synonyme de tuiles, de petits incidents désagréables.
- **On vous livre des ardoises :** Votre situation est enviable mais précaire.
- **Vous travaillez l'ardoise :** Vos dépenses excédent vos revenus.
- **Vous écrivez sur une ardoise d'écolier :** Disgrâce avec la hiérarchie.
- Au sens figuré, **payer ou vérifier son ardoise :** Attention aux tuyaux percés, aux mauvais placements.

ARÈNE

- **Vous rêvez d'une arène :** Rivalité, concurrence.
- **Vous êtes dans l'arène :** Un défi que vous relèverez avec succès.
- **Vous combattez dans une arène :** Affrontement dans le couple ou conflit avec un proche.
- **Des spectateurs dans une arène :** Vous allez traverser une période financière très difficile.

ARGENT, la société est responsable de ce symbole particulièrement précieux. Ce petit bout de papier qui peut «tout acheter» n'est souvent que le reflet des désirs cachés ou inexprimables, autant que la crainte sous-jacente de se trouver démuni. C'est l'un des thèmes le plus fréquent.

- **Vous gagnez beaucoup d'argent :** Vous en perdrez tout autant.
- **Vous gagnez de l'argent en trichant :** Vous passerez votre vie à regretter une erreur.
- **Voir de l'argent (monnaie)** est défavorable aux économies.
- **Trouver de l'argent :** Des idées seront fructueuses à court terme.
- **Perdre de l'argent :** Vous gagnerez un petit pactole.
- **Prêter de l'argent :** Subversion, tentation de mal faire.
- **On vous prête de l'argent :** Un échec vous revient de droit.
- **Dépenser de l'argent :** Des problèmes d'ordre familial.
- **Une mallette pleine d'argent :** Bien éveillé vous rêvez de gains utopiques.
- **Vous volez de l'argent,** voir **VOLER.**

ARGENTERIE

- **Rêver d'argenterie :** Vous allez faire un achat qui vous tient à cœur depuis longtemps.
- **Dérober de l'argenterie :** Un scandale retentissant.
- **Voir des couverts en argent sur une table dressée :** Signe de mariage.

ARME

- **Rêver d'une arme** dévoile presque toujours un désir de domination dans les relations amoureuses.
- **Rêver d'un dépôt d'armes :** Des ennuis avec la justice.
- **Charger une arme** dévoile une nature bilieuse et agressive.
- **Être frappé par une arme :** Trahison en amitié.
- **Se servir d'une arme contre ses ennemis,** voir **TUER.**
- **Une personne est armée :** Vous désapprouverez la décision de l'être aimé.
- **Plusieurs personnes sont armées :** Des doutes sur des relations troubles seront fondés.
- **Porter une arme :** Votre magnétisme et votre assurance assurent votre protection dans bien des circonstances.
- **Rêver d'une arme blanche,** voir **POIGNARD.**
- **Acheter une arme :** Vous confondez amour et attirance physique.
- **Nettoyer une arme :** Une personne vous causera de lourds préjudices.
- **Un homme rêve qu'il menace quelqu'un avec une arme :** C'est un soupçon de sadomasochisme qui apparaît et le met en garde contre lui-même.

- **Une femme menace son ennemi avec une arme :** Elle est capable de retourner une situation affective désespérée à son avantage.
- **Voir une personne désarmée (sens figuré) :** L'action est contraire au résultat espéré.
- **Être désarmé :** On vous pardonnera vos fautes car on vous aime.

ARMÉE

- **Rêver d'une armée :** Obstination dangereuse.
- **Voir une armée combattre :** Manque de sang-froid dans des circonstances tragiques.
- **Voir les armées de plusieurs pays :** Vous allez célébrer un événement.
- **Suivre une armée :** Nombreuses amitiés masculines.

ARMOIRE

- **Rêver d'une armoire :** Une intrigue sera difficile à dénouer.
- **D'une armoire à glace :** Vanité destructive.
- **Une armoire pleine :** Bonheur conjugal.
- **Une armoire vide :** Querelle dans la famille.

ARRESTATION

- **Vous assistez à votre propre arrestation :** Désappointement dû à des concours de circonstances malheureux.
- **Une ou plusieurs personnes sont arrêtées :** Vous allez devoir reporter un projet.
- **Vous arrêtez quelqu'un :** Des ennuis en perspective.
- **Un coupable est arrêté :** Une chance à saisir.

ARROSER

- **Vous arrosez des plantes ou des fleurs :** Philanthropie. Aide aux nécessiteux.
- **Vous arrosez quelqu'un :** Vous allez changer d'objectif.
- **Une personne vous arrose :** La santé est à surveiller.
- **Vous vous arrosez :** Personne ne vous en veut, c'est votre susceptibilité qu'il faut soigner.
- **Des enfants jouent avec un tuyau d'arrosage :** Vous aurez sans tarder un surcroît de travail.

ARROSOIR

- **Rêver d'arrosoir :** Bonnes dispositions, progrès.
- **Vous utilisez un arrosoir :** Des satisfactions dans les tâches domestiques.
- **Vous achetez un arrosoir :** Un conseilleur vous fera conclure une petite affaire fructueuse.
- **Un arrosoir percé :** Mauvaise gestion.

ART

- **Rêver d'une œuvre d'art :** Prospérité imminente.
- **Vous vous procurez ou achetez une œuvre d'art :** Prédominance de la vie amoureuse sur la vie matérielle.
- **Vous vendez une œuvre d'art :** Gain de cause sur les procès ou les conflits d'intérêts.
- **Vous êtes critique d'art :** Vous doutez de vos compétences.
- **Vous rêvez d'arts martiaux :** Brillamment vous avez l'art de relever les défis.

ARTÈRE

- **Vous rêvez de vos artères :** De nouvelles activités physiques.
- **Une artère sectionnée** est signe de guérison rapide, parfois incompréhensible.
- **Vous souffrez de vos artères :** Sens contraire, rien ne perturbe la santé.
- **Un être cher se plaint de ses artères :** Il se complaît dans la solitude.

ARTICHAUT

- **Rêver d'artichaut :** Des incidents domestiques.
- **Manger des artichauts :** Troubles digestifs.
- **Cueillir ou planter des artichauts :** Un de vos proches agit au péril de sa vie.
- **Acheter des artichauts :** Une indisposition passagère.

ARTICULATION

- **Vous parlez de vos articulations en bien :** Une surprise vous procurera satisfaction.
- **Vos articulations vous font souffrir :** Vous pleurerez trop longtemps sur votre sort.
- **Des personnes de votre famille souffrent des articulations :** L'argent vous manque.
- **Des gens de l'entourage souffrent des articulations :** Vos inquiétudes sont fondées, réagissez.

ARTISTE, ce thème fait partie des symboles liés à la réussite, il est rassurant, porteur d'espoir et conseille au rêveur de poursuivre sa quête avec confiance sans changer son style au profit d'idées plus lucratives.

- **Vous rencontrez un artiste :** Les créations seront reconnues tardivement.
- **Vous êtes un artiste,** rejoint sensiblement la définition précédente, les ambitions sont élevées, elles ont toutes les chances d'aboutir si la foi et l'assurance restent inébranlables.
- **Vous évoluez dans un milieu artistique :** Angoisse de l'anonymat, vous avez besoin de vous sentir apprécié.

AS, cette image onirique est déterminante, elle conserve son symbolisme traditionnel initial. Les quatre as ensemble ont un sens novateur, la période à venir apportera des modifications au plan affectif. Professionnellement, les opportunités seront nombreuses.

- **Voir un as de cœur :** Une réjouissance familiale.
- **Voir un as de carreau :** Début d'une affaire ou d'une entreprise.
- **Voir un as de pique :** Une infidélité.
- **Voir un as de trèfle :** Acquisition de titres ou d'actions.
- **Vous êtes qualifié d'as dans un domaine :** Méfiez-vous des flatteries, elles sont dépourvues de sincérité.

ASCENSEUR

- **Vous êtes dans un ascenseur :** Votre champ d'action est limité, vos nerfs en sont éprouvés.
- **Avec ou sans vous, l'ascenseur monte :** Élucidation rapide d'un problème.
- **L'ascenseur descend :** revers de fortune.
- **L'ascenseur est en panne :** Vous remettrez un rendez-vous important.
- **Vous êtes bloqué dans un ascenseur :** Changez vos attitudes, sinon elles seront source d'échec.
- **Vous vous blessez entre les deux portes d'un ascenseur :** On se ligue contre vous, vous devrez garder votre sang-froid.

ASCENSION

- **Tous les rêves d'ascension** sont bénéfiques au rêveur, tant sur le plan matériel que sur le plan affectif.
- **Rêver d'ascension dans les airs** est favorable à la situation, comme à la santé.
- **L'ascension d'une montagne,** voir **MONTAGNE.**
- **Votre ascension sociale :** Estime et dévouement d'amis.
- **L'ascension sociale d'une autre personne :** Des aides extérieures contribueront à votre réussite.

ASILE

- **Vous cherchez un asile :** Vous devrez rendre des comptes à la société.
- **Vous trouvez un asile :** Certains privilèges vous seront accordés.
- **Vous cherchez une terre d'asile :** Un bouleversement collectif.
- **Vous rêvez d'un asile d'enfant :** Un mariage de raison dans la famille.

ASPERGE

- **Rêver d'asperges :** Problèmes cutanés, éruption.
- **D'asperges cuites :** Vous ressassez trop le passé.

- **Manger des asperges en solitaire :** Rancune, désir de se venger.
- **Manger des asperges entre amis ou parents :** Des discussions interminables et des chicanes.

ASSASSINER, bien que tous les éléments extérieurs au thème principal soient très importants pour en affiner l'interprétation, ce rêve ne peut être comparé dans son ensemble à celui de **TUER.**

- **Assassiner une personne** traduit des tensions intérieures et peut être relié à une situation œdipienne dans la réalité. Ce rêve dénonce parfois une carence affective ancienne et de surcroît un besoin impérieux de régler ses comptes de façon pas toujours légale. Réfléchissez bien aux conséquences de vos actes.
- **Si vous êtes victime de ce meurtre prémédité,** préparez-vous à affronter une adversité virulente, la voie et la forme que vous avez choisies pour mettre à exécution certains projets ne sont pas vraiment celles de la prudence et de la logique.
- **Si vous êtes témoin d'un assassinat :** Une personne proche peut intervenir dangereusement dans votre vie privée.
- **Si plusieurs personnes sont abattues dans la rue :** Vous craignez à juste titre de ne pouvoir vous acquitter d'une dette affective.
- **Si vous participez à un complot dans le but d'assassiner quelqu'un :** Il vous reste très peu de temps pour faire le point sur une situation affective assez dramatique et destructive pour une tierce personne ; ne vous voilez pas la face, c'est bien à vous de prendre les décisions qui s'imposent.

ASSEMBLÉE

- **Une assemblée de femmes :** Signe d'union affective.
- **Une assemblée d'hommes :** C'est le début d'un procès, parfois avec le voisinage.
- **Une assemblée mixte :** Un complot dans la sphère matérielle.
- **Vous faites partie d'une assemblée :** La cessation d'une activité extra-professionnelle au profit d'une autre.

ASTHME

- **Vous avez de l'asthme :** Vous allez surestimer vos possibilités.
- **Votre enfant a de l'asthme :** Certains de vos principes sont à revoir, votre autorité intervient à mauvais escient.
- **La personne qui partage votre vie a de l'asthme :** Vos exigences lui font peur.
- **D'autres personnes ont de l'asthme :** Une petite déception vous fera retrouver la raison.

ASTROLOGIE

- **Rêver d'astrologie en général ou dresser un thème :** Votre situation s'améliore lentement.
- **Une personne vous parle d'astrologie :** Vos espérances seront vaines, mais vous trouverez de belles compensations.
- **On interprète votre thème :** C'est l'annonce d'un changement important dans votre existence, il peut se manifester sur le plan affectif comme sur le plan professionnel.
- **Vous êtes un astrologue de renom :** Mettez un frein à vos passions.

ASTRONOMIE

- **Vous débattez sur l'astronomie avec vos relations :** Attention à l'amateurisme dans des réalisations d'envergures.
- **Vous organisez un congrès sur l'astronomie :** Des influences amicales vous rendront service.
- **Vous êtes astronome :** Vous réaliserez vos ambitions, même les plus folles.
- **Vous rencontrez un astronome :** Des inquiétudes face aux lendemains.

ATELIER

- **Vous rêvez d'un atelier en activité :** Un petit héritage à venir.
- **L'atelier vous appartient :** Vous allez faire de vraies économies.
- **Vous vendez votre atelier :** Attendez-vous au pire dans tout ce que vous entreprendrez.
- **Vous achetez un atelier :** Vous parlez trop de vos ressources aux envieux, vous vous préparez des ennuis.

ATHLÉTISME

- **Vous pratiquez l'athlétisme,** de la joie et du succès avec des personnes très jeunes.
- **Si vous êtes vainqueur d'un concours d'athlétisme :** Vous serez très bien placé dans l'échelle sociale.
- **Vous organisez un concours d'athlétisme :** Les événements se dérouleront en votre faveur.
- **Rêver d'un athlète :** Découverte d'une intrigue amoureuse.
- **Vous êtes un athlète :** Vous aurez de la chance en amour.

ATLAS

- **Vous rêvez d'un atlas :** Vous déménagerez dans l'année.
- **Vous consultez un atlas :** Rentrée d'argent.
- **Vous achetez un atlas :** Vous entrez dans une période favorable.
- **Vous participez à l'élaboration d'un atlas :** Des voyages et de nouvelles amitiés.

ATTACHER

- **Vous êtes attaché :** Des obstacles vont vous ôter votre libre arbitre pendant quelque temps.
- **Vous attachez quelqu'un :** Reconnaissance d'un service rendu.
- **On attache quelqu'un devant vous :** Vous refuserez une proposition douteuse à juste titre.
- **Votre partenaire vous attache :** Il parle de vous en bien à ses amis.

ATTENTAT, les attentats sont devenus des symboles de la contestation. Il est possible que ce rêve soit significatif d'un besoin de décompression. La tension permanente face à la promiscuité et la médiatisation de certains événements dramatiques peuvent déclencher ce thème. Ici encore, il faut se référer à l'ensemble du rêve pour en comprendre toute la signification.

- Cependant, **si vous participez à un attentat ou vous le commanditez,** c'est la preuve que vos actes sont difficilement contrôlables et qu'ils vous font accomplir de grandes choses sans demi-mesure. Malheureusement, dans votre hâte, vous oubliez de nombreux paramètres, vos aspirations retombent laissant en vous un sentiment d'échec. Sachez que la malchance n'a rien à voir avec tout cela !
- **Si un de vos proches est victime d'un attentat :** Vous vivrez des périodes difficiles sur le plan affectif, votre sensibilité en est la cause, vous aimez culpabiliser.

ATTRAPER

- **Vous attrapez quelqu'un de force :** Votre bonheur est compromis par une personne sans scrupule.
- **Vous attrapez un animal :** Une opportunité s'avérera décevante par la suite.
- **Vous attrapez quelque chose :** Vous êtes trop pressé, vous manquez des affaires.
- **Une personne vous attrape de force :** Une mauvaise action d'une personne de l'entourage.

AUBADE

- **Un amoureux vous donne l'aubade :** Des félicitations et des fleurs.
- **Des amis vous donnent l'aubade :** Ils vous seront fidèles tant que vous aurez de l'argent.
- **Vous donnez l'aubade à une femme :** Vous avez quelque chose à vous faire pardonner.
- **Vous donnez l'aubade à un homme :** L'indiscrétion d'une personne va vous nuire, pourtant ses intentions étaient bonnes.

AUBÉPINE

- **Rêver d'un buisson d'aubépine :** Vous allez devoir affronter l'adversité.
- **L'aubépine est en fleurs :** Une personne de confiance vous aidera.
- **Vous coupez des branches d'aubépine :** Des ennuis financiers se préparent.
- **Vous vous piquez sur des branches d'aubépine :** Vous souffrez de l'attitude d'un ami.

AUBERGE

- **Rêver d'une auberge :** Vous deviendrez riche.
- **Une auberge pleine de monde :** Fortune et popularité.
- **Une auberge vide :** Votre argent est mal placé.
- **Vous êtes propriétaire d'une auberge :** Vous serez victime d'une escroquerie financière.

AUDIENCE

- **Vous demandez une audience :** Nullité d'une démarche.
- **Vous obtenez une audience :** Une dépense inutile.
- **Un proche demande une audience :** Il s'engage sur une voie dangereuse.
- **Vous faites de l'audience :** Votre orgueil vous perdra.

AUMÔNE

- **Vous faites l'aumône :** Un gain au jeu de hasard.
- **Vous recevez l'aumône des gens de connaissance :** Bonheur et réconciliation.
- **Vous recevez l'aumône d'autres personnes :** Un projet aboutit.
- **Quelqu'un fait l'aumône :** Vous avez tendance à vous laisser vivre.

AURÉOLE

- **Voir une auréole sur la tête d'une personne chère :** Ne sous-estimez pas le conseil qu'on vous donnera.
- **Une auréole sur la tête d'une autre personne :** Un ami pense très fort à vous.
- **Se voir avec une auréole :** Votre personnalité dégage un rayonnement naturel.

AURORE, le petit matin symbolise le commencement, le renouveau. Ces thèmes sont inspirés par la mélancolie et compensatoires aux habitudes et aux réveils forcés.

- **Vous regardez l'aurore se lever :** Incursion d'un sentiment perturbateur.
- **Vous rêvez d'un aurore boréale :** Vision prophétique.
- **Vous vous levez à l'aurore :** Une période de calme dû à un départ.

AUTEL

- **Vous rêvez d'un autel :** Une découverte géniale.
- **Vous priez devant un autel :** Vous allez perdre quelqu'un qui vous est cher et prendre conscience de plein de choses.

- **D'autres personnes prient devant un autel :** Votre foi est chancelante.
- **Un autel brûlé ou saccagé :** Le décès d'un enfant.

AUTEUR

- **Vous rêvez d'un auteur :** Une rencontre va jouer un très grand rôle dans votre vie professionnelle.
- **Vous êtes auteur :** Un petit désagrément ou une malchance passagère.
- **Un auteur littéraire vous parle de son livre :** Une personne profitera de vos idées, heureusement, vous en trouverez d'autres.
- **Vous demandez une dédicace à un auteur :** Heureuse initiative.
- **Parler avec un auteur :** Des changements affectifs se préparent dans votre vie affective.
- **Vous êtes auteur à succès,** voir **ARTISTE.**

AUTOMATE

- **Vous rêvez d'un automate :** On cherche à vous influencer.
- **Vous actionnez un automate :** Pouvoir sur autrui.
- **D'autres personnes actionnent des automates :** Des petites épreuves perturberont votre sérénité.

AUTOMNE

- **Vous rêvez de l'automne en automne :** Vos affaires stagneront et le spleen reviendra.
- **Vous rêvez de l'automne hors saison :** Votre vieillesse sera paisible et heureuse.
- **Vous rêvez de l'automne et de ses couleurs flamboyantes :** Nostalgie de votre enfance.
- **Si l'automne est très froid et pluvieux :** L'avenir vous prépare des jours difficiles.

AUTOMOBILE

- **Rêver d'automobile :** Nouvel attrait pour une activité.
- **Vous êtes au volant d'une superbe automobile :** Ce rêve peut symboliser un désir sexuel, mais aussi le besoin de manifester sa volonté par une emprise sur autrui.
- **Une panne de voiture** caractérise un comportement ou un état d'esprit occasionnellement perturbé, surtout si dans le rêve la panne engendre des problèmes ou des conflits. En général, c'est un présage d'échec momentané.
- **Vous admirez une automobile :** Le succès viendra plus tard.
- **Vous achetez une automobile :** Vous reporterez des achats importants.
- **Vous vendez une automobile :** Vous ne devrez compter que sur vos propres ressources et condamner des habitudes qui vous sont chères.
- **Vous louez une automobile :** Vous ferez de nombreux voyages.
- **Vous avez un accident de voiture,** voir **ACCIDENT**, **ROUTE.**

AVALANCHE

- **Vous rêvez d'une avalanche :** Une rupture et un redémarrage sur de nouveaux accords.
- **Vous êtes pris dans une avalanche :** Une dépendance financière crée une mésentente.
- **Vous déclenchez une avalanche :** Blocage dans les engagements.
- **Un de vos proches est pris dans une avalanche,** voir **NEIGE.**

AVANCE

- **Vous faites des avances financières :** Des déboires pendant une bonne partie de l'année.
- **Un organisme vous fait une avance financière :** Des difficultés matérielles imprévisibles.
- **Une personne vous avance de l'argent :** Soyez très prudent en tout.
- **Une personne du sexe opposé vous fait des avances :** Excellent climat dans le couple.

AVENTURE, tout dépend du type d'aventure, **si elle vous transporte positivement dans des situations différentes ou opposées à celles de votre existence**, le sens onirique est favorable aux projets ambitieux et à l'élévation par soi-même.

- **Si l'aventure est dangereuse ou angoissante**, donc négative, soyez vigilant dans tous les domaines où il faut aller de l'avant.
- **S'il s'agit d'une aventure sentimentale,** vous découvrirez de nouvelles sources d'intérêt, mais attention aux débordements dans tous les domaines.
- **On vous raconte la bonne aventure :** Profitez des opportunités qui passent, ne réfléchissez pas trop longtemps.

AVENUE

- **Vous marchez sur une avenue :** Un privilège à venir.
- **Vous demandez le nom d'une avenue :** Recours bénéfique.
- **Vous roulez sur une grande avenue :** La réussite sera vôtre, après bien des fluctuations.
- **Vous habitez sur une grande avenue :** Vous accepterez une proposition qui se soldera par un arrangement fructueux.

AVEU

- **Vous faites un aveu à quelqu'un :** Vous allez acquérir de l'expérience.
- **Vous faites des aveux sous la menace :** Une période nébuleuse durant laquelle vous perdrez confiance en vous et éviterez les amis.
- **Une personne vous fait un aveu :** Un réflexe salutaire et la reconnaissance d'une personne.

- **Votre ennemi passe aux aveux :** Il n'en a nullement l'intention, seule sa stratégie changera.
- **Un coupable passe aux aveux :** Votre adversaire connaît vos réactions et compte bien en tirer parti.

AVEUGLE

- **Rêver d'un aveugle :** Ouvrez les yeux, vos fréquentations sont peu recommandables et de mauvais conseils.
- **Vous êtes aveugle :** Perte affective douloureuse.
- **Vous recouvrez la vue :** En cas de maladie ou de fatigue vous retrouverez la forme rapidement.
- **Un parent perd la vue :** Une profonde déception.
- **Vous conduisez un aveugle :** Un gain à la loterie.

AVION, les avions sont liés au désir intense d'évasion suscité par les contraintes quotidiennes de la réalité. **L'avion** est annonciateur de nouvelles inattendues susceptibles d'entraîner des déplacements.

- **Les avions bombardiers** annoncent un événement catastrophique collectif.
- **Les avions à réaction** sont signe de colère ayant pour origine la jalousie.
- **Les planeurs,** des ennuis dus à la paresse.
- **Vous pilotez un avion :** Désirs de supériorité, de domination difficile à dissimuler.
- **Un bombardier largue des bombes :** Danger dans l'action, risque de blessure.
- **Des avions se heurtent en vol :** Les rapports physiques sont dangereux.
- **Un avion s'écrase au sol :** Une décision désastreuse à répercussion.
- **Vous êtes dans cet avion,** voir **ACCIDENT.**
- **Un avion en détresse :** Signe d'instabilité relationnelle.
- **Regarder des avions décoller :** Un changement bénéfique dans le travail.
- **Regarder un avion atterrir :** Un échec de faible incidence pour l'avenir, mais une leçon dont il faudra tirer partie.

AVOCAT

- **Vous faites appel à un avocat :** Vous ferez une acquisition immobilière.
- **Vous vous entretenez avec un avocat :** Un problème d'ordre social et moral sera bientôt résolu.
- **Vous êtes un avocat brillant :** N'essayez pas de résoudre vos problèmes en solitaire.
- **Un avocat plaide votre cause :** Une chance insolante va passer.
- **Un avocat plaide en votre défaveur :** Les engagements seront difficiles à tenir, réfléchissez-y !
- **Rêver d'avocats (fruits) :** Votre tempérament amoureux vous fera rester jeune.
- **Manger des avocats (fruits) :** Votre vie sera privilégiée.

AVOINE

- **Vous rêvez d'un champ d'avoine :** Signe de prospérité. Les affaires seront lucratives.
- **De l'avoine coupée :** Perte d'argent importante.
- **Vous achetez de l'avoine :** L'avarice est chez vous une seconde nature.
- **Vous mangez des flocons d'avoine :** Vous profiterez des biens d'autrui.
- **Vos enfants mangent des flocons d'avoine :** Un legs de la famille.

AVORTEMENT

- **Une femme qui rêve d'avortement** a souvent du mal à trouver son autonomie. Les contraintes auxquelles elle est confrontée brident sa sensibilité et l'empêchent de s'exprimer. Face à des choix décisifs, des remises en question peuvent la perturber sérieusement.
- **Si elle se fait avorter,** son équilibre est chancelant, il en résulte une grande fragilité dans les rapports avec l'être cher.
- **Si elle se voit succomber à la suite d'un avortement,** les données sont quasiment identiques, ses états émotionnels extrêmes, parfois violents ont tendance à détruire les rapports humains.
- **Pour un homme, rêver d'avortement** est le signe d'une dualité perpétuelle avec le sexe faible.
- **S'il voit une personne pratiquer cet acte sur sa compagne ou son épouse :** Il devra faire face à de nombreux échecs matériels qui ont de grandes chances d'entraîner un climat affectif conflictuel.
- **S'il pratique lui-même un avortement,** ses jours sont en danger.

AVRIL

- **Vous rêvez de ce mois :** Votre santé sera précaire le reste de l'année.
- **Un mois d'avril enneigé :** Un décès dans la famille.
- **Un mois d'avril pluvieux :** Couvrez-vous, ne quittez pas un fil.
- **Vous êtes victime d'un poisson d'avril :** N'essayez pas de faire en une heure ce que les autres font en une journée.
- **Vous faites un poisson d'avril à quelqu'un :** Ne commencez jamais un travail que les autres ne pourront terminer.
- **Un enfant doit naître en avril :** Si vous devez prendre des décisions, n'hésitez pas, foncez ! Les retards et les contre-temps seront facteurs d'échecs.

AZUR

- **Vous rêvez de la couleur bleu azur :** Phase de calme propice aux créations.
- **Vous rêvez d'un ciel bleu azur :** Un amour sincère et tendre.
- **Vous rêvez de tissus ou d'étoffes bleu azur :** Un amoureux pense à vous.

B

BABY-SITTER

- **Vous engagez une baby-sitter pour garder vos enfants :** Vous allez devoir contester un fait.
- **Une baby-sitter maltraite vos enfants :** Vous éprouvez un remords lancinant.
- **Vous attendez vainement l'arrivée de la baby-sitter :** Une personne souhaite ardemment que vous échouiez dans vos projets.
- **Vous êtes baby-sitter :** Confusion, concours de circonstances très étranges.

BAC

- **Vous traversez une rivière en bac :** Vous surmonterez toutes vos difficultés.
- **Le bac ne parvient pas à aborder la rive :** Vous aurez du mal à faire valoir vos droits.
- **Le bac quitte la berge sans vous :** Vous manquez de fermeté dans vos décisions.
- **Rêver d'un bac aérien** présage un grand voyage dans l'année.

BACCARA

- **Jouer à ce jeu :** Vous perdrez un objet précieux.
- **Perdre à ce jeu :** Une dispute sera le point de départ d'une aventure.
- **Gagner à ce jeu :** Des dommages à débourser.
- **Voir d'autres personnes jouer à ce jeu :** Un manque d'expérience provoquera un incident.

BAGAGES

- **Vous faites vos bagages :** Un déménagement dans l'année.
- **Vous transportez des bagages :** Un handicap vous retardera.
- **Vous perdez vos bagages :** Les transactions financières resteront au point mort.
- **Vous mettez vos bagages en consigne :** Vous serez astreint à faire des économies.
- **Vous retirez vos bagages d'une consigne :** On vous fera une confidence pour le moins inattendue.
- **Les bagages livrés ne sont pas les vôtres :** Votre négligence vous fera perdre de l'argent.
- **Vous achetez une valise ou un sac de voyage :** Vous allez concrétiser un désir mûri depuis de longs mois.

BAGARRE

- **Vous assistez à une bagarre :** Vous manquez de tonus.
- **Vous êtes impliqué dans une bagarre :** Sous un retard, vous triompherez de vos ennemis.
- **Vous déclenchez une bagarre :** Un fort courant d'impulsivité vous fera rompre avec un ami.
- **Vous êtes blessé dans une bagarre :** Un incident déclenchera un conflit dans votre entourage.

BAGNE

- **Vous rêvez d'un bagne :** Un de vos amis réclame votre aide.
- **Vous entrez au bagne :** Un être cher se détachera de vous.
- **Voir un ami au bagne :** L'hypocrisie est son apanage.
- **Vous vous évadez d'un bagne :** Une liberté chèrement payée.

BAGUE

- **Rêver de bagues :** Vous réussirez une spéculation et ferez presque fortune.
- **Admirer une très belle bague :** Une passion secrète.
- **Porter une bague :** Votre secret sera découvert.
- **On vous offre une bague :** Un désir réciproque.
- **Une bague de fiançailles :** de faux serments.
- **Acheter une bague :** Ne vous fiez pas aux apparences.
- **Vendre une bague :** des petits revers de fortune.
- **Perdre une bague :** L'amour est mensonge.
- **Trouver une bague :** Une heureuse surprise changera votre vision des choses.
- **Offrir une bague :** Quelqu'un vous hait.

BAIGNOIRE

- **Rêver d'une baignoire pleine d'eau** est un signe de richesse et de vitalité.
- **Une baignoire vide :** Vos charges sont trop lourdes.
- **Se baigner dans la baignoire :** Vous allez changer d'avis.
- **Voir un de vos enfants dans la baignoire ou un de vos proches :** Ils sont trop dépendants de vous.

BÂILLON

- **Se voir un bâillon sur la bouche :** Toutes les vérités ne seront pas bonnes à dire.
- **Vous parvenez à vous libérer du bâillon :** Éclaircissement rapide d'un fait qui vous tracasse.
- **Une personne est bâillonnée :** Des ennuis arrivent par vague.
- **Bâillonner quelqu'un :** Cafard, idées noires.

BAÏONNETTE voir POIGNARD

BAISER

- **Donner un baiser :** Gage d'amitié.
- **Voir les autres s'embrasser :** Une séparation renforcera les sentiments.
- **Recevoir un baiser sur la joue :** Une tromperie. Un dol.
- **Recevoir un baiser sur les lèvres :** Un ami commettra une indiscrétion.
- **On vous baise la main :** Un amour secret.

BAL

- **Rêver d'un bal :** Habileté à se séparer des affaires inopportunes.
- **Assister à un bal en plein air** est un signe de bonne santé.
- **Se rendre à un bal :** Humilité déguisée, fausse modestie.
- **Un bal masqué :** On veut vous faire prendre des vessies pour des lanternes.
- **Donner un bal :** Vous allez rencontrer l'amour fou.

BALAFRE

- **Vous rêvez d'une personne balafrée :** Une longue maladie.
- **Vous avez une balafre :** Vous subirez un affront.
- **Vous balafrez quelqu'un :** Votre insolence blessera un de vos amis
- **Vous vous faites balafrer au cours d'une bagarre :** Trahison d'un être cher.

BALAI

Tout dépend de son utilisation dans le rêve.

- **S'il sert aux tâches domestiques :** Le message est clair, vous n'êtes pas au bout de vos peines ; **plus le travail est pénible,** plus les étapes de l'existence seront difficiles à franchir.
- **Si le balai est neuf** : Vous changerez de domicile dans l'année.
- **Donner un coup de balai à une personne ou à un animal :** Vous allez décevoir un ami dévoué.
- **Recevoir un coup de balai :** Contact physique désagréable.

BALANCE

- **Rêver d'une balance :** Votre équilibre est précaire.
- **Utiliser une balance :** Un témoignage jouera en votre faveur.
- **Vous vous escrimez à peser sur une balance déréglée :** Mettez rapidement de l'ordre dans vos affaires.
- **Vous montez sur une balance pour vous peser :** Un créancier va frapper à votre porte.
- **Être une balance (dénoncer quelqu'un) :** Malversation, il faudra rendre des comptes !

BALANÇOIRE

- **Rêver d'une balançoire :** Votre curiosité vous fera du tort.
- **Vous vous balancez :** Les choix sont difficiles et vous rendent perplexe.
- **Vous tombez d'une balançoire :** Vive altercation, rupture imminente.
- **Vous aidez une personne à se balancer :** Vous regretterez vos engagements.
- **Vous aidez un enfant à se balancer :** Un mariage dans votre cercle d'intimes.

BALCON

- **Vous êtes sur un balcon :** Une amélioration de votre train de vie.
- **Il vous est impossible d'accéder à votre balcon :** Votre honnêteté triomphera.
- **Vous réunissez vos amis sur votre balcon :** La prospérité vous grisera.
- **Un balcon fleuri :** Chance et honneurs.
- **Vous faites rajouter un balcon à votre maison :** Une joie, une peine dans la même journée.

BALEINE

- **Rêver d'une baleine :** Votre désir d'acquérir à tout prix vous fera manquer l'affaire de l'année.
- **Rêver d'une baleine blanche :** Un legs ou un héritage inattendu.
- **Nager avec une baleine :** Un haut personnage interviendra en votre faveur.
- **Capturer une baleine ou la tuer :** Vous traiterez avantageusement les affaires en cours et en retirerez des bénéfices.
- **Regarder des pêcheurs dépecer une baleine :** De critiquables bénéfices, des sanctions appréhendées.

BALLET

- **Rêver d'un ballet :** Changement d'orientation bénéfique, mais aux suites éphémères.
- **Vous assistez à un ballet :** Vous serez aimé passionnément.
- **Vous assistez à un ballet avec votre partenaire :** Il vous mène en bateau.
- **Vous faites partie d'un corps de ballet :** Une proposition malhonnête.
- **Vous êtes l'auteur de la chorégraphie d'un ballet :** Heureux présage, il constitue une garantie de réussite.

BALLON, BALLE, ballon, sphère, boule... sont des symboles oniriques qu'il faut rattacher à l'enfance. Ils peuvent aussi présager une naissance future dans la famille.

- **Jouer au ballon :** Révèle un manque affectif.
- **Une balle de revolver ou de fusil :** Une mort dans l'entourage.

BALLON DIRIGEABLE

- **Voir un ballon dirigeable s'élever dans les airs :** Vous parviendrez à mettre en pratique les objectifs visés.
- **Vous êtes dans un dirigeable qui s'élève :** C'est sans aucun doute un signe de réussite.
- **Si le ballon redescend :** Régression, le plus souvent due à sa propre négligence.
- **Un accident se produit pendant l'ascension ou la descente du ballon :** Vous cumulerez les problèmes et les soucis et vous perdrez temporairement votre joie de vivre.

BALLOT

- **Voir des ballots de laine :** L'amour vous tiendra chaud.
- **Voir des ballots de coton :** Les sentiments sont superficiels.
- **Voir des ballots de paille :** Aventure sans lendemain.
- **Vendre des ballots :** Des corvées dans les déplacements.
- **Acheter des ballots :** Vous devriez limiter vos dépenses.

BALUCHON

- **Vous faites votre baluchon :** Un voyage d'affaires vous fera remettre votre vie privée en question.
- **Vous portez un baluchon :** Un de vos projets sera fructueux.
- **Vous trouvez un baluchon :** Vous allez renouveler votre garde-robe.
- **Vous perdez votre baluchon :** Une indécision fatale.

BALUSTRADE

- **Vous rêvez d'une balustrade :** Vous avez le goût de la démesure, il vous faut des garde-fous.
- **Vous construisez une balustrade :** Une transaction vous rapportera de l'argent.
- **Vous enjambez une balustrade :** Ne comptez pas sur les autres pour faire face à vos obligations à votre place.
- **Une balustrade cassée :** Vos principes sont à revoir.

BANANE

- **Rêver d'un régime de bananes :** Des vacances au soleil.
- **Vous achetez des bananes :** Votre bonne humeur est intarissable.
- **Vous mangez des bananes :** Tendresse amoureuse.
- **Vous mangez des bananes vertes :** Vous serez séduit et abandonné.
- **Voir des bananes pourries :** Faites le tri dans vos amis.

BANC

- **Rêver d'un banc :** Des bavardages inutiles.
- **Vous êtes assis sur un banc :** Période de stagnation, paresse.
- **Vous êtes assis sur un banc avec l'être aimé :** Votre premier désir se réalisera.
- **Vous dormez sur un banc :** La personne qui vous conseille mérite toute votre confiance.
- **Vous dormez sur un banc à la belle étoile :** Une belle manifestation de la providence.

BANDAGE

- **Vous portez un bandage :** Vous manquez de suite dans vos idées.
- **Vous posez un bandage à votre conjoint :** Ses remontrances sont assommantes.
- **Une personne porte des bandages :** Mauvaise nouvelle concernant la santé d'un membre de la famille.
- **Un proche porte des bandages :** Un accident dans l'entourage.

BANDEAU

- **Vous portez un bandeau dans les cheveux :** Exigez qu'on vous respecte.
- **Une autre personne porte un bandeau dans les cheveux :** Votre curiosité est déplacée dans bien des circonstances.
- **Vous portez un bandeau sur les yeux :** Les yeux sont aveugles... Il faut voir avec le cœur !
- **Une autre personne porte un bandeau sur les yeux :** Une rencontre vous surprendra.

BANDIT, ce thème peut représenter la mauvaise conscience du rêveur, en d'autres termes son âme noire ou son côté négatif qu'il appréhende et sollicite à la fois.

- **Vous êtes un bandit de grands chemins :** Vous dissimulez votre vraie nature.
- **Vous êtes complice d'un bandit :** Quelqu'un essaiera de vous faire chanter.
- **Vous êtes victime d'un bandit :** Par désespoir, vous vous jetterez dans les bras d'un autre.
- **Un ou plusieurs bandits sont arrêtés :** La sécurité matérielle et affective.

BANJO

- **Vous rêvez de cet instrument :** Dynamisme et enthousiasme.
- **Vous jouez du banjo :** Une réconciliation romantique.
- **Une autre personne joue du banjo :** Une fête ou un anniversaire à l'horizon.
- **Vous achetez un banjo :** L'infortune partagée gaiement.

BANNISSEMENT, ce symbole est parmi ceux qui suscitent la controverse, mais il peut traduire tout simplement l'angoisse du rêveur d'être repoussé ou rejeté.

- **Vous êtes banni :** les circonstances qui se présentent seront bénéfiques.
- **Un proche est banni :** Vous allez toucher de l'argent.
- **Une autre personne est bannie :** Des amis solliciteront votre présence.

BANQUE

- **Vous rêvez d'une banque :** Situation financière précaire.
- **Vous vous trouvez au guichet d'une banque :** On cherche à vous berner.
- **Vous assistez à un hold-up dans une banque :** Un entretien vous affligera particulièrement.
- **Vous vous entretenez avec un banquier :** Un conflit d'argent.
- **Vous êtes banquier :** Une malversation.

BANQUET

- **Vous vous rendez à un banquet :** L'erreur est humaine, vous aurez tout faux sur toute la ligne en ce qui concerne l'être cher.
- **Vous invitez vos amis à un banquet :** On se disputera votre présence.
- **Si le banquet est fastueux,** vous recevrez une invitation à une cérémonie.
- **Si le banquet est maigre :** Une querelle concernant l'argent va éclater au sein de votre foyer.

BAPTÊME, le thème du baptême symbolise une restructuration de l'esprit, une douche spirituelle dont tout être a besoin à une période ou à une autre de sa vie.

- **Rêver d'un baptême** indique la réalisation d'un souhait sans tarder qui prédisposera à prendre un nouveau départ.
- **Voir son propre baptême :** Chance et bonheur vous sourient.
- **Vous officiez lors d'un baptême :** Ceux qui vous aiment adopteront vos idées.

BAR

- **Rêver d'un bar :** Dire que vos idées sont utopiques est un euphémisme !
- **Fréquenter un bar :** Votre vantardise vous entraînera des problèmes.
- **Posséder un bar :** Enrichissement par moyens illicites.
- **Acheter un bar :** Des relations mondaines.
- **Vendre un bar :** Un danger dans le renouvellement d'une action.

BARBE, peu importe la couleur de la barbe, ce thème a des similitudes avec les rêves sur la chevelure. Tous deux sont liés à la sexualité et à l'instinct de domination, plus évident encore chez l'homme. Pour la femme, on y verra plus un besoin de sécurité, une crainte de ne pouvoir assumer seule ; la barbe évoque la force virile dont elle est naturellement démunie.

- **Si elle touche la barbe d'un homme dans son rêve,** elle aura de belles dispositions pour s'assumer et de la chance aux jeux.
- **Si un homme rêve qu'il porte la barbe :** Il est parfois négligé, mais dégage un certain magnétisme.
- **S'il se coupe la barbe :** fatigue, perte de vitalité.
- **Rêver d'une femme à barbe :** Une déception sentimentale.
- **Rêver d'une fausse barbe :** Malhonnêteté. **Si vous la portez,** vous commettrez un acte répréhensible.

BARBELÉ

- **Vous accrocher vos vêtements aux barbelés :** Vos fréquentations vous nuisent.
- **Vous vous blessez avec du barbelé :** Des magouilles vous tracasseront.
- **Vous êtes entouré de barbelé :** Ne confiez pas votre vie privée à n'importe qui.
- **Vous êtes prisonnier des barbelés :** Vos entreprises sont dangereuses et mettent en péril la vie des autres.

BARIL, BARRIQUE

- **Un baril plein de vin :** Bonheur, richesse.
- **Un baril d'alcool :** Le succès vous montera à la tête.
- **Un baril d'essence ou de pétrole :** Risque d'incendie.
- **Un baril s'enflamme :** Un renoncement affectif douloureux.
- **Un baril ou une barrique vide :** Déshonneur.

BARON

- **Vous rêvez d'un baron :** On vous exploite sans que vous n'y preniez garde.
- **Vous êtes baron :** Vous avez tendance à utiliser les autres à des fins personnelles.
- **Vous rêvez d'une baronne :** Une démarche portera ses fruits sans tarder.
- **Vous êtes baronne :** Votre autorité persécute vos proches.

BARRAGE

- **Un barrage sur une route** annonce des complications qui entraveront la réussite matérielle.
- **Vous dressez un barrage sur la chaussée :** Vos revendications sont injustifiées.
- **Un barrage fluvial :** Signe défavorable aux affaires, au commerce.
- **Un barrage cède :** Faillite, dissociation de ce qui existe.

BARRICADE

- **S'embusquer derrière une barricade :** Vous vous complairez dans les situations dualitaires.
- **Ériger une barricade :** opposition sérieuse avec la hiérarchie.
- **Vous ne pouvez escalader une barricade :** Une blessure ou un handicap vous immobilisera pendant quelque temps.

BARRIÈRE

- **Rêver d'une barrière** annonce des ennuis dans le domaine qui préoccupe le rêveur.
- **Franchir une barrière :** Vous surmonterez ces problèmes.
- **Une barrière infranchissable :** Implique une révision des objectifs, parfois peu réalistes.
- **Une barrière de passage à niveau :** Immobilité physique temporaire.

BAS

- **Une femme rêve qu'elle enfile des bas :** Une vie confortable.
- **Un homme rêve de bas de femme :** Ses fantasmes sont sur la voie de se concrétiser.
- **Des bas filés ou déchirés :** On vous manquera de respect.
- **Une femme achète des bas de soie :** Un rendez-vous amoureux.
- **Un homme achète des bas de soie :** Il perdra sa liberté.

BASSE-COUR

- **Rêver de basse-cour, si vous êtes célibataire,** vous aurez de grande chance de fonder un foyer sous peu. **Pour les autres :** Bonheur en famille.
- **Des volailles s'échappent de la basse-cour :** Une personne sans gêne regarde vos comptes.
- **Une basse-cour vide :** Malheur et pauvreté.

BATAILLE

Ce thème peut révéler de graves préoccupations, notamment le souci de préserver les siens de l'insécurité et de faire face à ses obligations.

- **Vous déclenchez une bataille :** Vous ferez fi des jalousies et ne changerez pas vos objectifs.
- **Vous participez à la bataille :** Haute considération.
- **Vous gagnez la bataille :** Vous vaincrez l'adversité.
- **Vous perdez la bataille :** Tout ce qui a été acquis peut être perdu, les difficultés sont majeures dans tous les domaines.
- **Voir un champ de bataille :** Une longue maladie.

BÂTARD

- **Rêver d'un bâtard :** Adultère.
- **Vous êtes un enfant bâtard :** Vous renoncerez à vos droits.
- **Vous avez un enfant bâtard :** Vous allez trouver un filon.
- **Vous adoptez un bâtard :** Vous serez aimé et apprécié.

BATEAU

- **Vous rêvez d'un bateau :** Une phase pénible servira vos intérêts.
- **Vous construisez un bateau :** Quelqu'un sans le savoir travaille à votre profit.
- **Voir construire un navire :** Prenez vos dispositions, vous allez vous retrouver au pied du mur.
- **Voir un bateau sur la terre ferme :** Les affaires stagnent.
- **Vous êtes à bord d'un bateau :** Des perpectives heureuses.
- **Le bateau sombre :** La perte de votre sécurité. Voir **NAUFRAGE.**

BÂTON

- **Vous rêvez d'un bâton :** Indice d'action, de domination.
- **Un bâton cassé :** Retard dans l'action.
- **Un bâton blanc :** Vous obtiendrez ce que vous voulez dans vos prières.
- **Un bâton de maréchal :** Noblesse de caractère, aspirations élevées.
- **Vous frappez quelqu'un avec un bâton :** Vous ferez le ménage dans vos amitiés.
- **Une personne vous frappe avec un bâton :** Un incident dont vous serez la victime.
- **Vous frappez un enfant avec un bâton :** Un détournement d'affection.
- **Vous vous appuyez sur un bâton :** Stagnation, paresse.
- **Un bâton de vieillesse,** voir **CANNE**
- **Quelqu'un vous met des bâtons dans les roues :** La progression est bloquée par la paresse.

BAUME

- **Vous utilisez un baume pour soulagez vos maux :** Des malaises dus à l'émotion.
- **Vous massez votre partenaire avec un baume :** Il ne pourra résister aux charmes de votre ami(e).
- **Vous achetez un baume :** Votre dos est en mauvais état.
- **Vous portez du baume à un parent :** Vous couvez une dépression, vous avez besoin d'être rassuré.

BAVARDAGE

- **Vous rêvez de bavardage :** Des abus dans les plaisirs.
- **Vous bavardez avec vos collègues de travail :** La discrétion n'est pas la règle de votre vie.
- **Vous êtes l'objet des bavardages :** Une dispute avec l'être aimé.
- **Des bavardages vous nuisent :** Vous n'êtes pas sûre de votre bon droit, renseignez-vous avant de faire une bêtise.

BAZAR

- **Vous rêvez d'un bazar :** Vous perdez de l'énergie.
- **Vous faites des achats dans un bazar :** Les jours à venir seront agités.
- **Vous achetez un bazar :** N'espérez pas du positif en vous croisant les doigts.
- **C'est le bazar chez vous :** Dispersion néfaste pour l'équilibre.

BEAU-FRÈRE

- **Si vous rêvez de votre beau-frère :** C'est l'indice d'une querelle pour de l'argent, mais qui ne le concerne pas obligatoirement.
- **Si vous le voyez mort :** Un conflit durera longtemps.
- **Si vous avez des relations coupables avec votre beau-frère :** Un outrage vous sera insupportable.

BEAU-PÈRE idem que **BEAU-FRÈRE**

BEAUTÉ, la beauté suscite un sentiment d'admiration, aussi nous verrons dans ce rêve le signe d'une noble ambition.

- **Voir de belles choses :** Élévation de l'esprit.
- **Voir une belle femme :** Des connaissances éclectiques.
- **Voir un bel homme :** Une satisfaction d'amour-propre.
- **Vous êtes une belle femme ou un bel homme :** vous allez vivre une grande passion.

BÉBÉ, rêver de son bébé n'exprime rien d'autre que de l'amour, le vécu nocturne étant la prolongation de l'existence diurne, ce phénomène est donc courant. Les composantes du rêve, aussi complexes soient-elles, ne traduisent que des inquiétudes légitimes. Ces thèmes doivent être reçus comme des avertissements, ou selon le cas, des conseils, des indications car la règle des prémonitions est très anarchique.

- **Vous rêvez d'un bébé qui n'est pas le vôtre :** C'est un présage de bonheur et de pérennité.
- **Plusieurs bébés :** Les choix affectifs seront délicats et demanderont des sacrifices.
- **Se revoir bébé :** La personne qui vous aimera mettra tout en œuvre pour vous faire la vie douce, mais votre nature sera difficile à contenter.

BEC

- **Rêver d'un bec d'oiseau** est un signe précurseur de mauvaise santé.
- **S'il s'agit d'un bec d'aigle :** Un danger de spoliation.
- **Des volatiles vous frappent à coups de becs :** Une personne du sexe opposé vous fera perdre une somme d'argent et l'estime d'un ami.
- **Voir une personne avec un bec de lièvre :** Suicide, mort violente.

BEIGNETS

- **Rêver de beignets :** Une petite fête entre amis.
- **Faire des beignets :** Des pique-assiette dans vos garden-party.
- **Manger des beignets :** Ne cédez pas trop souvent aux tentations gastronomiques, d'une manière ou d'une autre, vous devrez rembourser.
- **Distribuer des beignets :** Des petits profits vous dépanneront grandement.

BELETTE

- **Rêver de cet animal :** L'hostilité règne autour de vous, les relations sont perfides.
- Tous les thèmes sur la belette convergent sensiblement vers les mêmes significations, sauf **si vous caressez ou apprivoisez l'animal**, le sens est favorable sur le plan sentimental où vous saurez vous faire aimer passionnément par votre partenaire. **Et si vous la capturez,** vous sortirez définitivement d'une situation affective pénible.

BÉLIER

- **Si un homme rêve d'un bélier**, une femme de son entourage sera follement éprise de lui.
- **Si une femme rêve d'un bélier,** elle suscitera l'admiration des hommes.
- **Voir un bélier foncer :** Des remerciements, on vous renverra l'ascenseur.
- **Un bélier noir :** Un proche sera atteint d'une maladie mortelle.
- **Deux béliers s'affrontent :** Plaisirs de la vie. Épicurisme.

BELLADONE, cette plante est particulièrement dangereuse, surtout sa baie qui ressemble à des cerises, aussi son sens prophétique est très négatif.

- **Si vous en rêvez,** vous serez victime de faits étranges et maléfiques.
- **Si vous touchez ou mangez de ses baies :** Une catastrophe se produira dans votre entourage.
- **Si vous l'utilisez comme médicament :** Vous déclencherez une allergie.

BELLE-FILLE

- **Vous rêvez de votre belle-fille :** Des querelles domestiques en perpective.
- **Vous vous disputez avec votre belle-fille :** Un de vos proches tombera malade.
- **Un homme rêve qu'il fait la cour à sa belle-fille :** Chantage.
- **Votre belle-fille trompe son mari :** Vos initiatives sont sans fondements.

BELLE-MÈRE

- **Vous rêvez de votre belle-mère :** Des troubles vont surgir dans votre ménage, ils ne lui seront pas forcément imputables.

- **Vous rêvez de la mort de votre belle-mère :** Vous découvrirez la fausseté d'un parent.
- **Un homme rêve qu'il fait la cour à sa belle-mère :** Un divorce à son désavantage.

BÉNÉDICTION

- **Vous recevez la bénédiction :** Estime et protection.
- **Vous donnez la bénédiction :** On va vous charger d'une mission.
- **D'autres personnes reçoivent la bénédiction :** Mariage prochain d'un ami.
- **Vous refusez de recevoir la bénédiction :** Vous passerez outre objection pour faire aboutir vos projets.

BÉNITIER

- **Rêver d'un bénitier :** Intervention hiérarchique non suivie d'effet.
- **Un bénitier vide :** Prudence, on spécule sur vos sentiments.
- **Trouver de l'argent dans un bénitier :** Un petit legs bienvenu.
- **Vous dérobez un bénitier :** Méfiez-vous des gens que vous recevez.

BÉQUILLES

- **Vous vous servez de béquilles :** Vous comptez beaucoup trop sur les autres.
- **Une autre personne se sert de béquilles :** Un malentendu vous causera du tort.
- **Vous perdez une béquille :** L'erreur d'un tiers va vous coûter cher.
- **Vos béquilles sont cassées :** La fin des ennuis et l'assurance d'une meilleure santé.

BERCEAU

- **Rêver d'un berceau vide :** Un grand chagrin.
- **Préparer un berceau :** Un conflit lors d'une fête de famille.
- **Un berceau avec un enfant :** Une grande joie dans la journée.
- **Un berceau de jumeaux :** Chance et prospérité.

BÉRET

- **Vous portez un béret :** Vous perdez beaucoup de temps pour rien.
- **Quelqu'un d'autre porte un béret :** Une journée malchanceuse.
- **Des enfants portent le béret :** Certaines de vos occupations deviendront très lucratives.
- **Vous achetez un béret :** Ne jouez pas les fiers-à-bras, vous allez vous ramasser.

BETTERAVE

- **Rêver de betteraves :** Vous avez très peu de chance d'en manger, votre table sera très recherchée.
- **Manger des betteraves :** Votre partenaire vous rendra très heureux.
- **Négocier des betteraves :** Ne cassez pas votre tirelire, les mois qui suivent risquent d'être compliqués.
- **Cultiver des betteraves :** Vous passerez allègrement un cap difficile.

BEURRE

- **Rêver de beurre :** Sécurité, confort.
- **Manger du beurre :** Période positive financièrement.
- **Beurrer des tartines :** Des petits bénéfices inépuisables.
- **Acheter du beurre :** Vos placements sont précaires, réfléchissez à la question.
- **Baratter du beurre :** Le terme de vos ennuis est tout proche.

BIBELOT

- **Rêver de bibelots :** Une rencontre amicale.
- **Vous possédez des bibelots :** Légèreté dans vos sentiments.
- **Vous achetez des bibelots :** Un petit legs vous reviendra de droit.
- **Vous vendez des bibelots :** Vos dettes s'accumulent.

BIBERON

- **Lorsqu'un homme rêve de biberon :** Il manque probablement d'affection et regrette son enfance.
- **Lorsqu'une femme rêve de biberon :** C'est un signe de naissance prochaine dans la famille.
- **Un biberon dans la main d'un enfant :** Amour. Idéalisme.
- **Boire au biberon :** Vous avez besoin qu'on vous parle d'amour. L'être aimé n'est pas démonstratif.

BIBLE

- **Entendre, voir, lire la Bible** s'interprétera comme une leçon de morale, portant sur les conceptions mentales du rêveur. C'est très certainement un avertissement qu'il attribuera à une de ses préoccupations non fondées, ou à un comportement excessif.
- **Si vous recevez une bible en cadeau,** vous serez magnifiquement récompensé à l'avenir pour avoir effectué un travail non rémunéré.
- **Si vous vous procurez une bible** c'est l'heureux présage d'une nouvelle amitié fort enrichissante.

BIBLIOTHÈQUE

- **Rêver d'une bibliothèque :** Vos efforts seront bientôt récompensés.
- **Se rendre à la bibliothèque :** Une mesure favorable à vos intérêts.
- **Emprunter un livre dans une bibliothèque :** Des mois et des mois de solitude.
- **Tenir une bibliothèque :** Une expérience nouvelle.

BICHE

- **Rêver d'une biche à l'arrêt :** Sublimation dans les sentiments.
- **Voir une biche aux abois :** Vous speedez, vous speedez ! Vos nerfs vont craquer.
- **Voir une biche avec son faon :** Un amour impossible.
- **Apprivoiser une biche :** Des aides extérieures providentielles.
- **Une biche est blessée :** Un chagrin inconsolable.
- **Tuer une biche :** Un mensonge entraînera une rupture sentimentale.

BICYCLETTE

- **Rêver d'une bicyclette :** Une grande joie procurée par un enfant.
- **Voir des cyclistes :** Vous manquez de disponibilité pour vos projets.
- **Un enfant fait de la bicyclette :** Une petite faute vous sera pardonnée.
- **Vous faites de la bicyclette :** Vous recevrez une visite.
- **Vous achetez une bicyclette :** Vos moyens seront restreints pendant une longue période.
- **Vous vendez une bicyclette :** Une facture à régler que vous n'attendiez plus.
- **Vous trouvez une bicyclette :** Vous retrouverez sans tarder un ami d'enfance.
- **Vous vous faites voler votre bicyclette :** Des ennuis avec la justice.
- **Vous tombez de bicyclette :** Quelqu'un va changer les directives, vous allez perdre un peu de votre liberté.
- **En bicyclette vous vous faites renverser par une voiture :** Une tentative malheureuse bouleversera votre existence en vous soumettant à une remise en question.

BIÈRE

- **Vous buvez de la bière :** Vous allez prendre des congés.
- **Vous servez de la bière à quelqu'un :** Vous aurez le soutien de vos amis.
- **D'autres boivent de la bière :** Des louanges de vos relations.
- **Vous fabriquez sa bière :** Chance et allégresse.
- **Mettre un mort en bière :** Un revers sera suivi rapidement d'un succès.

BIGAMIE, thème d'implication sexuelle.

- **Une femme rêve qu'elle est bigame :** Elle recherche généralement des affinités profondes avec son partenaire, mais elle veut préserver son indépendance.
- **Un homme rêve qu'il est bigame :** Sa vie affective manque de sécurité, il en est conscient mais la recherche d'émotions fortes dans les aventures domine.
- **Une autre personne est bigame :** Les relations manquent d'intérêt, on cherche des compensations ailleurs.

BIGOT, si votre dévotion religieuse est étroite et pointilleuse en rêve, c'est peut-être l'indice qu'une réelle recherche spirituelle vous permettra de remettre de l'ordre dans votre existence.

- **De vieilles bigotes parlent de vous :** Votre entêtement vous vaudra des déboires qui bousculeront vos habitudes.
- **Vous parlez à une bigote :** Des problèmes d'adaptation à une situation complexe.
- **Des bigots se disputent :** Méfiez-vous de votre voisinage, les apparences sont trompeuses.

BIJOUX

- **Rêver de bijoux :** Vous aimerez une personne subtile et raffinée.
- **Vous possédez des bijoux :** Perte d'argent ou de biens.
- **Vous recevez des bijoux en cadeau :** Une déclaration d'amour.
- **Vous achetez des bijoux :** Des bénéfices en vue, mais à quel prix !
- **Vous vendez vos bijoux :** Bientôt le résultat d'une mauvaise action en cours.
- **Se faire voler ses bijoux :** On vous exploite.
- **Voler des bijoux**, voir **VOLER.**
- **Trouver des bijoux :** Richesse tardive.
- **Donner ses bijoux :** Le terme d'une vie chaotique.
- **Vous êtes bijoutier :** Une grosse erreur dans vos compte, à votre désavantage.

BILLARD

- **Vous possédez un billard :** Vos facultés intellectuelles se dégradent.
- **Vous jouez au billard :** Un incident en faisant du shopping.
- **Vous perdez de l'argent au billard :** Une décision erronée.
- **Vous regardez une partie de billard :** Des histoires de clocher.

BILLET

- **Vous rêvez d'un billet de loterie :** Malchance, série noire.
- **D'un billet de voyage :** Une liaison sans importance.
- **D'un billet de banque :** Du marasme dans vos affaires.
- **D'un billet doux :** Un sentiment se dégrade.

BLAIREAU (animal)

- **Vous rêvez de blaireau :** La polyvalence dans le travail suscite la jalousie.
- **Vous attrapez un blaireau :** On vous nuit sciemment.
- **Vous tuez un blaireau :** À votre insu, une personne souffre de votre indifférence.
- **Quelqu'un capture ou tue un blaireau :** Des avantages de toutes sortes.

BLÂME, un tel rêve souffle à notre conscience de nous interroger sur notre propre comportement, une intériorisation est nécessaire.

- **Si le rêveur blâme ses proches ou d'autres personnes :** Il rejette ses responsabilités, ou bien, sa compétence est en jeu. Le sens à retenir est donc très négatif et l'invite à changer d'attitude dans son intérêt.
- **Si le rêveur est blâmé :** Il est surmené, et il pense que ses journées sont trop courtes ; il a toujours peur de ne pas être à la hauteur.
- **D'autres personnes sont blâmées :** On sera très déçu de son implication dans une situation délicate.

BLANC, la couleur blanche est signe de pureté.

- **Rêver d'un vêtement ou d'un objet blanc** cautionnera une confiance réciproque avec ceux qui vous aiment.
- **Rêver d'un paysage où la couleur blanche prédomine en toile de fond** montre une paix intérieure. Facilité d'adaptation.
- **Rêver d'un animal blanc :** Peu importe sa race, ce thème est annonciateur de faits ou d'événements positifs. (Voir de quel animal il s'agit.)
- **Si le blanc est taché ou sale :** Votre naïveté est grande, vous regretterez d'avoir accordé trop vite votre confiance.

BLANCHIR, BLANCHISSAGE, ces termes évoquent la purification, comme la couleur blanche, ils symbolisent la lumière que tout esprit confus cherche à trouver.

- **Blanchir une réputation, la sienne ou celle d'un ami :** Des complications et des troubles seront imputables à votre comportement dans le passé.
- **Blanchir du linge :** Une réconciliation imminente.
- **Blanchir des murs ou tout autre chose :** Souvenez-vous qu'aimer c'est aussi pardonner.

BLASPHÈME

- **Vous blasphémez :** Vous donnerez un exemple de moralité à une personne de la famille ou à l'un des vos enfants.
- **Vous entendez proférer des blasphèmes :** Votre plus cher désir ne se réalisera pas.

- **Vous blasphémez sur la religion :** De l'hostilité bien compréhensible, une personne vous a fait beaucoup de mal.
- **D'autres blasphèment sur la religion :** Soyez prudent, on attend avec impatience que vous fassiez une erreur.

BLÉ

- **Rêver d'un champ de blé :** Richesse, prospérité.
- **Voir un champ de blé ravagé par les intempéries ou incendié :** Vous courez un danger certain.
- **Voir du blé en épis ou en grains :** Grande considération des amis.
- **Voir du blé en gerbes :** Votre situation peut être fructueuse et pleine d'avenir.
- **Acheter du blé :** Période faste et chaleureuse dans le foyer.
- **Moudre du blé :** Les associations sont favorisées et prennent un caractère amical.
- **Vendre du blé :** Déboires financiers. Concurrence déloyale.

BLESSURE

- **Rêver de blessure de guerre :** Vos sentiments vous honorent.
- **Blesser quelqu'un :** Vous renoncerez quelque temps à vos obligations par désir, non par nécessité.
- **Se blesser :** Des tensions d'ordre relationnel.
- **Porter une blessure :** Nouvelle conquête.
- **Un enfant ou un proche est blessé :** Vous allez faire preuve d'un certain courage.

BLEU, la couleur bleue symbolise la connaissance et le raisonnement, aussi positive que la couleur blanche dont elle découle, elle exprime dans les rêves la loyauté ainsi que la fidélité.

- **Rêver d'un ciel bleu :** L'existence sera paisible.
- **Rêver d'un vêtement ou d'un objet bleu :** Fidélité, sincérité en amour.
- **Bleu indigo :** L'amour qu'on vous porte est sans limites, les preuves ne vont pas tarder.

BŒUF

- **Rêver d'un bœuf ou d'un troupeau dans un pré :** Signe d'opulence, de richesse.
- **Des bœufs sous le joug :** Très rassurant, les liens noués résisteront aux tempêtes.
- **Des bœufs furieux ou beuglants :** Des scènes violentes.
- **Des bœufs très maigres :** Période de crise, de restriction.
- **Des bœufs se battent :** Deux personnes complotent dans votre dos.

- **Des bœufs maltraités ou exténués par l'effort :** Vous allez apprendre une nouvelle bouleversante.
- **Des bœufs au labour :** La réussite dépendra essentiellement de vos mérites.
- **Vendre des bœufs :** Une spéculation hasardeuse et profitable.
- **Acheter des bœufs :** Des négociations fructueuses.
- **Manger du bœuf en famille** est signe de réconciliation.

BOHÈME

- **Rêver d'une vie de bohème :** Révélateur d'un climat d'insécurité. Désordre et vagabondage sont les apanages du rêveur. Mais parfois il s'agit seulement du vagabondage de l'esprit. L'imagination trop fertile entraînant un manque total d'objectivité, il est recommandé de réintégrer le sens des réalités.
- **Si le climat du rêve est très agréable ou excitant,** en restant raisonnable, on peut avoir foi en son imagination, elle sera constructive.

BOHÉMIEN

- **Rêver de bohémiens :** Vous aurez besoin de calme pour vous ressourcer.
- **Vous faites fuir des bohémiens :** Une maladresse vous fera dépenser de l'argent.
- **Vous êtes accosté par des bohémiens :** Vous prendrez part à une réunion sans y être invité.
- **Vous parlez à des bohémiens :** Risque de vol pendant votre absence.

BOIS

- **Rêver de morceaux de bois :** Vos exigences seront comblées, si le bois est sec. **Du bois mouillé** annonce des mois de galère.
- **Couper du bois :** Quelques extra pour améliorer votre quotidien.
- **Ramasser du bois :** De grosses dépenses pénalisantes.
- **Porter du bois :** Des épreuves enrichissantes sur le plan psychologique personnel.
- **Brûler du bois :** Vous dépenserez beaucoup plus que vous ne gagnerez.
- **Voir un tas de bois :** Un inconfort provisoire.
- **Posséder beaucoup de bois :** De l'argent à dépenser avec beaucoup de joie.
- **Du bois de construction :** Un changement important dans le travail, parfois une mutation.
- **Se promener dans les bois,** voir **FORÊT.**
- **Toucher du bois (sens figuré) :** Un sentiment d'inefficacité dû à la fatigue.

BOÎTE, l'interprétation dépend de la grosseur de la boîte et de son contenu ; **si elle est minuscule,** c'est l'indice d'un certain raffinement dans les sentiments et les plaisirs physiques. **Pleine et petite,** elle exprimera une complicité dans un couple ou entre deux amants. **Vide et petite,** les sentiments seront purement physiques.

- **Une boîte plus importante et vide** est annonciatrice d'indiscrétion, parfois même d'humiliation.
- **Une boîte importante et pleine**, l'égoïsme du partenaire sera éprouvant, ce dernier ou cette dernière fuira toutes contraintes entravant sa liberté. Bien sûr, la nature des objets à l'intérieur apportera un approfondissement du thème.
- **Boîte à musique :** Vous serez victime d'un acte ridicule ou d'une impolitesse.
- **Boîte à chapeau pleine :** Vous allez faire un cadeau à quelqu'un.
- **Boîte à chapeau vide :** Une personne malhonnête agira en votre défaveur.
- **Boîte de nuit,** voir **CABARET.**

BOITER

- **Vous rêvez d'une personne qui boite :** Vous recevrez une invitation à une soirée dansante.
- **Vous boitez :** De petits malaises qui devront vous inciter à consulter.
- **D'autres personnes boitent :** Changez d'attitude à l'égard de vos amis.
- **Un de vos proches boite :** Des complications dans vos affaires familiales.

BOMBARDEMENT

- **Rêver d'un bombardement :** Un incident vous fera voir l'être cher sous son vrai jour.
- **Courir sous les bombes :** Des problèmes graves seront de votre propre fait, vous ne parviendrez à les surmonter qu'avec du temps et de la volonté.
- **Manipuler des bombes :** Un bouleversement dans la vie affective.
- **Une bombe éclate près de vous :** Votre exaltation est trop souvent factice.

BONBON

- **Rêver de bonbons** présage des cadeaux ou des petites attentions provenant des amis.
- **Acheter des bonbons :** Les amitiés seront sincères et loyales.
- **Offrir des bonbons :** On vous fera don d'un présent destiné à une autre personne.
- **Sucer des bonbons :** Des caresses érotiques.
- **Manger des bonbons :** De petites dépenses inutiles.

BONDIR

- **Vous faites un grand bond :** Un recyclage, une remise en question.
- **Vous tombez en bondissant :** Une période pleine de tracas et d'échecs.
- **Une personne bondit :** Un événement imprévisible dans la journée.
- **Un animal bondit :** Une surprise désagréable.

BONNET

- **Vous rêvez d'un bonnet :** Calomnies et mensonges.
- **Vous portez un bonnet :** La crainte de l'innovation vous fait hésiter, sachez que tout se passera pour le mieux.
- **Un bonnet déchiré :** Votre réputation est malmenée.
- **Vous trouvez un bonnet :** Des gens se chargeront de vos corvées à votre place.
- **Vous confectionnez un bonnet de laine :** Des reproches de l'être aimé.

BOSSU

- **Vous rêvez d'un bossu :** Un gain inespéré et apprécié.
- **Vous touchez sa bosse :** Vous allez arrondir vos fins de mois.
- **Vous êtes bossu :** Votre défaut principal est très objectivement une qualité.
- **Vous invitez un bossu à partager votre repas :** Un courrier vous apportera une très bonne nouvelle.

BOTTES

- **Pour un homme**, les bottes «sont faites pour marcher», aller de l'avant dans les diverses circonstances de la vie où l'initiative est de rigueur. Un tel rêve est lié à l'avancement, aux promotions sociales ou professionnelles qui récompensent l'être de ses efforts.
- **Si les bottes sont vieilles et éculées :** La réussite est entravée, mais provisoirement.
- **Si les bottes sont sales :** Les problèmes proviennent de son comportement dans le passé. **S'il achète des bottes,** des personnes puissantes lui procureront certains privilèges.
- **Pour une femme,** Les bottes symbolisent l'érotisme, le désir de plaire et d'être désirée. Le thème promet une relation passionnelle.
- **Si elle porte des bottes rouges :** Son vécu est d'ordre passionnel, parfois elle aime être bousculée dans les relations sexuelles. **Si elle achète des bottes,** c'est un signe d'arrivisme.
- **Pour les deux sexes, porter des cuissardes** annonce des relations purement physiques.

BOUC, son symbolisme est à la fois bénéfique et maléfique, il évoque le feu et la virilité. Il a représenté le bien, et au Moyen Âge les forces du mal. Le message de ce thème invite à la modération notamment dans tous les plaisirs physiques, comme dans les paradis artificiels tels que l'alcool, le tabac etc. Les instincts sont difficilement contrôlables.

- **Rêver d'un bouc noir** est un signe de vénalité et de dépendances par laxisme.
- **Voir un bouc copuler** peut divulguer une ambivalence sexuelle.

- **Voir deux boucs s'affronter :** Un accomplissement, parfois un succès.
- **Posséder un bouc comme mascotte :** Vous allez commettre une folie qui compliquera sérieusement votre vie amoureuse.

BOUCHE, la bouche est le symbole de la sexualité.
- **Pour une femme**, elle représente son jardin secret où germent ses désirs et ses passions parfois inavouables.
- **Si elle voit des lèvres d'homme ou de femme, sensuelles et charnues,** ce sont des passions fugaces ou des unions interdites qui ne demandent qu'à renaître.
- **Pour un homme**, c'est le signe d'une insupportable distance entre le désir et son aboutissement extatique. Peu importe l'ambiance du rêve, s'il y a focalisation sur une bouche, le thème revêt un caractère érotique ou porte sur une libido insatisfaite.
- **À l'exception d'une bouche d'enfant**, **dans un contexte familial ou affectueux**, qui révélera **pour les deux sexes** un regain d'affection, un besoin de donner et de partager sainement des instants de grande joie.

BOUCHER
- **Si le boucher tue ou découpe des animaux :** Une dépendance matérielle entravera votre liberté et vous perdrez votre vitalité.
- **Se lier d'amitié avec un boucher :** Un petit placement ou quelques petites économies vous rendront un grand service.
- **Voir une boucherie pleine de viande :** Vous devriez faire des examens médicaux car votre santé peut être menacée.
- **Posséder une boucherie :** Des soupçons inquiétants se porteront sur vous.

BOUCLE
- **Une boucle de ceinture :** Des fausses promesses.
- **Une boucle de cheveux :** Faites selon vos idées, méfiez-vous des conseils.
- **Des boucles d'oreilles :** Vous succomberez aux jeux de la séduction.
- **Vous perdez une boucle d'oreille :** Vol, cambriolage.
- **Vous trouvez une boucle d'oreille :** Un gros chagrin sentimental dont vous vous remettrez rapidement.
- **Vous recevez des boucles d'oreilles en cadeau :** Mettez le champagne au frais, vous allez fêter sous dix jours un événement agréable.
- **Vos offrez des boucles d'oreilles :** Une heureuse rencontre.

BOUCLIER
- **Vous rêvez d'un bouclier :** Protection bienveillante ou mystique.
- **Vous portez un bouclier :** Victoire sur un rival.

- **Des hommes en armes portent des boucliers :** Une scène de ménage mémorable pour une histoire montée en épingle dont vous sortirez vainqueur.
- **Vous vous procurez un bouclier :** Vous vivez trop pour le «qu'en dira-t-on !»

BOUDDHA, BOUDDHISME

- **Prier ou implorer bouddha en rêve** est une éventualité qui ne doit pas heurter vos convictions, il est la représentation d'une divinité que chacun porte en soi, c'est un signe de richesse matérielle et spirituelle, vous êtes protégé malgré vous.
- **Voir une statue de bouddha :** Symbole de prospérité et de santé.
- **Si vous adhérez à cette doctrine dans vos rêves,** c'est l'indication que vous prenez trop la vie au sérieux. Philosophez plutôt sur la durée de l'existence de l'homme sur la terre !

BOUDOIR

- **Vous vous trouvez dans un boudoir :** Un rendez-vous amoureux et secret.
- **Vous avez un rendez-vous dans un boudoir :** Du chantage sans conséquences.
- **Vous êtes enfermé dans un boudoir :** Brouille avec l'être aimé pour un malentendu.
- **Un rendez-vous amoureux dans un boudoir** présage bel et bien la fausseté des amis.

BOUE

- **Rêver que l'on s'enfonce dans la boue** est un rêve courant, son symbolisme est similaire à celui des sables mouvants où le rêveur tente désespérément de s'extraire. La boue est métaphorique de l'angoisse accumulée à l'état de veille. Avancer dans une mer de boue ou s'enliser progressivement, relève parfois du cauchemar. La personne qui fait ce rêve peut être simplement fatiguée ou surmenée.
- **Si le thème a un caractère agréable, comme prendre des bains de boue**, c'est un indice très positif, de grandes ressources intérieures permettront de faire face à toutes les situations.
- **Si la boue a une forte odeur :** le rêveur souffre de ne pouvoir confier certains de ses désirs ; sa rigueur et ses principes le lui interdisent.
- **Manger de la boue :** Il faut remonter à l'enfance, où accomplir un acte condamnable par sa propre conscience, voir une personne que l'on aime souffrir de mauvais traitements sans pouvoir intervenir, ou encore être forcé de déglutir un mets détestable sont des expériences qui, mémorisées, se traduisent à la maturité par cette forme de rêve. Ces souvenirs, ainsi extériorisés la nuit, sont le plus souvent absents à l'état de veille.

BOUGIE

- **Voir des bougies allumées dans une pièce :** Vous découvrirez la raison d'un grave conflit.
- **Allumer des bougies :** Le succès va changer le cours de votre existence.
- **Acheter des bougies :** L'amour vous insécurise.
- **Voir des bougies allumées autour d'un cercueil :** Une perte d'affection vous affligera sérieusement.
- **Voir des bougies de couleur :** Les propos tenus par un proche vous révolteront.
- **Des bougies noires allumées :** Doute et soupçon influent sur la qualité de votre vie sentimentale.
- **Éteindre une bougie :** Un secret bien gardé.
- **Éteindre des bougies :** C'est parler pour ne rien dire.
- **Faire tomber au sol une bougie enflammée :** Une période défavorable aux affaires ou au commerce.
- **Des bougeoirs sans bougies** sont signe d'intrigues.
- **Placer des bougies sur un bougeoir :** Suivez les sages conseils qu'une personne va vous donner.
- **Changer les bougies de votre voiture :** Un accident nocturne sans atteinte physique.
- **Acheter des bougies pour un véhicule :** La fin de vos difficultés est toute proche.

BOUÉE

- **S'accrocher à une bouée ou l'enfiler** est un symbole significatif, un secours viendra à vous lors de circonstances scabreuses ou lorsque votre vie n'aura plus aucun sens pour vous.
- **Vous ne parvenez pas à atteindre la bouée :** Votre conscience n'est pas en paix.
- **La bouée se dégonfle :** Les choses s'arrangeront à votre désavantage.
- **Jeter une bouée à quelqu'un :** Vous empêcherez un ami de faire une sottise.

BOUILLOIRE

- **Rêver d'une bouilloire :** Un travail difficile et épuisant.
- **Une bouilloire pleine d'eau bouillante :** Une poussée de fièvre.
- **La bouilloire déborde :** Une tâche épuisante au-dessus de vos forces.
- **La bouilloire est percée :** Des questions d'intérêt déclencheront des disputes.

BOURREAU

- **Rêver d'un bourreau :** Vous prendrez votre revanche sur une injustice.
- **Vous assistez un bourreau lors de sa besogne :** Votre sécurité sera compromise par une imprudence.

- **Vous êtes le bourreau :** Violence sur un enfant.
- **Vous empêchez un bourreau d'exécuter son funeste travail :** Vous transgresserez la loi pour une bonne cause.

BOURSE

- **Rêver d'une bourse pleine :** Par inattention vous perdrez de l'argent.
- **D'une bourse vide :** Des soupçons non fondés.
- **Trouver une bourse pleine :** Votre vieillesse sera aisée mais dépourvue d'affection.
- **Dérober une bourse :** Vous perdrez l'estime d'un ami.

BOUSSOLE

- **Rêver de boussole :** Excellent présage, les objectifs sont précis et source de récompense.
- **Vous perdez votre boussole :** Une erreur de discernement vous pénalisera.
- **Vous cassez une boussole :** Vos conceptions matérielles sont erronées.
- **L'aiguille de votre boussole n'indique pas le nord :** Vous ne parviendrez pas à dissiper un malentendu.

BOUTEILLE

- **Rêver d'une bouteille pleine d'eau :** Très positif pour la vie sentimentale.
- **Une bouteille vide :** Un petit incident de santé sans gravité, mais éprouvant.
- **Laver des bouteilles :** Vous saurez clarifier une situation confuse.
- **Une bouteille cassée :** Prudence, risque de fracture.
- **Une bouteille à la mer :** Des nouvelles de l'étranger.

BOUTON

- **Vous perdez un bouton** : Inquiétude continuelle.
- **Vous trouvez un bouton :** Le confinement sera néfaste à la santé.
- **Vous recousez un bouton :** Enthousiasme excessif pour un projet délicat.
- **Des boutons de toutes les couleurs :** Vous assisterez à un gala.
- **Vous avez des boutons d'acné :** Un changement dans votre vie amoureuse.

BOXE

- **Vous rêvez d'un combat de boxe :** Une rivalité entre deux hommes.
- **Vous assistez à un combat de boxe :** Une démarche ennuyeuse mais incontournable.
- **Vous pariez sur un boxeur :** Une spéculation audacieuse réussira.
- **Boxer un rival :** Vous n'êtes plus maître de votre destin.

BRACELET

- **Vous rêvez de bracelets :** Les promesses ne seront que des vœux pieux.
- **Vous portez un bracelet :** Le succès et la popularité pour votre partenaire.
- **Vous achetez un bracelet :** Une série d'obstacles à affronter avant de réussir.
- **Vous recevez un bracelet en cadeau :** Il faut rompre avec le quotidien afin de recharger vos accus.
- **Vous offrez un bracelet :** Complicité dans les amitiés.

BRAS

- **Rêver de ses bras nus** est un heureux présage pour le domaine affectif.
- **Si les bras sont très beaux :** Sublimation dans les rapports physiques.
- **Si les bras sont malingres :** Vous avez besoin de prendre du recul vis-à-vis de la personne aimée.
- **Si les bras sont couverts de poils :** Richesse solitaire.
- **Si les bras sont très musclés :** Une rencontre amoureuse lors d'un voyage.
- **Votre bras est cassé :** Une maladie grave dans la famille.
- **Votre bras cassé est dans le plâtre :** Votre santé se dégrade.
- **Être amputé d'un bras,** voir **AMPUTATION.**
- **Vous avez très mal au bras :** Des épreuves sur le plan santé, mais également liées à des difficultés financières.
- **Vos deux bras sont paralysés :** Une fatigue généralisée dont vous connaissez l'origine.
- **Un enfant est blessé au bras :** Une mésentente affective entraînera des déchirements irréversibles.
- Lorsque dans le rêve il s'agit des bras d'autres personnes, la signification est très peu variable et s'adresse à des amis intimes ou des parents.

BRASSERIE

- **Rêver d'une brasserie :** Indice de progression matérielle.
- **Si la brasserie vous appartient :** Résultats brillants dans les affaires et les négociations.
- **Vous vous intéressez au fonctionnement de la brasserie :** Acquisition fructueuse d'actions ou de titres.
- **Vendre ou acheter une brasserie :** Si vous êtes en désaccord avec quelqu'un, il sera difficile d'arranger les choses à l'amiable.
- **Seul ou entouré, vous mangez dans une brasserie :** Vous perdrez du temps et la réussite ne vous attendra pas.

BREBIS

- **Vous rêvez de brebis :** Gardez-vous de spéculer car c'est vous qui allez vous faire tondre !
- **Vous élevez une brebis :** L'affection qu'on vous porte est intéressée.

- **Vous négociez des brebis :** Vous serez riche, mais malheureux.
- **Des brebis mettent bas :** Un grand bonheur qui perdure.

BRETELLE

- **Vous rêvez de bretelles :** Absence de précautions.
- **De bretelles qui glissent ou qui lâchent :** Les imprudences entraîneront de sérieux déboires.
- **Vous achetez des bretelles :** Une indiscrétion heureuse.
- **Vous prenez une bretelle d'autoroute :** N'empruntez pas les chemins de traverse pour atteindre votre objectif.

BRIQUE

- **Rêver de briques de** construction est annonciateur de gains, parfois d'un héritage immobilier.
- **Voir des briques cassées :** expropriation.
- **Transporter des briques ou les négocier :** Un héritage décevant.
- **Décharger, ranger ou construire avec des briques :** Des gains importants.

BRIQUET

- **Vous possédez un briquet alors que vous ne fumez pas :** Une incompréhension d'un fait vous laissera perplexe.
- **Vous perdez un briquet :** Les circonstances sont contre vous, rien ne va plus !
- **Vous trouvez un briquet :** Un étranger vous fera un cadeau.
- **Votre briquet ne fonctionne pas :** On va tenter de vous soudoyer.
- **Vous offrez un briquet :** Amour sans retour.
- **On vous offre un briquet :** N'en dites pas plus, vous ne pourrez tenir vos promesses.

BRISER

- **Tout ce que l'on brise dans nos rêves, à l'exception du verre blanc** qui porte chance **et du cristal** qui favorise les élucidations, est symbole d'adversité et d'obstacles.
- **Plus l'objet brisé est précieux ou a de la valeur,** plus les problèmes mettront du temps à être résolus.

BROCANTE voir ANTIQUITÉ

BROCHE

- **Rêver d'une broche :** Des tractations secrètes.
- **Vous offrez une broche :** La fidélité est à sens unique.
- **Vous trouvez une broche :** Une grande réjouissance entre intimes.
- **Vous rêvez d'une broche à rôtir :** Douleur physique, poussée rhumatismale.

BRODERIE

- **Rêver de broderies :** Faiblesse, manque d'aplomb, recherche d'une motivation.
- **Vous faites de la broderie :** Votre humeur est exécrable.
- **Voir une personne faire de la broderie :** Réfléchissez à ce que l'on vous raconte, et faites la part du vrai.
- **Vous possédez du linge brodé :** Excellente entente conjugale.
- **Vous achetez du matériel de broderie :** Une personne de votre entourage vous apportera son aide dans l'exécution d'un projet délicat.

BROSSE

- **Rêver d'une brosse à cheveux :** Vous allez changer de look, encore plus encore si vous l'utilisez.
- **D'une brosse à vêtement :** Un ami de longue date vous décevra.
- **D'une très vieille brosse :** Insatisfaction sexuelle.
- **Brosser le sol, un tapis une moquette etc.** Des problèmes à affronter dont vous vous seriez bien passés.

BROUILLARD

- **Voir un brouillard impénétrable** symbolise la peur des lendemains.
  Le rêveur cherche dans ce thème des réponses à ses interrogations sur l'avenir.
- Le brouillard est une métaphore des ténèbres, de la nuit de l'esprit.
  Le besoin de se rassurer à tout prix sur la poursuite de son existence prédomine.
- **Chercher son chemin dans le brouillard :** Un grand retard dans l'accomplissement des objectifs.
- **Chercher quelqu'un dans le brouillard :** Idéalisme, parfois quête vers un amour impossible.

BRUIT

- **Entendre en rêve un très grand bruit chez soi :** Vous allez découvrir un fait inquiétant.
- **Un très grand bruit à l'extérieur :** Un incident vous obligera à recommencer un travail épuisant.
- **Des enfants font du bruit :** Phase d'optimisme, de pleine santé.
- **Des bruits inexplicables, revenants, esprits...** en aucun cas vous ne pourrez revenir sur une décision et vous en serez malade.
- **Des bruits de voix d'hommes ou de femmes :** Médisances, commérages.

BRÛLER, voir **FEU**

BRÛLURE

- **Se voir des brûlures sur tout le corps :** Maladie contagieuse.
- **Sur les mains :** Votre impatience vous jouera un nouveau tour.
- **D'autres personnes ont des brûlures sur le corps ou sur les mains :** Inimitié.
- **Brûlures, coup de soleil :** On vous aime, mais on vous craint.

BRUTALITÉ

- **Rêver de brutalités** est proche de la réalité, ce rêve est vecteur d'un climat diurne tendu. Gardez-vous de mettre de l'huile sur le feu dans votre foyer, votre partenaire risque de ne pouvoir contrôler ses gestes.
- **Voir des personnes brutales entre elles :** Un contretemps dû à un accident.
- **Voir brutaliser un enfant :** Danger. Mort.

BRUYÈRES

- **Rêver de bruyères** est un présage de solitude et d'ennui.
- **Si vous coupez des bruyères :** Vous rencontrerez l'âme sœur.
- **Vous offrez des bruyères :** Soyez détendu, le futur est avenant.
- **Porter des bruyères sur une tombe :** Des pleurs suivis de belles satisfactions.

BÛCHERON

- **Rêver de bûcherons :** Des revenus extensibles.
- **Vous êtes bûcheron :** Vous obtiendrez une aide financière.
- **Engager un bûcheron :** Vous partagerez vos bénéfices avec un ami.
- **Parler à un bûcheron :** Une complicité renforcée.

BUISSON

- **Vous vous cachez derrière un buisson :** Un ennemi acharné vous rendra la vie difficile.
- **Quelqu'un se cache derrière des buissons :** Délation, dénonciation.
- **Vous taillez des buissons :** Vous manquez d'autonomie.
- **Mettre le feu à des buissons :** Vous rendrez des comptes à la justice. Voir **FEU.**

BULLE

- **Vous rêvez de bulles, toutes sortes de bulles :** L'affection d'un enfant ou d'une personne très jeune vous comblera de joie.
- **Vous faites des bulles de savon :** Vous évoquerez vos amours.
- **Un enfant fait des bulles de savon :** quelqu'un cherche à pénétrer vos secrets.
- **Vous êtes prisonnier d'une bulle :** Votre irrationnel vous perdra.

BUREAU

- **Vous souhaitez avoir un bureau :** Un changement dans le travail.
- **Vous changez de mobilier de bureau :** Un conflit relationnel va éclater.
- **Vous travaillez dans un bureau :** L'impatience vous ronge.
- **Une de vos connaissances travaille ou vous reçoit dans son bureau :** Vous trouverez des solutions à vos problèmes.
- **Vous êtes fonctionnaire dans un bureau :** Un courrier vous obligera à repenser votre avenir.

BUSTE

Rêver de son propre buste :

- **Pour une femme,** un sentiment de doute ébranle la confiance en l'être aimé.
- **Pour un homme,** un manque de confiance en soi.
- **Rêver de la représentation artistique de son propre buste :** Les sentiments que l'on vous porte sont profonds et bien ancrés.
- **D'un buste en bronze :** L'obstination est destructive.
- **D'un buste en marbre :** Une union solide mais stérile.
- **D'un buste en plâtre :** Une personne joue double jeu.
- **D'un buste en or :** Un mariage avec contrat.
- **D'un buste en pierre :** Un secret inviolable.
- **D'un buste en cuivre :** Ne vous laissez pas dominer par vos émotions, elles vous rendent faibles.
- **D'un buste cassé :** Une rupture entre amants.

BUT

- **Vous marquez un but en sport :** Un succès passager va changer le cours de votre existence.
- **Vous encaissez un but :** Une blessure par étourderie.
- **Vous marquez un but (sens figuré) :** Vous persécutez ceux que vous aimez.
- **Vous atteignez le but que vous vous êtes fixé :** Votre popularité ira croissante.

BUVARD

- **Utiliser un buvard en rêve** augure d'un rééquilibre ; une phase consolatrice séchera vos larmes et donnera naissance à de nouvelles opportunités.
- **Le buvard ne peut sécher l'encre :** Un secret sera trahi.
- **Du buvard saturé d'encre :** Votre scepticisme incurable vous fera perdre des amitiés.
- **Acheter des buvards :** De l'argent a débourser.

C

CABARET

- **Vous rêvez d'un cabaret :** Vous désirez changer d'existence, vos relations y contribueront.
- **Vous êtes seul dans un cabaret :** Votre oisiveté va vous coûter cher !
- **Vous passez une soirée entre amis au cabaret :** Vos économies vont s'envoler en fumée !
- **Vous dirigez un cabaret :** Vous renoncerez à un travail sédentaire.
- **Vous vous produisez dans un cabaret :** Vous n'échapperez pas à la logique des événements.
- **Vous faites une rencontre dans un cabaret :** Des liens se forgeront avec une personne que vous redoutiez.
- **Une bagarre se déclenche dans un cabaret :** Vous perdrez temporairement votre emprise sur vos conquêtes.
- **Si vous prenez part à cette bagarre,** votre flirt ne vous donnera plus aucun signe de vie.

CACHER

- **Vous vous cachez :** Un ami souhaite votre compréhension.
- **Vous cachez une personne :** Les empêcheurs de tourner en rond semblent se liguer contre vous.
- **Vous cachez un objet :** Les reproches seront justifiés.
- **Vous jouez à cache-cache :** Une proposition galante.

CACHET

- **Rêver de cachet postal :** Un rendez-vous important.
- **Un cachet de cire :** Un courrier officiel sous huit jours.
- **Un cachet dans le milieu artistique :** Une proposition devra être étudiée sérieusement.

CACHOT voir également PRISON

- **Vous mettez un enfant au cachot :** Vous refusez de voir la vie avec objectivité.
- **On vous met au cachot :** Vous vous sentez coupable sur un fait. Ce n'est pas en le ressassant que vous arrangerez les choses. C'était une leçon, essayez maintenant de progresser.
- **Vous pensez à vous évader du cachot :** Des problèmes avec la justice.

CADAVRE, voir MORT

CADEAU

- **Si les cadeaux que vous offrez sont en nombre,** le présage sera bénéfique aux sphères affective et matérielle. **Un seul cadeau** demandera une interprétation plus affinée, déterminée par sa nature.
- **Si vous en êtes le bénéficiaire,** attendez-vous à casser votre tirelire.

CADENAS

- **Vous cadenassez un meuble ou un coffre :** Double vie, dissimulation de certains faits.
- **Vous essayez d'ouvrir un cadenas :** Dans votre intérêt, refusez de prendre part à une magouille.
- **Vous ouvrez le cadenas :** Un délit d'initié.
- **Vous achetez un cadenas :** Ne confiez pas vos affaires à n'importe qui.

CAFARD

- **Rêver de ces insectes :** Des gens de l'entourage vous calomnient.
- **Vous écrasez ces insectes :** Vous vous acquitterez de vos dettes.
- **Vous vous débarrasser de cafards en employant des produits chimiques :** Les rapports avec les amis se dégradent, la responsabilité vous en incombe.
- **Vous avez le (cafard) :** Donnez la priorité à votre vie affective.

CAFÉ voir BAR

CAGE

- **Vous rêvez d'une cage avec des oiseaux :** Une période très heureuse.
- **D'une cage vide :** Indifférence. Absence de sentiments.
- **D'une cage ouverte et vide :** Abandon de l'être aimé.
- **Vous êtes enfermé dans une cage** : On vous épie, on vous surveille.
- **D'autres personnes sont enfermées dans une cage :** Un long retranchement dû à une déception.

CAHIER

- Le cahier symbolise le début d'une expérience, tout comme celle des premières années de classe. Tout dépend de son contenu. **Des pages blanches** indiqueront un nouveau départ dans la vie, le but poursuivi n'était pas le bon.
- **Des pages écrites** peuvent déterminer une entrave à l'épanouissement. Un vrai dialogue et une écoute affective attentive permettront au rêveur de passer les caps difficiles.
- **Si les pages sont tachées,** c'est un signe de désordre ; parfois, il y a refus des normes, et les problèmes proviennent essentiellement du comportement.

- **Corriger des cahiers** démontre une belle aptitude à travailler avec les autres.
- **Acheter des cahiers :** Les «terre à terre» contraignants ne favorisent pas l'élévation.

CAILLOU

- **Rêver de cailloux :** Embarras, contrariétés.
- **Jeter des cailloux à quelqu'un :** Ne jugez pas les gens sur les apparences.
- **Jeter des cailloux dans l'eau :** Votre bonheur est en péril.
- **Quelqu'un vous jette des cailloux :** Vos créanciers s'impatientent.
- **Marcher sur des cailloux :** Contradictoirement, plus les cailloux sont gros et entravent la marche, plus les problèmes seront de moindre importance.

CALCUL

- **Tous les comptes que vous faites dans vos rêves** sont synonymes de casse-tête chinois. **Plus vous avez du mal à calculer une addition ou à expliquer des chiffres relatifs à un bilan**, plus votre sécurité matérielle dépend de résolutions incertaines.
- À l'état de veille, à tête reposée, réfléchissez et vous trouverez la décision déterminante et libératrice de vos soucis. Vous verrez qu'elle est plus simple que vous ne le croyez.

CALENDRIER voir AGENDA

CALOMNIES

- **Vous êtes calomnié :** Un dilemme très important à affronter.
- **Vous calomniez d'autres personnes :** Une coupure indispensable avec une relation.
- **Vous êtes lourdement pénalisé par des calomnies :** Une action malhonnête dirigée contre vous avortera.

CAMBRIOLER, voir également VOLER

- **Rêver de cambriolage :** Un crédit ou une aide vous sera refusé.
- **Vous êtes cambriolé :** Réunion ou réception très ennuyeuse.
- **Vous arrêtez un cambrioleur :** Signe de prospérité en affaires.
- **Vous reconnaissez votre cambrioleur :** Abus de confiance.

CAMELOT

- **Rêver de camelots :** Vos relations sont intéressées.
- **Vous êtes camelot :** Une perte d'argent dans un investissement.
- **Acheter de la camelote :** Vous agissez trop vite, trop tard.
- **Des connaissances vendent de la camelote :** Un mauvais calcul vous fera perdre de l'argent.

CAMION

- **Vous rêvez d'un camion :** Votre initiative sera très appréciée.
- **Vous conduisez un camion :** Vous avez tendance à exagérer en tout.
- **Vous êtes poursuivi par un camion :** Une peine cruelle, un acharnement à se voiler la face.
- **Un camion est accidenté :** Un danger en voiture.
- **Vous achetez un camion :** Un achat vous coûtera deux fois son prix.
- **Vous êtes écrasé par un camion :** fatigue due à un choc nerveux.

CAMISOLE

- **Vous rêvez d'une camisole :** On cherchera à vous ôter votre libre arbitre.
- **Vous passez une camisole à quelqu'un :** Désir de domination.
- **On vous passe une camisole :** Une existence sous diktat.
- **D'autres personnes utilisent une camisole :** Vous devrez accepter une dépendance temporaire.
- **L'être aimé porte une camisole :** Rien n'a changé dans ses sentiments, seul une déprime l'éloigne de vous.

CANAPÉ voir DIVAN

CANARD

- **Rêver de canards :** Des ragots sans fondements.
- **Des canards en vol :** Des nouvelles de l'étranger.
- **Vous tuez un canard :** Mésestime, rancune.
- **Vous trouvez un canard mort :** Une très mauvaise nouvelle.
- **Vous mangez du canard :** Des amours discrètes et diverses.
- **Vous cuisinez un canard :** Sans aucun doute vos bénéfices vont augmenter.

CANCER

Le thème annonce rarement une maladie clinique, il est seulement vecteur d'inquiétude dans le domaine de la santé.

- **Si vous êtes atteint par cette maladie,** vous êtes anxieux par anticipation.
- **Une personne souffre d'un cancer :** Un repos est nécessaire, vous devrez prendre une longue convalescence.
- **Un être cher est atteint d'un cancer :** Vous avez une décision importante à prendre et vous hésitez, fiez-vous à votre logique.

CANIVEAU

- **Marcher dans un caniveau :** Perte de situation.
- **Tomber un objet dans un caniveau :** Grande négligence.
- **Se trouver dans un caniveau :** Ruine, faillite.
- **Ramasser un objet précieux dans un caniveau :** Les valeurs matérielles n'ont qu'un faible intérêt pour vous.

CANNE

- **Rêver d'une canne :** Des tracasseries au quotidien.
- **Vous marchez avec une canne :** Vous n'êtes pas au bout de vos peines.
- **Une autre personne s'appuie sur une canne :** Vous vous impliquerez dans une pétition.
- **Vous achetez une canne :** Vous porterez secours à une personne en difficulté.

CANON

- **Vous entendez tirer au canon :** Un grave accident pour l'un des vôtres.
- **Vous tirez au canon :** Votre entêtement vous fera manquer une opportunité.
- **Des militaires tirent au canon :** Vos problèmes vont se résoudre rapidement.

CANOT

- **Rêver d'un canot de sauvetage :** Votre heure de gloire va bientôt sonner.
- **Vous montez à bord d'un canot de sauvetage :** Vous maîtrisez toutes les pièces du puzzle.
- **Un canot vide flotte sur l'eau :** Absence de rigueur.
- **Voir une personne en détresse dans un canot** est un signe de déloyauté.
- **Si vous sauvez cette personne**, vous retrouverez l'estime de votre entourage.

CAPTIVITÉ

- **Vous rêvez que vous êtes captif :** Une période heureuse succédera aux difficultés.
- **Vous capturez quelqu'un :** Impuissance en de nombreux domaines.
- **D'autres personnes sont captives :** Vous allez devoir faire des sacrifices.
- **Un proche est retenu en captivité :** Il est dangereux de le laisser livré à lui-même.

CARAVANE

- **Rêver d'une caravane :** Des tracasseries lors d'un voyage.
- **Vous possédez une caravane :** Vous ferez un très grand voyage.
- **Une caravane dans le désert :** Annulation d'un départ.

CARESSE, qu'elles soient affectueuses ou sensuelles, les caresses sont des manifestations de l'amour. Elles symbolisent le plaisir ou la tendresse et révèlent au cours de la vie onirique, nos états d'âme.

- **Vous comblez votre partenaire de caresses :** un tel rêve laisse deviner un accord parfait.
- **Vous couvrez un enfant de caresses :** On vous comblera d'affection.
- **Quelqu'un vous caresse :** Talent, aptitude dans un domaine particulier.
- **Si c'est une autre personne qui prodigue des caresses à un ou une inconnue,** c'est une mise en garde contre un intrus ou une aventurière qui viendra altérer votre bonheur.

- **Votre régulier caresse une autre femme :** Les plaisirs de l'amour le conduiront au mariage ou éventuellement à vivre toute sa vie auprès de la même femme.
- **Votre régulière caresse un autre homme :** Elle sera toujours insaisissable et incomprise.
- **Vous caressez un chat :** Vous appréciez les flatteries.
- **Vous caressez un autre animal :** Les amis recherchent votre compagnie pour votre manière de voir les choses.

CARNAVAL

- **Rêver d'un carnaval :** votre ramage est loin d'être égal à votre plumage, en vous exprimant vous risquer de choquer quelqu'un.
- **Vous rêvez d'un corso fleuri :** Des voyages d'agrément avec des amis.
- **Vous assistez au carnaval de Venise :** Vous êtes conformiste et bon vivant.
- **Vous assistez au carnaval de Rio :** Votre sens du rythme et de l'orientation sont innés.
- **Vous faites une rencontre amoureuse au carnaval :** Votre goût du risque est excessif, soyez prudent.
- **Un accident se produit pendant le carnaval :** Ce message peut vous concerner personnellement, vous êtes difficile à soigner, car vous attendez toujours la dernière extrémité pour vous alarmer.
- **Un mort durant le carnaval :** Un danger lors d'un voyage.

CARNET

- **Vous possédez un carnet d'adresses :** Une nouvelle modifiera votre emploi du temps de ce jour.
- **Vous perdez votre carnet :** C'est le rappel d'obligations que vous avez tendance à oublier.
- **Vous trouvez un carnet d'adresses :** Un ami à perdu la vôtre.
- **Vous découvrez un carnet d'adresses dans la poche de l'être aimé :** Son alibi sera en béton !
- **Vous avez un carnet de santé :** Votre endurance est à toute épreuve.
- **Vous consultez votre carnet de santé :** Écoutez les conseils avant d'agir, ils vous seront d'un grand secours.
- **Vous trouvez un carnet de santé :** Le temps arrangera tous vos problèmes.
- **Vous perdez votre carnet de santé :** Changez votre manière de vivre sans pour autant faire d'imprudences.

CAROTTE

- **Vous rêvez de carottes crues :** Une petite escroquerie que vous avez bien cherché.
- **Vous rêvez d'un plat de carottes cuites :** Il est difficile de vous berner !

- **Vous arrachez des carottes :** Vous n'allez pas tarder à récolter ce que vous avez semé.
- **Vous mangez des carottes :** Confort matériel.

CARRIÈRE

- **Rêver d'une carrière de pierres :** Un choix ne cadre pas avec vos possibilités.
- **Travailler dans une carrière :** Des contraintes pénibles.
- **Vendre les pierres d'une carrière :** Un mauvais placement.
- **Tomber dans une carrière :** Un accident matériel sans conséquences futures.
- **Posséder une carrière de pierres :** Pas assez de rigueur dans vos activités.
- **Faire carrière :** Promotion retardée.

CARTE, rêver de cartes à jouer.

- **Les as :** voir **AS.**
- **Les rois :** Protection.
- **Les reines :** Une action féconde.
- **Les valets :** Désaccord et opposition.
- **Les cœurs :** Démêlés sentimentaux.
- **Les Piques :** Épreuves à surmonter.
- **Les carreaux :** Des déplacements.
- **Les trèfles :** Une rentrée d'argent.
- **Se faire tirer les cartes,** voir **VOYANCE.**
- **Faire une réussite :** Gains inattendus.
- **Gagner aux cartes :** Un échec partiel.
- **Rêver de carte de visite :** Nouvelles d'un ami.
- **Donner sa carte de visite :** Vous commettrez une maladresse.
- **Rêver de cartes postales :** Une rencontre vous apportera de grandes joies.
- **Rêver de cartes de vœux :** Hors période, ce rêve prédit des rapports sporadiques avec la famille.
- **Rêver de cartes routières :** Des allées et venues qui s'apparentent à des corvées.
- **Rêver de cartes géographiques ou maritimes :** Un voyage imprévisible.

CARTOUCHE

- **Vous rêvez de cartouches pleines :** Remboursement d'un achat.
- **De cartouches vides :** Vos ressources seront maigres.
- **D'une cartouchière :** Récompense gênante, cadeau empoisonné.
- **Vous achetez des cartouches :** Des obligations sociales onéreuses.

CASCADE voir EAU

CASERNE

- **Rêver d'une caserne** annonce un dur labeur en perspective, suivi d'une grande fatigue physique.
- **Une caserne vide :** Une catastrophe collective.
- **Vous visitez une caserne en compagnie d'un gradé :** Vous obtiendrez une distinction.
- **Vous travaillez dans une caserne :** Un changement d'objectif manu militari.

CASQUE, symbole de protection.

- **Porter un casque :** Vous serez à l'abri des conflits.
- **L'être aimé porte un casque :** Il sera fidèle et dévoué.
- **Quelqu'un porte un casque :** Votre protection sera chèrement payée.
- **Des hommes, en nombre, portent des casques :** Quelqu'un vous manque et votre désir s'accroît.

CASSE-NOIX

- **Rêver d'un casse-noix :** Routine, marotte.
- **Vous utilisez un casse-noix :** Ne cherchez pas midi à quatorze heures.
- **Vous achetez un casse-noix :** Brouille entre amis.
- **On vous offre un casse-noix :** Vous serez en veine de galanterie.

CASSER voir BRISER

CASSEROLE

- **Rêver de casseroles** est synonyme de contraintes. Le thème est lié aux ennuis domestiques et à l'appréhension du mariage.
- **Des casseroles pleines :** Mariage confortable et heureux.
- **Des casseroles vides :** Un remariage succédera à une longue période de solitude.
- **De vieilles casseroles :** Cette vision précède des discussions avec votre partenaire sur le partage des corvées et des responsabilités.

CASSIS

- **Vous rêvez de grains de cassis :** Désillusion amoureuse, il faut redescendre sur terre.
- **Vous rêvez de liqueur de cassis :** Plaisir des sens.
- **Vous buvez du cassis :** Vitalité, joie de vivre.
- **Vous rêvez d'une route pleine de cassis (dos d'âne) :** Une action sur un coup de tête gâchera une bonne partie de votre vie.

CASTAGNETTES

- **Vous entendez le son des castagnettes dans votre rêve :** On parle de votre insouciance, de vos frasques.
- **Vous jouez des castagnettes :** Habileté dans les négociations.
- **D'autres jouent des castagnettes :** Un caprice vous sera accordé.
- **Vous achetez des castagnettes :** Une nouvelle conquête.

CASTOR

- Ce rêve permet tous les espoirs matériels, une personne vous protégera de la misère et de ses aléas. Par contre, **si vous rêvez d'un castor mort,** vous passerez à côté de la chance.
- **Un couple de castors :** Une naissance dans la famille.
- **Un castor en captivité** est un indice d'improductivité, de stagnation dans les affaires.

CATACOMBES, thème très mystique qui implique une intériorisation sur soi-même. Le rêveur cherche son passé à travers ses expériences. De façon naturelle, il développe beaucoup plus le plan spirituel que le plan matériel où il a l'habitude de revenir très souvent sur ses actes. Il a du mal à intégrer les réalités de ce monde, la solitude risque de lui couper l'accès à la réussite, aussi devra-t-il éviter de faire cavalier seul.

- **Visiter des catacombes :** Tendance à spéculer longuement sur les idées, les projets, sans pour autant les mettre en pratique.
- **Se perdre dans des catacombes :** Une cogitation perpétuelle nuit à l'équilibre.
- **Perdre un être cher dans des catacombes :** Cette personne a de grandes chances de bénéficier des retombées positives des tribulations du dormeur.
- **Appréhender ce que l'on va découvrir dans des catacombes :** quelques renoncements seront nécessaires pour se soulager du poids de ses erreurs. Il est nécessaire de changer de voie pour échapper au joug d'un ancien karma.

CAUTION

- **Vous versez une caution :** Chance en affaires.
- **Vous demandez une caution :** Un problème financier se profile à l'horizon.
- **Vous récupérez une caution :** Une très bonne période commence.

CAVE

- **Rêver d'une cave pleine de vin** est un signe d'abondance.
- **D'une cave vide :** Perte d'un legs ou d'un héritage.
- **Vous êtes enfermé dans une cave,** voir **CACHOT.**
- **Vous enfermez quelqu'un dans une cave :** En faisant abstraction de logique vous n'avez aucune chance de trouver la solution à votre problème.
- **Votre cave à vin a été cambriolée :** On vous leurre, on vous abuse.

CAVEAU

- **Rêver d'un caveau** symbolise une certaine amertume, une nostalgie du passé.
- **Ouvrir un caveau plein :** Suffisance, orgueil.
- **Trouver un caveau vide :** Les amis se feront de plus en plus rares.
- **Se voir allongé dans un caveau :** Un regain de vitalité, de tonus pour les mois à venir.

CÈDRE

- **Rêver d'un cèdre** est un présage de longue vie, de prospérité et de santé.
- **Posséder du bois de cèdre :** Vous assisterez à un mariage dans l'année.
- **Un cèdre dans votre jardin :** Une grande amitié.
- **Brûler du bois de cèdre :** Un décès dans l'entourage.

CEINTURE

- **Vous portez une ceinture ou un ceinturon :** Vous devez prendre le taureau par les cornes.
- **Votre ceinture est défaite :** Lentement, mais sûrement vous contournerez les obstacles.
- **Vous frappez quelqu'un à coups de ceinture :** De gros ennuis avec les subalternes.
- **Vous êtes frappé à coups de ceinture :** Un effort soutenu vous épuise.
- **Une ceinture dorée :** Estime publique.
- **Une ceinture d'argent :** Une maîtrise, une vocation qui se prépare.
- **Une ceinture noire :** De toutes vos activités, il en est une qui vous nuit.

CÉLÉBRITÉ voir **ARTISTE**

CÉLIBATAIRE

- **Une femme mariée rêve qu'elle est célibataire :** Une aventure sentimentale va changer le cours de sa vie.
- **Un homme marié rêve qu'il est célibataire :** Il est limité dans ses activités et sa femme s'intéresse beaucoup à l'argent.
- **Dans la vie vous êtes célibataire et vous rêvez que vous le restez :** Vous êtes porté à la négligence dans vos affaires.

CENTAURE

- **Si vous rêvez de cet être mystique mi-homme mi-cheval,** vous regretterez vos pulsions amoureuses, car elles vous incitent à plonger dans des courants maléfiques destructifs et vous font récidiver cycliquement.
- **Si vous rêvez de la constellation du Centaure,** vous découvrirez votre fil d'Ariane.

CERCUEIL, ce thème, symbole de mélancolie, est lié aux transformations irréversibles qu'engendrent l'existence. Généralement, le rêveur, très dépendant de son passé, redoute les échecs sentimentaux.

- **Voir un cercueil vide :** On ressasse maladivement le passé, la vie familiale en souffre.
- **Un parent ou un ami est allongé dans un cercueil :** Chagrin, désespoir.
- **Un enfant est allongé dans un cercueil :** Une désillusion amère.
- **Se voir allongé dans un cercueil :** Contradictoirement, le présage est bénéfique à la sphère affective.
- **Être enfermé dans un cercueil et ne pouvoir en sortir :** Voir **ENTERREMENT (enterré vivant)**.
- **Un cercueil flotte sur l'eau et passe devant vous :** Une omission fatale.
- **Fermer ou clouer un cercueil :** Une maladie succédera à un départ.
- **Ouvrir un cercueil :** Un petit héritage sera le bienvenu.
- **Un cercueil en feu :** Dites adieu à vos chimères, vous allez repartir à zéro.

CERF

- **Rêver d'un cerf :** Déclaration d'amour.
- **Chasser un cerf :** Infidélité passagère.
- **Un cerf blessé :** Vous êtes tourmenté par le comportement de l'être aimé.
- **Une horde de cerfs :** Ne cherchez pas à diviser votre famille pour régner, votre pouvoir serait de courte durée.
- **Un cerf mort :** Des problèmes relatifs à un héritage ou à des droits de succession.
- **Un combat de cerfs :** Divorce à l'amiable. **Si l'un des deux succombe ou est blessé** un enfant en souffrira.
- **Apprivoiser ou caresser un cerf :** Une certaine forme de marginalité servira vos talents.
- **Une femme rêve d'une tête de cerf naturalisée :** Une aventure sentimentale va la rendre dépendante.
- **Un homme rêve d'une tête de cerf naturalisée :** Un collègue brigue sa situation, il va ouvrir les hostilités.

CERF-VOLANT

- **Rêver de cerfs-volants :** Craignez la légèreté d'un proche dans ses décisions.
- **Un cerf-volant s'élève dans le ciel :** Une relation professionnelle contribuera à votre réussite.
- **Un cerf-volant retombe au sol :** Quelqu'un pense à vous lâcher pour un projet.
- **Diriger un cerf-volant contre le vent :** Quitte ou double ? Même si les affaires ne sont pas simples, optez pour la seconde hypothèse, vous ne le regretterez pas.

CERISIER

- **Rêver d'un cerisier en fleurs :** Un nouveau flirt.
- **Un cerisier croulant sous les cerises :** Le désir de plaire et de séduire vous anime.
- **Vous cueillez des cerises :** Prodigalité ostentatoire.
- **Vous mangez des cerises :** Votre sensualité est exacerbée.

CERVEAU, dans la réalité, on associe ce mot à l'intelligence, aussi est-il intéressant de considérer sa signification par rapport au contexte du rêve.

- **Si on vous parle de votre cerveau ou de votre cervelle en bien ou en mal :** C'est très certainement l'indice que vous ne savez pas encore tirer partie de toutes vos capacités, Il vous manque l'expérience.
- **Si vous voyez un cerveau, cette substance nerveuse à découvert dans une boîte crânienne :** Votre équilibre est en danger.
- **Une cervelle dans un bocal ou un récipient :** Les contacts et les échanges seront compliqués, car vous manquez de réceptivité, vous avez besoin de calme.
- **Rêver d'une cervelle d'animal :** Un proche manque de réflexion. Il déclenchera un violent conflit.
- **Manger de la cervelle :** Votre sensibilité vous empêche d'être réaliste.
- **Être atteint d'une maladie clinique au cerveau :** Une période chaotique exténuante.
- **Subir une opération du cerveau :** Un changement radical dans vos habitudes.
- **Assistez à une opération du cerveau :** Vous refuserez les compromis et vous aurez raison.

CHACAL, le thème du chacal recommande méfiance et réflexion face aux événements extérieurs.

- **Rêver de chacal** présage des fourberies dans votre entourage.
- **Un chacal pris au piège :** Une personne vous impliquera dans une cabale.
- **Un chacal en captivité :** Un manque d'éléments majeurs pour se disculper.
- **Tuer un chacal :** Danger la nuit, risque d'accident.

CHAÎNE, ce rêve peut révéler des entraves à la liberté.

- **Si vous êtes enchaîné**, le message est clair, vous réclamez votre libre arbitre, vous dépendez d'une structure familiale ou sociale trop cloisonnée, ou vous avez besoin d'exprimer vos idées et d'extérioriser vos sentiments.
- **Rêver d'une chaîne en or :** Vos pleurs viendront à bout d'un caprice.

- **Une chaîne en argent :** Un complot entre femmes finira mal.
- **Porter ou voir des chaînes de fer :** Un mariage tourne à l'esclavage.
- **Une chaîne brisée :** Un divorce.
- **Briser ses chaînes :** Vous parviendrez à vous libérer de toutes contraintes affectives, mais vous ne serez pas libre pour autant.
- **Enchaîner quelqu'un :** Une escroquerie dont vous êtes en partie responsable.

CHAIRE

- **Rêver d'une chaire de cathédrale ou d'église :** Influence d'un personnage important.
- **Une chaire d'université :** Une chance vous sera offerte de consolider votre situation.
- **Une chaire de médecine :** Le renouveau dans la vie sociale.
- **Vous prêchez en chaire :** Les remontrances que vous adressez aux vôtres sont justifiées.

CHAISE

- **Rêver de chaises :** Vente de mobilier inutile ou faisant double emploi.
- **Vous êtes assis sur une chaise :** Autosatisfaction.
- **Vous cassez une chaise :** Petit incident domestique.
- **Vous achetez des chaises :** Vos achats vous donneront entière satisfaction.

CHÂLE

- **Rêver d'un châle :** Frivolité sentimentale, vous avez besoin d'y voir clair.
- **Une personne porte un châle :** Vous aurez du mal à comprendre une amie.
- **Une personne que vous aimez porte un châle :** Votre présence lui apportera le réconfort.
- **Tricoter ou confectionner un châle :** Vous devrez faire de nombreux sacrifices pour atteindre votre but.
- **On vous offre un châle :** Soyez magnanime, beaucoup plus tard vous comprendrez pourquoi.

CHALEUR

- **Vous ressentez une chaleur intense :** Votre activité ne vous passionne plus du tout.
- **Vous souffrez de la chaleur :** Une crise sentimentale couve depuis des mois, il va falloir de toute façon percer l'abcès !
- **Vous touchez un objet brûlant :** Une liaison de courte durée.
- **Vous mangez ou buvez très chaud :** Vous brûlez de lui dire ses quatre vérités ! Mais vous n'en ferez rien !

CHAMBRE

- **Rêver d'une chambre à coucher luxueuse :** Un renouveau sentimental.
- **D'une chambre à coucher modeste :** Le calme plat dans la vie amoureuse.
- **Rêver de sa propre chambre à coucher :** Un doute affectif.
- **D'une chambre d'hôtel :** Infidélité de l'un des conjoints.
- **Garder la chambre :** Des ennuis en perpective que vous aurez bien cherché !
- **Se voir à la chambre des députés :** Les contrats ou les associations seront précaires.

CHAMEAU

- **Un chameau dans le désert** symbolise la traversée de l'existence, les réserves qu'il est censé porter sur son dos deviennent des éléments essentiels.
- **Dans le rêve, cet animal** est un signe d'endurance et de patience.
- **Monter à dos de chameau :** C'est certain, l'adversité ne vous fera pas baisser les bras !
- **Voir un chameau galoper :** Un retournement de situation.
- **Une caravane de chameaux**, voir **CARAVANE.**

CHAMP

- **Rêver d'un champ :** Paix et harmonie dans le foyer.
- **Un champ de blé :** Vous trouverez un moyen ingénieux pour gagner de l'argent.
- **Le champ vous appartient :** Vos négociations seront fructueuses.
- **Un champ en friche :** Ruine et faillite inévitable.
- **Un champ d'avoine :** Signe de richesse.
- **Un champ stérile :** Manque d'affection.
- **Le champ appartient à l'un de vos amis :** Il se peut que vous lui prêtiez de l'argent ou lui rendiez un très grand service.
- **Un champ de bataille jonché de cadavres :** Grave épidémie à venir.

CHAMPAGNE, thème aux implications amoureuses et transcendantales.

- **Rêver de champagne** suggère la modération dans les relations extra-conjugales. **Si vous êtes célibataire,** ce thème prélude à une aventure qui risque de bouleverser vos habitudes.
- **Rêver d'une soirée ou d'un repas au champagne avec l'être aimé** est très positif pour la vie amoureuse.
- **Faire sauter le bouchon d'une bouteille de champagne :** Une extravagance se soldera par une grosse dépense.
- **Offrir ou servir du champagne :** Vos manœuvres sont subtiles, vous parviendrez à vos fins et vos bras ne tarderont pas à se refermer sur votre proie.

CHAMPIGNON

- **Rêver de champignons :** L'amitié est galvaudée, ceux qui gravitent autour de vous ne sont pas désintéressés.
- **Vous ramassez des champignons :** Danger, corruption.
- **Vous mangez des champignons :** Des avantages financiers risquent de compromettre l'honorabilité.
- **Rêver de champignons vénéneux :** Une personne cherche à vous faire du mal, elle s'attaquera à l'un des vôtres.

CHANCE, cet heureux hasard a également pour synonyme la bonne étoile. Elle s'apprivoise, aussi qui ne la tente pas risque de ne rien obtenir. La chance, bien qu'elle revête parfois une dimension magique dans le domaine des jeux d'argent, c'est relatif, c'est aussi être au bon endroit, au bon moment, au quotidien, ce n'est plus qu'une affaire de mérite, de volonté. Dans le rêve, cette chance ne traduit souvent que les incertitudes et doit être interprétée comme une critique destinée à notre comportement. Il faut s'abstenir de tenter le diable lorsqu'on traverse une période financière délicate. Cela dit, le rêveur trouvera en lui le message à retenir et prendra ses risques en connaissance de cause. N'oublions pas qu'il s'agit parfois d'un thème à caractère prémonitoire ! Alors, bonne chance !

CHANDELLE voir **BOUGIE**

CHANTAGE

- **Vous êtes victime d'un chantage :** Ne mettez pas tous vos œufs dans le même panier.
- **Un de vos proches est victime d'un chantage :** Fausse excuse, alibi douteux pour ne pas s'impliquer.
- **Vous faites du chantage :** Le temps sera votre meilleur allié pour régler une histoire de famille.
- **Vous découvrez l'auteur d'un chantage :** Une injustice sera réparée.

CHANTER

- **Vous entendez un chant dans votre rêve :** Donner du temps au temps pour concrétiser certains projets.
- **Vous chantez :** Des pleurs dus à un départ.
- **Vous êtes chanteur ou chanteuse :** Vos ambitions ont de grandes chances d'aboutir, mais pas forcement dans ce domaine.
- **Vous entendez des chœurs chanter :** Les sentiments sont forts et perdureront.
- **Vous entendez chanter les oiseaux :** Une personne languit de votre absence.

CHANTIER

- **Rêver de chantiers :** Rentrée d'argent importante.
- **Un chantier vide :** Licenciement. Perte de situation.
- **Un chantier naval :** Excellent présage pour tout ce qui a trait au commerce. La rentabilité est assurée.
- **Un chantier en activité :** Votre salaire va augmenter.

CHAPEAU

- **Rêver de chapeaux :** Une idée fixe atteint son but.
- **Porter un chapeau :** Votre tête est couverte, mais on lit dans vos pensées !
- **S'asseoir sur un chapeau :** Vous subirez un affront dans la semaine.
- **Trouver un chapeau :** Vous trouverez une combine ou... un pigeon !
- **Rêver d'un chapeau de paille :** Craignez les indiscrets, ils vous feront du tort.
- **Votre chapeau s'envole :** Vous perdrez quelques avantages acquis.

CHAPELET

- **Réciter un chapelet :** Une certaine lenteur dans les démarches. **Si vous priez à haute voix**, on entravera volontairement ces démarches.
- **Une personne tient un chapelet :** La providence donnera un sérieux coup de pouce à vos ambitions.
- **Tenir le chapelet d'une personne aimée :** Une période heureuse s'offre à vous.

CHAPELLE

- **Rêver d'une chapelle :** Une personne de votre entourage partage les mêmes idées et les mêmes intérêts que vous.
- **Vous priez dans une chapelle :** Les décisions que vous prendrez seront les bonnes.
- **Vous assistez à une cérémonie dans une chapelle :** Vous vous rendrez à un enterrement.
- **Vous recevez la communion dans une chapelle :** Un grand bonheur.

CHARDON

- **Rêvez de chardons :** Des tracasseries en perspective, dues à un voisin ou un collègue de travail de mauvaise foi.
- **Vous coupez des chardons :** Vous allez vous tromper d'objectif par ignorance.
- **Vous vous piquez les doigts à des chardons :** On vous agressera verbalement.
- **Vous préparez un bouquet de chardons :** Des gens pointilleux vous chercheront des histoires.

CHARLATAN

- **Rêver d'un charlatan :** Presque conforme à la réalité. Méfiez-vous des orateurs !

- **Vous achetez ce qu'il vous propose :** Sentimentalement, vous vous investissez beaucoup trop.
- **On vous parle de charlatanisme :** Des petites pointes d'amertume, de regret, parfois de jalousie vous animent.
- **Vous êtes un charlatan :** Du succès en amour.

CHARRETTE, CHAR, CHARIOT

- **Rêver d'un char (un blindé) :** Un duel se terminera très mal.
- **Un blindé se dirige sur vous :** Vous serez confronté à des obstacles insurmontables.
- **Voir un chariot bâché :** Un petit pactole difficile à dissimuler.
- **Une charrette de foin :** Des profits, des bénéfices.
- **Un char à bœufs :** Fortune due à la rigueur.

CHARRUE, présage favorable au domaine matériel **lorsqu'on la voit en plein labour**.

- **Vous guidez la charrue :** Excellente gestion de votre patrimoine.
- **Vous ne parvenez pas à tracer un sillon droit avec la charrue :** Vous n'êtes pas apte à remplir vos fonctions.
- **Des bœufs tirent la charrue :** L'avenir est rassurant.

CHASSE, le gibier que vous traquez dans vos rêves représente votre insatisfaction, vous aimez la provocation et, surtout, suscitez des réactions dans votre entourage. Par contre, s'acharner sur un animal dévoilera des tensions intérieures qui peuvent se libérer en partie durant ce rêve.

- **Si votre proie est sans défense,** dans la vie onirique comme dans la réalité, ce sont des tendances sadomasochistes qui sont mises en évidence.
- **Si vous êtes l'objet de la traque :** Vous appréhendez les rapports humains, surtout ceux avec votre hiérarchie.
- **Si en courant, vous vous blessez pour échapper aux chasseurs :** Par précipitation vous manquerez une opportunité et vous vous en mordrez les doigts.
- **Vous êtes abattu par des chasseurs :** Les rivalités seront dangereuses pour la santé.
- **Quelqu'un chasse sur votre territoire :** On cherche à vous nuire à tout prix.
- **Participer à une chasse à courre pour une femme** révèle le plus souvent des tendances à la paranoïa. Parfois un désir de se venger de l'infidélité d'un homme.
- **Pour un homme,** il sera bien secondé dans toutes ses entreprises.
- **«Qui va à la chasse...» :** Opportunité manquée maladroitement.

CHAT

Cet animal mystique symbolise la perversité.

- **Rêver d'un chat noir :** C'est une trahison dont l'auteur est inidentifiable.
- **Un chat bicolore :** Une ruse d'un proche, sans méchanceté.
- **Un chat écaille de tortue :** Des querelles pour des broutilles.
- **Un chat blanc :** Vos biens seront protégés.
- **Un chat siamois :** Désaveu, sentiments trop confus pour s'engager.
- **Un chat persan :** Déclaration d'amour secrète.
- **Un chat de gouttière :** Un vol par effraction.
- **Un chat sauvage :** Vous allez vivre des expériences passionnantes.
- **Un chat blessé :** Une implication inutile dans un dilemme familial.
- **Voir ou entendre des chats se battre entre eux :** Disputes de préséance entre frères et sœurs.
- **Un chat en fureur :** Une scène de ménage volcanique.
- **Être griffé par un chat :** Une crise dans le couple se terminera par une période glaciale.
- **Voir un chat se toiletter :** Attendez-vous à recevoir une visite impromptue.
- **Un chat ronronne et se fait caresser :** On vous flatte par intérêt.
- **Une chatte et ses petits :** Vos biens seront protégés.
- **Une portée de chatons :** Un témoignage d'affection.

CHÂTAIGNIER

- **Rêver d'un châtaignier :** Mariage ou union durable.
- **Un châtaignier chargé de ses fruits :** De grandes satisfactions matérielles.
- **Un châtaignier dépourvu de ses feuilles :** Vous perdrez des biens.
- **Vous mangez des châtaignes :** Des agapes familiales en perpective.
- **Ramasser des châtaignes :** Ne criez pas victoire trop tôt, il y a loin de la coupe aux lèvres.
- **Vous achetez des châtaignes :** Présage de querelles.
- **Des marrons grillés :** Les vaches grasses ne durent qu'un temps.
- **Vous faites griller des châtaignes :** Compensation, réconfort.

CHÂTEAU

- **Rêver d'un château :** Vos projets sont chimériques.
- **Un château en ruine :** Ce sont les autres qui vous ruinent.
- **Un château fort :** Élévation de situation.
- **Visiter un château :** Vous allez vous retrouver à cours d'imagination et penser que tout est impossible ; mais toutes les difficultés seront surmontables.
- **Un château d'eau :** Doute, suspicion.
- **«Châteaux en Espagne» :** Revoyez vos conceptions matérialistes.

CHAUMIÈRE

- **Rêver d'une chaumière** prédit une existence heureuse mais sans richesse.
- **Une chaumière en mauvais état ou en ruine :** La sécurité est menacée.
- **Vous habitez une chaumière :** Un événement heureux va se produire.
- **Une connaissance habite une chaumière :** Une visite influencera votre destin en vous ouvrant de nouveaux horizons.

CHAUSSURES. Ce thème fait partie des plus fréquents. De nombreux auteurs ont relié la chaussure à la sexualité, d'où certainement l'expression, «prendre son pied». Dans notre société, les chaussures ne représentent pas seulement un moyen de séduction ou la touche essentielle de l'élégance, elles symbolisent assez bien la vie trépidante et ses démarches inhérentes. Il est normal que dans nos rêves elles laissent filtrer certains traits de notre caractère, certaines vérités.

- **Si un homme rêve de chaussures de femmes,** c'est un signe de perversion. **De chaussures d'homme,** il touchera de l'argent volé.
- **Si une femme rêve de chaussures de femmes,** c'est une résolution de bien faire. **De chaussures d'homme,** elle ne saura convaincre personne sans hausser le ton.
- **Les chaussures sont trop étroites ou vous blessent :** Vous manquez de moyens pour exécuter un projet.
- **Des chaussures dans un placard ou rangées sur une étagère :** Il va falloir casser votre tirelire.
- **Acheter des chaussures :** Amélioration de vos finances.
- **Des chaussures usagées, sales ou boueuses :** Une perte d'argent due à un manque de discernement.
- **Perdre ses chaussures :** Des troubles du comportement liés la plupart du temps à un manque affectif.
- **Cirer des chaussures :** Vous mangerez de la vache enragée, mais votre persévérance portera ses fruits.
- **Se voir avec des talons aiguilles :** Une passion effrénée, un centre d'intérêt qui accapare corps et âme.
- **Vendre des chaussures :** Un soutien financier inestimable.

CHAUVE

- **Rêver d'une personne chauve :** Une tentation à laquelle vous ne résisterez pas.
- **Vous êtes chauve :** Vous couvez la maladie que vous appréhendez.
- **Vous rêvez d'une femme chauve :** Vous commettrez un acte irréparable.
- **Votre petit ami est chauve :** Il aura de nombreuses maîtresses.

CHAUVE-SOURIS

- **Rêver de chauves-souris :** Vous aurez à résoudre une intrigue ardue.
- **Une chauve-souris dans votre chambre :** Quelqu'un vous aime en secret et vous le savez, cette perpective recèle un danger.
- **Des chauves-souris dans une grotte :** Une femme va faire une fausse couche.
- **Une chauve-souris morte :** Un décès dans l'entourage.
- **Vous êtes attaqué par des chauves-souris :** Votre vitalité vous permettra de venir à bout d'une longue maladie.

CHAUX, symbole de purification.

- **Vous préparez de la chaux :** Vous allez devoir vous recycler ou faire peau neuve.
- **Vous vous brûlez avec de la chaux :** Réaction brutale d'un proche.
- **Vous purifiez à la chaux vive :** Vous échapperez à un grave accident.
- **Vous répandez de la chaux sur un cadavre :** Vous allez retrouver votre bonne conscience.

CHEMIN

- **Rêver d'un chemin de campagne :** De grandes satisfactions si vous avez la patience.
- **D'un chemin boueux :** Vous refuserez toutes contraintes.
- **D'un chemin de fer :** Un voyage d'affaires.
- **Vous vous promenez avec l'être aimé sur un chemin :** Vous avez une grande influence sur lui.

CHEMINÉE

- **Rêver d'une cheminée avec un feu qui flambe :** Grand soutien de la famille.
- **Une cheminée sans feu :** Des problèmes financiers altèrent les sentiments.
- **Vous êtes près de l'âtre :** Vos ressources mentales sont impressionnantes.
- **Un feu de cheminée :** Une foule de gens parlent de vos revenus.
- **Une cheminée sur un toit :** Une de vos connaissances simule la pauvreté.
- **Une personne ou un animal sort de la cheminée :** Une visite surprise que vous n'oublierez pas.

CHÊNE

- **Rêver d'un chêne robuste :** Existence protégée.
- **D'un chêne chétif :** De mauvais résultats dans vos affaires.
- **Rêver d'un chêne abattu :** Mort accidentelle d'un homme.
- **Un chêne frappé par la foudre :** Maladie violente d'un homme dont l'issue est fatale.
- **Grimper à un chêne pour une femme :** Mariage avec un homme riche.
- **Pour un homme :** Chance affective et matérielle.

CHÈQUE

- **Un chèque est libellé à votre ordre :** Une petite magouille se trame dans votre dos.
- **Vous signez des chèques :** Gains inattendus.
- **Vous perdez votre chéquier :** Vous doutez de vos projets et vous avez raison.
- **Vous trouvez un chéquier :** Chance qui tombe à pic !
- **Vous êtes victime d'un chèque sans provision :** Vous êtes très mal informé.

CHEVAL, son symbolisme est important, il est lié à l'esprit de conquête.

- **Rêver d'un cheval** est un signe de volonté qui conduit au but à atteindre.
- **D'une jument :** Vous recherchez l'approbation des autres.
- **D'un troupeau de chevaux sauvages :** Belle réussite affective et matérielle.
- **Un cheval de trait :** Vous surmonterez de lourdes épreuves physiques.
- **Un cheval de cirque :** L'organisation d'une fête vous reviendra.
- **Un cheval de cavalerie :** Une très belle personne vous séduira.
- **Un cheval de course :** Méfiez-vous de vos impulsions, elles peuvent faire avorter la chance.
- **Monter à cheval :** Vous avez du charisme.
- **Voir un cheval monté :** Une perte d'influence.
- **Tomber de cheval :** Un coup de tête que l'on regrettera.
- **Dompter un cheval :** Sens des responsabilités, parfois suffisance.
- **Un cheval noir :** Un scandale stérile.
- **Un cheval blanc :** Honneurs, dignité.
- **Un cheval cabré :** Désir charnel.
- **Un cheval malade :** Prudence, les réflexes peuvent être malheureux.
- **Des chevaux s'accouplent :** Signe de libertinage.
- **Des chevaux s'accouplent en hennissant :** On cherche à vous débaucher. Voir **HENNISSEMENT.**
- **Voir un étalon :** Renseignez-vous sur la personne qui occupe votre esprit.
- **Rêver d'un poulain :** Tendresse, affection partagée.
- **On vous offre un poulain :** Courant de chance, opportunité pour se débarrasser de ses charges.
- **Assister à la naissance d'un poulain :** Naissance d'un projet qui donne confiance en soi.
- **Un poulain non viable :** Un événement subit vous éprouvera physiquement.
- **Voir un attelage à deux chevaux :** Un ami va se marier.
- **À quatre chevaux :** Un double mariage, parfois dans la même famille.
- **À six chevaux :** des temps favorables pour l'amour et les voyages.
- **Recevoir un coup de sabot d'un cheval :** L'ingratitude de certains.
- **Être mordu par un cheval :** Vexation, offense.

- **Acheter ou vendre un cheval :** On vous trompe sur la qualité d'une acquisition.
- **Un cheval est blessé :** Une blessure d'amour-propre.
- **Un cheval borgne :** Un choc moral.
- **Un cheval mort :** Perte d'un héritage.
- **Une tête de cheval décapitée :** De grands problèmes pour une succession.
- **Un manège de chevaux de bois :** Des retrouvailles entre frères et sœurs.
- **Un jeu de petits chevaux :** Une grande joie.
- **Des chevaux de frise :** Les pertes matérielles sont liées à l'inexpérience.
- **Être à cheval sur quelque chose :** Évaluation du pour et du contre. Hésitation parfois salutaire.

CHEVALET

- **Rêver d'un chevalet :** Acquisition d'un objet d'agrément.
- **Peindre une toile posée sur un chevalet :** Visite de politesse.
- **Acheter un chevalet :** Vous trouverez un objet de valeur.
- **Casser son chevalet :** Les temps seront de plus en plus difficiles pour vous.

CHEVEUX On se souvient de Samson, célèbre par la force qu'il devait à sa chevelure. Lorsque la traîtresse Dalila eut coupé ses cheveux pendant son sommeil, il se retrouva affaibli et désarmé. **Lorsqu'un homme rêve qu'il perd ses cheveux,** l'essence de cette légende resurgit, le thème prédit un déclin de ses capacités et bien souvent une impuissance temporaire.

- **Lorsqu'une femme fait ce rêve**, les cheveux étant un atout majeur de séduction, il est certain qu'elle focalise sur son apparence physique et a peur de vieillir.
- **Les cheveux se détachent du crâne en les touchant ou en les peignant :** Appréhension de circonstances scabreuses, crainte de ne pouvoir assumer.
- **Se teindre les cheveux, ou les changer de couleur :** Période d'ennuis, de solitude.
- **Avoir les cheveux blancs :** Pouvoir, énergie prête.
- **Se couper les cheveux :** On doit surveiller sa conduite, elle laisse parfois à désirer.
- **Couper les cheveux à quelqu'un :** Négligence dans les responsabilités.
- **Les cheveux sont forts ou crépus :** sensualité débordante, instincts forts.
- **Les cheveux frisés :** Petite incartade, fantaisie, humour sympathique.
- **On vous brutalise en vous tirant les cheveux :** Une séparation avec un espoir de réconciliation.
- **Peigner un enfant :** La vie de couple est difficile et sans concessions.
- **Se brosser les cheveux** est signe de sang-froid, d'assurance.
- **Se démêler les cheveux :** Dispositions pour clarifier les embrouilles.

CHEVILLE

- **Vous rêvez de vos chevilles :** Si elles n'enflent pas, en revanche elles seront fragiles, tout comme votre constitution.
- **Votre cheville est blessée :** Contretemps dans vos affaires, dû à la fatigue.
- **Votre cheville est enflée et énorme :** Des actes irréfléchis vous procureront une foule d'ennuis.
- **Votre cheville est plâtrée :** Vos incertitudes ne trouveront aucune réponse.

CHÈVRE

- **Rêver de chèvres :** On ne vous prend guère au sérieux.
- **Une chèvre blanche :** Amour sincère mais de courte durée.
- **Une chèvre noire :** Passion dangereuse.
- **Une chèvre et son chevreau :** Santé, prospérité.
- **Traire une chèvre :** Trop d'exigence dans les besoins.
- **Tuer une chèvre :** Des réjouissances malheureuses.

CHIEN, le chien est un symbole d'affection et de confiance, dans un thème où la violence est absente il est signe de générosité, de sincérité.

- **Caresser un chien :** Désir de protection. Besoin d'être aimé et de partager en retour.
- **Caresser un chiot :** Lourdes responsabilités assumées dans la joie.
- **Une portée de chiots :** Tendresse, générosité. Tendance à vouloir trop bien faire.
- **Adopter un chien :** La confiance de l'entourage est acquise.
- **Un chien qui s'enfuit :** Fausseté très proche.
- **Un chien à ses trousses :** Une querelle violente.
- **Un chien enragé :** Les ennuis commencent, les hostilités sont ouvertes.
- **Un chien maigre :** Activité peu rémunératrice.
- **Un chien de chasse :** Complot de subalternes, sans véritable danger.
- **Un chien d'aveugle :** Protection, aide.
- **Des chiens de traîneau :** Nouvel objectif à prévoir.
- **Un brave chien attaché :** Patiente, modération.
- **Un chien féroce attaché :** Vous en faites trop, l'énergie est mal contrôlée.
- **Un chien ronge un os :** Menace sérieuse pour la vie matérielle.
- **Des chiens se battent :** Retournement de situation en votre défaveur.
- **Un chien vous mord :** Une personne jalouse fera le vide autour de vous.
- **Un chien blessé :** Dévouement, marque d'amitié.
- **Attacher un chien :** Problèmes de dépendances.
- **Tuer un chien :** Une perte d'affection dont vous êtes en partie responsable.
- **Trouver son chien mort :** Vos amis chercheront à vous blesser.
- **Quelqu'un noie un chien :** Sentiments d'infériorité. Lâcheté, bassesse.

- **Noyer son chien :** Défavorable à la vie sociale, pendant une très longue période. Perte de considération. Dépravation.
- **Noyer des chiots :** Cœur et esprit malheureux, blessés, qui préparent des échecs dans tous les domaines.

CHIFFONNIER

- **Rêver d'un chiffonnier (meuble) :** Désordre, intérieur négligé.
- **Vous achetez un chiffonnier pour y mettre du linge :** De nombreux présents vous seront offerts.
- **Vous êtes chiffonnier :** Les dépenses seront farfelues.
- **Vous rêvez de chiffons :** Dissensions dans votre ménage.

CHIFFRE, voir NOMBRE

- **Voir un ou plusieurs chiffres en rêve** précède l'élucidation d'une intrigue.
- **Entendre une voix énoncer des chiffres :** Opportunité à saisir, parfois le chiffre est celui de la chance.
- **Une personne vous demande de donner un chiffre :** Vous recevrez quelque chose que vous n'attendiez pas.

CHOCOLAT

- **Vous dégustez du chocolat :** Vous allez tomber amoureux.
- **Vous buvez du chocolat :** Votre passion restera longtemps secrète.
- **Vous achetez du chocolat :** Aucune chance dans les spéculations affectives.
- **Vous offrez du chocolat :** Vous aimez partager vos joies et vos succès avec vos amis.
- **On vous offre du chocolat :** Vous aimez les plaisirs de l'amour et de la table.

CHÔMAGE, en premier lieu, il s'agit de s'assurer qu'aucune préoccupation fondée se rapportant au travail peut provoquer ce rêve. Même l'ombre d'un doute annulera son sens prophétique. Il en sera de même si le rêveur éprouve des sentiments d'infériorité vis-à-vis de ses supérieurs, ou ne se sent pas à la hauteur des responsabilités qui lui sont confiées.

- En dehors de ces réserves, **rêver de chômage** annonce paradoxalement la stabilité dans le travail.
- **Se retrouver au chômage** explique une grande fatigue dont la source est l'ennui.
- **Voir de nombreux chômeurs :** Vos projets ne sont pas fiables.

CHOU

- **Vous mangez du chou :** Facilité d'adaptation dans toutes les circonstances.
- **Vous plantez des choux :** Des placements fructueux.
- **Vous mangez de la choucroute :** Une vie de patachon.
- **Vous achetez des choux :** Un accord avec la famille.

CHOUETTE

- **Rêver d'une chouette** est un présage favorable, l'amitié est sincère et réservée.
- **Entendre le cri de la chouette :** Vous vous rendrez à un enterrement sous huit jours.
- **Une chouette morte :** Ignorance, sottise humaine.
- **Vous soignez une chouette blessée :** C'est la promesse que vos amis vous resteront fidèles.

CHRIST

- **Rêver du Christ** révèle un doute, une souffrance intérieure, vous sollicitez son aide.
- **Rêver d'un christ qui pleure :** Vous avez quelque chose à vous faire pardonner.
- **Rêver du Christ sur la croix :** C'est le signe d'une orientation nouvelle qui passe par la foi.
- **Rêver des stigmates du Christ :** La victoire sur l'adversité est assurée mais elle passera par de grandes épreuves.
- **Le Christ s'adresse à vous :** Vos promesses d'amour ne sont pas respectées, votre conscience ne sera pas en paix. Une situation affective est à clarifier.

CHUCHOTEMENT

- **Vous entendez des chuchotements :** Vous ne pouvez pas être juge et parti.
- **Vous chuchotez dans l'oreille d'une personne :** Mensonge dont vous ferez les frais.
- **D'autres chuchotent entre eux :** Vous persistez à vivre dans l'illusion.

CIBLE

- **Voir une cible :** Vos efforts ne vont pas tarder à être récompensés.
- **Tirer dans une cible :** Succès dans vos affaires.
- **Être une cible :** Ne vous mêlez pas des affaires d'autrui.
- **Atteindre votre cible :** Vous finirez par l'avoir votre place au soleil ! Beaucoup d'éléments sont positifs, la voie choisie est excellente.

CIEL

- **Rêver d'un ciel sans nuages :** Une union libre sous d'heureux hospices.
- **Un ciel nuageux :** Vos sautes d'humeur incommodent votre entourage.
- **Un ciel d'orage :** Une catastrophe matérielle.
- **Un ciel étoilé :** Un privilège dans votre situation.
- **Regarder le ciel, allongé par terre :** Les idées sont harmonieuses, et les résultats hors de l'ordinaire.

CIGALE

- **Rêver de cigales :** Suspendez vos initiatives, elles imposent trop de frais, vous ne pourrez assurer.
- **Entendre le chant des cigales :** Vous n'en faites qu'à votre tête.
- **Une cigale dans le creux de votre main :** Votre verbe est parfois blessant.
- **Si dans votre rêve on vous traite de cigale :** C'est une invite à la modération dans les dépenses.

CIGARE

- **Rêver de cigares :** Vous manquez de modestie.
- **Fumer un cigare**, voir **FUMER.**
- **Un homme rêve qu'il offre des cigares à un ami :** Il sera séduit par une personne très spéciale.
- **À une femme :** Il donnera libre cours à ses passions.
- **Une femme rêve qu'elle offre des cigares à un homme :** Elle sera négativement jalouse.
- **À une amie :** Son amant la dupera.
- **Un homme rêve qu'une femme lui offre des cigares :** Sa maîtresse le laissera tomber.
- **Qu'un ami lui offre des cigares :** Des bavardages causeront sa perte.
- **Une femme rêve qu'un homme lui offre des cigares :** Il n'en veut qu'à sa vertu.
- **Qu'une amie lui offre des cigares :** Elle cherche à lui ôter l'amour de son partenaire.
- **Acheter des cigares :** De gros bénéfices financiers.
- **Vendre des cigares :** Le règlement d'une dette sera repoussé à plus tard.

CIGARETTE

- **Rêver de cigarettes :** En cherchant à vous aider vos amis peuvent vous nuire.
- **Vous fumez une cigarette**, voir **FUMER.**
- **Quelqu'un vous demande d'éteindre votre cigarette :** Vos intérêts sont contradictoires avec ceux d'un ami.
- **Vous demandez à une personne d'éteindre sa cigarette :** Un règlement de compte est pressenti, il sera favorable aux événements qui suivront.
- **Vous achetez des cigarettes :** Une liaison amoureuse tournera très mal.
- **Une cartouche de cigarettes :** Vous perdrez de l'argent par la faute d'une femme.
- **Vous vendez des cigarettes :** Une suite d'événements inattendus et bénéfiques.
- **Vous faites le trafic de cigarettes :** Votre richesse ne sera qu'apparente.

CIGOGNE

- **Rêver de cigogne :** Naissance dans la famille.
- **Une cigogne en vol :** Un courrier vous annoncera une visite.
- **Vous donnez à manger à des cigognes :** Un ami vous rendra un précieux service.
- **Vous trouvez une cigogne morte :** Vos habitudes seront bouleversées par la perte d'une affection.

CIMETIÈRE

- **Rêver d'un cimetière :** Des transformations s'opèrent en vous, le temps qui passe en est la cause principale.
- **Vous vous promenez dans un cimetière :** Vous devrez prendre de graves décisions dont dépendra votre sécurité.
- **Vous priez sur une tombe :** Déprime passagère, faiblesse mentale.
- **Vous portez des fleurs au cimetière :** Décès d'un parent.

CINÉMA

- **Rêver de cinéma** est un symbole de compensation. Vous vous sentez seul, parfois frustré, vous pensez que la vie ne sera pas assez longue pour réaliser tous vos désirs.
- **Vous vous rendez au cinéma en solitaire :** Ce que vous essayez d'atteindre est actuellement inaccessible, faites-vous une raison.
- **Vous vous rendez au cinéma avec votre partenaire :** Un changement bénéfique dans votre vie affective.
- **Vous vous rendez au cinéma avec des amis :** Bientôt, vous profiterez de l'influence d'une personne.
- **Vous quittez la salle avant la fin du film :** Attendez-vous à une perte de prestige ou à une confrontation gênante en public.
- **Vous faites une rencontre au cinéma :** Vous ferez l'objet d'hommages flatteurs et inattendus.
- **Vous êtes propriétaire d'un cinéma :** Songez plutôt à réduire votre train de vie dans l'immédiat.
- **Vous regardez les affiches des cinémas :** Heureuse conclusion d'une affaire.

CIRE

- **Rêver de cire :** Un désir de protection et de sécurité.
- **Sentir son odeur :** Solitude et mélancolie.
- **Utiliser de la cire :** La voie de la facilité sera à long terme celle des ennuis, donc acte.
- **Utiliser de la cire à cacheter :** Votre secret n'est déjà plus un secret.

CIRQUE

- **Rêver d'un cirque :** Période transitoire, vous reviendrez par la suite au point de départ.
- **Vous assistez au spectacle d'un cirque :** Les événements vont jouer en votre faveur.
- **Vous emmenez vos enfants au cirque :** Vous courrez un grave danger.
- **Vous travaillez dans un cirque :** Évitez de vous diversifier dans vos compétences, votre vie matérielle en souffrira.

CISEAUX

- **Voir ou utiliser des ciseaux en rêve,** présage de disputes éprouvantes en amour.
- **Plusieurs paires de ciseaux :** Les disputes entraîneront une rupture.
- **Être frappé avec des ciseaux :** Haine réciproque, divorce.
- **Frapper une personne avec des ciseaux :** Méfiez-vous d'une entente ou d'un accord, vous serez trahi.

CITRON

- **Rêver de citrons :** Vous vous méprenez sur les sentiments d'une personne.
- **Vous pressez ou mangez des citrons :** Une aventure sentimentale ne vous laissera, à long terme, qu'amertume et regrets.
- **Vous achetez des citrons :** Quelqu'un va vous demander votre avis avant de prendre une décision.
- **Un citronnier chargé de fruits :** L'amour est en danger, un contentieux déjà ancien en est la cause principale.

CLEF

- **Rêver d'une clef ou en posséder une :** Vous parviendrez à résoudre un problème.
- **Une clef sans serrure :** Symboliquement, elle sert à ouvrir les portes de l'esprit, les aptitudes du rêveur sont constructives et pourvoiront à sa progression.
- **La clef ouvre la porte :** Vos potentialités et vos énergies sont au maximum.
- **Un trousseau de clefs :** Vous excellez dans de nombreux domaines ; encore faut-il que vous les exploitiez.
- **Donner sa clef :** Un abus de confiance.
- **Trouver une clef :** La confirmation d'un doute.
- **Perdre une clef :** Panique autour de vous pour peu de chose !

CLOCHARD

- **En rêve, on peut se voir transformé en clochard,** cela signifie que la vie matérielle est plus satisfaisante que la vie amoureuse, où les déceptions sont pléthores.

- **Fréquenter un clochard ou lui parler** indiquera des choix erronés mais pas forcement dans les relations.
- **Porter secours à un clochard :** Une personne vous manque et votre existence vous semble sans intérêt.
- **Un clochard a élu domicile devant votre porte :** Votre égoïsme pourrait bien vous aliéner tous vos amis !

CLOCHE

- **Rêver d'un clocher :** Réjouissance entre amis.
- **Un clocher très haut :** Une très longue vie.
- **Un clocher en ruine :** Signe de guerre.
- **Entendre les cloches sonner :** Un enfant va naître.
- **Entendre le carillon :** Mariage prochain, peut-être le vôtre, si vous êtes célibataire.
- **Entendre sonner le tocsin :** Un incendie fera des victimes.
- **Entendre sonner le glas :** Deuil.
- **Une cloche cassée ou ne pouvant sonner :** Un enfant sera gravement malade.
- **Sonner la cloche :** N'acceptez pas de dessous de table, vous prendriez des risques.

CLÔTURE

- **Rêver de clôture :** L'attente vous impatiente, mais dans peu de temps vos désirs seront exaucés.
- **Une clôture infranchissable :** Par obligation vous serez séparé de l'être aimé.
- **Placer une clôture :** Vous avez besoin de références pour agir.
- **Une clôture dégradée :** Une indiscrétion aura de graves incidences.
- **Surprendre quelqu'un en train d'enjamber sa clôture :** De sérieux problèmes dans la vie professionnelle.

CLOUS

- **Rêver de clous** est annonciateur de retard dans la réalisation des projets.
- **De clous rouillés :** Principes périmés d'une personne vaniteuse qui cherche des histoires à tout le monde.
- **De clous de charpentier :** Perte d'argent.
- **De clous de tapissier :** Prudence ! Une affaire séduisante où vous gagnerez des clous !
- **De petits clous :** On vous cherche chicane.
- **Un clou dans le pneu de votre voiture :** Vous découvrirez un fait qui vous mettra très en colère.
- **Vous enfoncez un clou :** Votre curiosité vous fera du tort.
- **«Enfoncer le clou» :** Quelqu'un vous harcèle.

COCCINELLE

- **Rêver de coccinelle** est un signe de grossesse.
- **Une coccinelle sur votre main :** Nouvelle agréable dans la journée.
- **Des centaines de coccinelles :** Une activité créatrice.
- **Une coccinelle énorme :** Joie et plaisir.

CŒUR

- Le cœur symbolise tout ce qui fait figure de centre, d'axe autour duquel la vie s'ordonne, aussi **rêver de ce muscle** reflète une nécessité de ne s'attarder que sur l'essentiel.
- **Vous souffrez du cœur :** Il s'agit bien d'une souffrance mais qui ne concerne pas cet organe, c'est l'indication d'un manque affectif.
- **On vous opère à cœur ouvert :** Gardez-vous bien de changer vos habitudes dans le présent.
- **Rêver du cœur d'une autre personne :** Vous fuyez une situation potentiellement dangereuse depuis de longs mois.
- **Un cœur d'animal :** Égarement, folie passagère.

COFFRE-FORT

- **Rêver d'un coffre-fort** est un présage sécurisant matériellement.
- **Un coffre-fort plein :** Que de châteaux en Espagne ! Réintégrez le sens des réalités, votre désenchantement sera moins grand !
- **Un coffre-fort vide :** Vous avez l'art de trouver des combines pour remonter la pente.
- **Forcer un coffre-fort :** Vous atteindrez l'objectif fixé, mais avant, vous devrez maîtriser de nombreux paramètres.
- **Quelqu'un force un coffre-fort :** Tous vos biens ne sont pas en sécurité.

COHUE, voir FOULE

COIFFEUR, voir également CHEVEUX

- **Rêver d'un salon de coiffure :** Invitation à une soirée.
- **Vous êtes propriétaire d'un salon de coiffure :** Vos projets seront fructueux.
- **Vous êtes coiffeur pour dames :** Vous allez devoir vous absenter de chez vous pendant quelque temps.
- **Vous êtes coiffeur pour homme :** Succès en amour et en affaires.
- **Vous êtes chez le coiffeur :** Vos propos vont vous mettre dans l'embarras.
- **Vous êtes coiffeuse :** Votre statut sociale s'améliorera.

COING

- **Rêver de ce fruit** est le présage d'une grande passion.
- **Si vous mangez des coings,** une décision sera prise sur un coup de tête.

- **Si vous rêvez d'un cognassier en fleur,** une union illégitime sera féconde et problématique.
- **Si vous faites de la gelée de coing,** vos aides se défileront et vous subirez les reproches de l'être aimé.

COLÈRE

- **Vous vous mettez en colère :** Vous éprouverez un vif désir de voir une personne de votre entourage changer d'attitude envers vous.
- **Devant son ou sa partenaire :** C'est lui ou elle qui vous fera une scène ou des reproches.
- **Devant ses enfants :** Apprenez à canaliser votre énergie afin qu'elle ne se retourne pas contre vous.
- **Devant un parent :** Ne conserver pas enfoui dans votre cœur ce que vous avez à dire, dites-le !
- **Devant un ami :** Les relations extérieures ne sont pas aussi sincères que vous le croyez.
- **D'autres personnes se mettent en colère contre vous :** Rassurez-vous on n'a rien à vous reprocher, simplement on vous tient à l'écart de certains projets, par jalousie.

COLIFICHET

- **Rêver de ces petites fantaisies** démontre que vous n'êtes pas prêt de vous investir sentimentalement.
- **Acheter des colifichets :** Signe d'orgueil, de vanité.
- **Vendre des colifichets :** Vos petites économies feront des heureux.
- **Échanger des colifichets :** Des petits malentendus avec une personne de votre sexe.

COLLE

- **Vous utilisez de la colle :** La pression qu'exerce sur vous un proche devient gênante.
- **Vous faites tomber de la colle sur vos vêtements :** Mystification.
- **Votre enfant joue avec de la colle :** Des obligations onéreuses.
- **Vous achetez de la colle :** Un manque d'échange dans les relations.

COLLÈGE

- **Rêver d'un collège :** Une petite attention ou un cadeau d'un enfant.
- **Vous êtes au collège :** Quelques points sur votre enfance demeurent obscurs.
- **Vous rêvez du collège de votre enfance :** Une faute commise sera découverte.
- **Vous travaillez ou évoluez dans un collège :** Vous rencontrerez de l'opposition autour de vous et vous en serez éprouvé.

COLLIER

- **Rêver d'un collier :** Promesses trompeuses.
- **Vous achetez un collier :** Votre liberté est en danger.
- **On vous offre un collier :** Des ennuis en perspective avec la personne qui vous l'offre.
- **Vous portez un collier :** Ne vous endormez pas sur vos lauriers.
- **Vous portez une rivière de diamants :** L'argent et l'amour.

COLLINE

- **Rêver d'une colline** est signe de bonheur et de sérénité.
- **Marcher ou courir sur une colline :** Optimisme favorable à l'épanouissement.
- **Être seul au sommet d'une colline :** Vos ressources mentales s'épuisent, pensez à vous détendre.
- **Appeler une personne du sommet d'une colline** est de très bonne augure pour votre vie amoureuse.

COLOMBE, cet oiseau est symbole d'affection et de paix.

- **En vol, sur un toit ou sur une branche** elle est signe de fidélité en amour comme en amitié.
- **Une colombe sur votre épaule :** Après avoir souffert le martyre, le bonheur va vous sourire.
- **Une colombe blessée :** Vous allez devoir faire preuve de courage.
- **Une colombe morte :** Déchirement affectif.

COLOSSE

- **Rêver d'un colosse :** Les spéculations seront heureuses.
- **Vous êtes un colosse :** Votre train de vie fait des envieux.
- **Un colosse vous porte dans ses bras :** Vous allez vous faire des alliés imprévisibles.
- **Vous défiez un colosse à la lutte :** Dans un proche avenir vous nuirez à vos ennemis.

COMITÉ

- **Rêver d'un comité :** Une perte de temps.
- **Vous assistez à la réunion d'un comité :** Des décisions à prendre pour les autres.
- **Vous faites partie d'un comité :** Vous êtes beaucoup trop influençable.
- **La dissolution d'un comité :** De plein gré vous prendrez part à des histoires de voisinage qui vous causeront de sérieux problèmes.

COMMANDER

- **Vous commandez une personne :** Votre esprit est beaucoup trop critique.

- **Vous commandez un régiment :** Vous aurez du mal à vous faire comprendre.
- **Vous êtes commandé :** Au prix de certains efforts, vous parviendrez à atteindre le but que vous vous êtes fixé.
- **Vous recevez un ordre d'un supérieur :** craignez la jalousie.

COMMERCE

- **Rêver d'un commerce :** Des tracas perturbent votre lucidité.
- **Faire du commerce :** Évitez d'en faire avec n'importe quoi ! Sinon vous n'êtes pas au bout de vos peines.
- **Un commerce prospère :** Des dépenses illogiques.
- **Un commerce qui périclite :** Vos affaires iront bien si vous changez vos habitudes.
- **Vous achetez un commerce :** Proposition d'une affaire avantageuse.
- **Vendre un commerce :** Les rivalités seront dangereuses.

COMPÉTITION, voir COURSE et CONCOURS

COMPLEXE, le rêve se complaît à dépeindre le contraire, **un complexe d'infériorité** dans un scénario onirique prédispose la personne à accomplir ses désirs avec assurance. Par ailleurs, elle appréhende les situations conflictuelles sans pour autant les fuir ou les rendre responsables de ses échecs.

- **Un complexe de supériorité** omniprésent dans un thème montre qu'un désaccord subsiste entre le rêveur et son partenaire ou un membre de sa famille. Son esprit de prééminence lui cache de nombreuses réalités.
- **Souffrir du complexe d'Œdipe chez une femme** ne met pas en cause la normalité de ses sentiments et de ses principes. Derrière ce rêve se cachent des souhaits conscients et refoulés, parfois un vrai désir de garder le secret sur une scène de l'existence qui aura marqué le plus son système psychique.
- **Lorsqu'un homme fait ce rêve,** il y a de fortes chances pour que ses tendances primaires et spontanées soient étouffées par une surdose de bonne contenance.

COMPLOT

- **Vous rêvez d'un complot :** Vous doutez du bien-fondé de vos actions.
- **Vous complotez :** Un conflit déjà ancien avec la hiérarchie tournera mal.
- **Un proche complote contre vous :** De petits incidents en série.
- **Vous êtes l'instigateur d'un complot :** Vos idées seront suivies à la lettre.
- **Votre adversaire complote contre vous :** Une cessation brusque d'échanges amicaux.

COMPTE, voir CALCUL

CONCERT

- **Vous rêvez d'un concert :** Du goût pour l'art et le mystique.
- **Vous assistez à un concert :** Présage de satisfaction dans les plaisirs de la vie.
- **Vous êtes concertiste :** Des changements bénéfiques au moral.
- **Vous donnez un concert :** Les relations mondaines seront privilégiées.

CONCIERGE

- **Rêver d'un couple de concierges :** Vous serez pris dans un engrenage.
- **Vous parlez à un concierge :** Une personne vous en veut.
- **Vous êtes concierge :** Vous surveillerez une amie dans son intérêt.
- **Vous vous disputez avec la concierge :** La pression monte, quelqu'un met de l'huile sur le feu !

CONCOURS

- **Vous rêvez de gagner un concours :** Grande satisfaction dans le travail.
- **Vous ratez un concours :** Vous perdrez vos droits par sottise.
- **Votre enfant rate le concours d'entrée d'une grande école :** Vos moyens de défense sont faibles et vous baissez les bras facilement.
- **Vous vous présentez à un concours :** Une amélioration ou une promotion se fait attendre.

CONFÉRENCE

- **Vous rêvez que vous assistez à une conférence :** L'avis d'une personne expérimentée peut être d'un grand secours.
- **Vous donnez une conférence :** Réfléchissez, parler de vos projets n'est pas une priorité, les ennuis risquent de commencer.
- **Vous êtes convié à une conférence :** Méfiez-vous des engagement scabreux.
- **Votre partenaire se rend à une conférence,** un esprit contradictoire vous anime et le persécute.

CONFESSION

- **Un prêtre refuse de vous confesser :** Les rapports amicaux et affectifs ne sont pas sincères.
- **Vous entendez un proche en confession :** Amitié complice dans les projets.
- **Vous vous confessez :** Confusion, vous craignez de dire certaines vérités.
- **Vous rêvez d'un confessionnal :** Faute avouée sera à moitié pardonnée !

CONFITURE

- **Vous rêvez de confitures :** Vous ferez des sacrifices pour vivre un grand amour.
- **Vous mangez de la confiture :** On vous convoite, on vous désire !
- **Vous faites des confitures :** Un compliment vous ira droit au cœur.
- **Vous achetez de la confiture :** Une idée géniale pour votre confort.

CONSEIL

- **Vous donnez des conseils à des amis :** Une réconciliation précaire.
- **À d'autres personnes :** Vous serez confronté à des menteurs.
- **À des enfants :** Ne comptez pas sur l'aide des autres.
- **Vous recevez des conseils :** Vous vous trompez d'objectif.
- **Vous consultez un conseillé juridique :** Vous découvrirez le talon d'Achille d'un ennemi.

CONSENTEMENT

- **Vous donnez votre consentement :** Une affaire manquée vous tracassera longtemps.
- **À un mariage :** Un faux prétexte.
- **Vous demandez un consentement :** Un désappointement.
- **Vous refusez votre consentement :** Votre obstination vous fera beaucoup de tort.

CONSPIRATION, voir COMPLOT

CONTRAVENTION, thème d'avertissement dans ses grandes lignes.

- **Écoper d'une contravention :** Vous n'êtes pas assez prudent dans vos dépenses.
- **Donner une contravention :** Vous surprendrez un proche en flagrant délit.
- **Déchirer une contravention :** Vous ferez fi des convenances et vous serez mis à l'index.
- **Faire sauter une contravention :** Vous reporterez à plus tard l'acquittement d'une dette, vous aurez tort, souvenez-vous du proverbe : « Qui paye ses dettes... »

CONTREBASSE

- **Rêver de cet instrument :** Les sentiments seront profonds et perdureront.
- **Vous jouez de la contrebasse :** En amour vous êtes égoïste.
- **D'autres jouent de la contrebasse :** Ne répondez pas aux sarcasmes des chicaneurs, en fait, c'est ce qu'ils souhaitent.
- **L'être aimé joue de la contrebasse :** Il devient agressif et jaloux.

CONTRÔLE

- **Rêver d'un contrôle fiscal :** On vous surveille pour d'autres raisons.
- **Vous êtes réajusté lourdement par le fisc :** Des dépenses inattendues vous mettront de mauvaise humeur.

- **Vous êtes contrôleur fiscal :** Une découverte déroutante vous laissera perplexe.
- **Vous parlez avec un contrôleur :** Vous récupérerez une petite somme d'argent.
- **Vous soudoyez un contrôleur :** Il est en votre pouvoir de tourner les choses à votre avantage.

CONVALESCENCE

- **Rêver d'une convalescence :** Vous éviterez un grand danger.
- **Une convalescence après une longue maladie :** Vous serez soumis à des épreuves qui finalement vous seront bénéfiques.
- **Vous êtes en convalescence dans une maison de repos :** Tâchez de garder la forme, vous allez avoir besoin de tous vos moyens.
- **La personne que vous aimez est en convalescence :** Paradoxalement, cette même personne court de gros risques pour sa santé.

COQ, symbole solaire de bonne augure, **si vous l'entendez chanter**, les objectifs seront source de satisfaction.

- **Donner du grain à un coq** est un signe d'allégresse et de bonne humeur.
- **Un coq dans un poulailler :** Plaisir des sens partagé.
- **Voir ou toucher sa crête rouge vif :** Fierté, vanité.
- **Un coq vous attaque :** Vos ennemis sont encore plus redoutables que vous ne le pensiez et pourtant vous en viendrez à bout.
- **Un coq blessé :** Un échec humiliant.
- **Tuer un coq :** La faillite ou la ruine pour un rival.
- **Manger un coq :** Vous ne manquerez jamais d'argent.
- **Des coqs se battent :** De vives querelles dans la famille, parfois entre frères et sœurs, pour un héritage.
- **Un combat de coqs organisé :** Quelques paroles non réfléchies et vous déclencherez une polémique dans un lieu public.
- **Un coq trouvé mort :** Un grand malheur dans la famille.
- **Si le coq pond :** Avertissement sérieux, quelqu'un est saturé de vos agissements, des mesures vont être prises.
- **Rêver d'un chapon :** L'existence se déroulera paisiblement, mais sans grand intérêt.
- **Rêver d'un coq de bruyère :** Ce gallinacé annonce une retraite nécessaire, un isolement salutaire à une période de l'existence.

COQUILLAGE, symbole de l'infini.

- **Les coquillages dans leur environnement naturel,** prédisent une évolution des choses en bien.
- **Ramasser des coquillages :** De nouveaux centres d'intérêt vous aideront à progresser.

- **Manger des coquillages :** Aisance naturelle, sociabilité.
- **Utiliser des coquillages pour l'art, bijoux, décoration etc. :** Réalisme et objectivité vous permettront de faire face intelligemment à bien des problèmes.

COR

- **Rêver d'un cor de chasse :** Méfiez-vous des belles paroles.
- **Vous entendez le son du cor de chasse :** Déclaration d'amour en public.
- **Vous jouez du cor :** Vos réflexions perturbent votre partenaire et l'éloignent de vous.
- **D'autres personnes jouent du cor :** Ce sont des flatteurs intéressés.
- **Vous jouez du cor d'harmonie :** Nombreuses conquêtes, les liaisons seront éphémères.

CORAIL

- **Rêver de bijoux ou d'objets précieux en corail rouge** présage des confidences amicales troublantes et réconfortantes à la fois.
- **Porter des bijoux de corail :** Ne laissez pas les autres détruire vos relations affectives.
- **Trouver du corail sur un fond marin :** Vous ferez de bonnes affaires, mais les négociations seront ardues.

CORBEAU, le corbeau est un symbole noir, ses croassements sont annonciateurs de tracasseries et de catastrophes.

- **Rêver de cet oiseau :** Maladie, affaiblissement.
- **Un corbeau en vol :** Vos facultés sensorielles risquent d'être touchées.
- **Un corbeau se pose tout près de vous ou sur votre épaule :** Les rumeurs qui circulent sur votre compte peuvent vous faire beaucoup de mal.
- **Un corbeau blessé :** Des remords vous tourmenteront.
- **Un corbeau mort :** Signe de guérison.
- **Tuer un corbeau en vol :** Vous échapperez in extremis à un grave danger.
- **Tuer un corbeau posé au sol :** Un des vôtres sera victime d'un accident.
- **Apprivoiser et caresser un corbeau :** Vous démasquerez une personne perfide et cruelle.

CORNEILLE, comme le corbeau, son cri est de mauvaise augure, mais sa présence dans les rêves est bénéfique. C'est un symbole de fidélité en amour. En affaires, les démarches seront actives.

- **Si vous apprivoisez une corneille,** vous recevrez quelque chose que vous n'attendiez pas.
- **Si vous les voyez en nombre,** une rencontre vous apportera la solution d'un problème
- **Une corneille morte :** Vous perdrez vos illusions.

CORPS

- **Vous rêvez de votre corps :** Une petite infidélité conjugale se prépare.
- **Une femme rêve du corps d'une autre femme :** Une rivale tentera de devenir son amie. **Un homme rêve du corps d'une femme :** On exploitera sa naïveté.
- **Une femme rêve d'un corps d'homme,** on la forcera à faire l'amour.
- **Un homme rêve du corps d'un autre homme :** Il doit éviter d'en dire trop sur sa vie privée.
- **Rêver d'un corps d'enfant :** Vous donnez le mauvais exemple à votre insu.
- **De plusieurs corps nus :** Grande chance dans la journée.
- **Un corps inanimé :** Une entreprise au-dessus de vos forces.
- **Un corps mutilé ou accidenté :** Vous apprendrez une très mauvaise nouvelle.
- **S'il s'agit de votre corps,** une maladie se déclenchera brutalement.

COSMÉTIQUE

- **Rêver de produits de maquillage pour les deux sexes** est un présage de précarité dans la réussite ou dans la situation.
- **Acheter des cosmétiques, pour une femme,** est un signe de changement affectif. **Pour un homme,** il devra se méfier des promesses dans sa vie sentimentales comme dans son travail.
- **Faire le commerce des cosmétiques :** Les spéculations seront heureuses.

COU

- **Rêver d'un très joli cou :** Vous avez à faire à des gens très curieux.
- **Un cou très court :** Votre vitalité est en baisse, vous manquez d'oxygène.
- **Un gros cou :** Vos histoires ne font rire que vous.
- **Un cou bien gras :** Vous exagérez les détails.
- **Rêver de son propre cou :** Vous avez hâte de voir vos efforts récompensés.
- **Votre cou est flasque et ridé :** Désenchantement rapide. **Si c'est celui d'une autre personne,** des ennuis dont vous reconnaîtrez la source.
- **Être blessé au cou :** Des insultes à votre égard.
- **Votre cou vous fait souffrir :** Vous gagnerez du temps en coupant court à des discussions stériles et épuisantes.
- **On vous étrangle :** Menace d'apoplexie, d'attaque.

COUDRE

- **Coudre à la main :** Consolidation de votre situation ou de votre position sociale.
- **Coudre à la machine :** Amélioration de vos finances.
- **Vous êtes couturière :** La réussite sera lente mais sûre.
- **Vous êtes styliste dans une maison de couture :** Vous avez le sens de l'humour.
- **Voir une parente ou une amie coudre :** Elle compte sur vous ou sur votre partenaire en cas de pépin.

- **Un atelier de couture en activité :** Investissement fructueux.
- **Un atelier de couture vide :** Fuite de capitaux.
- **Un atelier de couture clandestin :** Des ennuis à cause d'une falsification.
- **Une descente de police dans l'atelier :** Démêlés en série avec la justice.

COUPER

- **Vous coupez du papier ou des étoffes :** Dispute sans motif.
- **Vous coupez des produits alimentaires :** De petits profits augmenteront vos revenus.
- **Vous vous coupez avec un objet tranchant :** Séparation imminente.
- **Vous coupez les ponts avec votre famille (sens figuré) :** Vos amis deviendront vos ennemis.

COUPS

- **Vous rêvez que vous prenez des coups :** Un manque d'assurance dans les décisions.
- **Une personne vous frappe :** Une de vos fréquentations vous fait du tort.
- **Votre partenaire vous frappe :** Il prendra des risques pour vous.
- **Votre père vous frappe :** Exiger que l'on vous respecte.
- **Votre mère vous frappe :** Une séparation vous fera découvrir les véritables sentiments que vous éprouvez pour un proche.
- **Vous recevez un coup de pied :** Quelqu'un souhaite votre échec.
- **Vous donnez un coup de pied :** Une accusation mensongère vous concerne.
- **On s'acharne sur vous à coups de pied :** Vous ferez tout pour éviter un procès malheureux.
- **Un enfant donne des coups de pied ou des coups de poing :** Une maladresse vous coûtera de l'argent.
- **Un enfant prend des coups :** Votre santé est menacée.

COUR

- **Rêver d'une cour attenante à votre maison :** Ne vous mêlez pas des affaires des autres.
- **D'une cour de récréation :** Distractions et détente vous manquent.
- **D'une cour de ferme :** Sécurité matérielle entérinée.
- **D'une cour de château :** Un legs familial avec des démarches embarrassantes à la clef.
- **Vous êtes entouré de votre cour (admirateurs, fans...) :** Il n'y a pas que des gens désintéressés autour de vous !
- **Vous faites la cour à une femme :** Vous aurez à vous justifier d'un fait.
- **Un homme vous fait la cour :** Vos ambitions sont réalisables ; certaines se concrétiseront sous peu.

COURIR

Les rêves où l'on court traduisent le plus souvent des angoisses face aux obstacles. Ce thème peut déceler également une certaine agitation, quelquefois du surmenage.

- **Voir des gens courir** montre que vous «courez» beaucoup trop de lièvres à la fois et manquez d'organisation.
- Dans un contexte ludique, **courir pour arriver en tête** annonce une séparation imminente, mais sans conséquence pour le moral.

COURONNE

- **Rêver d'une couronne de pierres précieuses :** Joie et prospérité.
- **D'une couronne en or massif :** Vos confidences resteront secrètes.
- **D'une couronne royale :** Honneurs et estime publique.
- **D'une couronne de fleurs naturelles :** Un bonheur de courte durée.
- **D'une couronne d'Épiphanie :** La visite d'un ami va vous faire changer vos objectifs.
- **D'une couronne d'épines :** Des épreuves morales à surmonter.
- **D'une couronne mortuaire :** Préoccupation majeure concernant un enfant.
- **Poser une couronne sur la tête d'une personne :** Vous accorderez votre confiance un peu à la légère et on vous en remerciera sincèrement.
- **Être couronné :** Un défi que vous relèverez avec maestria.

COURSE

- **Vous rêvez de courses de chevaux :** Une perte d'argent, suivie d'un gain imprévisible.
- **De courses automobile :** Un mauvais calcul va créer des tensions.
- **De courses cycliste :** Votre optimisme ne doit pas vous empêcher d'être prudent dans les spéculations.
- **De course en mer :** Par étourderie vous laisserez filer l'occasion d'améliorer votre quotidien.
- **De course à pied :** Financièrement, vous êtes limité, mais vous avez en vous tellement de ressources que vous atteindrez votre but.
- **Vous participez à un autre type de course :** Vous n'êtes pas au bout de vos peines, ce rêve annonce de l'adversité dans les projets.

COUSSIN

- **Confectionner des coussins :** Votre confort est précaire, vous apporterez des modifications à votre installation.
- **Rembourrer des coussins :** Ce rêve s'adresse à votre budget. Ne vous laissez pas séduire par le chant des cigales, soyez fourmi, l'hiver s'annonce rude.

- **Rêver de coussins en soie ou en satin :** Des pleurs pour une déception amoureuse.
- **Se prélasser sur des coussins :** Vous serez comblé de douceurs et d'attentions, par ceux que vous aimez.

COUTEAU voir POIGNARD

COUVENT

- **Rêver d'un couvent :** On vous forcera à entreprendre quelque chose contre votre volonté.
- **Entrer au couvent :** Mariage de raison ou obligation de légitimer.
- **S'échapper d'un couvent :** Grande liberté d'action.
- **Un être cher entre au couvent :** Une rupture difficile à admettre.

COUVERTS

- **Rêver de couverts en or :** Vous recevrez des honneurs et ne resterez jamais sur un échec.
- **De couverts en argent :** Une union de courte durée.
- **De couverts en inox :** Une vie de couple tranquille mais sans attrait.
- **Vous mettez le couvert :** Une visite inattendue.
- **Vous offrez des couverts en or :** Vous progressez sur la voie de la réussite.
- **Vous offrez des couverts en argent :** Les finances ne seront pas au top, évitez les spéculations hasardeuses.
- **On vous offre des couverts en or :** Harmonie et bonheur avec votre partenaire.
- **On vous offre des couverts en argent :** Des querelles d'amoureux.
- **Acheter des couverts** est un heureux présage, des courants d'opportunités sont dans l'air.
- **Vendre des couverts :** Vous perdrez de l'argent.
- **Blesser quelqu'un avec une fourchette :** Des complications sentimentales.

COUVERTURE

- **Rêver de couverture :** Vous serez pris à témoin.
- **Vous achetez une couverture :** Votre sécurité est très précaire.
- **Quelqu'un achète une couverture :** Ne comptez pas sur vos amis pour vous tirer d'un mauvais pas.
- **Vous rêvez d'une couverture déchirée :** C'est une grosse dette que vous auriez pu éviter.
- **D'une très vieille couverture :** Vous conserverez votre patrimoine intact.
- **Vous vous couvrez avec une couverture :** Une maladie soignée à temps.
- **Vous couvrez un animal :** Bonheur et prospérité.
- **Vous couvrez un enfant :** Suite à une petite affection, vous devrez garder le lit quelques jours.

CRABE

- **Rêver de crabes :** Prudence, vous allez mettre le bras entier dans un engrenage.
- **Pêcher des crabes :** Vous surprendrez un voleur.
- **Un crabe vous pince :** Un de vos créancier attend son heure.
- **Voir des crabes à l'étalage :** Une effraction durant votre absence.
- **Acheter des crabes vivants :** À votre insu, on vous vole.
- **Manger des crabes :** Certaines personnes sont mal intentionnées à votre égard.

CRAPAUD

- **Rêver de crapaud :** Une personne timide souhaite mieux vous connaître.
- **Plusieurs crapauds :** Vos ennemis ont le verbe dangereux.
- **Entendre coasser des crapauds :** Une mauvaise nouvelle.
- **Marcher sur un crapaud :** Vous découvrirez la fausseté tout près de vous.

CRAVATE

- **Rêver de cravates :** Un travail dont vous ne parviendrez à assumer seul les responsabilités.
- **Nouer sa cravate :** Succès passager.
- **Nouer une cravate :** Une personne est sensible à votre charme.
- **Porter une cravate :** Une petite distinction honorifique.
- **Acheter une cravate pour l'offrir :** Une affaire litigieuse sera réglée avec tact.
- **On vous offre une cravate :** Refusez la prochaine proposition galante, elle risque de mettre votre tranquillité en péril.
- **Offrir une cravate :** Quelqu'un est fasciné par votre personnalité.
- **Vendre des cravates :** Vous allez devoir accepter une entrave à votre liberté.

CRÈCHE

- **Rêver d'une crèche de Noël :** Vous aurez du mal à joindre les deux bouts, mais rien ne perturbera votre bonheur au foyer.
- **Visiter une crèche maternelle :** Signe de grossesse dans la famille.
- **Travailler dans une crèche maternelle :** Vous êtes parfaitement organisé pour surmonter tous les obstacles qui se présenteront.
- **Vous emmenez ou vous allez chercher un bébé à la crèche :** Un geste de générosité vous vaudra une reconnaissance considérable.

CRÊPE

- **Rêver de crêpes :** Vous serez aimé et admiré.
- **Vous faites des crêpes :** Une petite réunion très gaie.
- **Vous mangez des crêpes :** Une nouvelle vous mettra le cœur en fête.
- **Vous portez un vêtement en crêpe :** Une mort prochaine dans l'entourage.

CRÉPUSCULE

- **Rêver du crépuscule** est annonciateur d'intrigues dans la vie amoureuse.
- **Se promener au crépuscule :** Fin de vie heureuse.
- **Regarder le crépuscule :** Des angoisses concernant l'être aimé, vous avez peur de perdre son amour.

CRESSON

- **Rêver de cresson :** Votre train de vie est beaucoup trop fastueux.
- **Cultiver du cresson :** Vous focalisez trop sur l'argent.
- **Manger du cresson :** Vous en gagnerez assez pour vos vieux jours.
- **Cuisiner du cresson :** Des disputes dont la source est l'argent.

CREUSER

- **Vous creusez la terre :** Très bénéfique aux placements d'argent.
- **D'autres personnes creusent la terre :** Prenez garde aux convoitises, vos biens sont en danger !
- **Creuser sa propre tombe :** Une maladie par imprudence.
- **Quelqu'un creuse une tombe :** Ce jour, vous apprendrez un décès.
- **Creuser pour enterrer un animal :** Vous pardonnerez une infidélité.
- **Creuser pour enterrer un cadavre humain :** La dissimulation d'un fait important vous perturbera.
- **Une personne vous oblige à creuser un trou :** Un parent ou un ami décédé souhaite que vous pensiez plus souvent à lui.

CROCODILE

- **Rêver de cet animal** présage la tromperie, certaines personnes ont l'air de vous porter aux nues mais elles travaillent à votre perte.
- **Plusieurs crocodiles :** L'indice est encore plus funeste et suggère la méfiance vis-à-vis des gens mielleux.
- **Cet animal cherche à vous happer :** La prudence s'impose avec les personnes du sexe opposé.
- **Accessoires ou chaussures en peau de crocodile :** Un changement favorable est en route, vous le devrez à quelqu'un.

CROIX, symbole de mouvement, de chute ou d'élévation, la barre horizontale marque les étapes successives de l'existence ; c'est aussi un signe de vulnérabilité.

- **Voir une croix** annonce des épreuves encore plus difficiles à affronter sur le plan affectif que matériel.
- **En porter une :** Humilité ne veut pas dire faiblesse. Générosité d'un cœur.
- **Voir une croix funéraire :** Votre vœu le plus cher sera exaucé, si vous avez la foi.

- **Faire un chemin de croix :** Les revendications sont justes.
- **Une croix avec le Christ :** Une lumière intérieure vous guide et vous protège.
- **Une croix d'honneur :** Une récompense méritée.
- **Rêver de la constellation, la Croix du Sud :** Une absence arrangera bien des choses.
- **Une croix d'ankh, croix égyptienne :** Signe de vitalité, de bonne santé.
- **Rêver de l'organisation de la Croix-Rouge** est presque conforme à la réalité. Une solidarité dans les épreuves évitera le découragement et le renoncement.
- **Faire partie de la Croix-Rouge :** Des problèmes avec les enfants à prendre au sérieux très rapidement.

CRUCHE

- **Rêver d'une cruche pleine :** L'hospitalité que vous réservez à vos amis est franche et sympathique.
- **Une cruche vide :** Vous aurez affaire à un idiot inoffensif.
- **Une cruche percée :** La ruine vous menace, changez d'occupation.
- **Une cruche cassée :** Votre partenaire va bientôt faire ses bagages.

CUIR

- **Rêver de cuir ou en sentir l'odeur** est un indice de longévité dans l'aisance et la joie.
- **Vous possédez un salon en cuir :** Les réunions sociales sont agréables.
- **Vous achetez un salon en cuir :** Une aventure amoureuse passionnante mais éphémère.
- **Vous êtes habillé de cuir :** Une personne attrayante du sexe opposé favorisera votre réussite.
- **Vous portez des vêtements ou des sous-vêtements érotiques en cuir :** C'est une mise en garde contre toute forme d'extravagance, une rivalité amoureuse vous surveille afin d'en tirer profit.
- **Vous achetez des vêtements de cuir :** Signe d'autosatisfaction.
- **Vous achetez des accessoires vestimentaires en cuir :** Une petite intrusion dans votre vie privée vous contrariera sous peu.
- **Une autre personne est habillée de cuir :** Un problème sera compliqué par une tierce personne.
- **Vous vendez des vêtements en cuir :** Vous retrouverez votre souplesse et votre beauté d'antan.
- **Vous tannez le cuir :** Quels que soient vos déboires, vous parviendrez à vous relever et à retrouver votre place.

CUISINE

- **Vous rêvez d'une nouvelle cuisine :** Une invitation à dîner.

- **Vous cuisinez :** On vous induit en erreur depuis longtemps, mais cet état de fait n'a pas de grave incidence sur votre existence.
- **Une autre personne fait la cuisine :** Un parent va se marier.
- **Vous avez un cuisinier ou une cuisinière à votre service :** Vos acquits fructifient.
- **Un chef cuisinier :** Une passion vous consume.
- **Vous congédiez le cuisinier :** Vos dépenses sont inconsidérées.
- **Votre cuisine est très sale :** Vos hésitations vous font souffrir.

CUISSE

- **Un homme rêve de cuisses de femme :** De gros profits. **Une femme rêve de cuisses de femmes :** Trop de légèreté dans les décisions.
- **Une femme rêve de cuisses d'homme :** Elle subira le joug de ces messieurs.
- **Un homme rêve de cuisses d'homme :** Il tiendra difficilement ses engagements.
- **Montrer ses cuisses :** Petit scandale en public.
- **Préparer des cuisses de grenouilles :** Des personnes incompétentes embrouillent la situation.
- **Manger des cuisses de grenouilles :** Vos soucis prendront fin après une rupture.

CUIVRE, le symbole est bénéfique uniquement en magie. Il correspond à la planète Vénus et désigne la matière désagrégée. **Rêver de ce métal** doit inciter à la prudence dans toutes les actions physiques car elles sont placées sous des influences négatives.

- **Rêver d'un objet ou d'un bijou en cuivre :** L'amour est intéressé, le partenaire spécule et ne souhaite pas s'engager réellement.
- **Un récipient en cuivre :** Écoutez les gens de bon conseil avant de vous lancer dans une aventure financière.
- **Vous achetez du cuivre :** Vos pensées les plus secrètes et les plus noires se matérialiseront.

CURE

- **Vous rêvez de cure thermale :** Vous allez faire un petit voyage qui vous séparera des vôtres.
- **Vous rêvez de cure thermale chaude :** Les rhumatismes vous feront souffrir.
- **Vous faites une rencontre au cours d'une cure thermale :** Une absence vous rendra triste.
- **Tout autre cure** est annonciatrice de nouvelles inquiétantes dans le domaine familial.

CYCLONE, voir **TYPHON**

CYCLOPE, symbole de gigantisme.

- **Rêver de ce géant :** Le terme de vos efforts est tout près, vos ambitions se réalisent.
- **S'il vous poursuit :** Par inquiétude, vous avez tendance à exagérer vos problèmes.
- **Voir son œil :** Un grand danger vous menace.
- **Vous affrontez un cyclope :** Des marques incroyables de reconnaissance de personnes qui vous sont étrangères.

CYGNE

- **Rêver d'un cygne blanc :** Un amour que rien ni personne ne détruira.
- **Plusieurs cygnes blancs :** Vous avez une très bonne renommée.
- **Un cygne blanc mort :** Vous devrez faire un grand sacrifice.
- **Un cygne noir :** Par amour vous commettrez un délit.
- **Un cygne noir mort :** Mort d'un homme, parfois le père.

CYMBALES

- **Rêver de cymbales :** Vous parlez plus que vous n'agissez.
- **Entendre le son des cymbales :** On parle de vous.
- **Jouer des cymbales :** Vous allez faire une visite à l'improviste, les suites seront heureuses.
- **D'autres jouent des cymbales :** De joyeuses réunions entre amis.

D

DAIM

- **Rêver de ce cervidé :** Une personne débordera de tendresse pour vous.
- **Un harde de daims :** Une suite d'événements heureux.
- **Un couple de daims :** Naissance future.
- **Un daim en fuite :** Une infidélité dont vous vous doutiez.
- **Un daim blessé :** Une personne timide vous cache ses véritables sentiments.
- **Un daim mort :** Le deuil vous frappera.
- **Porter des vêtements ou des accessoires en daim :** D'heureux résultats dans les projets en cours.
- **Acheter ou porter des vêtements ou des accessoires en daim :** Vous devez vous montrer plus persévérant si vous voulez atteindre votre but.
- **Acheter des chaussures en daim :** Du succès dans les amours.

DAME

- **Un homme rêve d'une très grande dame :** Une femme fera son bonheur.
- **Une femme rêve d'une très grande dame :** Sa meilleure amie convoite son amant.
- **Vous êtes une très grande dame :** Ce thème symbolise le charme et l'élégance dont on souhaite être pourvu.
- **Vous rêvez de plusieurs grandes dames de la société :** Un plan astucieux sans faille.
- **Vous vous rendez chez une grande dame :** Selon le contexte du rêve, les aventures galantes servent parfois la réussite.

DANSER

- **Rêver de danse en plein air :** La santé sera excellente.
- **Danser dans son appartement :** Votre susceptibilité ne vous apportera que des déboires.
- **Se livrer à une danse endiablée :** Réfléchissez bien avant de vous lancer dans une aventure sentimentale sans lendemain, elle vous fera perdre l'estime de votre famille.
- **Se livrer à une danse du ventre :** Vous aimeriez être aimé par une personne qui vous ignore.
- **Assister à une danse du ventre :** Vous n'êtes pas à votre place ou vous allez changer d'amis.
- **Danser sans musique :** On va vous bousculer sans ménagement.
- **Danser avec un partenaire :** Concurrence amoureuse.

- **Danser enlacé avec son partenaire :** Votre bonheur conjugal sera troublé pendant une longue période mais il en sortira renforcé.
- **D'autres personnes dansent :** Un petit héritage que vous n'attendiez plus.
- **Prendre des cours de danse :** Vos facultés physiques et intellectuelles s'améliorent.
- **Vous êtes professeur de danse,** voir **ENSEIGNER.**

DATE

Si une date est particulièrement saillante dans un de vos rêves, c'est qu'un fait déjà programmé doit se produire, vous avez la possibilité de retenir cette date car elle peut être conforme à la réalité. Mais l'alternative la plus probante est que cette date marque un événement qui a toutes les chances d'échapper complètement à votre contrôle. Cet état de fait ne pourra être vérifié qu'ultérieurement.

- **Si dans votre rêve vous sondez votre mémoire pour retrouver désespérément une date,** c'est que les angoisses que vous éprouvez face aux lendemains se justifient dans votre contexte actuel.
- **Marquer une date,** voir **AGENDA.**

DÉ

- **Vous utilisez un dé à coudre :** Vie à deux paisible.
- **Vous jouez aux dés :** Une opportunité dans vos affaires. Si vous spéculez, entourez-vous de bons conseilleurs.
- **Vous gagnez aux dés :** Vos dépenses dépasseront largement vos rentrées d'argent.
- **Vous perdez aux dés :** Une petite rentrée d'argent.
- **Votre partenaire joue aux dés :** Son objectivité est défaillante, mais vous lui porterez chance.
- **Vos enfants jouent aux dés :** Vérifiez mieux leur emploi du temps, ils vous mènent en bateau.
- **Vous trichez aux dés :** Vous saurez éviter habilement les pièges de l'existence.
- **D'autres trichent aux dés :** Fausseté d'une relation.

DÉBARQUEMENT

- **Rêver d'un débarquement :** Un repos bien gagné.
- **Faire partie du débarquement :** Changement professionnel.
- **Assister à un débarquement de troupes :** Du succès dans les entreprises.
- **Diriger un débarquement :** Vous viendrez à bout des obstacles sur votre route.

DÉBAUCHE

- **Vous rêvez de débauche :** Vous choisissez très mal vos partenaires.

- **Vous vous livrez à la débauche :** Vous allez commettre une faute grave.
- **Vous êtes le témoin de la débauche d'une personne chère :** Perte d'un ami.
- **Vous débauchez un ami ou un proche :** Votre vie est très animée et pourtant vous vous ennuyez.

DÉCAPITATION

Ce rêve est parfois l'expression d'un sentiment d'impuissance qui se manifeste surtout sur le plan psychologique où le découragement s'oppose aux aspirations. Il devrait être pris au sérieux, car il peut cacher des troubles émotionnels graves ou une dépression.

- **Se faire décapiter :** Recherchez la véritable cause de vos angoisses, car la raison que vous leur attribuez en cache une, bien plus importante.
- **Décapiter quelqu'un :** Vos paroles vous porteront préjudice, vous persécutez l'un de vos proches.
- **Voir une personne se faire décapiter :** Pronostique une courte séparation avec l'être aimé ou une amitié de longue date. Voir également **TÊTE.**

DÉCHIRER

- **Rêver d'étoffes déchirées :** Atteinte à la réputation.
- **Déchirer un coupon ou un drap :** Un oubli vous entraînera des problèmes.
- **Quelqu'un déchire vos vêtements :** Un conflit avec un ami.
- **Vous déchirez les vêtements de votre petite amie :** Il existe entre vous des divergences sérieuses qui doivent vous faire réfléchir aux conséquences futures.
- **Vous déchirez la chemise de votre régulier dans un moment de colère :** Votre comportement n'est pas en accord avec vos principes, chaque jour qui passe le confirme.
- **Déchirer des papiers ou du courrier :** Vous présenterez vos excuses à un représentant de l'ordre.
- **Déchirer des billets de banque :** Vous provoquerez l'aveu d'un menteur.

DÉCLARATION

- **Vous faites une déclaration d'amour à la personne que vous aimez :** Votre union sera durable.
- **Vous faites une déclaration à une relation pas très sérieuse :** Une dispute mettra un terme à cette romance.
- **Vous faites une déclaration devant la justice :** Vous ne suivez pas les conseils avisés.
- **Votre déclaration d'impôts :** Un projet sera entravé et vous perdrez de l'argent.

DÉCOIFFER

- **Vous êtes décoiffé et un peu ridicule en public :** De petites difficultés pour mettre vos idées en pratique.
- **Vous vous décoiffez volontairement devant des gens :** Vous annulerez une soirée et vous le regretterez amèrement.
- **Vous décoiffez volontairement une personne dans un lieu public :** Petite humiliation pour un proche qui vous affligera.
- **Vous décoiffez involontairement une personne :** Le hasard ne servira pas vos plans.

DÉCOR

- **Vous rêvez de décors de théâtre :** Le succès vous attend, poursuivez vos objectifs.
- **Vous rêvez d'un décor fantastique :** Une aventure sentimentale vous fera repenser votre avenir.
- **D'autres personnes installent des décors :** Les jours qui suivront seront riches en surprises.

DÉCORATION

- **Rêver d'une décoration d'un ordre élevé :** Symbole d'orgueil, vos pensées ne sont pas toujours objectives.
- **D'autres personnes sont décorées :** Vos démarches seront inutiles.
- **Vous faites de la décoration chez vous :** Les difficultés seront vaincues et vous ferez de grands projets.
- **Vous faites la décoration d'une vitrine :** Une action vous tente, agissez, vous n'avez rien à perdre.
- **D'autres personnes font de la décoration :** L'imagination vous manque, écoutez les suggestions des amis.

DÉCOUVRIR

- **Vous découvrez quelque chose :** On vous donnera un renseignement précieux.
- **Vous découvrez quelqu'un :** Une imprudence vous causera des pertes matérielles.
- **Vous vous découvrez :** Vous ne manquerez de rien.
- **D'autres personnes se découvrent :** Des pertes financières en perspective.

DÉESSE

- **Rêver d'une divinité** est un symbole bénéfique, tout ce qui paraît impossible se réalisera.
- **Faire une offrande à une déesse** présage de beaux profits.
- **Craindre les foudres d'une déesse** prédit un danger dans l'action, une réévaluation de ses objectifs s'impose.

DÉFAUT

- **Vous remarquez un défaut sur un objet :** De gros ennuis à cause d'un tiers.
- **Sur un vêtement ou un tissu :** Les problèmes ne font que commencer.
- **Si vous parvenez à supprimer le défaut :** Le hasard vous mettra dans une situation avantageuse.
- **On vous fait remarquer un défaut :** Soyez moins familier avec vos fréquentations, sinon vous le regretterez.

DÉFENDRE

- **Vous vous défendez contre un danger :** Loyauté en amitié.
- **Vous défendez une personne :** On vous rendra un service inestimable.
- **Vous défendez des enfants :** Rien dans la famille ne se fera sans votre accord.

DÉFI

- **Vous relevez un défi :** Un obstacle inattendu.
- **Votre partenaire relève un défi :** Il est en mauvais termes avec une personne qui cherche sa perte.
- **Une personne vous défie :** Vous prendrez une ferme décision que vous n'aurez pas à regretter.

DÉFIGURER

- **Se voir défiguré :** La jalousie est mauvaise conseillère.
- **Par une opération esthétique :** De nombreux changements affectifs.
- **Une personne est défigurée :** Jugement erroné, manque de discernement, mauvaise vision des choses.
- **Défigurer quelqu'un par vengeance :** Une séparation dans le couple après une violente dispute.

DÉFILÉ

- **Rêver d'un défilé en montagne :** Un adversaire cherche à vous piéger.
- **D'un défilé de personnes :** Vos amis sont nombreux et fidèles.
- **D'un défilé de mode,** voir **MODE.**
- **D'un défilé militaire :** Si vous êtes persévérant, vous atteindrez votre but.

DÉFUNT

- **Rêver d'un défunt que l'on a connu :** Une visite amicale.
- **Parler avec un défunt :** Vous vous cachez la vérité par crainte d'en souffrir.
- **Le défunt vous parle :** Un danger vous menace.
- **Embrasser ou étreindre un défunt :** Votre vie sera riche en amitiés.

DÉGÂTS

- **Vous rêvez qu'une circonstance particulière ou un événement entraîne des dégâts matériels :** Par négligence vous perdrez de l'argent.
- **Dégâts lors d'un accident :** Vos dettes seront le fruit de vos erreurs.
- **Vous causez de gros dégâts à quelqu'un :** Vous ne faites rien pour vous assurer une vie confortable.
- **Une personne cause des dégâts chez vous :** Aucun souci d'argent.

DÉGEL

- **Voir la neige fondre :** On répondra à votre affection, mais pas de la façon dont vous l'auriez souhaitée.
- **La glace fond :** Des souvenirs reviennent à la surface et des regrets aussi !
- **Dégeler des aliments :** Des dégâts ou du gaspillage dans votre maison.

DÉGOÛT, ce rêve est généralement provoqué par des pensées qui s'adressent dans la réalité à des personnes de l'entourage. Selon l'intensité de ce ressentiment, des explications houleuses avec eux sont pressenties, il en résultera une coupure pendant une période plus ou moins longue.

- **Du dégoût pour des aliments :** Une détresse passagère.
- **Si quelqu'un vous fait part de son dégoût pour votre personne :** Vous échapperez à une tentative de violence.

DÉGUISEMENT

- **Rêver d'un déguisement séduisant :** Vous allez rencontrer une personne très riche.
- **Un déguisement sale, déguenillé ou haillonneux :** Vous rencontrerez une personne pauvre mais très affectueuse.
- **Une personne de votre connaissance est déguisée :** Une union trompeuse et malheureuse.
- **Vous aidez quelqu'un à se déguiser :** Vous faites fausse route dans vos projets.

DÉJEUNER

- **Vous déjeunez dans un cadre inhabituel :** Un voyage très agréable et non programmé.
- **Vous préparez le déjeuner :** Vous ferez le bonheur de quelqu'un.
- **Vous invitez des connaissances à déjeuner :** Vérifiez l'affabilité de vos amis avant de vous lier.
- **Vous prenez votre petit déjeuner en compagnie de l'être aimé :** Une faveur vous sera accordée.
- **Vous prenez votre petit déjeuner avec votre amant ou votre maîtresse :** Vous aurez envie d'infliger une leçon à l'un des vôtres.

DÉLIRE

- **Vous délirez :** Vos pensées vous minent, ce rêve est un avertissement. Vous devez trouver des centres d'intérêt rapidement et ne pas focaliser sur vos problèmes. Regardez autour de vous, n'y a-t-il pas d'autres raisons plus graves de «délirer» que celles qui se limitent à votre petit confort personnel ? Lorsque vous aurez pris conscience de ces réalités, vos nuits seront plus paisibles.
- **Un de vos proches délire :** Il est possible que des tensions augmentent entre vous et des intimes ; ce thème est garant de votre mauvaise foi, vous ne faites rien pour gommer ce climat d'hostilité.
- **D'autres personnes délirent :** Pratiquez plus souvent l'altruisme, vous vous sentirez bien dans votre corps et dans votre esprit.

DÉLIVRANCE

- **Rêver d'une délivrance et de la sensation qu'elle procure (accouchement) :** Un heureux changement au cours de l'année.
- **Délivrer une personne retenue captive :** Engagement tenu.
- **Délivrer une ville :** Une nouvelle vous débarrassera de vos inquiétudes et vous fera retrouver entrain et vitalité.
- **Une personne vient à votre secours et vous délivre :** Vous allez vous débarrasser subitement de vos complexes.

DÉLUGE

- **Rêver d'une pluie torrentielle :** Une passion violente vous fera souffrir et rompre avec vos amis.
- **Déluge, inondation :** Une grave maladie pour un tiers.
- **Vous êtes emporté par le déluge :** faillite, ruine.

DÉMARCHES

- **Vous rêvez que vos démarches aboutissent :** Elles aboutiront mais avec du retard.
- **Vous faites des démarches infructueuses :** Du temps perdu et les inconvénients qui en découlent.
- **Une personne fait des démarches à votre place :** Quelqu'un cherche à vous devancer.
- **Une personne de votre entourage fait des démarches :** Dans peu de temps vous atteindrez votre but.

DEMEURE voir MAISON

DÉMOCRATIE

- **Rêver de démocratie :** Une crise psychologique couve, vous êtes sur des charbons ardents.

- **Vous vivez en démocratie :** Vous allez diminuer vos dépenses.
- **Vous êtes dans un parti démocrate :** Une période ennuyeuse s'annonce.
- **Vous formez une démocratie :** Vous gagnerez une affaire en justice.

DÉMOLITION

- **Rêver d'un immeuble en démolition :** La ruine complète.
- **D'un quartier en démolition :** Vous changerez de résidence par nécessité.
- **Votre demeure ou votre résidence est en démolition :** Vous manquez d'aplomb, vous n'avez pas assez confiance en vous.
- **Des machines sont démolies :** De longs mois infructueux.

DÉMON

Qu'il s'incarne dans un animal ou un être humain, le démon est intimement lié à notre vie car il représente notre mauvaise conscience. Sa présence dans nos rêves est souvent la marque d'un aveuglement. La voie choisie est minée d'orgueil et de mauvaises intentions, le rêveur ne peut s'en rendre compte car ses conceptions mentales sont faussées par un manque de logique.

- **Faire l'amour avec un démon** présage une passion destructive suivie de remords lancinants.
- **Lorsqu'on est terrifié par un démon,** c'est l'indice d'un goût pour la démesure qui peut rendre très malheureux.
- **Violée par un démon :** Une personne machiavélique fera régner la discorde dans votre foyer.
- **Parler, s'amuser ou faire la fête avec un démon :** Peut annoncer une entreprise future dans un domaine artistique, parfois une création talentueuse.
- Les autres formes de manifestation d'une divinité infernale ne suggèrent que tourments et déboires.

DENT

Ce rêve dans sa forme affligée est très courant et peut révéler simplement des angoisses naturelles. La crainte de vieillir chez la femme, la peur de l'impuissance chez l'homme.

- **Tomber ses dents :** Des membres de votre famille spéculent sur votre vie.
- **Voir des dents blanches et saines :** Amour et prospérité.
- **Des dents branlantes :** Trahison toute proche.
- **De fausses dents :** Erreur dans les convictions.
- **Les maux de dents** sont signe de maladie.
- **Voir des dents noires ou cariées :** Une brouille avec la famille.
- **Se faire extraire une dent :** Un enfant est gravement malade.
- **Se brosser les dents :** Une amélioration dans tous les domaines.

- **Se faire soigner les dents :** De belles satisfactions à venir.
- **Se faire poser un bridge :** Une période heureuse et sécurisante.
- **Des dents en or :** Un legs vous reviendra.
- **Tomber une dent en public :** Perte d'un être cher.
- **Les poussées dentaires** sont signe de grossesse.
- **Posséder une dent d'animal :** Vos ennemis ne parviendront pas à vous nuire.

DENTELLE

- **Rêver de dentelles :** Des affinités pleines d'attrait avec une personne d'esprit.
- **Si vous portez de la dentelle,** vos espoirs les plus fous se réaliseront.
- **Si vous achetez de la dentelle,** ne donnez pas aux autres le bâton pour vous faire battre.
- **Si vous faites de la dentelle,** d'autres tireront les marrons du feu.

DÉPORTER

- **Rêver de déportation :** Contingences, séparation non souhaitée.
- **Vous êtes déporté :** Votre équilibre est en danger.
- **Un être cher est déporté :** Toutes les précautions seront inutiles, le destin a déjà fait son choix.
- **Des gens que vous connaissez sont déportés :** Un conflit évité de justesse.

DÉPUTÉ

- **Rêver d'un député :** Vos affaires seront embrouillées.
- **Vous vous entretenez avec un député :** Un secours opportun.
- **Vous êtes député :** L'ascension professionnelle lente se fera rapidement.
- **L'être aimé est député :** Des changements bénéfiques.
- **Un de vos amis est député :** Les obstacles seront franchis avec aisance.

DÉRANGER

- **Vous êtes dérangé en plein travail :** Un ami va vous appeler.
- **Vous dérangez quelqu'un :** Curiosité décevante.
- **Des gens vous dérangent :** Attendez-vous à des nouvelles agaçantes.
- **Vous refusez que l'on vous dérange :** Vous récupérerez de l'argent.

DERNIER

- **Vous êtes le dernier d'une file :** Vous bénéficierez d'un privilège sans tarder.
- **Le dernier de la classe :** Attendez-vous à de vives satisfactions.
- **Le dernier d'une course :** Un grand succès vous attend.
- **Le dernier sur une liste :** Quelques ennuis retarderont l'un de vos projets.

DÉSALTÉRER voir ABREUVOIR

DESCENDANCE

- **Rêver de sa descendance :** Un grand espoir à l'horizon, soutien, consolation.
- **Être le descendant de... :** Votre réussite sera tardive.
- **Parler de sa descendance :** Une correspondance sera interceptée par des curieux.
- **D'autres sont les descendants de... :** Vous manquez de foi en vous.

DÉSERT, **si le soleil vous brûle la peau et si l'eau vous manque,** c'est le signe d'une cessation inéluctable dans le domaine qui vous préoccupe. Lorsque le contexte onirique est agréable, la signification est toute autre. Certes, des difficultés vous attendent, mais le soutien de vos amis les atténuera considérablement.

- **Si vous voyez d'autres personnes dans le désert,** les relations s'éloigneront de vous, surtout si vous êtes fauché !
- **Si vous voyagez seul dans le désert,** un grand chagrin vous attend.
- **Si vous voyagez avec d'autres personnes dans le désert,** vos peines seront partagées et le soleil reviendra.

DÉSERTEUR

- **Rêver d'un déserteur :** Une faute grave sera commise par un membre de la famille.
- **Vous désertez :** Abandonnez le projet qui vous tient à cœur, car il sera funeste.
- **Votre partenaire déserte :** Vous souffrirez sans tarder de son comportement.
- **Plusieurs personnes désertent :** Pendant une longue période l'argent vous manquera.

DÉSESPOIR , rassurez-vous, **si vous êtes désespéré en rêve,** il n'en sera pas de même dans la réalité. Attendez-vous à d'heureuses surprises qui engendreront des décisions agréables à prendre. Vos proches seront très participatifs.

- **Par contre, si vous rêvez qu'un être cher est en plein désespoir,** c'est l'indice qu'il sera blessé par des événements. À l'avenir, votre implication ne sera pas innocente.

DÉSHABILLER

- **Une femme rêve de strip-tease :** Attention au manque de tact !
- **Un homme rêve de strip-tease :** Ses nouvelles amours seront heureuses.
- **Une femme rêve qu'un homme la déshabille :** Son esprit n'est pas en accord avec son comportement.
- **Une femme rêve qu'une femme la déshabille :** Elle doit se méfier des escrocs.

- **Un homme rêve qu'une femme le déshabille :** Une déception sentimentale.
- **Un homme rêve qu'un homme le déshabille :** Il manque de volonté.
- **Vous déshabillez quelqu'un :** Vous allez vous heurter à la justice.
- **Vous vous déshabillez :** On appréciera votre aide.
- **Vous vous déshabillez en public :** Prudence, un terme doit être mis à une relation douteuse.
- **Une personne se déshabille :** Une nouvelle vous affectera.

DÉSHÉRITER

- **Vous déshéritez un membre de votre famille :** Les choses se compliquent et vous allez avoir besoin d'un secours.
- **On vous déshérite :** Un héritage beaucoup plus important que vous ne le pensez.
- **Un ami est déshérité :** Une décision va vous surprendre agréablement.
- **D'autres personnes sont déshéritées :** La prudence s'impose dans les négociations.

DÉSHONNEUR, symbole de crainte, d'anxiété, d'anticipation. **Le fait d'être déshonoré dans un rêve** révèle un sentiment de doute omniprésent. Votre vécu actuel n'est probablement pas en accord avec vos aspirations.

- **Une personne chère est déshonorée :** Vos ambitions ne peuvent prendre forme dans le contexte actuel.
- **Vous déshonorez quelqu'un :** Certaines preuves seront difficiles à authentifier, mais vous y parviendrez.

DÉSINFECTER

- **Vous désinfectez une plaie ou une blessure :** Coupez court aux bavardages, ils nuisent à votre tranquillité.
- **Vous désinfectez une pièce, un appartement ou une maison :** Une grave maladie peut entraîner la mort.
- **Un hôpital ou une clinique est désinfecté :** Une peur collective, un affolement sans conséquence.
- **Vous vous désinfectez les mains :** Un changement de situation souhaité.

DÉSIR

- **Rêver que l'on éprouve un désir sexuel pour une personne du sexe opposé** incline parfois au mélo sentimental. L'autre hypothèse est conforme à la réalité.
- **Éprouver un désir sexuel pour une personne du même sexe :** Indiscrétion de la part d'un ami.
- **Un tout autre désir :** Soyez sincère avec vous-même et gardez vos convictions, vous serez récompensé.

DÉSOBÉISSANCE

- **Vos enfants désobéissent :** Vous n'écoutez pas les conseils avisés et vous avez tort.
- **Votre femme désobéit :** Vous avez besoin de repos.
- **Votre époux désobéit :** Inquiétudes non fondées.
- **Vous désobéissez :** Réfléchissez avant de vous lancer dans l'action.

DESSERT, symbole sexuel, l'amour est votre préoccupation majeure. Plus le dessert sera agréable au goût, plus vous serez comblé par votre partenaire.

- **Si vous vous empiffrez de pâtisseries ou de crèmes,** vos excès sexuels altéreront votre discernement et les véritables sentiments seront absents.
- **Si un dessert est écœurant,** il révèle un manque d'affinité physique.
- **D'autres personnes mangent des desserts :** Vous ferez de nombreuses connaissances. Voir **PÂTISSERIES.**

DESSIN

- **Regarder un dessin d'enfant :** Un projet est utopique.
- **Dessiner un paysage :** Votre existence est monotone.
- **Dessiner un plan :** Une mauvaise surprise.
- **Un dessin de mode, une esquisse... :** Une promesse sera difficile à tenir, vous trouverez un échappatoire.

DÉTECTIVE

- **Rêver d'un détective :** Une mission sera pénible à accomplir.
- **Vous avez recours à un détective :** Vos difficultés seront résolues.
- **Vous êtes détective :** Vous avez soif de justice.
- **L'enquête d'un détective vous donne entière satisfaction :** Vous attendrez encore longtemps la réponse que vous souhaitez.
- **L'enquête d'un détective n'aboutit à rien :** Vous vous impliquez dans une situation affective de manière pressante. Cependant, vous allez faire marche arrière.
- **Un détective vous suit :** Quelques paroles ont suffi pour réveiller votre mauvaise conscience.

DÉTENU voir PRISON

DÉTOURNEMENT

- **Vous rêvez d'un détournement de fonds :** Des dettes en perspective.
- **D'un détournement d'avion :** Un voyage annulé.
- **D'un détournement de mineur :** Vous serez mêlé à un scandale.
- **Vous détournez des fonds :** Vous recevrez un cadeau de valeur.

DÉTRESSE

- **Vous êtes en détresse :** Dans une dispute vous en viendrez aux mains.
- **Une personne est en détresse :** Vous faites souffrir ceux que vous aimez.
- **Un parent est dans la détresse :** Un problème annulera vos projets de sorties.
- **Un enfant est dans la détresse :** Vous manquez de câlins !

DETTE, qui paye ses dettes s'enrichit, malheureusement avec ce rêve, nous sommes loin du proverbe.

- **Si vous vous acquittez de vos dettes**, financièrement vous allez passer par des moments très difficiles.
- **Si vous faites des dettes,** ce sont les autres qui assumeront, en partie, les conséquences de vos erreurs.
- **Si vous croulez sous les dettes,** attendez-vous à des conflits pour de l'argent.
- **Si d'autres font des dettes,** vous allez vous voir attribuer de nouvelles responsabilités dont vous vous seriez passé volontiers.

DEUIL

- **Une personne porte le deuil :** Vous appréhendez le décès d'un proche et ses conséquences.
- **Vous êtes en deuil :** Un drame se joue tout près de vous et vous n'en avez pas conscience.
- **Vous souffrez d'un deuil :** Phobies, angoisses dues à la solitude.
- **L'être aimé porte votre deuil :** Des secrets vont être révélés entre intimes.

DIABLE

- **Rêver du diable :** Vos ennemis sont animés par un désir de vengeance.
- **Le diable est bon et généreux :** À son insu, votre adversaire fait tourner les choses en votre faveur.
- **Rêver d'une diablesse :** Une personne de votre connaissance tombera dans un guêpier.
- **Rêver de diableries, de sortilèges :** Craignez le pire d'une amitié, votre confiance est mal placée.
- **Vous faites un pacte avec le diable :** Funeste inspiration.
- **Vous faites l'amour avec le diable**, voir **DÉMON.**
- **Vous tirez le diable par la queue (sens figuré) :** Une surprise réserve encore des surprises.
- **Vous utilisez un diable (outil) :** Un voyage très court.

DIALECTE

- **Vous parlez un dialecte quelconque :** Si vous n'avez aucune notion ou aucun souvenir de ce dialecte, c'est un malentendu et quelquefois une lacune dans votre manière de vivre.

- **Pour ceux qui le comprennent ou le maîtrisent dans leur rêve :** C'est un signe de sagesse et de résignation transmis par un des membres les plus anciens de la famille.
- **Entendre parler un dialecte sans le comprendre :** Vous allez faire une expérience fort embarrassante.
- **Entendre parler un dialecte et le comprendre :** Ayez confiance en vos propres facultés dans toutes prises de décision.

DICTIONNAIRE

- **Vous consultez un dictionnaire :** Un cas embarrassant, difficile à résoudre.
- **Vous achetez un dictionnaire :** Vous attendez beaucoup trop des autres.
- **Vous recevez un dictionnaire en cadeau :** Triomphe sur l'adversité.
- **Vous offrez un dictionnaire :** Ne vous souciez pas de l'opinion de votre entourage.
- **On vous donne un dictionnaire :** Changement bénéfique dans l'année.

DIEU voir CHRIST

DINDE ou DINDON

- **Rêver de dindes ou de dindons :** Une querelle stérile.
- **Plumer une dinde :** Des gains seront obtenus par un heureux hasard.
- **Acheter une dinde :** Obstacles, entraves aux réalisations.
- **Manger de la dinde :** Union avec une personne frimeuse et prétentieuse.
- **Tuer une dinde :** Fin d'un esclavage domestique.

DÎNER

- **Rêver d'un dîner :** Vos difficultés s'aplaniront.
- **Dîner aux chandelles :** On ne résistera pas à votre charme.
- **Des gens dînent chez vous :** Des bouleversements inattendus dans l'entourage proche.
- **Un dîner d'amoureux :** Légalisation d'une union ou d'une situation.
- **Un dîner d'affaires :** Votre énergie retombe et vous paressez.

DIPLOMATIE

- **Rêver d'un diplomate :** Les négociations seront fructueuses.
- **Vous êtes diplomate :** On vous confiera une responsabilité à caractère social.
- **Vous faites preuve de diplomatie :** Une petite magouille politique vous intéressera.
- **On apprécie votre diplomatie et l'on vous en fait part :** Votre naïveté vous fait planer.
- **Vous manquez totalement de diplomatie :** Vous avez tendance à persécuter ceux qui vous aiment.

DIPLÔME

- **Vous recevez un diplôme :** Un appui inutile.
- **Vous êtes diplômé :** Le succès se fera attendre.
- **Vous remettez un diplôme à quelqu'un :** Votre influence sera bénéfique.
- **Vous affichez vos diplômes :** Vous cherchez beaucoup d'histoires pour pas grand-chose.

DIRECTEUR

- **Vous rêvez d'un poste de directeur :** De nouvelles responsabilités vous seront octroyées, mais pas celles que vous attendiez.
- **Vous rencontrez ou parlez avec un directeur :** Quelques difficultés surviendront, tous les paramètres ne sont pas maîtrisables dans le cadre de votre travail.
- **Vous avez un entretien conflictuel avec un directeur :** Certains de vos adversaires vous en veulent assez pour vous nuire, ils n'y parviendront que si vous baissez les bras.

DISCIPLINE

- **Rêver de discipline :** Vous paierez très cher une erreur.
- **Vous imposez votre discipline à vos enfants :** À trop vouloir, vous n'obtiendrez rien.
- **Vous imposez votre discipline à d'autres :** Coté finances, optez pour la prudence car vous avez tendance à dépenser plus qu'il ne faudrait.
- **Vous subissez la discipline d'un établissement :** Vous devrez faire face à une adversité redoutable.

DISCUSSION

- **Vous avez une discussion avec la famille :** Une série d'incidents désagréables.
- **Une discussion d'affaires :** Une proposition douteuse précisément dans ce domaine.
- **Vous assistez à une discussion entre deux personnes :** Un ami vous dénigre.
- **Vous vous mêlez à une discussion :** Des agacements continuels, des commentaires désobligeants de l'entourage.
- **Vous avez une discussion sérieuse avec la personne qui partage votre vie :** En fait, vous avez peur de ses réactions, vous n'osez vous opposer à ses arguments.

DISGRÂCE

- **Vous tombez en disgrâce :** Ce thème est soumis à la loi des contraires. Attendez-vous à des jours fastes.
- **Une personne de votre entourage tombe en disgrâce :** Vous profiterez des avantages d'une personne nantie de votre entourage.
- **L'être aimé tombe en disgrâce :** Il surmontera ses épreuves plus facilement que vous ne le pensiez.

DISPUTE

- **Rêver d'une dispute entre époux :** Mariage dans l'année.
- **Si vous êtes marié :** On s'immiscera dans votre vie privée.
- **Vous vous disputez avec une personne :** Satisfaction de petites vengeances personnelles.
- **Vous assistez à une dispute :** Dans un accès de colère, vous endommagerez un objet ou un appareil.

DISSECTION

- **Dans votre rêve un cadavre humain est disséqué :** Lumière sur un fait qui vous semble obscur.
- **Voir disséquer le cadavre d'un animal :** Vous manquez de positivisme, votre vie est tortueuse, compliquée.
- **Disséquer soi-même un cadavre ou une plante :** Un conflit intérieur demande résolution.
- **S'opposer à la dissection d'un cadavre :** Vous serez fort d'une décision et satisfait de son impact.

DIVAN

- **Rêver d'un divan :** Un changement d'ambiance sous peu.
- **Vous êtes assis sur un divan :** Du temps perdu en agitation.
- **Vous êtes sur un divan avec l'être aimé :** Vous aurez bientôt une aventure amoureuse.
- **D'autres personnes sont assises sur un divan :** Votre générosité sera la cause d'un conflit.

DIVORCE

- **Rêver de son propre divorce** est un signe d'usure conjugale.
- **Du divorce d'autres personnes :** Les sentiments vont croissants.
- **Du divorce d'un frère, d'une sœur, ou d'un parent :** Un testament se fera en votre faveur.
- **Votre divorce est prononcé :** Vos théories ne sont jamais mises en pratique.
- **Vous refusez de divorcer :** Vous craignez la vérité ou vous l'appréhendez.

DOCTEUR

- **Si vous êtes docteur dans un rêve,** c'est un indice de bien-être et de sociabilité.
- **Voir un docteur ou lui parler :** Les projets qui vous tentent sont moins séduisants qu'ils n'y paraissent.
- **Se faire examiner par un docteur :** Vous aurez un petit problème de santé qui n'aura rien à voir avec les maux qui vous préoccupent.
- **Appeler le docteur pour un proche :** N'hésitez pas à prendre quelques risques pour aider les autres.

- **Vous consultez un chirurgien :** Un conflit sentimental perturbe votre sérénité.
- **Un chirurgien décide de vous opérer :** La confiance en l'autre est toute relative.
- **Vous êtes chirurgien :** Une heureuse rencontre.
- **Un de vos amis est chirurgien :** Vous manquez de prudence dans vos affaires, mais vous avez beaucoup de chance.
- **Vous êtes nommé Docteur honoris causa :** Vous suspendrez votre activité pour faire un grand voyage.

DOIGT

- **Vous rêvez de vos doigts :** Vous serez infidèle à votre légitime.
- **Voir de gros doigts :** Des petits complexes vous ternissent l'existence.
- **Des doigts très courts :** Les amis sont intéressés.
- **Des doigts longs et effilés :** Votre forme sexuelle ne connaîtra pas encore de déclin.
- **Il vous manque un doigt :** Indice de dispersion sentimentale.
- **Voir des doigts couverts de bagues :** Ne vous fiez pas aux apparences. **Si ce sont vos doigts,** c'est un signe d'ostentation dans tous les actes de générosité.
- **Se casser un doigt :** Un pépin au mauvais moment.
- **Se couper un doigt :** Rupture, les échanges étaient purement physiques.
- **Se brûler les doigts :** Méfiance ! On veut vous impliquer dans un combat qui n'est pas le vôtre.
- **Voir des doigts très sales :** Votre conduite laisse à désirer, vos fréquentations aussi.
- **On vous montre du doigt :** Vous aimez bien dire ce que vous pensez, ne changez rien, votre cote ne baissera pas pour autant.

DOLLAR

- **Rêver de dollars** est un bon présage pour la vie matérielle.
- **Payer avec des dollars :** Beaucoup d'achats superflus dans l'année.
- **Trouver des dollars :** Amélioration de votre standing.
- **Changer des francs en dollars :** Des événements bénéfiques vont se produire.

DOMESTIQUE

- **Rêver de domestiques :** Plusieurs personnes de votre entourage observent vos allées et venues.
- **Un domestique vous seconde :** Un ami vous stimule et prend votre défense.
- **Vous êtes domestique :** On vous cache certaines réalités.
- **Vous engagez un domestique :** Un travail pénible vous attend.
- **Vous renvoyez des domestiques :** Votre indétermination nuit à votre réussite.

DOMINOS

- **Vous jouez aux dominos :** Indolence, paresse.
- **D'autres personnes jouent aux dominos :** De nouveaux loisirs en perspective.
- **Vous jouez aux dominos avec des enfants :** Votre famille va bientôt augmenter.
- **Vous gagnez aux dominos :** Vous perdrez des intérêts, mais vous trouverez un filon.
- **Vous perdez aux dominos :** Une personne incompétente vous fera perdre de l'argent.

DORTOIR

- **Rêver d'un dortoir où des personnes dorment :** On a confiance en vous.
- **Un dortoir vide :** Les calomnies vont bon train dans votre dos.
- **Un dortoir où dorment des enfants :** On vous consolera d'un gros chagrin.
- **Vous dormez dans un dortoir :** Vos amis vous abandonneront.

DOS

- **Vous rêvez de votre dos :** Manifestement, on vous le tournera !
- **Du dos d'une personne :** Une trahison.
- **Vous avez mal au dos :** Les soucis et les problèmes s'éternisent.
- **Quelqu'un vous frappe dans le dos :** Effondrement brutal des projets.

DOSSIER

- **Vous constituez un dossier :** Les débuts d'une procédure bien réelle.
- **Travailler sur un dossier :** Ce sont des corvées administratives qui vous attendent.
- **On vous remet un dossier :** Quelqu'un portera une accusation contre vous.
- **Vous égarez un dossier :** Heureux hasard qui fait changer les plans !

DOT

- **Vous dotez un de vos enfants :** Un avis salutaire.
- **Vous avez une grosse dot :** Vous serez déçu d'un legs.
- **Une autre personne a une grosse dot :** Des arrangements financiers vous léseront.
- **Vous dotez un hôpital ou un centre :** Des avantages en espèces ou en nature.

DOULEUR, ce thème est parfois représentatif de la réalité, ainsi **si vous ressentez une douleur pendant votre sommeil** n'y voyez aucun sens prophétique particulier, assurez-vous qu'elle ne persiste pas à l'état de veille. En dehors de cet état de fait, c'est très certainement un appel à surveiller votre santé.

- **Les douleurs aux membres** sont révélatrices de problèmes psychologiques, de dépression.
- **Les douleurs à l'abdomen** avertissent le rêveur que son hygiène de vie ne cadre pas avec sa nature. Ses repas sont pris trop rapidement ou ses horaires sont trop anarchiques.
- **Une douleur à la tête** met en cause votre comportement au quotidien, énergie et repos sont très mal gérés.
- Enfin, il est indispensable d'avoir la certitude que cette douleur est bien «**rêvée**» et non réelle et ce n'est pas aussi simple qu'il n'y paraît. En cas de doute, consultez.

DRAGÉE

- **Rêver de dragées :** Fête de famille, grande joie.
- **Dragées de baptême :** Un événement heureux se prépare.
- **Manger des dragées** est un signe de grossesse.
- **Offrir des dragées :** Des petits profits viendront.
- **Recevoir des dragées :** Vous allez prendre un crédit.

DRAGON, certains gnostiques en ont fait un symbole de mouvement cyclique. Si cet animal vous apparaît en rêve, attendez-vous à un renouvellement dans votre vie sentimentale ou du changement dans votre situation, toujours bénéfique.

- **Un dragon ailé** est un signe de protection. Certaines croyances ou une foi intense aident à l'épanouissement.
- **Affronter un dragon** assure le triomphe sur les ennemis.
- **Un dragon crache le feu :** Vous sortirez vainqueur d'une lutte.

DRAPEAU

- **Rêver du drapeau national :** Considération publique.
- **Porter un drapeau :** Une action méritoire récompensée.
- **Un drapeau déchiré :** On vous offensera.
- **Un drapeau rouge :** Un incendie fera une victime.
- **Un drapeau noir :** Une dangereuse épidémie dont vous devrez vous soucier.
- **Un drapeau blanc :** Un mariage vous brisera le cœur.
- **Un drapeau étranger :** Un voyage dans l'année.

DRAPERIES

- **Rêver de draperies :** Renouvellement de votre confort dans votre home.
- **Des draperies de soie ou de satin :** Vous ne laisserez personne s'immiscer dans votre vie privée.
- **Des draperies imprimées :** Des réjouissances en famille.
- **Vous êtes drapier :** Votre indépendance vous isole.

DROGUE

- **Rêver de drogues (dures) :** Nécessité de canaliser ses énergies, de purifier son psychisme.
- **Vous prenez de la drogue :** Quelques troubles hépatiques ou maux d'estomac.
- **Vous vendez de la drogue :** Soyez prudent on cherche à vous voler.
- **Un de vos proches se drogue :** À propos d'un parent dont vous ignorez l'essentiel.

DUC, DUCHESSE

- **Vous rêvez d'un duc :** Votre esprit moqueur blesse vos amis.
- **Vous êtes duc :** L'argent vous perdra.
- **Vous rêvez d'une duchesse :** Vos motivations manquent de consistance.
- **Vous êtes duchesse :** Votre insistance vous fera perdre des avantages.

DUEL

- **Vous rêvez d'un duel :** Votre relation de couple est en danger.
- **Vous provoquez quelqu'un en duel :** Ne vous promenez pas dans des endroits isolés, vous risquez une agression.
- **Vous êtes provoqué en duel :** Vous infligerez une punition afin qu'elle serve de leçon à l'un des vôtres.
- **Vous êtes blessé dans un duel :** Vous souffrez de solitude.

DUNE

- **Rêver de dunes :** Plus elles sont hautes, plus vos objectifs seront difficiles à atteindre.
- **Escalader une dune :** Les événements tourneront à votre avantage.
- **Descendre une dune :** Votre train de vie est trop fastueux.
- **Descendre une dune sur les fesses :** Des gens en veulent à votre réputation.
- **Regarder la mer du haut d'une dune :** Une liaison sentimentale vous apportera le bonheur.

DUVET

- **Rêver de duvet :** Une grande passion pour une personne de votre entourage.
- **Voir du duvet voleter :** Signe de susceptibilité.
- **Enfoncer ses mains dans du duvet :** Vous entreprendrez une tâche délicate mais agréable.
- **Se coucher sous un duvet :** Votre timidité est parfois excessive.
- **S'étouffer sous un duvet :** Grande fatigue, anémie.

E

EAU, cet élément est lié au symbolisme de la création. De l'eau, émanent toutes les potentialités. C'est un rêve mystique des plus courant, à travers lui, le subconscient cherche à atteindre la voie de la perfection ainsi qu'une sérénité intérieure. Les contraintes quotidiennes, les tensions omniprésentes et les préoccupations de l'esprit font barrage à la paix de l'âme. Une personne contrée manquant de liberté ou blessée dans son amour-propre, rêve très souvent qu'elle se noie ou lutte contre des courants.

- **Si vous rêvez d'un raz de marée :** Une suite d'événements désagréables au sein de la famille sera probablement la source d'ennuis futurs.
- **Être victime d'un raz de marée :** La personne avec qui vous vivez vous étouffe, une séparation avec celle-ci est inévitable.
- **Lorsque l'on rêve de l'eau de mer** généralement les craintes et les doutes sont fondés.
- **L'eau d'un lac ou d'un étang** sera garante d'une vie paisible et un peu triste. Voir **LAC.**
- **Une chute d'eau** est un signe de fertilité dans les affaires.
- **L'eau d'un torrent :** Vous confondez action et précipitation.
- **L'eau d'un ruisseau :** Vous avez besoin d'être materné.
- **L'eau en cascade :** Élévation sociale rapide.
- **De l'eau stagnante** présage une mauvaise forme physique.
- **De l'eau trouble :** Les tracasseries finissent par altérer votre santé.
- **Marcher dans l'eau :** Santé et prospérité.
- **Marcher dans des flaques d'eau :** Quelques difficultés et les amis s'envolent en fumée.
- **Nager dans l'eau** annonce des jours meilleurs.
- **Nager sous l'eau :** Sagesse et patience.
- **Plonger :** Phase de renouvellement, on repart sur d'autres bases.
- **Se baigner ou avancer dans une eau agitée ou bouillonnante :** Une heureuse nouvelle vous comblera de bonheur.
- **Inondations :** Ce thème peut traduire un climat de tension au sein de la famille, vous ressassez des faits qui vous perturbent et la manière dont vous allez exprimer votre désaccord ou votre mécontentement. L'épilogue est rarement bénéfique, attendez-vous à des règlements de comptes orageux.
- **Si cette catastrophe ressemble au déluge,** voir **DÉLUGE.**
- **Un appartement ou une pièce est inondé :** Problèmes familiaux, les espoirs fondés sont décevants.
- **Tomber dans l'eau :** Décès.

- **La peur d'être englouti et de ne pouvoir remonter à la surface** indiquera une dépendance plombante et un manque de liberté.
- **Lutter pour ne pas se noyer :** L'eau symbolisant également la mère, ce thème peut laisser filtrer des oppositions assez violentes avec celle-ci.
- **Si vous êtes poussé ou jeté à l'eau :** Votre conscience n'est pas en paix.
- **Pousser quelqu'un dans l'eau :** Vous aimez vous cacher la réalité des choses.
- **De l'eau bouillante :** Impulsivité, parfois violence incontrôlable.
- **De l'eau tiède :** On aura du mal à vous faire sortir de vos gonds.
- **De l'eau très froide :** Vous cachez bien vos sentiments.
- **De l'eau pure et claire :** L'amour est sincère et dépourvu de spéculation.
- **L'eau d'une douche :** Vous serez contrarié par un refus, vous ne capitulerez pas. **Si l'eau est froide,** vous aurez gain de cause, **si elle est très chaude,** les discussions seront orageuses, **si elle vous brûle,** vous romprez avec un proche.
- **Prendre un bain** révélera le désir d'être intime avec la personne que l'on convoite, **si l'eau est froide,** la relation physique sera décevante, **si l'eau est brûlante,** on perdra l'estime de sa famille.
- **Boire de l'eau :** Vous avez besoin de vos racines pour votre équilibre.
- **L'eau d'une fontaine,** voir **FONTAINE.**
- **Voir un jet d'eau :** Les périodes de répit prennent fin, les jours qui arrivent seront très agités.
- **Se voir sous un jet d'eau :** Vacances, congés inattendus.
- **Rêver d'eau bénite :** Les promesses ne concernent que le plan affectif et seront tenues.
- **D'eau de Cologne :** Une personne vous fera changer vos habitudes.
- **Une femme rêve qu'elle perd ses eaux :** Sa sensibilité lui jouera des tours, son enfance a probablement été marquée par un événement tragique, elle doit s'endurcir.
- **Un homme rêve qu'une femme perd ses eaux :** Manque affectif, sensation d'abandon.
- **«De l'eau dans le gaz» :** Vos énergies sont contrées temporairement.

ÉBÈNE

- **Rêver d'une statue ou d'un objet d'ébène :** Le début d'une passion.
- **Acheter un meuble en ébène :** Perte de fortune.
- **Sculpter de l'ébène :** Vous croyez pouvoir changer la personne que vous aimez, vous vous trompez.
- **Vous êtes ébéniste :** Votre sécurité perdure.

ÉBLOUISSEMENT

- **Vous avez un éblouissement :** Signe de fortune.
- **Vous avez un éblouissement suivi d'une chute :** Tout de suite l'annonce d'un accident.

- **Vous éblouissez quelqu'un :** Séduction dangereuse.
- **Quelqu'un vous éblouit :** Un caprice vous sera accordé.

ÉCAILLE

- **Rêver d'un objet ou d'un bijou en écaille :** Un cadeau scellera une affection.
- **Acheter un objet ou un bijou en écaille :** Vous partirez à l'étranger.
- **On vous offre un objet ou un bijou en écaille :** Grâce à un subterfuge vous vous ferez de l'argent.
- **Rêver d'écailles de poisson :** On vous gruge et vous n'y voyez que du feu.
- **D'écailles de reptiles :** Un danger menace votre foyer.

ÉCHAFAUD

- **Rêver d'un échafaud :** Attention, vos indiscrétions risquent de vous attirer de gros ennuis.
- **Se voir monter à l'échafaud :** Perte d'un procès.
- **Un être cher monte à l'échafaud :** La fin tragique d'une passion.
- **Vous êtes supplicié sur l'échafaud,** voir **TORTURE.**

ÉCHAFAUDAGE

- **Rêver d'un échafaudage de construction :** Petit à petit votre situation s'améliore.
- **Grimper sur un échafaudage :** Une belle opportunité à saisir.
- **Un échafaudage chancelant :** Réévaluez vos sentiments avant de vous lier définitivement.
- **Tomber d'un échafaudage :** Vos péripéties tournent mal.
- **Voir quelqu'un tomber d'un échafaudage :** Un grand projet échoue.

ÉCHANTILLON

- **Rêver d'échantillons de produits de beauté ou de parfums :** Les amitiés sont superficielles.
- **D'échantillons alimentaires :** Vous ferez des économies sans vous priver.
- **D'échantillons de laines :** Vous avez besoin qu'on vous témoigne de l'affection.
- **D'échantillons de tissus :** Vous renouvellerez votre garde-robe.
- **Distribuer des échantillons ou en recevoir :** Toutes les négociations seront facilitées.

ÉCHARPE

- **Porter une écharpe :** Vous gagnerez un prix.
- **Porter une écharpe de soie :** Le succès vous grisera.
- **Offrir une écharpe :** Lourde facture à payer.
- **Recevoir une écharpe en cadeau :** Petite distinction honorifique.
- **Trouver une écharpe :** Vous mêlez trop les autres à vos projets.

ÉCHASSES

- **Rêver d'échasses :** Rupture avec les prétentieux.
- **Utiliser des échasses avec facilité :** Attendez-vous à des changements rapides.
- **Monter sur des échasses :** Vous vaincrez vos ennemis.
- **Voir quelqu'un sur des échasses :** Les vacances seront épuisantes.

ÉCHEC

- **Vous jouez aux échecs :** Stratégie astucieuse pouvant vous faire gagner beaucoup d'argent.
- **Vous assistez à une partie d'échecs :** Un projet longtemps mûri va se concrétiser.
- **Vous gagnez aux échecs :** Par curiosité, une personne calcule vos revenus ou votre fortune.
- **Vous perdez aux échecs :** C'est la confiance des autres que vous risquez de perdre.
- **Vous subissez un échec :** Votre fortune vous conserverez, le cœur d'un être vous briserez !

ÉCHELLE

Symbole d'élévation physique et spirituelle, l'interprétation dépend bien évidemment de l'action dans le rêve ; l'ascension est presque toujours bénéfique alors que le mouvement inverse est signe d'involution ou d'échec.

- **Voir une très grande échelle :** La «roue» tourne, attendez-vous à du changement dans votre vie.
- **Une échelle cassée :** Des gens mal intentionnés vous barrent l'accès à la réussite.
- **Transporter une échelle :** Vous manquez de réalisme et votre imagination est trop fertile.
- **Placer une échelle contre un mur :** Pensez à la sécurité de vos proches lorsque vous vous lancez dans l'action.
- **Passer sous une échelle :** Désir inconcrétisable qu'on ose admettre.
- **Monter sur une échelle :** Ascension professionnelle ou élévation de l'esprit.
- **Descendre une échelle :** Vous stagnez ou vous ne faites aucun effort pour vous élever.
- **Une échelle interminable :** Vous avez soif de réussite, de voir se réaliser vos projets.
- **Le vertige vous empêche de redescendre de l'échelle :** Vous avez tendance à céder à la panique dès qu'un problème se présente.
- **Être sur une échelle vacillante :** Votre situation se dégrade, il est temps de réfléchir à l'avenir.

- **Un ou plusieurs barreaux cassent lorsque vous montez à une échelle :** Des difficultés financières bloqueront vos projets.
- **Tomber d'une échelle :** De gros déboires vous attendent.
- **Voir une personne sur une échelle :** Vous risquez de perdre certains privilèges.
- **Voir un enfant sur une échelle** est un présage favorable aux dispositions artistiques. **S'il s'agit de votre enfant,** dans son intérêt il se doit d'exploiter ses aptitudes. **L'enfant est en danger sur l'échelle ou en tombe,** l'épanouissement sera entravé quelque temps.
- **Voir une grande échelle de pompiers :** Vous devrez faire face à une situation difficile et vous vous en sortirez en pro.
- **Grimper à une échelle de corde :** Réussite bien méritée.

ÉCLAIR

- **Vous rêvez d'un éclair de lumière :** Une brève liaison.
- **Un éclair d'orage :** Une fusion ou une association éphémère.
- **L'éclair d'un flash :** Vous dépensez votre argent avec des gens qui se moquent de vous.
- **Vous éclairez une pièce ou un endroit... :** Un renseignement précieux vous aidera à résoudre un problème.

ÉCLIPSE

- **Rêver d'une éclipse solaire :** Perte de situation, ruine.
- **Vous suivez des yeux une éclipse solaire :** Une longue période de solitude.
- **Rêver d'une éclipse lunaire :** L'amour est traumatisé, des complications surgissent, parfois on se rend compte que le phénomène est cyclique et dégrade la confiance à long terme.
- **Vous suivez des yeux une éclipse lunaire :** Vous laissez passer une belle opportunité.

ÉCLORE

- **Rêver de l'éclosion d'une fleur :** Début d'un grand amour.
- **De l'éclosion d'un œuf :** Bientôt, la présence d'un enfant chez vous.
- **Des œufs sont en train d'éclore :** L'émergence d'un talent, peut-être le vôtre.

ÉCLUSE

- **Rêver d'une écluse :** Vous aurez le choix entre deux options.
- **Manœuvrer ou garder une écluse :** Vous pouvez vous reposer sur vos assistants ou vos proches si vous êtes dans les affaires.
- **Un bateau passe une écluse :** Cessez de louvoyer et venez-en au fait.

ÉCOLE, ces thèmes qui se rattachent à l'enfance sont annonciateurs de troubles et d'indéterminations.

- **Se voir enfant à l'école :** Vous prendrez de bonnes résolutions, mais vous ne vous y tiendrez pas.
- **Se voir adulte à l'école ou suivre des cours :** C'est tout simplement un signe d'évolution qui peut ouvrir de nouveaux horizons.
- **Vous dirigez une école :** Vous hésitez à sanctionner une personne ou à lui montrer ses erreurs.
- **Vous travaillez dans une école :** Une période de confusion salutaire à une remise en question.

ÉCORCE

- **Rêver d'écorces d'arbres :** Vous aurez tendance à vous occuper des affaires des autres et vous négligerez les vôtres.
- **D'écorces odorantes :** S'adresse surtout à la santé, des petits soins désagréables mais efficaces vous rendront votre énergie.
- **Vous ramassez des écorces :** Vous serez tenté d'intervenir dans les querelles de vos proches ; n'en faites rien.

ÉCORCHER

- **Vous rêvez qu'une personne écorche un animal :** Une note salée à régler.
- **Vous vous écorchez :** Vos négociations seront maladroites.
- **Vous êtes écorché vif :** Vous resterez longtemps sensibilisé par un chagrin d'amour ou une trahison.
- **Quelqu'un vous traite d'écorché vif (sens figuré) :** Blessure d'amour-propre.
- **Vous écorchez le nom d'une personne :** Vos exigences ont un prix beaucoup trop élevé.

ÉCOUTER

- **Vous rêvez que quelqu'un écoute aux portes :** Tromperie d'un ami.
- **Quelqu'un écoute vos conversations :** Vous ferez une découverte qui vous mettra sur vos gardes.
- **Vous écoutez aux portes :** La jalousie de l'entourage est inoffensive, n'y pensez plus.
- **Vous exigez que l'on vous écoute :** Vous saurez éviter les écueils d'une entreprise.

ÉCRASER

- **Vous rêvez qu'une personne se fait écraser :** Vous triompherez d'un ennemi.
- **Se voir écraser par un véhicule :** Il est temps de changer certaines habitudes nuisibles à votre organisme.

- **Vous êtes écrasé par un éboulement :** Vous perdrez votre situation.
- **Vous écrasez des fruits ou des légumes :** Une petite défaillance après un effort.
- **Vous écrasez un insecte :** Vous ferez profit d'une critique.
- **Vous écrasez votre cigarette :** Vous serez saisi d'une grande frayeur.

ÉCREVISSE

- **Rêver d'écrevisses :** Un dilemme amoureux.
- **Attraper des écrevisses :** Un enchaînement de faits vous fera perdre la confiance de l'être aimé.
- **Une écrevisse vous pince :** Maladie, petite infection sans conséquences.
- **Manger des écrevisses :** Un procès vous coûtera très cher.

ÉCRIRE

- **Vous écrivez un livre :** Les nouvelles d'une personne aimée vont réveiller votre enthousiasme.
- **Vous faites votre courrier :** Les conseils que vous donnez ne sont pas suivis.
- **Vous écrivez une lettre d'amour, si vous êtes célibataire,** on cherchera à vous mettre la corde au cou ! **Si vous êtes marié,** vous avez besoin de dépaysement.
- **Vous êtes écrivain :** Les perfectionnistes sont ennuyeux ! Ce sont les propos que vous entendez souvent, n'en tenez pas compte, le souci du détail favorisera votre réussite.
- **Vous rêvez d'un écrivain :** Vous avez beaucoup de choses sur le cœur et vous ne savez pas comment les exprimer.

ÉCUME

- **Vous rêver de l'écume de la mer ou de vagues écumantes :** Une crise de nerfs couve, une paille en croix va la déclencher !
- **Vous écumez un bouillon :** Une période sereine succède à des colères.
- **Vous rêvez d'un cheval couvert d'écume :** Vous serez supérieur en tout, face à vos adversaires.
- **Vous rêvez d'un taureau écumant :** Vous perdrez votre sang-froid en mettant au point une stratégie.

ÉCUREUIL

- **Rêver de cet animal** est un présage bénéfique sur le plan matériel.
- **Apprivoiser ou nourrir un écureuil :** De petits travaux augmenteront vos bénéfices.
- **Si l'écureuil est dans une cage :** Vous souffrirez d'une séparation.
- **Capturer un écureuil :** Méfiez-vous d'une personne trop curieuse.

ÉCURIE

- **Rêver d'une écurie pleine d'animaux :** Vous passerez beaucoup de temps dans la maison de votre enfance.
- **D'une écurie vide :** Perte de biens et d'amis.
- **Vous couchez dans une écurie :** faites le tri dans vos relations.

ÉDREDON

- **Rêver de repos sous ou sur l'édredon :** Vous fuyez vos responsabilités, prenez garde qu'elles ne vous rattrapent.
- **S'enfoncer mollement dans un édredon :** Vous êtes encore très empreint de naïveté.
- **Des enfants jouent avec ou sur un édredon :** Vos écarts de conduite mettront en danger l'équilibre familial.

ÉGLISE, elle symbolise la paix et dans notre inconscient l'affectivité primordiale, les valeurs authentiques et nos contradictions.

- **Rêver d'une très grande église :** Un héritage programmé depuis longtemps vous attend.
- **Visiter une église :** Intolérance des autres difficile à admettre.
- **Sortir d'une église :** C'est un signe d'épanouissement, de maturité.
- **Parler à haute voix dans une église :** Les sentiments que vous éprouvez vous culpabilisent.
- **Prier dans une église :** Un grand amour va naître.

ÉGORGER, ce thème parfois éprouvant pour le rêveur n'est pas un présage très rassurant. **S'il égorge un animal,** quelqu'un souffre en silence, peut-être tout près de lui et à cause de lui.

- **Il voit un homme se faire égorger :** C'est qu'inconsciemment il est sur la défensive, ou il désire peut-être mettre un terme à une relation qui le mine.
- **Il égorge lui-même quelqu'un :** Le stress menace sa santé.
- **Si quelqu'un l'égorge :** Il se débarrassera d'un sentiment hostile et retrouvera la sérénité.

ÉGOUT

- **Rêver d'égout :** Vous n'approfondissez pas assez les choses.
- **Marcher dans les égouts ou y être poursuivi :** Quelqu'un cherche à vous faire du tort et n'y parviendra pas.
- **Se réfugier dans les égouts ou s'y cacher :** Une personne proche de vous cherche à s'approprier vos biens.
- **Soulever la plaque d'un égout :** Votre attitude blessera un ami.
- **S'y engouffrer :** Vous échapperez temporairement aux hostilités.

ÉLASTIQUE

- **Rêver d'élastiques :** Les étreintes seront sporadiques.
- **D'élastiques de bureau :** La complaisance d'un ami ne vous rendra pas service.
- **Une boîte pleine d'élastiques :** Trop d'impulsivité dans l'action.
- **Vous utilisez des élastiques :** Vous prenez trop de risques avec des gens de bonne foi, mais instables.
- **Vous faites du saut à l'élastique :** Maîtrisez vos émotions, une période agitée s'annonce.

ÉLECTION

- **Rêver d'élections :** Des oppositions dans le travail dégradent les rapports avec la famille.
- **Vous êtes élu :** Vous perdrez votre temps et votre argent.
- **D'autres participent à une élection :** La réalisation de vos espérances est pour bientôt.

ÉLECTRICITÉ

- **Vous recevez une décharge électrique :** Coup de foudre, effet de surprise.
- **Voir des appareils électriques ou les manipuler :** Votre impatience sera favorable à vos démarches.
- **Vous rêvez d'une barrière électrique :** Sur un coup de tête, vous dépasserez les convenances.
- **Vous travaillez dans l'électricité :** Vous connaîtrez tous les éléments d'un problème et cela vous aidera à le résoudre.

ÉLÉPHANT, symbole de richesse et de pouvoir.

- **Rêver d'un éléphant dans un cirque :** Vos compétences seront reconnues.
- **Plusieurs éléphants** cimentent la réussite et la sécurité matérielle.
- **Monter sur le dos d'un éléphant :** La voie du succès vous est ouverte.
- **Un éléphant en liberté :** Vous rêvez du pouvoir, vous l'aurez, faites-en bon usage.
- **Donner à manger à un éléphant :** Votre fortune est assurée, si vous êtes bon gestionnaire.
- **Un éléphant charge :** Vos ennemis seront redoutables.
- **Un troupeau d'éléphants charge :** Bouleversement au retour d'un voyage.

ÉMAIL

- **Vous rêvez d'une pièce d'orfèvrerie en émail ou de tout autre objet :** Vos sentiments seront ravivés pour le meilleur.
- **Vous faites des émaux :** Un travail complexe vous embarrassera.
- **Voir une personne créer des émaux :** Regain de volonté après un découragement.

- **Vous achetez des émaux :** Vous menez une vie aisée.
- **Vous vendez des émaux :** Un travail au profit des autres.

EMBARQUER

- **Vous embarquez à bord d'un navire :** Vous vous tracassez pour le départ d'un être cher.
- **À bord d'un avion :** Rapidité d'une décision à propos d'un voyage.
- **À bord d'un ferry :** Vos loisirs vous coûteront très chers.
- **Un embarquement de troupes :** Une rivalité incessante et épuisante.
- **Voir un proche embarquer :** Prévoyez de la place, un parent va venir s'installer chez vous provisoirement... ou définitivement.
- **Embarquer du fret :** Travail illicite dangereux.

EMBAUMER

- **Vous embaumez le corps d'un défunt :** Conservatisme.
- **Voir quelqu'un remplir un cadavre d'herbes balsamiques :** Vous retrouverez une certaine jeunesse et une très grande forme physique.
- **Embaumer le cadavre d'un animal :** Confiance en ses possibilités, les limites sont bien définies.
- **Vous avez recours à un embaumeur :** On cherchera à vous corrompre.

EMBONPOINT

- **Vous rêvez que vous avez pris du poids :** Si votre souci majeur est d'en perdre réellement, ce thème ne revêt aucun sens prophétique, il n'est que le reflet de vos angoisses face à ce sujet. Dans le cas contraire, c'est un signe de vitalité.
- **L'être aimé a pris beaucoup de poids :** Il manque de liberté, lâchez du lest !
- **Une autre personne a pris beaucoup de poids :** Une de vos activités n'est guère louable, sa cessation est proche.

EMBROCHER

- **Vous embrochez quelqu'un avec une pique ou une arme blanche :** Une violente querelle avec l'être aimé, vous en viendrez aux mains.
- **Vous vous embrochez en heurtant un objet pointu :** Vous signerez avec votre ennemi une trêve imaginaire, la reprise des hostilités sera sanguinaire.
- **Vous mettez à la broche une volaille :** Une petite histoire de clocher perdure.
- **Un mouton :** Une grande réjouissance, une fête sans précédent.

EMPAILLER

- **Rêver d'un animal empaillé :** Un veuvage sera suivi d'un remariage.
- **Un trophée de chasse empaillé :** Une liaison décevante et conflictuelle.
- **Empailler un arbre ou des semis :** Vous allez vous enrichir.

EMPALER

- **Vous rêvez qu'une personne s'empale sur une palissade :** On détourne de vous l'affection d'un être cher.
- **Vous vous empalez sur un pieu en tombant :** Effacez de votre esprit le mot vengeance, sinon vos ennuis ne feront qu'empirer.
- **Un être cher subit le supplice du pal :** Par votre faute, il suivra une mauvaise piste.

EMPLOI

- **Vous êtes demandeur d'emploi :** La galère, vous connaissez ? Le courrier ne vous apportera que des problèmes.
- **Vous trouvez un emploi :** Votre travail ne correspond pas à l'idée que vous vous en étiez fait.
- **Vous perdez votre emploi :** Le surmenage vous guette, vous êtes débordé de travail.
- **Votre partenaire perd son emploi :** Prudence, vous empiétez sur les attributions d'autrui.

EMPLOYEUR

- **Rêver d'un employeur :** Une longue discussion d'affaire stérile.
- **Vous parlez à votre employeur :** On exercera un petit chantage sur vous.
- **L'employeur vous congédie :** Le travail est assuré mais dépassera un peu vos compétences.
- **Un employeur vous embauche :** Rivalité professionnelle.
- **Vous employez quelqu'un :** Vous commettrez une faute imputable à un tiers.

EMPREINTE

- **Rêver d'empreintes :** Un bel exemple est à suivre dans votre entourage.
- **D'empreintes de pas de femme :** Une personne vénale vous tendra un piège.
- **D'empreintes de pas d'animal préhistorique :** Une personne insolente et indiscrète se prendra à son propre piège.
- **Suivre des empreintes :** Des tractations secrètes vous avantageront.
- **Relever des empreintes :** Une pensée vous envahira de chagrin.

ENCENS

- **Rêver d'encens :** place à la poésie, l'amour vous inspire.
- **Brûler de l'encens :** Une récompense que vous n'attendiez plus.
- **De l'encens dans une église :** Un sacrifice changera bénéfiquement votre existence.
- **Acheter de l'encens :** Dispositions pour aimer, partager et rêver à deux.

ENCLUME

- **Rêver d'une enclume :** Période favorable aux entreprises.
- **Frapper sur une enclume :** Vous aurez beaucoup de mal à influencer l'être aimé.
- **Voir quelqu'un travailler sur une enclume :** On a du mal à suivre votre raisonnement.
- **Soulever une enclume :** Une chance incroyable marginalisera votre vie.

ENCRE

- **Rêver d'encre :** Les soucis vous accablent, vous perdez l'appétit.
- **Si elle est bleue :** Rien ne manquera à votre bonheur.
- **Si elle est noire :** Vous présenterez vos condoléances à une personne de votre entourage dans l'année.
- **Si elle est rouge :** On vous fera une déclaration d'amour passionnée.
- **Vos doigts sont tachés d'encre bleue :** Une vie tranquille ne vous comble pas, vous avez besoin d'expérimenter... plein de choses...
- **Vos doigts sont tachés d'encre noire :** Un deuil vous affectera.
- **Vos doigts sont tachés d'encre rouge :** Un duel violent, c'est vous qui déclencherez les hostilités.
- **Voir un encrier plein :** Vous êtes sûr de vous et cela vous facilite la vie.
- **Un encrier vide :** On vous oublie, faites-en de même.
- **Des taches d'encre :** Votre raisonnement manque de logique, votre mentalité sera responsable de vos ennuis.

ENFANT, symbole de transformation intérieure. Le thème sur l'enfance est très fréquent, il annonce presque toujours un tournant important de l'affectivité.

- **Rêver d'un enfant qui n'est pas le sien** prédit un enchaînement de circonstances heureuses.
- **Rêver de ses enfants :** Tout dépend du contexte de votre vie, ce rêve peut canaliser vos inquiétudes, mais souvent il présage un changement dans les habitudes ou une coupure affective nécessaire.
- **Des enfants se disputent ou se battent :** Les querelles de couple seront déterminantes pour l'avenir.
- **Se revoir enfant :** Votre existence est protégée, votre vie sera agréable.
- **Un enfant de troupe :** Autorité très mal exercée.
- **Un enfant de chœur :** Petite amourette sans conséquences.

ENFER, du point de vue occidental, l'enfer n'accueille que les damnés ou les démons, mais aujourd'hui dans l'esprit de nombreuses croyances, il abrite également toutes les âmes perverses. Le châtiment n'est pas éternel, l'être peut se purifier et obtenir sa rédemption.

- **Si vous vous voyez en enfer,** le regret d'un acte irréfléchi vous servira de leçon.
- **Si d'autres personnes sont en enfer,** méfiez-vous que certaines d'entre elles ne vous entretiennent pas dans une sécurité trompeuse.
- **Si vous entendez parler de l'enfer par un ecclésiastique :** Vous commettrez un écart grave, votre humilité rattrapera la faute commise.

ENFLURE

- **Vous rêvez que vos jambes sont enflées :** Vous regretterez des dépenses absurdes.
- **Vos chevilles sont enflées :** Signe d'exagération dans de nombreux domaines.
- **Tout votre corps est enflé :** Vous appréhendez un conflit avec un être cher.
- **Votre visage est enflé :** Maladie. Fièvre.
- **Votre ventre est enflé :** Une grossesse pour une parente proche, rarement pour soi.
- **Un de vos proches souffre d'une enflure :** Un parent s'enrichit.

ENGELURE

- **Vous avez des engelures aux pieds :** Des difficultés ont pour source la paresse.
- **Vous avez des engelures aux mains :** Une décision sera prise à la légère, vous en pâtirez.
- **Un proche souffre d'engelures :** Vous serez pris entre deux partis contraires.

ENGRAISSER

- **Vous prenez du poids :** Santé prospère.
- **Vous engraissez un animal :** Votre fortune croît.
- **Vous engraissez des volailles :** Les bénéfices seront assurés.
- **Vous engraissez une terre :** Vous deviendrez très riche.

ENNEMI

- **Vous êtes poursuivi par vos ennemis :** Les obstacles seront difficiles à surmonter.
- **Vous échappez à vos ennemis :** Le pronostic est conforme à la réalité.
- **Vous vous battez avec un ennemi :** Un ami vous a trahi.
- **Vous remportez une victoire sur votre ennemi :** Gain d'un procès, difficultés surmontées.
- **Vous tuez votre ennemi :** Désir de vaincre pour surmonter les épreuves. Voir **TUER.**
- **Vous vous réconciliez avec vos ennemis :** En vous arrangeant avec la vérité, vous risquez plus tard un rebondissement.
- **Vos ennemis ont raison de vous :** Des problèmes financiers.

ENNUYER

- **Vous ennuyez les autres :** Vous manquez de stabilité.
- **D'autres vous ennuient :** Vos hésitations vous pénalisent.
- **Vous vous ennuyez :** La réponse que vous attendez sera positive.

ENQUÊTE

- **Vous faites l'objet d'une enquête :** La notoriété sera difficile à assumer.
- **Vous suivez une enquête :** Danger à mettre son nez partout ou à trouver ce que l'on cherche.
- **Un de vos amis ou de vos proches est soumis à une enquête :** Des ennuis provenant uniquement de votre générosité.
- **Vous conduisez une enquête :** Vous allez régler avec succès une affaire qui vous tient à cœur.

ENREGISTRER

- **Vous faites un enregistrement :** Vous rechercherez vainement un document.
- **Vous écoutez des enregistrements :** Les paroles seront trompeuses.
- **Vous écoutez des enregistrements musicaux :** Les sentiments et la sexualité vous préoccupent.

ENRHUMER

- **Vous rêvez que vous êtes enrhumé** : Vous êtes avare.
- **Un de vos proches est enrhumé :** Il subira une perte d'argent.
- **D'autres sont enrhumés :** Votre assiduité au travail n'est pas payante.

ENSEIGNER, voir également ÉCOLE

- **Vous êtes enseignant :** Vous avez tort de ne pas tenir compte des avertissements.
- **Vous enseignez dans une faculté ou université :** L'estime de votre entourage vous est acquise.
- **Vous enseignez la danse :** Votre habileté vous fera sortir d'un mauvais pas.

ENSORCELER

- **Vous ensorcelez quelqu'un ou lui jetez un sort :** Vos névroses perturbent les rapports avec l'être aimé, votre comportement dépasse parfois tout entendement.
- **Quelqu'un vous ensorcelle ou vous jette un sort :** Vous subissez une influence extérieure négative qui n'a rien à voir avec la magie.
- **Un parent ou un enfant est ensorcelé :** Votre instinct omniprésent de domination détériore les rapports amicaux.

ENTERREMENT

- **Rêver d'un enterrement :** Mariage en vue, acquisition.
- **Regarder passer un enterrement** annonce le décès d'un ami.
- **Marcher derrière le corbillard ou tenir les cordons du poêle :** Vous serez choisi comme témoin à une noce.
- **Assister à son propre enterrement :** Vous souffrez d'un manque d'affection.
- **Assister à l'enterrement d'un être cher :** Vous négligez un de vos proches et vous en êtes conscient.
- **Assister aux funérailles d'une personnalité :** Bientôt de gros profits matériels vous feront oublier vos frustrations.

ENTERRER

- **Enterré vivant :** Vous avez peut-être déjà connu l'expérience de ce rêve traumatisant. Des causes physiques ou physiologiques s'y rapportent parfois, telles qu'un surmenage, une chambre surchauffée, un repas trop lourd, une gêne respiratoire. Si ces considérations vous semblent exclues, prenez ce thème comme un avertissement, soyez prudent dans les activités qui réclament une dépense d'énergie et ne courrez aucun risque inutile, vos forces psychiques et physiques sont mal équilibrées. Le repos est insuffisant.
- **Enterrer de l'argent :** Des avantages en nature.
- **Enterrer un objet précieux ou un bijou :** La vie vous réserve une surprise tout à fait imprévisible.
- **Enterrer le fruit d'un vol :** On vous dérobera ce qui vous revient de droit.
- **Enterrer un animal :** Réflexions sur ses contradictions et la nature humaine.
- **Enterrer un homme :** La solitude vous pèse à votre insu, ce rêve révèle un tempérament bilieux et craintif qui se coupe des échanges amicaux.
- **Enterrer une femme :** Conflits perpétuels, les pressentiments dérangent.

ENTONNOIR, sa forme est la clef de sa signification. Si vous rêvez de cet objet, il est clair que vos ambitions ne peuvent se concrétiser car les exigences matérielles ne le permettent pas. Votre champ d'action se rétrécit dès que vous entreprenez quelque chose.

- **Si vous utilisez un entonnoir pour verser un liquide :** Vous avez hâte de faire connaître vos pensées à un de vos proches, vous distillez et ressassez d'anciennes querelles. Il serait pourtant souhaitable d'oublier toutes ces mesquineries pour votre tranquillité d'esprit. Pensez-y !
- **Voir ou utiliser un entonnoir en verre :** Un succès éphémère, parfois chèrement payé.
- **Quelqu'un utilise un entonnoir :** Si vous entamez un débat, sachez qu'il faudra le terminer.
- **Acheter un entonnoir :** Les étapes à franchir vers un mieux ne seront pas concluantes.

ENTRAILLES

- **Rêver des entrailles d'un être humain :** Par égoïsme, vous négligez ceux que vous aimez.
- **Voir des entrailles d'animaux :** Sensation de contact avec des forces occultes.
- **Chercher des présages dans les entrailles d'animaux :** De mauvaises nouvelles vous affecteront.
- **Souffrir des entrailles :** Vous souffrirez de trop aimer.

ENTREPRISE

- **Rêver d'une entreprise prospère :** Échec dans ce que vous entreprenez.
- **Une entreprise en faillite :** Vos mouvements de fonds sont dangereux, on risque de vous demander des comptes.
- **Vous êtes à la tête d'une entreprise :** Abstenez-vous de donner des conseils financiers pendant toute une année.
- **Vous vendez ou cédez une entreprise :** On trame quelque chose contre vous, le motif est l'argent.

ENTRETENIR

- **Une femme rêve qu'elle est entretenue :** Elle sera amèrement déçue par son amant.
- **Un homme rêve qu'il est entretenu :** Des déboires dans le domaine professionnel.
- **Entretenir une femme** présage une rupture.
- **Entretenir un homme :** L'avenir est assuré matériellement.

ENVELOPPE

- **Vous rêvez d'enveloppes blanches :** Vous évoquerez vos souvenirs avec un proche.
- **Enveloppe de couleur :** Un cadeau d'un ami.
- **Une enveloppe est glissée sous votre porte :** Une personne jalouse vous surveille.
- **Vous trouvez une enveloppe vide dans votre boîte aux lettres :** Une nouvelle surprenante.
- **Vous achetez des enveloppes :** Un contretemps fâcheux.

ÉPAULES, voir BUSTE

ÉPAVE

- **Rêver d'une épave de bateau ou de navire :** Un héritage résoudra tous vos problèmes.
- **D'une épave d'avion :** Voyage infructueux.

- **D'une épave d'automobile :** Les intérêts pécuniaires sont menacés par un conjoint ou un associé.
- **D'une épave au fond d'un ravin :** Une maladie sera difficile à déceler, vous ne devrez pas cesser de vous en soucier.

ÉPERVIER

- **Si vous rêvez de ce rapace,** ce que vous allez découvrir, ne va pas vous plaire.
- **Si vous capturez un épervier,** un ami sera très malade.
- **Si vous tuez un épervier,** des inimités seront difficiles à apaiser.
- **Si vous lancez un épervier (filet de pêche),** votre activité sera débordante les jours à venir.

ÉPICERIE

- **Rêver d'une épicerie de quartier :** Vous entrez en concurrence dès aujourd'hui.
- **Faire ses achats dans une épicerie :** Les ennuis ne font que commencer.
- **Tenir une épicerie :** Un changement rapide dans vos projets.
- **Acheter une épicerie :** Défavorable au commerce et à la vie familiale.

ÉPICES, ces substances parfumées évoquent la plupart du temps la vitalité de la libido, mais il faut également voir dans ce thème une possible annihilation de la volonté face à un partenaire spéculateur et vindicatif.

- **Les quatre épices :** Quelques fantaisies vous seront reprochées.
- **Se procurer ou acheter des épices :** de longues soirées à épiloguer sur les échecs.
- **Cuisiner avec des épices :** Dans votre couple les propos frisent la vulgarité.

ÉPILEPSIE

- **Vous rêvez que vous êtes épileptique :** Un malheur frappera le foyer.
- **Une personne fait une crise d'épilepsie :** Vous entrerez dans une violente colère.
- **Un enfant fait une crise d'épilepsie :** Périodes d'efforts et de luttes à venir.

ÉPINE

- **Vous êtes piqué par une épine :** Fatigue physique et morale.
- **D'autres sont blessés par des épines :** Des conséquences graves pour votre vie matérielle.
- **Extraire une épine du pied de quelqu'un :** En fait c'est vous qui serez tiré d'embarras.

ÉPINGLE

- **Rêver d'épingles à cheveux :** Petite piqûre d'amour-propre.
- **D'épingles à nourrice :** Des obligations familiales pénibles.
- **Vous trouvez des épingles à cheveux :** Votre ambition va croître et vos occupations auront plus d'attrait.
- **Vous achetez des épingles à cheveux :** Insatisfaction permanente.
- **Vous trouvez des épingles à nourrice :** Concrétisation d'une entente, d'une association.
- **Vous achetez des épingles à nourrice :** La vie conjugale sera harmonieuse.

ÉPITAPHE

- **Rêver d'une épitaphe sur un monument ou sur une statue :** Un événement d'ordre collectif aura une répercussion agréable.
- **Sur une tombe :** Il vous faudra surmonter de nombreuses difficultés pour atteindre votre objectif.
- **Sur la tombe d'un membre de la famille :** La mésentente en son sein.

ÉPONGE

- **Rêver d'éponges naturelles** est un indice de voyage plein de surprises agréables.
- **Vous utilisez une éponge :** Une personne réglera votre dette.
- **Vous pressez une éponge :** Avancement rapide mais précaire.
- **Vous achetez des éponges :** Vous manquerez à votre parole.
- **Des éponges synthétiques :** Tendance à laisser aux autres les responsabilités.
- **Passer l'éponge (au sens figuré) :** Si vous entendez cette expression en rêve ou si vous l'utilisez, vos relations avec l'entourage seront très tendues, surtout avec les personnes plus âgées que vous.

ÉPOUSE, ÉPOUX

- **Vous rêvez de votre épouse ou de votre époux :** Tout dépend de leur implication dans le rêve, un acte inconsidéré peut avoir une conséquence fâcheuse.
- **Vous rêvez de l'épouse d'un ami :** Une femme vous fera disputer avec votre meilleur ami.
- **Vous rêvez de l'époux d'une amie :** Vous êtes une conflictuelle.
- **Vous trouvez dans votre lit l'épouse d'un autre :** C'est surtout l'hypocrisie et la fausseté d'un ami que vous allez découvrir.
- **Vous découvrez dans votre lit l'époux d'une autre :** Un changement rapide dans votre vie sentimentale.
- **Votre épouse aguiche un ami :** Votre liberté d'action va se restreindre et votre humeur en pâtira.
- **Votre épouse est toute nue :** Des petits secrets seront dévoilés sans tarder, vous en serez soulagé.

- **Votre épouse se remarie :** Un accroissement de fortune imprévisible.
- **Vous épousez une très jeune femme :** Votre santé va devenir votre préoccupation majeure.
- **Vous épousez un homme très jeune :** Soyez plus humble dans vos démarches, vous parviendrez à vos fins.

ÉPOUVANTAIL

- **Rêver d'un épouvantail dans un champ :** Rentrée d'argent imminente.
- **On vous effraye avec un épouvantail :** Votre nervosité vous fera commettre une imprudence.
- **Une personne se déguise en épouvantail ou l'épouvantail prend forme de vie :** Vol ou perte par manque de vigilance.

ÉPUISEMENT

- **Se voir épuisé :** Ce thème s'apparente au surmenage, une fatigue non discernable envahit votre état général. Vous cumulez activité et règlement de comptes. La goutte qui fait déborder le vase est un conflit avec l'un des vôtres, elle entraîne des disputes assommoirs et épuisantes qui anéantissent votre vitalité.
- **Si une personne chère est épuisée :** Une période de spleen, de mélancolie fera place à une maladie. Voir **FATIGUE.**

ÉQUIPE

- **Rêver d'une équipe de sport :** L'amitié ne sera pas un vain mot.
- **Vous êtes membre d'une équipe :** Récompense qui découle d'une action pertinente.
- **Vous travaillez en équipe :** Vous relèverez brillamment un défi.
- **Vous êtes chef d'équipe :** Vous évincerez la concurrence.

ÉQUIPEMENT

- **Vous équipez quelqu'un ou quelque chose :** Mobilité constante, parfois un changement de résidence.
- **Vous achetez ou négociez un équipement :** L'aboutissement d'un projet longuement attendu.
- **Vous vendez un équipement :** Prudence, vos dépenses s'accroissent déraisonnablement.

ERMITE

- **Rêver d'un ermite :** Vous porterez secours à quelqu'un.
- **Vous devenez ermite :** Votre lassitude tourne à la dépression.
- **Un parent vit dans la solitude :** Un veuvage dans la famille.
- **L'Hermite sur la lame du tarot :** C'est une invite à la réflexion, vous agissez avec trop d'impatience.

ESCALIER, les rêves d'escalier symbolisent le désir de s'élever, d'échapper aux sanctions de la vie.

- **Monter un escalier** est favorable aux deux sphères, affective et matérielle.
- **Descendre un escalier** détermine un comportement égoïste, le rêveur à tendance à suivre ses mauvais instincts ou à ramener tout à lui. Sens involutif.
- **Monter un escalier branlant avec la crainte de tomber :** L'esprit ne connaît pas le repos car le contexte de l'existence est très agité et perturbant.
- **Se trouver sur un escalier avec le vide de chaque côté :** De façon générale, les périodes d'angoisse alternent avec les périodes d'euphorie.
- **Le vertige vous paralyse sur un escalier abrupt et très haut :** Cette angoisse peut interrompre le sommeil, ce rêve dénonce les problèmes du devenir et souvent la crainte des décisions à prendre sans avoir assez de temps pour y réfléchir.
- **Tomber dans un escalier et se blesser** présage des épreuves qui obligeront à remettre bien des choses en question, certaines cloisons de votre sécurité risquent de s'effondrer.
- **Un escalier qui rejoint deux appartements ou deux pièces** pronostique un changement de résidence, le plus souvent dans la même ville.
- **Un escalier en colimaçon** prédit de sérieuses difficultés imputables au caractère hésitant et louvoyant du dormeur.
- **Un escalier roulant** implique qu'il faut pousser ses capacités au maximum pour réaliser son objectif.

ESCARGOT

- **Vous rêvez d'escargots :** Vous n'êtes pas sur la même longueur d'onde que vos proches.
- **Vous mangez des escargots :** Vos projets se trouveront bouleversés par l'arrivée ou le départ d'une personne.
- **Vous préparez des escargots :** Un parent malade vous a couché sur son testament.
- **Vous ramassez des escargots :** Vous devrez agir contre vos principes et le résultat sera satisfaisant.

ESCLAVE

- **Rêver d'esclaves :** Quelqu'un cherche à vous dominer.
- **Vous êtes réduit en esclavage :** Un grave conflit découlera d'une action passée.
- **Vous possédez un esclave :** Vous n'êtes magnanime qu'avec vous-même. Cette attitude révolte votre entourage.
- **Des esclaves sont affranchis :** Si vous faites face à vos problèmes, vous les résoudrez très rapidement.

ESCRIME

- **Vous croisez le fer :** Des honneurs ou une récompense peuvent provenir de l'étranger.
- **Vous regardez des escrimeurs s'affronter :** L'adversité se dressera face à vos ambitions surtout si ces dernières sont portées sur l'argent.
- **Vous êtes maître d'armes :** La fin d'une période conflictuelle est proche.
- **Vous êtes impliqué dans un combat mortel :** Des obligations morales rendront la situation ingérable.
- **Vous sortez vainqueur :** De la chance au jeu.
- **Sortir vaincu et blessé :** Il y a péril pour une amitié.

ESPION

- **Vous rêvez d'espionnage :** Signe d'adultère ou d'amours cachés.
- **Vous espionnez pour le compte de... :** Mésentente, ennuis, parfois vol des associés.
- **Vous espionnez pour votre pays :** Prudence avec vos amis, certains se transformeront en ennemis secrets.
- **Vous espionnez pour un pays étranger :** Les gains seront inférieurs à vos espérances.

ESPRIT

- **Si vous invoquez en rêve les esprits,** voyez-y le conseil de redescendre sur terre, d'être plus réaliste.
- **Si vous communiquez avec les esprits,** vous allez faire une trouvaille grâce à votre inspiration.
- **Si les esprits sont responsables de certains faits et événements,** c'est que vous avez le sentiment d'avoir gâché de bons rapports avec des personnes que vous aimez.

ESSENCE

- **Rêver d'essence :** Énergie mal contrôlée, surveillez vos impulsions.
- **De l'essence en flamme :** Un proche a des idées suicidaires, sa santé laisse à désirer, craignez le pire.
- **Transporter ou transvaser de l'essence :** Des démêlées avec la loi ou le fisc.
- **Acheter de l'essence :** Vous réussirez une entreprise hardie.
- **Vendre de l'essence :** Des tribulations hasardeuses et tardives mettront la santé en péril.
- **Posséder des essences de plantes :** Les relations sentimentales seront romanesques.

EST (L')

- **Rêver de ce point cardinal** est un excellent symbole onirique, le soleil qui se lève dans cette direction brillera pour vous, l'amour sera fort et sincère.
- **Vous partez vers l'est :** Le chemin de la réussite sera laborieux mais certains objectifs apporteront de belles satisfactions.
- **Vous cherchez l'est :** Amélioration lente de votre statut social.

ESTAMPE

- **Rêver d'une collection d'estampes :** Les liaisons seront anti-conventionnelles.
- **D'estampes religieuses :** Vous craignez de n'être pas pris au sérieux.
- **D'estampes pornographiques :** Les feux d'une passion se rallument en vous.

ÉTAIN

- **Rêver de ce métal** prédit quelques déboires financiers et exhorte à la prudence dans les dépenses.
- **Vous regardez ou possédez des objets en étain :** On vous porte un amour doublé d'une amitié complexe.
- **Vous achetez de l'étain :** Votre situation est instable, il faut dire que vos idées sont un peu anarchiques.

ÉTANG, voir EAU

ÉTAU

- **Rêver d'un étau** est signe de rapprochement, de réconciliation.
- **Vous êtes pris dans un étau :** Vous subissez le joug d'une personne maniaque et dépressive.
- **Vous façonnez un objet dans un étau :** L'être aimé vous dompte et vous domine.

ÉTÉ

- **Si vous rêvez de l'été hors saison,** une rencontre amoureuse sera déterminante pour votre avenir.
- **Si vous rêvez d'un été chaud,** vous profiterez pleinement de votre argent.
- **Si vous rêvez d'un été pluvieux ou froid :** Une grave maladie, parfois un décès à la fin de cette saison.
- **Si vous passez l'été loin de votre domicile,** vous n'êtes plus sûr de vos sentiments.

ÉTHER

- **Vous manipulez ce fluide :** Idéalisme contrarié.
- **Quelqu'un manipule un flacon d'éther :** Rencontre avec une personne peu scrupuleuse.
- **Vous respirez de l'éther :** Un projet confus, frauduleux ou irrégulier.
- **Vous anesthésiez quelqu'un avec de l'éther :** Traîtrise, dol.
- **Vous êtes anesthésié avec de l'éther :** Vous traverserez une crise morale difficile à confier.

ÉTIQUETTE

- **Rêver d'étiquettes :** Méfiez-vous des illusions.
- **Vous collez des étiquettes :** Monotonie, tristesse.
- **Vous décollez des étiquettes :** Un achat vous comblera de joie.
- **Vous griffez des étiquettes :** Un petit avantage pécuniaire.
- **Vous achetez des étiquettes :** Vous aviez pourtant promis de donner de vos nouvelles !

ÉTOILE, un tel rêve est empreint de mysticisme, son symbolisme est puissant et n'a rien à voir avec un quelconque romantisme. C'est un signe flamboyant qui favorise l'initiative dans les domaines les plus complexes. N'oublions pas que ce pentagramme représente l'homme et le microcosme. La réussite est assurée, plus encore si vous atteignez les étoiles ou parvenez à en décrocher une.

- **Vous rêvez d'une étoile filante :** Votre volonté est défaillante, vous renoncez facilement devant l'adversité, pourtant vous avez de belles dispositions.
- **D'une pluie d'étoiles :** Prospérité, honneurs.
- **Si vous regardez un firmament étoilé :** Vous deviendrez très riche.

ÉTRANGER

- **Vous êtes étranger dans un pays :** Vos opinions s'enracinent profondément.
- **Vous épousez un étranger :** Une grande passion risque de vous conduire au mariage.
- **Vous rencontrez un ou plusieurs étrangers :** Des profits importants viendront de spéculations ou d'opportunités.
- **Vous fréquentez des étrangers :** Amitiés secrètes.
- **Vous parlez ou flirtez avec un étranger :** Petite révolte dans les rapports avec la famille ou l'entourage.
- **Vous partez à l'étranger :** Une séparation temporaire avec l'être aimé.
- **Vous vivez à l'étranger :** Vos tensions proviennent d'un besoin d'indépendance.
- **Vous rentrez de l'étranger :** Des changements dans votre vie pour le meilleur.
- **Vous haïssez les étrangers**, voir **XÉNOPHOBIE.**

ÉTRANGLER

- **Vous rêvez qu'une personne se fait étrangler :** Une mauvaise action commise par le passé sera bientôt sanctionnée.
- **Vous étranglez quelqu'un sans motif discernable :** Choc, accident parfois pour un proche.
- **Vous étranglez votre adversaire,** voir **TUER.**
- **Vous êtes étranglé :** Les dettes vous «étranglent».

ÉTRENNES

- **Rêver d'étrennes :** Du mieux dans les questions qui vous tiennent à cœur.
- **Recevoir des étrennes :** Un cadeau confidentiel.
- **Donner des étrennes :** Vous gagnerez de l'argent d'une façon inattendue.
- **D'autres personnes reçoivent des étrennes :** Plus de pertes que de profits dans les affaires.

EUROPE

- **Rêver de l'Europe ou la désigner sur une carte :** Fierté d'une récompense.
- **Voyager à travers l'Europe :** Précisément, vous ferez un voyage, il sera préparé longuement.
- **Faire du commerce ou des tractations avec des pays d'Europe :** Des pertes financières seront compensées rapidement par une rentrée d'argent.
- **Un proche effectue un voyage en Europe :** Source d'ennuis, souvent de difficultés avec les milieux officiels.

EUNUQUE

- **Rêver d'un eunuque :** Vos relations sexuelles sont médiocres malgré les sentiments que vous éprouvez pour votre partenaire.
- **Se voir eunuque :** Rien ne va plus. La chance tourne et les amis vous lâchent, vous n'en discernez pas la raison, rassurez-vous ce ne sera que passager !
- **Un homosexuel rêve que son ami est eunuque :** Prélude contradictoire de plaisir sexuel.
- **Une femme rêve que son ami est eunuque :** Elle désire avoir une aventure amoureuse par coquetterie.

EUTHANASIE, l'essence qui émane de ce rêve est informatrice de dilemmes douloureux, de choix incontournables, une situation dualitaire va poser des problèmes de revendication pour une décision.

- **Si l'euthanasie est pratiquée sur une personne chère,** vous allez devoir prendre de grandes responsabilités ainsi que des initiatives qui n'engageront que vous-même.

- **Si des gens souhaitent que l'on abrège vos souffrances en mettant fin à vos jours,** votre sensibilité est perturbée et vous êtes une nature ambiguë dans vos désirs.
- **Si vous abrégez les souffrances d'un être cher en pratiquant vous-même l'euthanasie :** En défendant une grande cause vous atteindrez le sommet de l'estime.
- **Si vous pratiquez l'euthanasie sur un animal :** Vous perdrez la confiance d'un ami.

ÉVAPORATION

- **Rêver de l'évaporation d'un liquide, notamment de l'eau** est un signe de frustration et de jalousie secrète.
- **Si votre flacon de parfum s'est évaporé :** Vous aimez briller et séduire et votre spontanéité est presque infantile.
- **Si de l'alcool s'évapore :** Vos espoirs seront déçus.

ÉVENTAIL

- **Rêver d'un éventail :** Vos inquiétudes vont se dissiper.
- **Une femme s'évente :** Une infidélité couve.
- **Un homme s'évente :** Ironie déplacée à son encontre.
- **Cacher son visage derrière un éventail :** Emprise amoureuse, indisponibilité pour tout autre chose.
- **Trouver un éventail :** Votre ennemi cherche à se venger.
- **Acheter un éventail :** Vos succès déclencheront des jalousies.

ÉVENTRER, voir ENTRAILLES

ÉVÊQUE

- **Rêver de ce dignitaire :** Vous avez besoin de vous distraire, votre vie est austère et pleine de rigueur.
- **Parler avec un évêque :** Vous recevrez une convocation dans la semaine.
- **Être soi-même évêque :** Ce thème très rare marque une transformation affective basée sur le sacrifice ou le renoncement.

EXAMEN

- **Rêver que l'on se présente à un examen :** Satisfaction dans les activités.
- **Réussir un examen :** Une opération audacieuse et fructueuse.
- **Rater un examen :** Une rupture brusque avec un ami.
- **Un de vos enfants passe un examen :** Il essuiera quelques revers et sa réussite sera tardive. **S'il le réussit,** il aura de l'assurance et de l'autorité. **S'il le rate,** ses amis chercheront à l'exploiter.

EXCITER

- **Vous êtes excité par un projet, un fait ou un événement heureux :** Un petit scandale servira vos intérêts.
- **Une femme rêve qu'elle excite volontairement un homme :** Une liaison compliquée finira brutalement. **Involontairement,** ses instincts sont bons, elle peut s'y fier.
- **Un homme rêve qu'il excite une femme :** Il multipliera les aventures amoureuses tout au long de l'année. **S'il est marié,** il doit se méfier d'une femme qui cherche à l'attirer dans ses filets et souhaite de plus le faire marcher à la baguette.

EXCRÉMENT, ce rêve peut être interprété comme une marque de faiblesse, selon le contexte du thème, la dignité peut être atteinte.

- **On vous jette des excréments :** Vous manquez de volonté.
- **Jeter soi-même des excréments à quelqu'un :** Toutes les sentences vous paraîtront injustes y compris celles des tribunaux.
- **Patauger, barboter ou toucher des déchets organiques** annoncent des actions douteuses qui entraîneront des problèmes avec la société.

EXCURSION

- **Vous partez seul en excursion :** Un chagrin d'amour vous fera quitter votre domicile pendant de longs mois.
- **Vous partez en excursion avec des amis :** Votre générosité fera naître des hostilités.
- **Vous faites une excursion en famille :** Bien-être dans son foyer et dans son milieu.
- **D'autres partent en excursion :** Une nouvelle vous causera une grande joie.

EXCUSE

- **Vous faites des excuses à quelqu'un :** Vous hésitez beaucoup trop.
- **Vous recevez des excuses :** L'amitié met l'amour en danger.
- **Vous écrivez une lettre d'excuse :** Une longue période de doute.
- **Des enfants s'excusent :** Des mesquineries bien familières.

EXÉCUTEUR

- **Vous nommez un exécuteur testamentaire :** Mariage ou contrat avantageux.
- **Vous êtes exécuteur testamentaire :** Un héritage du côté de votre conjoint.
- **Une autre personne est exécuteur testamentaire :** Vous rembourserez au centuple la dette d'une aide dont vous auriez pu vous passer.

EXÉCUTION

- **Assister à une exécution** annonce des luttes sociales.
- **Assister à sa propre exécution :** La mort sera douce.
- **À l'exécution d'un criminel :** Élévation sociale rapide liée à un prestige personnel.
- **À l'exécution d'un innocent :** Vous perdrez l'estime de l'entourage.
- **À l'exécution d'un proche :** Des réjouissances seront gâchées par un drame.

EXIL

- **Une femme rêve d'exil :** Elle devra faire de nombreux sacrifices.
- **Un homme rêve d'exil :** Ses ambitions ne pourront être réalisées dans l'immédiat.
- **Vous êtes exilé :** Perte d'argent due aux excès.
- **L'être aimé s'exile :** Naissance d'une hostilité entre amants.

EXORCISME, les personnes qui rêvent d'exorcisme sont souvent inclassables, elles cherchent une échappatoire aux problèmes existentiels, leur vie est très chaotique, les mystères les attirent.

- **Assister à un exorcisme :** L'attrait pour les expériences nouvelles posera de graves problèmes au niveau relationnel.
- **Pratiquer un exorcisme :** Une menace sera mise à exécution.
- **Se faire exorciser :** Des circonstances dramatiques à venir.

EXPLORATION

- **Vous partez en exploration :** Une révélation vous fera changer d'objectifs.
- **Vous vous entretenez avec des explorateurs :** Une surprise très agréable.
- **Vous faites une découverte et en parlez à des explorateurs :** Méfiez-vous des combines, vos partenaires ne seront pas discrets.
- **Un membre de la famille est explorateur :** Des tracasseries pour un voyage.

EXPLOSION, assister à une explosion est annonciateur de conflits éclairs, de règlement de comptes salvateurs, plutôt favorables au déroulement du quotidien.

- **Si vous êtes blessé dans une explosion :** Vous devrez faire d'énormes concessions et vous n'aurez pas à le regretter.
- **Si un être cher est blessé :** Les reproches que l'on vous adressera seront justifiés.
- **Si vous provoquez l'explosion,** vous saurez vous faire pardonner une faute ou une infidélité.
- **Une de vos connaissances provoque une explosion :** Un contretemps jouera en votre faveur.

EXPOSITION

- **Rêver d'exposition** présage des voyages et des rencontres.
- **Visiter une exposition :** La vie amoureuse est intense.
- **Une exposition de tableaux :** Le succès d'une création.
- **Participer à une exposition :** Une aventure sentimentale pleine de surprise.

EX-VOTO

- **Rêver d'ex-voto :** De nombreux espoirs déçus.
- **Vous offrez à un saint un ex-voto :** Votre réussite dépendra aussi des autres.
- **Vous faites graver un ex-voto :** Votre conscience est assaillie de remords, sachez pourtant que vous n'avez rien à vous reprocher.
- **Un ex-voto est fendu ou cassé en deux :** N'hésitez pas à formuler vos griefs, à vous vider le cœur.

F

FACTEUR

- **Rêver du facteur :** Vous subirez une perte minime.
- **Le facteur sonne à votre porte :** Du retard dans tout ce qui est en cours.
- **Le facteur vous porte un recommandé :** Un courrier va se perdre.
- **Vous parlez avec le facteur :** Une personne s'apprête à vous écrire.
- **Le facteur vous porte un colis :** Les nouvelles que vous attendiez sont en route.
- **Le facteur refuse de vous donnez votre courrier :** Une personne ne tiendra pas ses engagements.
- **Vous distribuez vous-même le courrier :** Vous tirerez profit d'une action passée.

FACTURE

- **Vous rêvez de factures :** Vos difficultés financières pénaliseront d'autres personnes.
- **Vos factures sont impayées :** Vous ferez beaucoup de frais pour peu de chose.
- **Vous recevez une facture qui ne vous concerne pas :** Vous parviendrez à surmonter une opposition.
- **Vous établissez une facture :** Vous recommencerez plusieurs fois le même travail.
- **Vous ne tenez pas compte des factures ou vous les déchirez :** La confusion dans les affaires, vous manquez d'organisation.

FAGOT

- **Rêver de fagots :** L'hiver sera triste pour vous, vous éprouvez le besoin d'un changement.
- **Porter un fagot :** C'est un fardeau que vous portez depuis longs mois.
- **Voir un homme porter un fagot :** Un homme de la famille va tomber gravement malade.
- **Voir une femme porter un fagot :** Un bien mal acquis ne vous profitera pas.
- **Ramasser des fagots :** Soyez économe, des dépenses importantes vont se présenter.

FAILLITE

- **Vous faites faillite :** Côté finance tout va pour le mieux.
- **Une personne fait faillite :** Attention aux mauvais placements.
- **Un proche fait faillite :** À sa façon il vous exploitera ou vous soutirera de l'argent.

FAIM

- **Vous avez faim :** Ce rêve exprime un besoin de réjouissance, de satisfaction personnelle ou de plaisirs inavouables.
- **Voir une personne affamée :** Vos ennemis échoueront dans leur entreprise.
- **Vous vivez une période de famine :** Après de nombreux sacrifices vous gagnerez votre place au soleil.
- **D'autres vivent une période de famine :** Un moment de découragement passager.
- **Faire la grève de la faim :** Un violent conflit d'intérêts se prépare.
- **Quelqu'un fait une grève de la faim :** Avortement d'un projet qui vous tenait à cœur.

FALAISE

- **Rêver de falaises :** Vous devrez faire face à des épreuves surmontables.
- **Se voir au pied d'une falaise :** Le but que vous vous êtes fixé est semé d'embûches.
- **Au sommet d'une falaise :** Vous triompherez des obstacles grâce à votre esprit combatif.
- **Tomber d'une falaise :** On vous tendra un piège que vous ne pourrez éviter.

FAMILLE

- **Rêver de la famille :** Vous êtes beaucoup trop méfiant en toutes circonstances.
- **Une réunion de famille :** Une mauvaise nouvelle avant la fin de l'année.
- **Avoir une grande famille :** Une rentrée de fond.
- **Se retrouver sans famille :** Changement non bénéfique à la santé et au moral.

FAMINE voir FAIM

FANFARE

- **Vous entendez une fanfare :** Une grande réjouissance familiale.
- **Vous regardez passer une fanfare :** À votre réveil, pensez à faire le discours que vous avez préparé, c'est le jour idéal.
- **Vous faites partie d'une fanfare :** Accord parfait avec l'entourage ou les amis.

FANTÔME

- **Rêver d'un fantôme :** Une grande joie à partager avec modération afin d'éviter les convoitises.
- **Un fantôme blanc :** Une émotion déclenchera une crise de larmes.
- **Un fantôme noir :** Décès que vous appréhendiez.

- **Un fantôme vous poursuit ou vous effraie :** Vos extravagances vous coûteront cher si vous n'y mettez pas un frein.
- **Se déguiser en fantôme :** Vos craintes vont se dissiper.

FARCE

- **Vous faites une farce à quelqu'un :** Une méprise générale.
- **Vous êtes victime d'une farce :** Vous organiserez une petite surprise pour des amis.
- **Quelqu'un vous fait une farce de mauvais goût :** Vous tirerez parti d'une situation complexe.
- **Des amis se font des farces entre eux :** Ils vous mêleront à leurs problèmes.

FARD voir également MAQUILLAGE

- **Vous vous fardez outrageusement :** Vous vivez dans un monde d'illusions.
- **Vous utilisez un fard pour dissimuler une imperfection :** La fatigue retentira sur votre aspect physique.
- **Une autre personne se farde :** On vous ment.

FARDEAU

- **Vous portez un fardeau :** Vous n'avez aucun fardeau, mais vous êtes hanté par un désir irréalisable.
- **Une personne porte un fardeau :** Votre égoïsme fait souffrir vos proches.
- **Vous pliez sous le poids d'un fardeau :** Votre santé est menacée.
- **Une personne prétend que vous êtes un fardeau pour elle :** Vous ne vous libérerez de vos soucis qu'après avoir abandonné vos sombres projets.

FARINE

- **Rêver de farine :** Vos désirs seront bientôt exaucés.
- **Avoir les mains dans la farine :** Des profits importants.
- **Avoir la figure enfarinée :** Aisance matérielle.
- **Voir une personne enfarinée** présage des flatteries intéressées.
- **Acheter de la farine :** De bonne augure pour la vie financière.
- **De la farine se répand sur le sol :** Vous perdrez de gros avantages.

FATIGUE, **dans un rêve** elle peut traduire une réalité ou tout du moins une lassitude dans vos activités. **S'il s'agit d'une très grande fatigue,** ce thème doit vous inviter à consulter. **Si cet épuisement est suivi d'une heureuse convalescence,** c'est l'indication que vous dirigez brillamment votre vie. Voir **ÉPUISEMENT.**

- **Une personne chère est très fatiguée :** Les symptômes ne sont pas pris au sérieux, une maladie sournoise risque de se développer. Agissez en conséquence.

FAUCON, symbole de puissances maléfiques.

- **Rêver de ce rapace en vol** annonce un incident dramatique dans la maison.
- **Un faucon perché :** Vous sèmerez le trouble dans votre entourage.
- **Capturer un faucon :** Un homme sans scrupule vous volera.
- **Un faucon blessé :** Un ami regrettera de vous avoir fait du tort.
- **Un faucon mort :** Un héritage maléfique et source d'épreuves.
- **Tuer un faucon :** Vous ferez le jeu de vos ennemis.

FAUSSE-COUCHE

voir **AVORTEMENT**

FAUTEUIL

- **Se voir assis dans un fauteuil :** Réponse favorable à une requête.
- **Voir de nombreux fauteuils :** Vous ferez honneur à votre environnement.
- **Acheter un ou plusieurs fauteuils :** Une action aboutira au niveau souhaité.
- **Vendre des fauteuils :** De l'argent dont vous ne profiterez pas.
- **Voir une personne assise dans un fauteuil :** Votre comportement vous rend vulnérable.
- **Des gens assis dans des fauteuils :** Double possibilité dans les affaires.

FAUX (en écritures, contrefaçons...)

- **Rêver de faux en écritures :** Vol, abus de confiance.
- **Un être cher falsifie des écritures :** Gage d'échecs dans les affaires courantes.
- **Acheter des contrefaçons :** Vos projets ne peuvent se matérialiser par manque de fonds.
- **Vendre des contrefaçons :** Principes contradictoires au comportement.
- **Se rendre coupable de contrefaçon :** Pesez le pour et le contre avant de mettre un projet à exécution, surtout le contre.

FAUX (outil)

- **L'image de cet outil en rêve** est maléfique et de mauvaise augure au plan affectif. Une rupture est inévitable sauf si sa lame est brisée ou ébréchée, les disputes n'auront alors aucune conséquence funeste.
- **Faucher de l'herbe :** Votre responsabilité dans un accident.
- **Voir quelqu'un faucher :** Un décès dans la famille.
- **Être frappé par une faux :** Un testament sera contraire à vos intérêts.
- **Frapper quelqu'un avec une faux :** Vous subirez un outrage.
- **Aiguiser une faux :** Une guérison lente et sûre.

FÉE

- **Rêver d'une fée :** Votre vœu le plus cher se réalisera, donnez du temps au temps.
- **D'une fée malfaisante :** Votre façon de vivre est critiquée.
- **Vous êtes une fée :** Vous rêvez éveillé, d'amour et de gloire, vous avez tendance à théâtraliser certaines circonstances de votre vie.

FEMME

- **Un homme rêve de femmes,** c'est un signe de santé.
- **Une femme rêve de femmes**, son raisonnement est faux.
- **Un homme rêve d'une femme blonde :** Versatilité en amour.
- **D'une femme très brune :** Par jalousie il perdra sa dignité.
- **D'une femme nue :** Il se cherchera des ennuis.
- **D'une femme morte :** Il n'éprouvera bientôt plus de sentiment pour la femme qui l'intéresse.
- **Une femme rêve d'une femme morte :** Elle a une rivale dangereuse et prête à tout.
- **Vous rêvez d'une femme déguisée en homme :** La naissance de jumeaux des deux sexes dans l'entourage proche.
- **Un homme rêve que sa femme est déguisée en homme :** Elle fera son bonheur.
- **Un homosexuel rêve qu'il fait l'amour avec une femme :** Il va retrouver ses racines ou renouer avec un membre de sa famille.
- **Un homosexuel rêve d'une femme nue :** Il manque de confiance en lui et entretient un sentiment de culpabilité.
- **Une homosexuelle rêve d'une femme nue :** Ses projets amoureux seront retardés.
- **Si elle se querelle avec cette femme nue,** ses amis la dénigreront.

FENÊTRE

- **Rêver d'une fenêtre ouverte :** Prodigalité.
- **D'une fenêtre fermée :** Une demande sera rejetée.
- **Se tenir à la fenêtre :** Votre oisiveté vous nuira.
- **Monter sur une fenêtre :** L'amour est physique.
- **Descendre d'une fenêtre :** Un échec cuisant.
- **Sauter par la fenêtre :** Vous échapperez à une sanction.
- **Une fenêtre sur cour :** Des chicanes désagréables avec des amis.
- **Une fenêtre murée :** Un dilemme insoluble.
- **Regarder d'une mansarde :** Votre nature est possessive et jalouse.
- **Une mansarde fermée :** Vous ressortez une vieille histoire montée en épingle, n'oubliez pas que vous aviez pardonné !

FER, le fer est relié à la planète Mars. Dans les rêves, il présage toujours des faits ou des événements forts, parfois perturbateurs de l'équilibre psychique.

- **Rêver de fer :** L'affection qu'on vous porte est à toute épreuve.
- **De fer blanc :** Ce sera votre première déception sentimentale.
- **De fer rouillé :** La perte d'une amitié vous déprimera.
- **De fer rougi à blanc :** Vous vivez une grande passion.
- **Marteler du fer :** Votre entêtement va vous valoir un échec.
- **On vous marque au fer rouge :** Souffrances intérieures, préoccupations amoureuses.
- **Marquer quelqu'un au fer rouge :** On vous tiendra pour responsable d'un fait tragique.
- **Un fer à cheval,** symbole d'amour et de richesse, en rêve comme dans la réalité.
- **Un fer à repasser :** Une corvée qui n'a rien à voir avec cet objet.

FERME

- **Rêver d'une ferme :** Période sereine à l'horizon.
- **Visiter une ferme :** Vous aimez les traditions et ne supportez pas les gens qui n'ont aucun sens des valeurs.
- **Travailler dans une ferme :** Rapide succès dans vos affaires.
- **Habiter une ferme :** Vous renverserez les obstacles et soutiendrez vos amis dans leurs épreuves.
- **Acheter une ferme :** Vous manquez encore d'assurance pour vous engager dans tous les domaines.
- **Vendre une ferme :** Une petite rentrée d'argent.

FESSE

- **Rêver de ses propres fesses :** Grande satisfaction personnelle.
- **Si l'image de vos fesses ne vous séduit pas,** vous viendrez pourtant à bout d'un complexe.
- **Une femme rêve des fesses d'un homme :** Elle recherche un amour tendre et protecteur.
- **Un homme rêve de fesses d'homme :** Il aime les femmes mûres, souvent plus âgées que lui et bien nanties financièrement.
- **Une femme rêve de fesses de femme :** Elle est assez méprisante et hostile avec ses consœurs.
- **Un homme rêve de fesses de femme :** Il manque de sûreté dans ses choix amoureux.
- **Si vous rêvez des fesses d'un bébé,** une réconciliation heureuse ou la reprise d'une passion marquera ce jour.

- **Voir administrer une fessée à un enfant :** Vos passions seront impérieuses et généreuses.
- **À une grande personne :** Vous vivez très mal une aventure amoureuse et vous n'aurez pas le courage d'y mettre un terme.
- **On vous dénude les fesses en public :** Thème défavorable à la vie sociale, mais attention aux erreurs de jugement.
- **Montrer ses fesses :** Un paradoxe à la réalité, en fait c'est un signe de sagesse.
- **Un ami ou l'un des vôtres vous montre ses fesses :** Le désordre vous empêche de réaliser quoi que ce soit de valable.

FESTIVAL

- **Vous assistez à un festival :** Vous serez réellement invité à une fête locale.
- **Vous vous rendez à un festival :** Vous êtes chimérique, votre imagination est romanesque, vous n'aimez pas que l'on vous brusque.
- **Vous êtes acteur dans un festival :** Une grande joie sera partagée avec des amis.
- **Faire partie des organisateurs d'un festival :** Vous attachez trop d'importance à une rivalité.

FEU, le feu est le plus grand symbole de tous les temps. Le thème peut être bénéfique ou maléfique selon le contexte et votre caractère. Il ravage ou purifie comme le feu des enfers qui reçoit les damnés pour l'éternité. Le feu est aussi une arme, une protection. La déesse Shiva n'est-elle pas ceinte d'un cercle enflammé ? Le feu céleste symbolisé par le soleil est un feu qui régénère.

- **Rêver d'incendie lorsqu'on se trouve dans une passe critique ou dépressive** annonce des périodes de doute, d'angoisses relatives au passé ou de lourdes épreuves familiales à affronter. **Si le feu vous brûle,** tout confinement est néfaste à la santé.
- **Rêver d'incendie lorsque la vitalité et le moral sont au beau fixe** indique qu'une passion va renaître. **Si le feu vous brûle :** Une liaison secrète vous accaparera corps et âme.
- **Un incendie se déclare chez vous :** Un drame affectif couve.
- **Vous allumez un incendie :** Vous serez responsable d'un grave conflit.
- **Vous luttez contre un incendie :** Vous avez pour habitude de vous affoler lorsqu'il est trop tard.
- **Vous portez secours à une personne lors d'un incendie :** Vous convaincrez une de vos relations de renoncer à une vengeance.
- **Allumer un feu, si vous êtes en forme,** vous regretterez vos attitudes agressives envers vos proches. **Si vous êtes fatigué, dépressif,** vous aurez du mal à accorder votre confiance et vous verrez les choses très négativement. Pensez à y remédier !

- **Vous ravivez un feu :** quelqu'un vous en veut et cherche l'occasion de vous nuire.
- **Voir un homme entretenir ou tisonner un feu :** Désir intense de vengeance.
- **Une femme entretient ou tisonne un feu :** C'est la fin d'une passion.
- **Entendre ou voir un feu crépiter :** Bonheur et amour dans le foyer.
- **Regarder un feu brûler :** Vous allez repartir sur des bases solides. **Plus les flammes sont hautes,** plus la réussite sera aisée.
- **Vous tombez dans le feu :** La mort d'un homme de la famille.
- **Quelqu'un tombe dans le feu :** Un homme vous portera secours ou vous protégera d'un danger.
- **Un des vôtres est la proie des flammes :** Vous endosserez la responsabilité d'une décision dans une affaire de famille délicate.
- **Votre maison brûle :** Séparation. Divorce.
- **La maison de votre voisin brûle :** Vous prêterez de l'argent à un parent en difficulté.
- **Votre lit brûle :** Une grande maladie dont vous sortirez vainqueur.
- **Brûler des lettres ou des papiers :** Vous ressassez beaucoup trop le passé.
- **Se brûler les cheveux :** Vous avez tendance à fuir vos obligations, affrontez-les, et vous retrouverez votre entrain.
- **Vous mettez le feu par inadvertance :** Une tentative échouera pour votre plus grand bien.
- **Un feu qui émet beaucoup de fumée :** Prédit de gros ennuis domestiques.
- **Voir un incendie de forêt :** Généralement, la personne qui fait ce rêve est soumise à de grandes tensions inhérentes à une interrogation affective, son agitation perpétuelle nuit à son équilibre.
- **Jeter de l'eau sur le feu :** Une colère violente vous déclencherez, des propos blessants vous regretterez !
- **Éteindre un feu :** Succès en affaires. Pour les artistes, une récompense en vue.
- **Un feu follet :** Un devoir, une obligation que vous négligez, ce rêve vous rappelle à l'ordre.
- **Feu d'artifice :** Vous assisterez bientôt à une cérémonie.
- **Des feux de Bengale :** La reconnaissance future de votre talent.

FEUILLE

- **Ramasser des feuilles ou les voir au sol :** Des instants de grande tristesse due à une affection perdue.
- **Des feuilles séchées :** On les trouve parfois entre les pages d'un livre et vous devrez tourner la page sur une aventure sentimentale décevante.
- **Des feuilles jaunies, des feuilles mortes :** Des contrariétés provenant de la mesquinerie de l'entourage.
- **Regarder tomber les feuilles :** La santé peut être concernée, vous êtes très fatigué.
- **Des feuilles ou du feuillage bien vert :** Une union précoce dans la famille.

FÈVE

Dans l'Antiquité, on était persuadé que les fèves noires contenaient l'esprit d'un défunt et on se gardait d'en manger. Aussi, **si vous en rêvez,** gardez-vous de vous glisser entre l'écorce et l'arbre sinon les querelles entre deux personnes ne feront qu'empirer et vous vous gâcherez l'existence.

- **Manger des fèves** est facteur de désillusion et de malchance.
- **Ramasser des fèves :** Un visiteur étrange sonnera à votre porte.

FIANÇAILLES

- **Rêver de vos fiançailles si vous êtes célibataire**, un désir passionnel se concrétisera. **Si vous êtes marié,** un conflit, une crise grave précédés de grandes tensions.
- **Rupture de fiançailles :** Une grande passion vous conduira au mariage ou à une union.
- **Les fiançailles d'autres personnes :** Vos ambitions se réaliseront.
- **Un de vos enfants se fiance :** Un malentendu engendrera des circonstances très plaisantes.

FICELLE

- **Rêver de ficelle :** Un cadeau intéressé.
- **Un rouleau de ficelle :** On prend des renseignements sur votre personne.
- **Acheter de la ficelle :** La diplomatie vous fera défaut.
- **Ficeler quelque chose :** Vous vous mettez dans l'embarras par maladresse.

FIÈVRE

- **Vous avez une forte fièvre :** Une passion laissera quelques traces en vous.
- **Un de vos proches a de la fièvre :** Du retard dans la réalisation de ses projets. **S'il succombe à une forte fièvre,** il sera trahi par un des siens.
- **Vous succombez à une forte fièvre :** Une rupture avec un être cher.
- **Quelqu'un succombe à une forte fièvre :** Une mésentente avec un parent perturbera votre sérénité.

FIGUE

- **Rêver de ce fruit :** Vous oublierez les conséquences d'un moment d'égarement.
- **Vous mangez des figues fraîchement cueillies :** De grandes satisfactions à venir.
- **Des figues séchées :** L'argent vous manquera, mais vous n'en souffrirez pas.
- **Vous achetez des figues :** Vos péchés mignons finiront par vous coûter cher.

FIL

- **Rêver de fil en bobines :** La vie est difficile, parfois, on frôle la misère.
- **Dévider du fil :** Une longue existence à deux.
- **Embrouiller du fil :** Une petite perte d'argent par désorganisation.
- **Du fil d'or :** Amour solide de longue durée.
- **Du fil d'argent :** Vous êtes trop exigeant en amour.
- **Du fil de cuivre :** On vous manipulera et vous n'y verrez que du feu.
- **Du fil d'acier :** Sérieux entêtement du partenaire.
- **Du fil de fer :** Trop de rigueur dans les décisions.
- **Acheter du fil :** Discrédit.

FILET

- **Rêver que l'on est pris dans les mailles d'un filet** exprime une volonté farouche de se libérer d'une situation complexe ou d'échapper au joug d'un partenaire étouffant.
- **Voir quelqu'un pris dans un filet :** Ce thème révèle des angoisses, la peur des lendemains.
- **Un animal se débat dans un filet :** L'ambition dévorante d'un de vos proches vous tracassera longtemps. Vous craignez qu'il se «plante» et vous n'avez peut-être pas tort.
- **Chercher à réparer un filet :** Vous appréhendez à juste titre les revers d'une imprudence.
- **Attraper une personne avec un filet :** Vous connaîtrez l'amour avec un grand A.
- **Attraper un animal ou un oiseau avec un filet :** On profitera de votre faiblesse.
- **Attraper des poissons avec un filet :** Vos biens immobiliers ou vos acquis seront bien gérés.
- **Attraper des papillons avec un filet :** Une période d'insouciance et de détente.
- **Voir un filet de camouflage ou l'installer :** Méfiez-vous de vos instincts, les plus mauvais risquent de prendre le dessus.

FILLE

- **Rêver d'une belle fille :** Accroissement de vos finances.
- **Un homme rêve qu'il courtise une fille :** Signe d'échec dans les entreprises.
- **Fréquenter des filles de mauvaise vie :** La jalousie provoquera un scandale.
- **Une fille racole sur le trottoir :** Vous devrez rendre des comptes à votre partenaire. **Si c'est une prostituée,** voir **PROSTITUÉE.**
- **Un homme rêve qu'il est une fille :** Sa sensibilité lui jouera un mauvais tour dans sa vie affective.

- **Être avec sa propre fille :** Bien-être, vie sereine. **S'il y a conflit avec cette dernière :** Un éloignement douloureux mais provisoire.
- **Parler avec sa propre fille :** Déception. Espoir déçu.
- **Une femme rêve qu'elle est amoureuse d'une fille :** Vous séquestrez l'être aimé, ça ne durera qu'un temps.
- **Plusieurs filles parlent ensemble :** Signe de relations illégitimes.

FILM, voir CINÉMA

- **Regarder un film :** La solitude sera source de création.
- **Tourner un film :** Bientôt vous ferez un voyage à l'étranger.
- **Acheter un film :** Vos objectifs sont trop flous pour être réalisables.
- **Un film pornographique :** L'infidélité est réciproque.
- **Visionner un film :** Votre souci du détail deviendra obsédant pour votre entourage.
- **Voler un film :** Une personne indiscrète vous causera des ennuis.
- **Être acteur dans le film,** voir **ARTISTE.**

FIN

- **Rêver de la fin du monde :** Un écroulement subit de votre situation. **Si vous ne travaillez pas,** ce sont les convictions qui s'écroulent.
- **La fin d'un film ou d'une pièce de théâtre :** Un très bon conseil d'une personne avisée, références faciles à trouver.
- **Entendre la fin de quelque chose ou le mot fin :** Vous agirez au mieux de vos intérêts.

FIRMAMENT voir ÉTOILE

FLAMANT

- **Rêver de flamants roses :** Un étranger deviendra votre ami.
- **Un vol de flamants roses :** Une revanche sur l'adversité.
- **Un flamant à la patte cassée :** Vous serez marqué par une trahison.
- **Un flamant blessé :** Faiblesse morale.
- **Un flamant mort :** Des idées noires, suicidaires, parfois inhérentes à un état de fatigue.
- **Voir un flamant noir :** Danger dans les transactions, flagrant délit qui marquera l'existence.

FLAMBEAU

- **Rêver d'un flambeau :** On brûle d'amour pour vous.
- **Un flambeau éteint :** Usure des sentiments.
- **Une retraite aux flambeaux :** Vous atteindrez les plus hauts sommets.

FLANELLE

- **Vous rêvez de flanelle, coupon ou vêtement :** Dévouement sans reconnaissance.
- **De draps de flanelle :** Si vous êtes prudent, vous éviterez de sérieux déboires affectifs.
- **Vous portez des vêtements en flanelle :** Sens des affaires hyperdéveloppé.
- **Vous achetez de la flanelle :** Danger ! Vous tissez une véritable toile d'araignée aux dépens d'un proche.

FLATTERIE

- **Rêver de flatteries :** Goûts de luxe trop prononcés.
- **Des flatteries intéressées :** Une personne a des intentions malveillantes.
- **Vous flattez une personne :** Vos sollicitations seront retenues.
- **Des gens vous flattent :** À l'inverse, certains vous calomnient dès que vous avez le dos tourné.

FLÈCHE

- **Rêver de flèche :** Une proposition galante.
- **Vous êtes atteint par une flèche :** Amour qui terrasse, qui étreint le cœur.
- **Voir quelqu'un tirer une flèche :** Évitez les spéculations et les jeux de hasard.
- **Vous brisez une flèche :** Impuissance ou frigidité.
- **Vous jouez aux fléchettes :** Des rivalités amoureuses.
- **Vous blessez une personne avec une flèche :** Les difficultés proviennent de votre négligence.
- **Vous tuez involontairement quelqu'un avec une flèche :** Rapidement un héritage compliqué et sans intérêt. **Volontairement,** voir **TUER.**
- **Vous tuez involontairement un animal avec une flèche :** Les revers de fortune accroissent votre agressivité. **Volontairement,** voir **TUER.**

FLEUVE

- **Rêver d'un fleuve aux eaux calmes :** Vous avez besoin de vous détendre.
- **D'un fleuve aux eaux limpides :** Période favorable aux projets et aux unions libres.
- **D'un fleuve aux eaux troubles :** Un procès dans la famille.
- **De l'embouchure d'un fleuve :** Une phase d'instabilité et d'interrogation.
- **De l'embouchure d'un fleuve vue d'avion :** Les échanges seront fructueux et les projets commerciaux nombreux.
- **Vous remontez un fleuve en bateau :** Maîtrisez vos nerfs, vos réactions sont dangereuses.
- **Vous descendez le fleuve en bateau :** Douceur de vivre, chaque instant est apprécié !

- **S'y baigner nu, sans craintes :** Bonheur, prospérité.
- **S'endormir au bord d'un fleuve :** Abandon, mais aussi projet qui partira en fumée.
- **Le fleuve déborde,** voir **EAU.**

FLIRT

- **Rêver d'un flirt :** Petite révolte dans le couple pour des broutilles. **Si vous êtes célibataire,** vous manquerez d'affinité avec vos partenaires.
- **Vous flirtez :** Les aventures amoureuses ne vous apporteront que des déboires.
- **Vous êtes marié et vous flirtez :** Une personne vous ennuie et vous n'osez le lui dire.
- **Un de vos enfants flirte :** Ses idées novatrices ou originales vous inquiètent.

FLOTTE

- **Rêver d'une flotte de bateaux :** Vous allez vous faire de nouveaux amis.
- **Faire partie d'une flotte :** Grâce à une relation vous ferez un très beau voyage.
- **Regardez le défilé d'une flotte :** Vous serez la cible de regards admiratifs.

FLOTTER

- **Un objet flotte sur l'eau :** Vous échapperez à une très mauvaise affaire.
- **Un animal mort flotte sur l'eau :** Les embêtements proviennent de personnes qui se disent vos amis.
- **Un poisson mort flotte sur l'eau :** Un sacrifice que vous ferez volontiers.
- **Un cadavre flotte sur l'eau :** Un de vos adversaires se réveille.

FLÛTE

- **Rêver de cet instrument :** On vous fera une déclaration d'amour.
- **Vous jouez de cet instrument :** Votre désir s'accroît loin de l'être aimé.
- **Vous entendez jouer de la flûte :** Vous vous méprendrez sur une proposition.
- **Un enfant joue de la flûte :** Votre prudence et votre sagesse se font la malle.
- **La flûte est cassée :** Mettez de l'ordre dans votre vie.

FŒTUS

- **Rêver d'un fœtus :** Une passion se meurt.
- **Voir son propre fœtus, pour une femme,** indiquera des problèmes nerveux d'ordre psychosomatique.
- **Un homme rêve d'un fœtus :** Il connaîtra de mauvais jours.
- **Un fœtus mort :** Grave accident d'un parent.
- **Un fœtus d'animal vivant :** Un acte généreux vous honorera.
- **Un fœtus d'animal mort :** L'amitié sera trahie.

FOIE

- **Vous mangez du foie :** Votre forme sera en hausse.
- **Vos enfants mangent du foie :** Vous n'êtes pas assez sévère avec eux.
- **Voir un foie cru :** Une personne se consume d'amour pour vous.
- **Vous cuisinez du foie :** Vous casserez votre tirelire.
- **Vous avez une crise de foie :** Une peine de cœur.
- **Vous subissez une opération du foie :** Des personnes sans scrupule cherchent à entrer chez vous pour vous voler.

FOIN

- **Rêver de foin coupé :** Bonheur et prospérité.
- **Se rouler dans le foin ou s'y coucher :** Petite aventure sentimentale.
- **Rêver de meules de foin :** Présage un avenir prospère.
- **De foin gâté :** Des dépenses désagréables et imprévues.
- **Un animal mange du foin :** Vous récolterez plus que vous ne pensiez.

FOIRE

- **Rêver d'une foire exposition :** Vous ferez un voyage dans le mois.
- **Vous vous rendez à la foire :** Vous perdrez un objet précieux.
- **Vous rencontrez des gens à la foire :** Des amis ou des voisins vous envient.
- **Vous exposez à la foire :** Vos désirs ne se réaliseront pas cette année.

FOLIE

- Celle qui dévoile une atteinte à la raison et montre un déséquilibre grave peut réellement se déceler ou prendre naissance dans un rêve morbide d'hallucinations ou d'accès de fureur. Cette paranoïa onirique dégrade le fonctionnement psychique durant le jour. Mais rassurez-vous, si vous rêvez que vous perdez la raison et même qu'on vous interne, cela ne prouve pas pour autant que vous souffrez de troubles mentaux. Cette folie, dans la majorité des cas n'est que le reflet d'une exagération de votre comportement périodique. En partant du principe que le rêve intervient pour nous apporter ses lumières, il serait naïf de croire qu'aucune leçon ne doit être retenue lorsque de tels scénarios se présentent à nous. Ils cherchent incontestablement à nous faire corriger notre nature profonde. Un thème où la folie serait passagère et déclenchée par un instant d'euphorie, d'excitation intense est un appel à maîtriser ses passions ou ses emportements afin qu'ils ne l'emportent sur la raison. Ce rêve est garant d'un bel entousiasme.
- **Si dans votre rêve un être cher perd la raison,** il y a des chances pour que vos échecs proviennent de vos dispersions et d'une certaine faiblesse dans vos jugements. Par prudence, n'entreprenez rien d'important dans le présent, accordez-vous quelque temps pour clarifier certaines situations et vous imposez une autre ligne de conduite.

FONDATION

- **Rêver des fondations d'un bâtiment ou d'une maison :** Protégez bien vos acquis, des ennuis financiers les menacent.
- **Les fondations de votre maison :** Stabilité et sécurité.
- **Créer une fondation :** Sérieux coup de pouce des amis pour des projets qui vous tiennent à cœur.
- **D'autres créent une fondation :** Vous manquez d'assurance pour franchir certains obstacles.

FONTAINE

- **Rêver d'une fontaine :** Une période de repos salutaire.
- **Une fontaine à jets d'eau :** On va vous demander de vous surpasser dans l'action, avec maestria vous y parviendrez.
- **Une fontaine à l'eau trouble :** Des tracas gâcheront de belles vacances.
- **Boire de l'eau à une fontaine :** Vous avez tant de ressources pour vous sortir des situations malheureuses, à chaque fois, vous en émergez plus solide.
- **Se laver à une fontaine :** Une grande joie affective renforcera votre vitalité.
- **Se regarder dans l'eau d'une fontaine :** On vous aimera passionnément.
- **«Il ne faut pas dire, fontaine, je ne boirais jamais de ton eau» :** Dixit le rêve : vous allez adhérer à ce qui vous faisait sourire il y a quelque temps.

FOOTBALL

- **Vous rêvez d'un match de football :** Un mensonge sans conséquence.
- **Vous jouez au foot :** On vous demandera un travail qui n'est pas dans vos cordes.
- **Votre enfant joue au foot :** Vous ferez preuve d'une petite injustice.
- **Votre partenaire joue au foot :** L'être aimé ne vous pardonnera pas un écart de conduite.
- **Votre femme joue au foot :** Depuis quelque temps vous ramenez tout à vous et la délaissez.
- **Gagner un match de foot :** Sale tour d'une amitié.

FORCER

- **Une serrure pour entrer chez soi :** Tromperie de l'entourage.
- **Pour voler :** C'est vous que l'on vole en cachette et vous n'y voyez que du feu.
- **Forcer une porte pour porter secours à quelqu'un :** Considération publique.
- **Forcer un coffre,** voir **COFFRE-FORT.**
- **Forcer une serrure :** Vous subirez un refus amoureux.
- **Voir quelqu'un forcer une porte ou une serrure pour voler :** Un changement défavorable dans votre existence.
- **On vous force à accomplir quelque chose :** Votre habileté vous permettra de sortir d'une embrouille épineuse.
- **On vous force à accomplir un acte qui vous répugne :** Vous êtes très mal accompagné.

FORÊT

- **Rêver d'une forêt :** De sages résolutions à l'avenir.
- **Vous vous promenez dans une forêt :** N'oubliez pas de vous débarrasser de vos obligations avant de penser aux loisirs.
- **Une forêt de grands sapins très denses :** Vous aurez une protection puissante.
- **En vous promenant dans la forêt, vous découvrez une clairière :** Bonheur et fortune.
- **Vous vous perdez dans la forêt :** Vos intérêts ne sont pas là où vous les voyez.
- **Voir une forêt ravagée par un incendie,** voir **FEU.**
- **Rêver de fourrés :** Vous devez dissimuler votre vie sentimentale à votre entourage.

FORGE

- **Rêver d'une forge :** Les liens affectifs seront solides.
- **Rêver d'un forgeron :** Idem, on s'enracine à vos côtés.
- **Un forgeron ferre un cheval :** On compte sur vous pour traverser les phases critiques.
- **Être forgeron ou travailler à la forge :** Vous traverserez des épreuves, mais celles-ci ne déstabiliseront pas votre vie de famille.
- **Ferrer un cheval :** Vous consoliderez vos acquis.
- **Voir les étincelles du feu d'une forge** annonce des conflits houleux entre homme et femme.

FORT

- **Rêver d'un fort :** Une vie conjugale très heureuse.
- **Vous êtes dans un fort :** En amour vous parviendrez toujours à vos fins.
- **Vous visitez un fort :** Rien ne fera changer d'avis votre partenaire.

FORTUNE

- **Faire fortune** suscite la controverse.
- **Si vous perdez votre fortune :** Vous gagnerez de l'argent par des moyens peu scrupuleux qui mettront votre sécurité en danger.
- **Une personne vous fait don de sa fortune :** Ce que vous croyez impossible se réalisera.

FOSSE

- **Rêver d'une fosse :** Vous avez rarement l'ascendant sur les événements, vous vous laissez aspirer par des influences extérieures très négatives bien que séduisantes, apprenez à vous protéger.
- **Franchir une fosse ou sauter de l'autre côté :** Tendance à passer d'une extrême à l'autre sans motif apparent.

- **Tomber dans une fosse :** Objectifs déraisonnables mettant en péril l'équilibre financier de la famille.
- **Une fosse pleine de serpents,** voir **SERPENT.**

FOSSÉ

- **Vous êtes dans un fossé :** Beaucoup d'obstacles à vos désirs.
- **Un proche est dans un fossé :** Vous lui viendrez en aide sous peu.
- **Vous tombez dans un fossé :** Un échec cuisant.
- **Vous creusez un fossé :** Des profits assurés par d'autres personnes.
- **Quelqu'un creuse un fossé :** Attention à vos réflexions, vous allez être pris au mot.

FOSSILE

- **Rêver de fossiles :** De nombreux voyages en perspective.
- **Vous collectionnez les fossiles :** Vous surprendrez votre entourage.
- **Vous découvrez des fossiles :** Sélectivité dans les relations.
- **D'autres trouvent des fossiles :** Des choses désagréables vont vous arriver.

FOUDRE

- **Rêver des éclairs de la foudre :** Vous serez impliqué dans un accident.
- **Vous êtes frappé par la foudre :** Ruine, parfois déshonneur.
- **Un arbre est frappé par la foudre :** Une personne qui vous est chère est très malade.
- **Un bâtiment ou une maison est frappé par la foudre :** Un faire-part de décès.
- **La foudre tombe sur votre maison :** Un affrontement avec l'être aimé se soldera par une rupture.
- **Une personne est frappée par la foudre :** Vous décevrez un ami.
- **Des animaux sont tués par la foudre :** Une séparation, ou la mort d'un ami.

FOUET

- **Rêver d'un fouet :** Rébellion.
- **Posséder ou se procurer un fouet :** Vos critiques sont excessives.
- **Fouetter quelqu'un :** Vous éprouvez un sentiment d'infériorité.
- **Fouetter un animal :** Ne rendez pas un proche responsable de vos échecs matériels.
- **Fouetter un cheval :** Votre goût pour le jeu et le risque ne fera qu'augmenter.
- **Fouetter un enfant :** Vous avez beaucoup de choses à vous reprocher, vos remous de conscience nuisent à la paix de votre esprit.
- **Recevoir le fouet :** L'amour tourne à la dérision, l'attachement est trop excessif.

FOULE

- **Vous rêvez d'un bain de foule :** Les événements qui viendront échapperont complètement à votre contrôle.
- **Vous êtes blessé ou piétiné par une foule :** Vous souffrez d'un manque d'affinité avec la personne aimée.
- **Vous vous perdez dans la foule :** Anéantissement passager, malaise parfois saisonnier.
- **Vous perdez un être cher dans la foule :** Vous souhaitez reconquérir l'être aimé, mais vous vous y prenez maladroitement.
- **Vous dominez, maîtrisez la foule, ou celle-ci vous acclame :** C'est l'indice d'une grande notoriété, pour vous ou pour la personne qui partage votre vie.

FOURCHE

- **Rêver d'une fourche :** Vous devez faire encore de gros efforts.
- **Se servir d'une fourche :** Les rapports humains seront électriques.
- **Menacer quelqu'un avec une fourche :** Une dispute durera plusieurs jours.
- **Quelqu'un vous menace avec une fourche :** On se vengera de vous par jalousie.
- **Être blessé par un coup de fourche :** Méfiez-vous des engagements à risques.
- **Blesser une personne ou un animal avec une fourche :** Danger de pertes liées à vos relations.
- **Tuer une personne d'un coup de fourche,** voir **TUER.**

FOURMI

- **Voir des fourmis par milliers :** Votre vie matérielle va s'améliorer très vite.
- **Se faire piquer par des fourmis :** Votre santé est en cause, des troubles digestifs ou des nausées peuvent provenir d'une instabilité permanente.
- **Détruire une fourmilière :** Des chicanes ou un procès qui débute.
- **Voir un fourmilier manger des fourmis :** Des familiarités peu appréciées.

FOURREAU

- **Porter un fourreau pour une femme** exprime de l'hostilité envers un homme, une grande colère intérieure ne demande qu'à exulter.
- **Un homme rêve d'une femme dans une robe très moulante :** Sa partenaire sera intéressée et infidèle.
- **Il rêve que son épouse porte un fourreau :** Il recherche les contacts sociaux susceptibles d'encourager son ascension.

FOURRURE

- **Rêver de fourrures :** Signe maléfique, on vous fait miroiter de belles perpectives.

- **Si vous les portez,** abstenez-vous de lâcher la proie pour l'ombre.
- **Des fourrures portées par autrui** annoncent des compensations pécuniaires.
- **Si vous recevez une fourrure en cadeau :** Celui ou celle qui partage votre vie ne s'intéresse peut-être qu'à l'argent.
- **Vous achetez une fourrure :** Une grande solitude vous attend.
- **Vous vendez une fourrure :** Des remords vous ôteront votre entrain.

FRAGILE

- **Rêver d'un objet fragile :** Grande susceptibilité du conjoint, début d'incompatibilités.
- **D'un bijou fragile :** Votre partenaire est vulnérable, cessez de l'éprouver.
- **Vous cassez un objet ou un bijou fragile :** Une crise de larmes dans la journée.
- **On vous offre quelque chose de très fragile :** Un changement va bientôt intervenir.
- **Vous recevez un paquet portant l'inscription «fragile» :** Vous êtes aimé par quelqu'un qui vous est indifférent.

FRAISE, FRAMBOISE

- **Rêver de fraises ou de framboises :** Les loisirs occasionneront des rencontres.
- **Cueillir ces fruits ou les manger :** Épicurisme, plaisirs de la vie.
- **Si ces fruits sont verts :** L'existence aura vraiment un goût amer, les aventures tourneront mal.
- **Si ces fruits sont trop mûrs ou écrasés :** Gaspillage, «je-m'en-foutisme».

FRANGE

- **Rêver d'un vêtement avec des franges :** Vous ne savez jamais ce que vous voulez.
- **Porter un vêtement avec des franges :** Vous espérez renouer avec une personne, ce désir sera comblé.
- **Des rideaux ou des chapeaux bordés de franges :** Une satisfaction personnelle longuement attendue.
- **Porter la frange :** Un cadeau que vous pourrez porter sur vous.
- **Se couper la frange :** Un mensonge sera dévoilé et vous vous en réjouirez.

FRAPPER

- **Vous rêvez que quelqu'un frappe à une porte :** Préparez-vous à être disponible, un parent va avoir besoin de vous.
- **Quelqu'un frappe à votre porte :** Un événement bénéfique va se produire.
- **Vous frappez à une porte :** Vous souhaitez vous venger d'un affront et vous avez tort.
- **Frapper quelqu'un,** voir **COUPS.**

FRELON

- **Rêver d'un essaim de frelons :** On cherche à vous déposséder du fruit de vos efforts.
- **Vous êtes attaqué par des frelons :** Des problèmes juridiques ou des ennuis avec le fisc.
- **Vous êtes piqué par des frelons :** Échec dans un procès.
- **Vous tuez des frelons :** Une rivalité s'éteindra par la force des choses.

FRÊNE

- **Rêver de cet arbre** est symbole de protection, vous bénéficierez d'aides opportunes.
- **Abattre ou brûler** un frêne signifie que vous manquez d'assurance, vos faiblesses sont discernables et cela vous fait du tort.
- **Voir un frêne dans son jardin :** Un voisin ou une relation connaît tout de votre vie privée.

FROID

- **Vous grelottez de froid :** Vous perdez une affection.
- **Voir des gens qui ont froid :** Une maladie respiratoire, le plus souvent, il s'agit d'un rhume.
- **Un être cher est figé par le froid :** Sa constitution malgré les apparences est robuste.
- **Un animal tremble de froid :** Vous avez besoin d'approbation pour prendre une décision.
- **Une personne morte de froid :** Une rupture affective dont vous serez la cause.
- **Un animal mort de froid :** Votre bonheur n'est pas parfait, un sentiment de culpabilité vous perturbe.
- **Vous touchez un objet très froid :** Une action inutile et pénalisante est en cours.

FRONDE

- **Rêver de fronde :** Vos déterminations sont souvent négatives.
- **Lancer des pierres à l'aide d'une fronde :** Vos actes sont très critiqués et vous avez tout fait pour.
- **Quelqu'un utilise une fronde pour vous blesser :** Un accident brutal à l'extérieur. **Si dans votre rêve vous portez la main à votre tête,** la blessure sera mortelle.

FRONT

- **Rêver du front d'un enfant :** D'une certaine façon, votre naïveté vous protège.
- **Parler de son front ou l'admirer :** Vous portez un grand intérêt à votre aspect physique.

- **Le front d'autrui :** Une situation embarrassante en public.
- **Voir un grand front :** Signe de domination.
- **Un petit front fuyant :** Les relations seront perfides et malhonnêtes.
- **Un front abîmé ou cousu de cicatrices :** Une trahison aura le pouvoir pour mobile.

FRONTIÈRE

- **Rêver de frontières :** Il vous faudra résoudre un conflit qui mettra en jeu votre sécurité.
- **Vous franchissez une frontière :** Relations illégitimes.
- **Vous êtes bloqué à une frontière :** Des ennuis imprévus lors d'un voyage.
- **Vous redoutez le passage d'une frontière :** Vous avez des ennemis secrets et tenaces.

FRUIT

Tout dépend du fruit, en général ce sont des présages favorables lorsqu'ils ont de la saveur. Certains contextes oniriques nous laissent penser qu'ils peuvent être reliés à la sexualité.

- **Des fruits dans un compotier :** De saines tentations auxquelles vous céderez.
- **Si vous y goûtez :** Des regrets et des reproches vous laisseront perplexe.
- **Des fruits sauvages** sont indice de marginalité, la vie est luxueuse ou hors norme.
- **Vous achetez toutes sortes de fruits :** Vous ne pensez qu'à l'amour.
- Pour plus d'extensions, voir de quel fruit il s'agit.

FUITE

Un rêve que l'on fait souvent lorsque les efforts sont voués à l'échec.

- **Si vous prenez la fuite, pour une raison ou pour une autre**, les changements seront négatifs dans le domaine sentimental.
- **Une personne s'enfuit en vous voyant :** Vos ambitions seront déçues.
- **Une fuite de gaz :** Danger dans le comportement, risque de blessure.
- **La fuite d'un tuyau :** Les conseils que l'on vous donne manquent d'objectivité.
- **Un réservoir ou une baignoire fuit :** Des incidents domestiques en chaîne.
- **Un ustensile de cuisine fuit :** Les corvées se partagent, demandez de l'aide à vos proches.

FUMÉE, voir FEU

FUMER

- **Vous fumez une cigarette ou un cigare :** Une action hypocrite dont l'auteur se vendra lui-même.
- **Vous fumez la pipe** voir **PIPE.**
- **Fumer des herbes :** Des choses étranges vont se produire.
- **Vous fumez dans un lieu non fumeur :** Quelqu'un profite de ce que vous désiriez le plus.
- **D'autres fument dans un lieu non fumeur :** Ne prenez aucun risque dans le présent.

FUMIER

- **Rêver d'un tas de fumier :** Volontairement, vous vous êtes mis dans une situation critique.
- **Se salir ou s'asseoir sur du fumier :** L'hostilité d'un voisin ou d'une relation contre vos plans.
- **Transporter du fumier :** Un procès ruineux et stérile.
- **Se faire livrer du fumier :** Vous entamerez une discussion d'affaires prometteuse pour votre interlocuteur, soyez prudent.

FUNÉRAILLES, voir ENTERREMENT

FURET

- **Rêver de cet animal :** Votre curiosité ne sera pas satisfaite.
- **Un furet pris dans un piège :** Un événement à l'extérieur vous procurera un malaise.
- **Chasser le lapin au furet :** Vous passez à côté d'une petite fortune.
- **Se faire mordre par un furet :** Un complot dont vous ferez les frais.
- **Voir un furet mort :** Un choc émotif déclenchera en vous une petite déprime.
- **Tuer un furet :** Les soupçons seront fondés.

FUSAIN

- **Si vous rêvez de cet arbuste,** vous allez recevoir des photos.
- **Vous taillez cet arbuste :** Une complicité entre amis fera des jaloux.
- **Vous rêvez de charbon de fusain :** Vous serez très sensible aux compliments, aux félicitations.
- **Vous dessinez au fusain :** Des projets séduisants au sein de la famille.
- **Vous achetez des fusains pour le dessin :** Vos tracas s'effaceront.

FUSÉE, ce thème reflète l'indétermination, les projets ne peuvent se concrétiser car du jour au lendemain les idées changent.

- **Assister à la mise à feu d'une fusée :** Un changement d'objectif est vital.

- **Voir une fusée monter et tracer dans le ciel :** Vous avez du mal à réussir ce que vous entreprenez, vous n'y parviendrez qu'en maîtrisant tous les paramètres.
- **Voir une fusée qui explose au pas de tir :** Suite à de mauvaises nouvelles, vous ferez un voyage.
- **La mise à feu d'une fusée est annulée :** Une fausse information bloquera vos projets.

FUSIL, voir également **ARME**

- **Rêver d'un fusil :** Un homme de l'entourage est furieux contre vous.
- **Tirer au fusil :** Une injustice difficile à admettre.
- **Tirer au fusil avec l'intention de tuer,** voir **TUER.**
- **Acheter un fusil :** Une surprise fort désagréable.
- **Une personne vous menace avec un fusil :** On va rejeter une de vos demandes pour vous nuire.
- **Nettoyer ou graisser un fusil :** Vous céderez à d'autres certains de vos avantages.

FUTUR, thème à caractère prémonitoire. Tous les événements qui appartiennent au futur dans les rêves sont annonciateurs de changements importants dans l'existence. Cependant, il n'est pas simple de déceler qu'un scénario onirique se déroule vraiment dans le futur. Certains éléments comme les dates, les détails de l'environnement devraient être évocateurs, ce n'est pas évident ! Seul, le rêveur, en fonction des sensations éprouvées, saura quel crédit accorder à son rêve.

G

GAFFE

- **Si vous êtes maladroit dans vos rêves,** c'est qu'en réalité vous manquez de confiance en vous.
- **Si vous faite une gaffe devant l'être aimé :** Il vous demandera des comptes sans tarder.
- **Si une personne fait une gaffe devant l'un de vos proches :** Vous serez traité injustement.
- **Si un proche fait une gaffe :** Les événements apporteront du changement.
- **Si d'autres personnes font des gaffes :** Vous perdez une adresse précieuse ou manquerez un rendez-vous.

GAGE

- **Rêver d'un gage d'amour :** Les liens affectifs seront précaires.
- **Recevoir un cadeau ou un bijou en gage d'amour :** Vous ne serez pas fidèle.
- **Un ami ou un parent reçoit un gage d'amour :** Il sera trompé sur une proposition.
- **Mettre un objet en gage :** Des pertes entraîneront des querelles.

GALA

- **Rêver de gala :** Un changement heureux.
- **Vous vous rendez à un gala :** Vos relations vous apporteront du soutien.
- **Vous assistez à un gala :** La chance vous sourit.
- **Un gala de charité :** Estime et récompense de la part de votre entourage.

GALANTERIE

- **Une femme rêve qu'un homme est plein de délicatesse et d'empressement à son égard :** Son charme personnel lui assurera un certain succès.
- **Un homme rêve qu'une femme est pleine d'attention à son égard :** Une femme tentera de le violer.
- **Entendre des propos galants :** Réalité conforme au rêve, il existe des merles chanteurs !
- **Tenir des propos galants :** Ne vous fiez pas aux apparences.
- **D'autres font des galanteries :** Une saison de sottises.

GALE

- **Rêver de cette maladie :** Vos problèmes financiers feront fuir les amis.

- **Vous êtes atteint de la gale :** Une période de déboires.
- **Un proche est atteint de la gale :** Une trouvaille va animer vos soirées.
- **Une personne est atteinte de la gale :** Des contrariétés en amour dont vous connaissez l'issue.

GALERIE

- **Rêver d'une galerie :** Rencontre fortuite d'un ami.
- **Une galerie marchande :** Vous n'êtes pas dans votre élément, des changements surviendront, mais pas avant de longs mois.
- **Une galerie de peinture :** Honneur et succès.

GANGRÈNE

- **Vous êtes atteint de cette maladie :** De gros soucis affectifs vous affectent.
- **On vous ampute un membre à cause de la gangrène :** Vous n'êtes pas prêt de vous investir sentimentalement.
- **Un proche est atteint de cette maladie :** Vous perdrez sa confiance, mais vous conserverez son affection.

GANT

- **Vous portez des gants de peau :** Ne dévoilez pas vos intentions trop vite.
- **Des gants en mailles ou en dentelle :** On vous comblera d'attentions pour vous séduire.
- **Des gants à hauts revers :** Honneur et prestige.
- **Des gants de caoutchouc :** Un petit conflit entre deux personnes.
- **Vous trouez des gants :** Une belle opportunité se présentera.
- **Vous vous dégantez :** Par noblesse vous refuserez un privilège.
- **Ganter ou déganter quelqu'un :** L'amour sera vénal.

GARAGE

- **Rêver d'un garage :** Il est temps pour vous de vous stabiliser.
- **Vous êtes dans un garage :** Vous n'êtes pas sûr de vos actes, dans ce cas abstenez-vous.
- **Vous possédez un garage :** De l'argent à foison.
- **Vous achetez un garage :** Très favorable aux placements, à la fructification des capitaux.
- **Vous rentrez votre voiture dans un garage :** Période bénéfique aux achats importants.
- **Un garage plein de voitures neuves :** Des gains au jeu.
- **Un garage plein de voitures d'occasions :** Des compensations financières.

GARÇON

- **Rêver de garçons :** Vous devrez prendre des décisions pour des proches.
- **Des garçons se battent :** Vous retrouverez un ami d'enfance.
- **Des garçons s'amusent :** Un incident dû à une étourderie.
- **Un homme rêve que sa femme accouche d'un garçon :** Une réalisation ambitieuse aboutira au niveau brigué.
- **Rêver d'un garçon d'honneur :** Succès financier.
- **D'un garçon d'écurie :** Une période chanceuse s'annonce.
- **D'un garçon de café :** Vous ferez une rencontre qui compliquera votre existence.
- **Se voir en garçon de café :** Vous dépensez votre énergie à vos dépens.

GARDE

- **Vous êtes sur vos gardes :** Vous frimez un peu trop.
- **Vous êtes garde du corps :** Un proche court un danger et vous ne l'ignorez point.
- **Vous engagez un garde du corps :** Un doute vous oppresse.
- **Voir un garde-barrière :** Une sottise sera évitée de justesse.
- **Vous êtes garde-barrière :** Vous regretterez un engagement.
- **Voir un gardien de nuit :** Un ennui en fin de journée.
- **Vous êtes gardien de nuit :** Des problèmes dans le foyer, vous souffrez d'incertitude.
- **Voir un garde-chasse ou un garde-champêtre :** La jalousie occupera toutes vos pensées.
- **Un garde-pêche :** Une trouvaille disputée.
- **Vous êtes garde-malade :** Signe de passivité. On pourrait vous reprocher un manque de vigilance ou de sérieux, surtout si c'est vous qui assurez cette fonction.
- **Rêver d'un garde-manger :** On vous vole des avantages, on gagne de l'argent sur votre dos.
- **Un garde-manger vide :** Ce sont des gains ratés par manque de réflexion, parfois par lenteur.
- **Rêver d'une garde-robe :** Prospérité dans les affaires.
- **Fouiller dans sa garde-robe :** L'opinion des autres est très importante à vos yeux.

GARROT

- **Vous posez un garrot sur un membre blessé :** Un reproche fondé.
- **Vous garrottez un prisonnier :** Opposition violente d'un adversaire.
- **Vous avez un garrot métallique autour de votre cou :** Vous êtes protégé malgré vous.
- **On vous pose un garrot :** Vous rencontrerez une violente opposition à vos idées.

GÂTEAU, voir PÂTISSERIE

GAUCHER

- **Vous êtes gaucher :** Une chance mystérieuse vous accompagne.
- **L'être aimé est gaucher :** Ne sous-estimez pas l'adresse de votre adversaire.
- **Votre enfant est gaucher :** Il fera de vrais progrès dans les disciplines qui l'intéressent.
- **Rouler à gauche de la chaussée :** De bonnes affaires dans les mois à venir.

GAZ

- **Vous brûlez ou allumez du gaz :** Un achat onéreux et inutile.
- **Vous sentez une odeur de gaz :** Ne vous immiscez pas dans les affaires des autres.
- **Fuite de gaz :** Maladie qui risque de devenir chronique.
- **Une explosion provoquée par du gaz :** Scandale.
- **Vous succombez au gaz :** Vous gérez très mal votre vie privée.
- **Une personne succombe au gaz :** Une de vos relations sera victime d'une machination.

GAZE

- **Vous utilisez de la gaze :** Sans en avoir conscience, vous dévoilerez certains côtés de votre personnalité.
- **Vous vous enveloppez dans de la gaze :** Vous êtes beaucoup trop perméable aux autres, cette évidence vous fait manquer d'assurance.
- **On vous enveloppe dans de la gaze :** Des personnes vous cachent leurs véritables intentions.
- **De la gaze souillée de sang :** Une passion amoureuse se terminera très mal.

GAZELLE

- **Rêver d'une gazelle :** Une rencontre amoureuse.
- **D'un troupeau de gazelles :** Vous devez rechercher un compromis afin de minimiser un règlement de compte qui s'annonce complexe.
- **Posséder une gazelle :** L'amour vous rendra esclave.
- **Capturer une gazelle :** Le bonheur que vous attendez est loin d'être aussi précieux que vous l'imaginez.
- **Tuer une gazelle :** Une fracture ou un handicap concernant les membres inférieurs.
- **Quelqu'un tue une gazelle :** Sous peu vous découvrirez l'hypocrisie d'une amie.

GAZON, symbole de bien-être.

- **Vous vous étendez sur du gazon :** La santé et la joie de vivre.
- **Vous tondez du gazon :** Pérennité dans les affaires.
- **D'autres tondent le gazon :** Quelques gains imprévus.
- **Arroser du gazon :** Les sentiments que l'on éprouve pour vous sont forts et sincères.

GEAI

- **Rêver d'un geai** est un signe de médisance et de calomnie.
- **Si vous attrapez un geai,** vous riverez le clou d'une mauvaise langue.
- **Si le geai est en cage,** les calomnies n'auront pas de conséquences.
- **Si le geai est malade,** n'acceptez pas d'avantages matériels pour compenser un préjudice.
- **Si le geai est mort,** un procès ou une affaire litigieuse avortera.

GÉANT, symbolise l'instinct de domination. Ce thème révèle souvent un complexe d'infériorité ou le besoin de s'imposer aux rivaux ou à la concurrence.

- **Rêver d'un géant** signifie que vous craignez de ne pas être à la hauteur dans un domaine quelconque.
- **Se voir géant :** Vous vous sous-estimez, l'origine de ce manque de confiance peut provenir d'un échec passé. Néanmoins, vous vous surpasserez à l'avenir.
- **Tuer un géant :** Angoisses psychiques. Obsessions. Instincts mal contrôlés.
- **Voir un géant mort :** Malchance, insuccès.

GENCIVE

- **Rêver de gencives saines :** Excellente forme physique.
- **Vos gencives sont en bon état :** Les tentations seront difficiles à maîtriser.
- **Vos gencives sont en piteux état :** Maléfique au plan santé, fatigue ou manque d'appétit.
- **Vos gencives saignent :** Petite défaillance, on s'abuse sur sa force physique.

GENDRE

- **Vous rêvez de votre gendre :** Des querelles domestiques.
- **Vous rêvez d'un gendre hypothétique :** Flagrant délit amoureux.
- **Vous êtes amoureuse de votre gendre :** Un échec dans vos affaires.
- **Votre gendre est décédé :** Les choses prennent mauvaise tournure.

GÉNÉRAL

- **Rêver d'un général :** Une petite émeute autour de vous.
- **Vous vous entretenez avec un général :** Vos spéculations seront heureuses.
- **Un parent a le grade de général :** Ce parent va toucher beaucoup d'argent. **S'il est décédé,** c'est vous qui toucherez un petit héritage.
- **Vous avez le grade de général :** Les honneurs seront pour vous, mais méfiez-vous, car l'hypocrisie n'est pas absente.

GÉNÉROSITÉ, voici un thème qui reflète bien la loi des contraires, si vous faites preuve de générosité dans votre rêve, au quotidien vous montrerez une certaine rigueur avec les cordons de la bourse et n'aimerez pas vous démunir. Attention, en devenant trop dépendant de votre confort, vous risquez de gâcher votre vie.

- **Si quelqu'un fait preuve d'une générosité excessive envers vous,** quelques démêlés inattendus avec la justice perturberont votre vie tranquille.

GENÉVRIER

- **Rêver de ce conifère :** Quelqu'un cherchera à vous vexer ou à vous rendre ridicule.
- **De baies de genévrier :** Une erreur dont vous souffrirez longtemps.
- **Posséder ou tailler un genévrier :** On n'écoute pas vos conseils et on ne retient pas vos indications.

GENOU

- **Vous vous mettez à genoux :** Déclaration d'amour d'une personne plus âgée que vous.
- **Vous vous asseyez sur les genoux de quelqu'un :** Un ami vous soutiendra.
- **Si cette personne est du sexe opposé,** vous aurez à vous soucier d'une rivalité.
- **Une personne s'assied sur vos genoux :** Votre crédibilité est à toute épreuve, vous n'avez aucun souci à vous faire.
- **Un enfant est assis sur vos genoux :** Des changements importants au sein de la famille. **S'il s'agit de votre enfant,** vous traverserez courageusement une période éprouvante.
- **Vous vous blessez au genou :** L'amour vous blessera et vous ne pardonnerez pas.
- **Voir de très beaux genoux :** Une petite aventure sentimentale prendra beaucoup d'importance.
- **Voir des genoux enflés ou pleins d'hématomes :** Vol et trahison d'un proche.

GÉNUFLEXION

- **Vous faites la génuflexion dans un lieu saint :** Vous surmonterez les difficultés en cours.
- **D'autres font la génuflexion :** Un ami cherchera à vous venir secrètement en aide.
- **Vous perdez l'équilibre en faisant une génuflexion :** Un proche est en danger.

GÉOGRAPHIE

- **Vous étudiez la géographie :** Un détail vous échappera et sera responsable d'ennuis.
- **D'autres étudient la géographie :** Des déplacements et des loisirs.
- **Votre enfant étudie la géographie :** Un projet à l'extérieur occupe toutes vos pensées.

- **Vous enseignez la géographie :** Signe de voyage.
- **Vous achetez un livre de géographie :** Une rencontre agréable lors d'une démarche.

GERBE

- **Rêver de gerbes de fleurs :** Une affection naissante deviendra intense et passionnée.
- **Vous nouez une gerbe de céréales :** D'excellentes relations d'affaires.
- **Vous transportez des gerbes :** Les projets sont concrets et seront source de réussite.
- **Vous engrangez des gerbes :** Récompense attendue et méritée.

GESTE

Certains gestes peuvent être difficiles à expliquer, leur raison dans le rêve est complexe, ils ne sont pas pour autant anodins. Ils révèlent parfois une sexualité complexe ou des désirs inconcrétisables.

- **Voir quelqu'un faire de grands gestes** peut indiquer qu'une personne est tourmentée par votre attitude ou par votre manière de voir les choses, en fait elle craint vos réactions.
- **Faire soi-même de grands gestes :** Vous avez probablement besoin de vous confier à un ami, mais vous hésitez ; dites-vous bien que vous vous sentirez beaucoup mieux après avoir parlé.
- **Des gestes grossiers,** voir **VULGARITÉ.**

GEYSER

- **Rêver de geyser :** Les assiduités d'une personne deviennent pressantes et gênantes.
- **Un geyser dégage beaucoup de vapeur :** Cela concerne votre santé, des palpitations ou des essoufflements sont à craindre.
- **Vous vous brûlez à l'eau d'un geyser :** Grosse déception à l'issue d'une rencontre.

GIBIER

- **Rêver de gibier abattu :** Une décision douloureuse lors d'un repas en tête-à-tête.
- **Manger du gibier :** Annonce bien souvent des problèmes digestifs, des troubles hépato-biliaires.
- **Cuisiner du gibier :** Votre partenaire vous fait des cachotteries depuis longtemps ; si vous êtes marié, c'est un indice d'infidélité.
- **Acheter du gibier :** Des circonstances vont réveiller les hostilités.

GIN

- **Vous buvez du gin :** Vos pensées sont négatives.
- **Vous vous saoulez au gin :** Une spéculation vous créera des problèmes.
- **Vous achetez du gin :** Vous serez malchanceux.
- **Vous cherchez à saouler une personne au gin :** Vos désirs amoureux seront satisfaits.

GIROUETTE

Lorsqu'on ne sait pas où l'on va, aucun vent n'est le bon. Cette citation de Sénéque dépeint fort bien le sens de ce rêve qui est plus favorable au plan matériel où quelques rentrées d'argent non prévues seront les bienvenues, qu'au plan sentimental où l'instabilité et l'indétermination s'opposent aux décisions sages. La plupart du temps, ce thème révèle une nature influençable qui se laisse dominer par ses émotions et change d'avis sans motif sérieux.

- **Une girouette fixe** est un présage de mauvaise augure, une rencontre imprévue sera la source d'un désastre financier.

GITAN

- **Rêver de gitans :** Échange de propos désagréables causés le plus souvent par dépit amoureux.
- **Faire la fête avec des gitans :** Richesse. Gains imprévus.
- **Une femme rêve qu'une gitane lui lit la bonne aventure dans la main :** Sa vie de couple est en danger, la menace vient d'une femme.
- **Un homme rêve qu'une gitane lui lit la bonne aventure dans la main :** Sa compagne lui sera infidèle, mais il ne sera pas étranger à ce détachement.

GLACE

- **Marcher sur la glace :** Vous n'avez rien à envier à personne, votre vie sera agréable.
- **S'asseoir sur la glace :** Également très favorable, vous n'avez aucun souci à vous faire, surtout sur le plan des finances.
- **Glisser ou patiner sur la glace :** Des obstacles à l'horizon, il faut dire que la voie que vous choisissez n'est pas la plus facile.
- **Patiner en couple :** Sens controversé, les affinités sont médiocres, l'entente est précaire.
- **Un autre couple patine :** Un divorce dans l'entourage.
- **Tomber sur la glace :** Des déboires sentimentaux.
- **Casser la glace :** Vos craintes, vos doutes seront sans fondement, vous regretterez votre comportement.

- **Des blocs de glace dérivent sur l'eau :** Vous serez la cible de tous les regards pendant une longue période, le mobile en sera la jalousie.
- **La glace se brise sous vos pas :** Vous courrez à la ruine, vous perdrez tous vos amis.
- **Démouler des glaçons :** Travail stérile non lucratif.
- **Manger de la glace (friandise) :** Un de vos désirs secrets se réalisera.
- **Se regarder dans une glace** voir **MIROIR.**

GLADIATEUR

- **Rêver de gladiateurs dans un amphithéâtre :** Des querelles où l'on en viendra aux mains lors d'une fête ou d'une cérémonie.
- **Voir un gladiateur combattre :** Une faute sera sanctionnée sévèrement.
- **Se battre contre un gladiateur :** Vous surmonterez facilement les épreuves, et aussi étrange que cela puisse paraître, grâce à la concurrence.
- **Un homme rêve qu'il est gladiateur :** Il gagnera beaucoup d'argent.
- **Une femme rêve que son mari ou son petit ami est gladiateur :** Un événement important déclenchera des troubles dans sa vie.

GLAND

- **Ramasser des glands de chêne** annonce des jours prospères, des affaires fructueuses.
- **Marcher sur des glands, les écraser, les voir sur le chêne** prédit un essoufflement au travail.
- **Donner des glands à manger à un animal ou les ramasser dans ce but :** Une maladie sera suivie d'une longue convalescence.

GLAS

- **Vous entendez sonner le glas :** Des remords vous tracassent, un geste de votre part pourrait les supprimer ou tout du moins les apaiser.
- **Le glas sonne pour un de vos proches :** Vous ferez le bonheur de vos intimes.
- **Vous faites sonner le glas :** Un de vos désirs se réalisera alors que vous ne vous y attendez pas.

GLISSER

- **Vous glissez sur quelque chose :** Vous aurez à redouter une trahison et ses suites.
- **Vous glissez par manque d'équilibre :** Vous n'avez pas su saisir l'occasion de régler définitivement un problème.
- **Vous glissez volontairement tout en conservant l'équilibre :** Vous êtes capable de réussir sans l'aide de personne.

GLOBE

- **Rêver d'un globe terrestre :** Un grand voyage dans l'année.
- **Un globe de verre couvre un objet :** Un rappel concret des vacances ou des beaux jours.
- **Vous cassez un globe de verre :** Vous aurez à vous battre pour une cause.
- **Si le globe est en cristal,** vous perdrez votre énergie pendant quelques jours.
- **Un globe-trotter :** Une amitié croît.

GLOIRE

- **Rêver de gloire** suscite le plus souvent la controverse. Vous ramez sans succès et vous vous sentez probablement découragé. Ce rêve est courant lorsque l'on souhaite que ses créations ou son talent soit reconnu.
- **Une autre personne est glorifiée :** Les circonstances vous favoriseront.
- **Si vous rencontrez une personne en pleine gloire :** Accrochez-vous, vos ambitions se concrétiseront si vous ne baissez pas les bras.

GOITRE

- **Vous avez un goitre :** De graves ennuis de santé.
- **On vous soigne pour un goitre :** Une découverte vous anéantira.
- **Votre mère souffre d'un goitre :** Un sentiment de culpabilité altère votre relation avec l'être aimé ou un proche.
- **Une autre personne a un goitre :** Les paroles seront trompeuses. Quelqu'un souhaite prendre sa revanche sur vous.

GOLF

- **Rêver de golf :** Les gens ont de vous une haute opinion.
- **Vous regardez des gens jouer au golf :** Vous êtes déterminé à changer de vie.
- **Vous jouez au golf :** Vous ne pouvez pas être juge et parti.
- **Gagner un tournoi de golf :** Domination du partenaire, esprit de prééminence.
- **Vous réalisez un parcours médiocre au golf :** Des tensions d'ordre relationnel vont tout remettre en question.

GOLFE

- **Rêver d'un golfe :** Vous avez besoin de tendresse.
- **Vous êtes en bateau dans un golfe :** Avec douceur vous démêlerez un conflit et on vous en sera reconnaissant.
- **Vous débarquez dans un golfe :** Naissances d'aides extérieures.
- **Des amis ou des parents se trouvent dans un golfe :** Vos activités vous donneront entièrement satisfaction.

GONDOLE, elle parle essentiellement d'amour, mais présage des désillusions à long terme.

- **Si vous y êtes assis, tendrement enlacés avec l'être aimé,** vous souffrirez bientôt d'incertitude ne sachant quel crédit accorder aux promesses passées.
- **Si vous êtes un homme et pilotez une gondole,** vos attitudes envers le sexe faible relève du masochisme.
- **Si vous êtes une femme et pilotez une gondole,** vous n'avez que faire du qu'en dira-t-on !
- **Si vous êtes en voyage de noces et vous vous promenez en gondole,** votre bonheur sera de courte durée.

GONG

- **Posséder cet instrument** prédit la fin d'un cycle et le commencement proche d'une vie nouvelle ou différente.
- **Vous entendez résonner un gong :** Une très bonne nouvelle.
- **Un coup de gong annonce la fin d'une reprise :** Vous éprouverez une grande joie en compagnie de votre partenaire.

GORGE

- **Vous rêvez de votre gorge :** Vous avez raison de croire au Père Noël, votre crédulité sera payante.
- **Un mal de gorge :** Votre susceptibilité vous fait manquer des critiques nécessaires à votre progression.
- **On vous tranche la gorge :** Votre subconscient cherche à vous informer d'un piège ou d'une spéculation à votre encontre.
- **Vous égorgez quelqu'un,** voir **TUER.**
- **Vous êtes saisi à la gorge (agression) :** Actuellement, vous êtes sur la défensive, vos nerfs sont mis à rude épreuve dans votre travail.
- **Voir la gorge d'une jeune fille :** N'espérez aucun revirement de circonstances, ce qui est fini est bien fini.

GOUDRON

- **Rêver de goudron :** La réussite dans de nombreux domaines.
- **Marcher sur du goudron :** Votre forme va en s'améliorant.
- **Utiliser du goudron :** Les résultats probants dans le travail ou les occupations.
- **Voir des ouvriers goudronner :** Un changement agréable au niveau du confort.

GOUROU

- **Rêver d'un gourou :** Une personne changera radicalement de comportement à votre égard.

- **Consulter un gourou :** On va vous jouer un mauvais tour.
- **Demander l'aide d'un gourou :** Une accusation vous concernant, non prouvée, est portée trop vite.
- **Vous êtes un gourou réputé :** Vous allez devoir convaincre quelqu'un de votre bonne foi.

GOUTTE

- **Vous comptez des gouttes :** Une petite rentrée d'argent.
- **Vous prenez les gouttes d'un médicament :** L'avancement que vous souhaitiez sera encore reporté.
- **Une infirmière ou une personne vous fait prendre des gouttes :** Sans délai, un événement défavorable.
- **Des gouttes d'eau sur votre main :** Heureuse sensation. Plaisir.
- **Des gouttes d'eau tombent de votre plafond :** Vos tourments vont cesser, un grand bonheur vous attend.

GOUTTIÈRE

- **Vous trouvez quelque chose dans une gouttière :** On brigue votre statut.
- **Un objet de valeur :** Un bien matériel contesté !
- **Vous vous accrochez à une gouttière pour ne pas tomber :** Vous emploierez des moyens détournés pour parvenir à vos fins.
- **Vous grimpez à une gouttière :** Un certain temps, vous fuirez vos responsabilités.
- **Vous glissez d'une gouttière :** Vous louvoyez beaucoup trop lorsque vous plaidez votre cause, allez droit au but, vous y gagnerez !
- **Vous nettoyez une gouttière :** Bien-être dû à l'ordre et à l'harmonie.

GOUVERNAIL

- **Rêver d'un gouvernail :** Très bon conseil amical.
- **Le gouvernail est en mauvais état :** N'entreprenez rien de sérieux pendant un bon mois.
- **Vous tenez le gouvernail :** Le sens des responsabilités est bien intégré et permet les démarches audacieuses.
- **Un proche tient le gouvernail :** La paix succédera à une période conflictuelle.

GOUVERNEMENT, ce thème très complexe met en cause le libre arbitre et dénonce l'indétermination. Il est plus sage de revoir ses objectifs en fonction du contexte où l'on évolue. Ce rêve concerne rarement le domaine affectif où il présagerait des incompatibilités dues à la domination exagérée de l'un des conjoints.

- **Faire partie d'un gouvernement :** Montre une certaine maladresse dans les affaires.
- **Fomenter la chute d'un gouvernement :** Vous avez envie de prendre des risques, mais vous craignez que les résultats ne vous apportent pas entière satisfaction.

GRÂCE

- **Vous demandez grâce à Dieu :** Vous recommencerez la même erreur.
- **Vous demandez la grâce d'un prisonnier :** Un obstacle insurmontable vous attend.
- **Vous demandez grâce à la justice :** Un procès, la famille y sera mêlée.

GRAIN

- **Rêver de grain :** On vous aimera follement.
- **De grain avarié :** La ruine, la faillite.
- **Beaucoup de grains ou des tonnes de grains :** Amour, prospérité, richesse.
- **Faire le commerce du grain :** Vous perdrez beaucoup d'argent et vous en gagnerez tout autant.

GRAIN DE BEAUTÉ

- **Voir un grain de beauté sur votre corps :** Une liaison amoureuse très courte.
- **Sur votre visage :** Votre charme vous vaudra une distinction.
- **Sur le corps d'une femme :** Cette personne vous envie.
- **Sur le corps d'un homme :** Vous trouverez une excuse pour vous disculper.
- **Un grain de beauté dégénère :** Vos amours sont dangereuses.

GRAISSE

- **Des vêtements tachés de graisse :** Vous n'êtes pas assez clair dans vos explications.
- **Des ustensiles de cuisine pleins de graisse :** Une personne s'invitera et vous n'apprécierez pas.
- **De la graisse dans un bocal :** Des petits profits faciles.
- **Toucher, utiliser ou préparer de la graisse :** Avertit du danger à entreprendre au-dessus de ses moyens.

GRAND-PARENTS

- Il peut s'agir d'un rêve prémonitoire **s'ils sont décédés**. Attentivement, écoutez leur message, ils peuvent vous annoncer la mort d'un proche, mais surtout vous prévenir d'un danger que vous courrez, vous, ou l'un des vôtres.
- **Vivants**, leurs paroles ou leurs comportements n'ont pas moins d'importance. **S'ils vous font des reproches,** c'est la vérification imminente d'une erreur du passé portant ses fruits maléfiques dans le futur.

- **S'ils vous offrent un cadeau :** L'affection qu'ils vous portent aura plus tard beaucoup plus de valeur à vos yeux que l'héritage qu'ils vous laisseront.
- **S'ils sont malades ou mourants :** C'est un gage de longévité, ils vivront très longtemps.
- **S'ils sont assis à la même table que vous :** Une naissance dans la famille dans l'année du rêve.
- **Être grand-père ou grand-mère :** La concrétisation des projets les plus ambitieux.

GRANGE

- **Une grange bien remplie** est un symbole de prospérité.
- **Vide ou en ruine,** c'est l'indice que vous n'êtes pas sur la bonne voie pour faire fortune, vos objectifs sont erronés. Réfléchissez bien à la situation, ne dépensez-vous pas plus qu'il ne faudrait et êtes-vous apte à gérer correctement votre budget ?
- **Acheter une grange :** Votre famille s'agrandira.
- **Se cacher dans une grange :** Une liaison secrète.
- **Engranger du grain ou du foin :** Votre fortune, vous ne la devrez qu'à vous-même !
- **Une grange en feu :** Mort d'un parent.

GRATITUDE

- **Vous exprimez votre gratitude :** Une surprise agréable.
- **Quelqu'un vous exprime sa gratitude :** Attendez-vous à une visite dont l'entourage fera des gorges chaudes.
- **D'autres expriment leur gratitude :** Vous allez bien vous amuser toute une saison.

GRATTER

- **Vous grattez une surface avec un objet ou un métal :** Un ami se détournera de vous.
- **Vous grattez une surface avec une pierre :** Un manque de solidarité vous brisera le cœur.
- **Vous avez des démangeaisons :** Votre empressement vous fera recommencer un travail.

GRAVER

- **Voir un graveur travailler :** La prospérité dépend de votre persévérance.
- **Vous avez recours à un graveur :** Vous serez soumis à une bonne influence.
- **Graver du bois :** Vous ne changerez jamais vos habitudes.
- **Graver du métal :** Conflit dans le travail.
- **Graver ses initiales :** Manque d'assurance en soi.
- **Graver des objets :** Vous rendrez des petits services dans l'entourage.
- **Graver des bijoux :** Malchance en amour.

GRÈCE

- **Rêver de la Grèce :** Chimères et illusions.
- **Visiter la Grèce :** Une amitié se transformera en amour.
- **Une femme rêve qu'elle fréquente un Grec,** un homme plus jeune qu'elle la courtisera.
- **Un homme rêve qu'il fréquente une Grecque :** contretemps désagréable en voyage.
- **Un Grec :** Une liaison sera source d'ennuis.
- **Une femme rêve qu'elle se marie en Grèce :** On parle de sa vie privée.
- **Un homme rêve qu'il se marie en Grèce :** Il passera sa vie entre deux avions.

GRÊLE

- **Vous regardez la grêle tomber :** Les étreintes seront passionnées.
- **Vous êtes sous une averse de grêle :** L'être que vous aimez ne tiendra pas ses promesses.
- **Des gens sont sous une averse de grêle :** Des amis auront besoin de votre soutien sans tarder.
- **La grêle fait de gros dégâts :** Vous réinvestirez ce que vous gagnerez.

GRENADE

- **Vous craignez une grenade dans un lieu quelconque :** Précisément, une personne très hypocrite cherche à vous anéantir à sa façon.
- **Vous lancez des grenades :** Votre autorité n'a d'effet qu'au présent, un très court instant.
- **Une grenade sous-marine explose :** Votre vie matérielle va changer bénéfiquement au grand détriment de votre santé, d'où la nécessité de préserver votre équilibre.

GRENADIER (soldat)

- **Une femme rêve d'un grenadier :** Elle sera fière de son partenaire.
- **Un homme rêve d'un grenadier :** Son impulsivité lui fait du tort.
- **Rêver d'une escouade de grenadiers :** Vos enfants seront très intelligents.

GRENADIER (arbre)

- **Rêver d'un grenadier :** Sens prolifique, vous gagnerez de l'argent.
- **D'un grenadier en fleurs :** Une déclaration d'amour très peu discrète.
- **Chargé de fruits :** L'amour et toutes ses satisfactions.
- **Manger des grenades :** Les flatteries et compliments seront sincères.
- **Ramasser des grenades :** Une heureuse nouvelle.
- **Boire de la grenadine :** Vous tomberez éperdument amoureux.

GRENIER

- **Rêver d'un grenier :** Excellente réserve d'énergie pour faire face aux ennuis imprévisibles.
- **Un grenier plein de souvenirs :** Des circonstances particulières vous donneront la nostalgie de votre enfance.
- **Le grenier d'une maison inconnue :** Découverte sur soi-même, dispositions méconnues auparavant.
- **Un grenier entièrement vide :** Solitude affective.
- **Débarrasser un grenier :** Nécessité de purifier son psychisme, de se débarrasser de préoccupations plombantes.

GRENOUILLE

Excellent présage dans toutes les sphères lorsqu'on les entend coasser.

- **En voir :** Excellentes dispositions pour les créations de toutes sortes.
- **Manger des cuisses de grenouilles :** Maladie. Parfois anémie.
- **Tuer des grenouilles :** Erreur monumentale et pénalisante.
- **Attraper une grenouille pour l'examiner :** Les contretemps seront bénéfiques aux affaires.
- **Pour la disséquer :** Vous vous faites du tort.
- **Votre enfant dissèque une grenouille :** Sa sensibilité sera mise à l'épreuve.
- **D'autres personnes dissèquent des grenouilles :** On vous cache de nombreux faits.
- **Une grenouille dans un bocal :** Un grand chagrin.

GRÈVE

Ce thème est assez complexe, cette manifestation révèle le plus souvent une obstination dangereuse chez le rêveur, surtout s'il y participe ou dirige la protestation. Ses objectifs sont erronés. Aussi, son intérêt est de réfléchir avant de faire le choix qu'il envisage et qui risque d'être pire.

- **Assister à une grève :** Annonce des jours hostiles autant sur le plan matériel qu'affectif.
- **Grève de la faim,** voir **FAIM.**

GRIFFES

Symbole affligeant.

- **Rêver de griffes :** Un créancier attend son heure.
- **Griffer quelqu'un :** Une découverte vexante.
- **Une personne vous griffe :** On réclamera votre témoignage.
- **Se faire griffer par un animal :** Vous devrez faire beaucoup de concessions.
- **S'il s'agit d'un chat :** Vous perdrez le soutien d'un proche.

GRIFFON

Ce lion ailé est un présage de puissance. Les projets audacieux aboutiront et seront source de profit.

- **Un griffon vous agresse et vous poursuit :** L'adversité est protéiforme, mais vous en viendrez à bout.
- **Vous tuez un griffon :** Misère et maléfices.

GRILLE

Elles symbolisent vraiment une entrave à la liberté. Ainsi **se retrouver face à une grille** indique des obstacles difficiles à surmonter. Plus la grille est haute, plus la durée des épreuves sera longue.

- **Si vous franchissez une grille,** le désir d'accéder à quelque chose vous tourmente. Sans vous décourager, rien ne prouve que vous y parviendrez !
- **Se voir derrière une grille :** Votre idéal peut vous induire en erreur ; l'amour que vous portez à votre partenaire ne changera pas pour autant sa vraie nature. Trop d'exigence dégradera votre relation.
- **Des grilles ouvertes :** Signe d'épanouissement physique. Sexualité sans problème.
- **Refermer volontairement les grilles devant soi :** Le thème est délicat, le contexte doit être pris en compte. Si vous n'avez pas de problème affectif et que tout va sans trouble, c'est un signe d'égoïsme. Votre univers c'est vous. Réfléchissez à cela. Votre partenaire en souffre ou en souffrira à long terme.
- **Des grilles brisées ou forcées :** Vous ne protégez pas assez votre vie affective.
- **Observer des gens derrière une grille :** Vous avez tendance à jouer au chat et à la souris. Venez-en au fait, et dans toutes les circonstances pensez à l'essentiel.

GRILLON

En rêve comme dans la réalité, entendre chanter un grillon laisse entrevoir des jours heureux et paisibles.

- **Voir des centaines de grillons :** Signe de patience et de tendresse.
- **Posséder ou apprivoiser un grillon :** Toute votre vie dans la même demeure.
- **Un grillon mort :** Vos affaires resteront au point mort pendant une longue période.

GRIMACE

- **Vous faites des grimaces à quelqu'un :** Contrariétés, petites piqûres d'amour-propre.
- **Voir faire des grimaces :** Si vous connaissez la personne qui se livre à ce petit jeu, sachez que ses sentiments ou ses paroles sont loin d'être sincères.
- **Des enfants font des grimaces :** Vous êtes trop dépendant de l'opinion publique.

GRIPPE

- **Vous êtes atteint de la grippe :** On vous révélera un fait surprenant qui vous laissera sans voix.
- **Un proche a la grippe :** Prévoyez un changement dans vos habitudes.
- **Vous mourrez de la grippe :** Séparation insupportable qui ôte le goût à la vie.
- **Vous entendez parler d'une épidémie de grippe :** Ne comptez pas sur l'aide d'autrui, débrouillez-vous seul.

GROG

- **Vous vous préparez un grog :** Vous aurez du chemin à parcourir avant d'acquérir la sagesse.
- **Quelqu'un vous prépare un grog :** Une soirée vous réservera bien des surprises.
- **Vous vous saoulez en buvant plusieurs grogs :** Un échec cuisant, mais sans incidence sur l'avenir.
- **Une personne de votre connaissance prend un grog :** Un geste généreux provoquera un incident.

GROSEILLE

- **Rêver de groseilles rouges** est favorable aux projets amoureux.
- **De groseilles blanches :** Les sentiments ne seront jamais dévoilés.
- **De groseilles foncées ou noires :** Un ami cessera de vous parler ou de vous écrire.
- **Manger des groseilles :** Vous êtes déjà dans la gueule du loup.
- **Cueillir des groseilles :** L'amour sera de courte durée.
- **Faire de la confiture de groseilles :** N'ajoutez pas foi aux propos que l'on vous tiendra.

GROSSESSE

- **Lorsqu'une femme fait ce rêve,** elle ne doit pas y voir obligatoirement le signe d'une naissance future. Le message peut être tout autre. Son existence ne lui apporte pas ce qu'elle attend et une opportunité va se présenter, ou encore, un de ses projets à l'état embryonnaire va pouvoir se matérialiser. Quoi qu'il en soit, ces thèmes sur la grossesse sont généralement bénéfiques, sauf s'il s'agit de **grossesses extra-utérines**. Dans ce cas de figure, on doit s'interroger sur sa vie affective. Les sentiments deviennent confus, on se détache de l'autre, souvent les relations sont électriques ou l'indifférence plane. Une de ces deux hypothèses est à retenir.
- **Lorsqu'un homme rêve de la grossesse de son épouse :** C'est un souffle de morale. Ses attitudes et ses paroles doivent être celles d'un homme responsable. Toute action superficielle risque d'entraîner un sérieux gâchis dans son existence et celui de sa partenaire.

- **Lorsqu'un homosexuel rêve de grossesse :** Une nouvelle activité différente de la sienne lui ouvrira de nouveaux horizons, mais il devra renoncer à beaucoup de choses.
- **Lorsqu'un homme marié rêve de la grossesse de sa maîtresse :** Un sérieux conflit se prépare dans son couple depuis de longs mois. Selon le contexte, la belle-mère peut être impliquée, parfois une personne extérieure à la famille.

GROSSIR, voir EMBONPOINT

GROTTE

Symbole de protection, de défense.

- **Rêver d'une grotte** montre qu'au plus profond de vous vous recherchez la sécurité affective, vos doutes aussi discrets soient-ils ternissent votre paix intérieure. En fait, ce rêve devrait vous rassurer, tout ce que vous craignez dans n'importe quel domaine tournera à votre avantage.
- **Une grotte sacrée** révèle un réveil mystique ou spirituel suivi d'une nette amélioration de la santé.
- **Si vous ne parvenez pas à sortir d'une grotte, si vous y êtes enfermé :** Soit vous avez eu la chance de vivre dans un cocon et la crainte de faire face à certaines responsabilités vous tracasse, soit vous avez un besoin vital de vous arracher à une situation que vous n'avez jamais souhaitée, et vous n'y parvenez pas.
- **D'autres personnes sont avec vous bloquées dans une grotte :** Méfiez-vous des grands voyages, ils peuvent vous réserver des surprises, surtout si vous faites preuve d'insouciance dans les préparatifs.

GUÊPE

Son symbole est maléfique.

- **Voir des guêpes :** Une personne vous déteste et cherche à vous nuire.
- **Être piqué par des guêpes :** On vous ment et vous mène en bateau, ne focalisez pas sur certains projets, ils n'aboutiront pas.
- **Chasser ou tuer des guêpes :** Le tort que l'on vous porte ne va pas tarder à se retourner contre son auteur.
- **Voir un essaim de guêpes :** Machination collective.
- **Détruire un essaim de guêpes :** Vous échapperez à un piège.

GUERRE

C'est le rêve des persécutés qui se sentent opprimés par leur condition de vie et souhaiteraient s'évader de leur quotidien. Malheureusement, ils ne peuvent se passer de la famille ou de leur compagnon plus de vingt-quatre heures sans que le monde s'écroule autour d'eux.

- **Les combats, les corps à corps, le couvre-feu, les bombardements, les avions qui passent en rase-mottes,** expriment le désir d'échapper à certaines contraintes et à leurs rigueurs et paradoxalement la nécessité d'y faire face avec colère. Ces thèmes montrent des natures rebelles ou autodestructrices.
- **Pour une femme,** la signification de ce rêve est plus délicate selon le contexte, des conflits existent et perdurent avec le père. La deuxième possibilité est celle d'une sexualité conflictuelle ou mal libérée pouvant entretenir un petit déséquilibre. Sachez cependant que **les guerriers et les soldats qui passent à l'attaque** ne représentent pas forcément des ennemis, tout du moins ce fait est très rare, mais des potentialités latentes et prêtes.
- **Si vous prenez part à une guerre :** Cela traduit simplement le besoin d'être bien dans votre tête et en accord avec les autres.
- **Tous les événements heureux en temps de guerre** annoncent des conflits sociaux plus ou moins importants.

GUÊTRE

- **Rêver de guêtres :** Caprices et colères.
- **Vous portez des guêtres :** Bonheur en amour.
- **Une autre personne porte des guêtres :** Vous vous féliciterez d'une indiscrétion.
- **Vous essayez des guêtres :** Un voyage épuisant.
- **Vous achetez des guêtres :** Inconstance féminine.

GUIDE

- **Rêver d'un guide :** Une relation mérite votre confiance.
- **Vous êtes guide :** L'influence d'une amitié vous fera saisir une belle opportunité.
- **Des gens vous guident :** On cherche à vous faire comprendre quelque chose par des moyens détournés.

GUILLOTINE, voir ÉCHAFAUD

GUIRLANDE

- **Rêver de guirlandes :** Les amis pensent à vous.
- **Des guirlandes pour un anniversaire ou une fête :** Des témoignages d'amitié sous forme de cadeaux.
- **Des guirlandes de fleurs :** L'avenir est rassurant et prometteur.
- **Porter des guirlandes de fleurs au cou :** Vos ambitions se réaliseront.
- **Des guirlandes de fleurs séchées** n'indiquent que des déboires et des désenchantements.
- **Fabriquer des guirlandes :** Vie familiale sereine.

GUITARE

- **Rêver de guitares et en entendre le son :** Les sollicitations d'une personne deviendront obsédantes.
- **Posséder une guitare :** On vous aimera à votre insu.
- **Jouer de la guitare :** Le plaisir de l'amour est votre préoccupation majeure.
- **Dans un cabaret ou un lieu public :** C'est un coup de foudre... et un feu de paille !
- **Acheter une guitare :** Vous tiendrez la main d'une personne timide.
- **Un proche ou une connaissance joue de la guitare :** Ne vous laissez pas dominer par la paresse et les belles phrases !

GYMNASTIQUE

- **Vous faites de la gymnastique :** Une phase attrayante s'annonce.
- **Des enfants font de la gymnastique :** Les tracas s'accumulent au mauvais moment.
- **Vous êtes professeur de gymnastique :** Vous aurez une relation avec un être égoïste.
- **Vous possédez un gymnase :** Vous êtes nanti d'une énergie débordante qui vous fait entreprendre de nombreuses activités parallèles aux grands dépens de votre vie privée.

H

HABILLER

- **Vous habillez quelqu'un :** La stupidité d'une personne fera tourner les choses en votre faveur.
- **Vous vous habillez :** Un de vos désirs se réalisera.
- **Vous vous habillez devant quelqu'un :** Dans vos démarches, la chance est avec vous.
- **Vous vous habillez en toute hâte :** Pensez à vous acquitter d'une dette avant qu'elle ne vous cause de sérieux ennuis.
- **Vous vous habillez dans un magasin de la tête aux pieds :** Votre budget sera maigre, vous devrez emprunter de l'argent.
- **Habiller un petit enfant :** Bonheur et satisfaction.
- **Quelqu'un vous habille :** Votre conduite est critiquable.

HACHE

Son symbolisme est maléfique. Lorsqu'on se sert de cet instrument pour frapper ou tuer, la hache révèle alors une existence menacée et de graves problèmes psychologiques. Des objectifs inaccessibles poussent parfois la personne qui fait ce rêve à utiliser des voies qui la conduisent tout droit à l'autodestruction.

- **Vous aiguisez une hache :** Une décision favorable sera rendue à votre sujet.
- **Vous possédez une hache :** Votre vie affective est menacée par une tierce personne.
- **On vous menace avec une hache :** Un guet-apens.
- **On vous frappe avec une hache :** Vous devrez apporter plus d'intérêt à votre vie privée si vous voulez vous éviter des épreuves.

HAIE

- **Rêver d'une haie bien verte :** L'année qui vient sera heureuse.
- **Une haie dépouillée de feuilles :** Chagrins et larmes.
- **Une haie de fleurs :** Un événement important se prépare.
- **Tailler une haie :** Toutes les adversités seront surmontées.
- **Planter une haie autour de sa maison, ou faire installer une haie par quelqu'un :** Grandes satisfactions avec les relations et les amis.
- **Un étranger taille votre haie :** Une personne chère se détourne de vous.
- **Un proche ou une connaissance taille votre haie :** Il est temps de mettre un terme à une relation qui vous retarde sur bien des plans.

HAINE

- **Si vous ressentez de la haine pour quelqu'un,** ce peut être simplement la manifestation d'un amour solide et constant qui dérange à l'état de veille ; on regrette de ne pouvoir réprimer ce sentiment qui annihile tout désir de révolte ou de fuite.
- **Si sur vous se porte la haine,** vous trouverez contradictoirement compréhension et soutien autour de vous.
- **Une personne vous annonce qu'elle vous hait :** Vous vous demandez si les amis sont loyaux ; ce thème cherche à vous ôter le bandeau que vous avez sur les yeux.
- **Abhorrer quelque chose** est un signe de découragement.

HALEINE

- **Vous avez une mauvaise haleine :** Signe de tracas domestiques.
- **Une haleine parfumée :** On cherche à retrouver votre adresse ou votre numéro de téléphone.
- **Une personne à mauvaise haleine et vous incommode :** Vous faites tout ce qu'il faut pour déclencher les hostilités.
- **Votre enfant à mauvaise haleine :** Un parent lui manque et il déprime.

HALL

- **Vous êtes dans un hall :** Coupure avec la société, retranchement.
- **Vous avez rendez-vous dans un hall :** Une chance à saisir.
- **Vous vous trouvez dans un hall de gare :** Méfiez-vous de vos instincts, ils dirigent maladroitement votre vie.
- **Vous êtes dans un hall de gare :** L'autre est infidèle.
- **Dans un hall de gare vide :** La négligence vous nuit.

HALO

- **Voir quelqu'un entouré d'un halo de lumière :** On vous dévoilera un fait qui ne vous fera pas forcément plaisir.
- **Une personne qui vous est chère est entourée d'un halo :** Cette même personne court un danger.
- **Une personne décédée est entourée d'un halo :** Un événement important se prépare pour vous.
- **Se voir entourer d'un halo :** Dans votre intérêt, revenez sur votre décision ou remettez à plus tard un projet délicat.
- **Un halo de lumière autour d'une statue ou d'un objet précieux :** Les épreuves diminuent, les soucis matériels disparaissent.

HAMAC

- **Rêver d'un hamac :** L'indécision en amour.
- **Se balancer en solitaire dans un hamac :** Votre partenaire souffre de votre égoïsme.
- **Avec une personne du sexe opposé :** Une de vos petites histoires ne passera pas inaperçue.
- **D'autres sont dans un hamac :** Des craintes non fondées.
- **Vous tombez d'un hamac :** Petit échec sentimental dégradant.

HANCHE

- **Un homme rêve des hanches d'une femme :** Il se lie trop vite avec n'importe qui.
- **Si les hanches de cette femme sont très fortes :** Une déception amère l'attend.
- **Une femme rêve de ses hanches :** Quelqu'un lui manque et elle déprime.
- **Si ses hanches sont très fortes :** L'amour des siens lui est acquis définitivement.
- **Si ses hanches sont très maigres :** C'est un signe de stérilité et même parfois de frigidité.
- **Vous êtes blessé ou souffrez d'une hanche :** De graves conflits entre amants ou époux.
- **On vous opère à une hanche :** Vous vous séparerez de votre partenaire par manque d'affinités !
- **Voir des hanches très maigres** est un présage de renoncement dans le domaine sentimental.

HANDICAPÉ, tout dépend du secours que l'on devra porter à la personne qui se trouve dans cet état dans le rêve. **S'il s'agit d'un être cher,** sa constitution n'est pas en danger, l'aide que vous lui apporterez sera surtout un soutien moral.

- **Une personne que vous ne connaissez pas est handicapée :** Les événements ne se déroulent pas comme vous l'auriez souhaité.
- **Si vous êtes vous-même handicapé :** Vous trouverez facilement le réconfort ou l'aide dont vous aurez besoin à l'avenir, mais en attendant, vous allez devoir régler de nombreux problèmes.

HANNETON

- **Rêver d'un vol de hannetons :** La personne que vous aimez à quelques folies en tête.
- **Tenir dans sa main des hannetons ou jouer avec** indique que vous parviendrez à raisonner un ami sur le choix d'une décision désastreuse.
- **Écraser ou détruire des hannetons :** Vos affaires iront très mal.
- **Des hannetons dans une pièce :** Un petit affront en société.

HARCÈLEMENT, symbole d'ennui et d'amertume.

- **Vous harcelez quelqu'un :** Vous ressassez sans cesse vos déboires et faites barrage au renouvellement de vos idées. L'optimisme vous fait défaut.
- **Vous êtes harcelé :** Vous aurez besoin d'être rassuré par une personne de confiance ou un véritable ami.
- **Une personne qui vous est chère est l'objet d'un harcèlement :** Son comportement ne va pas tarder à vous mettre mal à l'aise.
- **Vous faites l'objet d'un harcèlement sexuel :** Des mensonges sont débités sur votre compte.
- **Votre partenaire fait l'objet d'un harcèlement sexuel :** L'ennui lui fera faire une sottise.
- **Votre partenaire vous harcèle sexuellement :** Vous négligez vos apparences et également l'être aimé.

HAREM

Une femme qui fait ce rêve est souvent tentée par des aventures ou le côté matériel est prépondérant. Elle est prête à sacrifier l'affection au profit de ses ambitions.

- **L'homme qui rêve de harem** n'est en fait pas très sûr de son pouvoir de séduction ; les expériences qu'il a vécues jusqu'à présent ne lui ont apporté aucune satisfaction réelle.
- **Un homosexuel rêve d'un harem :** Il a toutes les chances de réussir dans un domaine où des femmes évoluent.

HARENG

- **Vous pêchez des harengs :** Un legs sera décevant.
- **Vous mangez des harengs :** Vous ferez quelques économies.
- **Vous achetez des harengs :** Vous gérez très mal votre budget.

HARMONICA

- **Vous jouez de l'harmonica :** Des nouvelles très perturbantes.
- **Quelqu'un joue de l'harmonica :** Une dispute avec un inconnu.
- **Vous achetez un harmonica :** Corruption, prudence, vous y prenez goût.
- **Un enfant joue de l'harmonica :** Une naissance occasionnera des troubles.

HARMONIUM

- **Rêver de cet instrument** annonce rien de bon. La santé sera fragilisée pendant quelques mois.
- **Vous entendez jouer de l'harmonium :** Un enterrement.
- **Vous jouez de l'harmonium :** Quelqu'un vous aime désespérément et en parle à son ami.

HARNAIS

- **Rêvez d'un harnais de cheval :** Vous maîtriserez toutes les situations avec succès.
- **Acheter un harnais de cheval :** Encore quelques efforts et vous parviendrez à vos fins.
- **Harnacher un cheval :** Récompense d'un service rendu.
- **Un harnais de chien :** C'est de votre faute si on vous manque de respect.
- **Acheter un harnais pour chien :** Conciliation manquée, report d'un projet.

HARPE

- **Rêver d'une harpe :** On vous fera un aveu timide.
- **Vous jouez de la harpe :** Joie et harmonie.
- **Quelqu'un joue de la harpe :** La jalousie d'un proche.
- **Vous prenez des cours de harpe :** Une aventure amoureuse.

HARPON

- **Vous utilisez un harpon :** Votre agressivité vous fera commettre un geste que vous regretterez.
- **Vous harponnez un très gros poisson :** Le hasard vous offrira la fortune.
- **Vous êtes blessé par un harpon :** Vous perdrez votre crédibilité.
- **Une personne pêche au harpon :** Un chicaneur vous fera manquer une affaire.

HÉMORRAGIE, bien sûr il faut relier ce thème à la santé. Votre vitalité est en baisse et vous perdez certainement une énergie précieuse dans une de vos activités.

- **Si c'est un proche qui est victime d'une hémorragie :** Le message aura la même teneur, il court un danger ou prend des risques physiquement.
- **Une autre personne est victime d'une hémorragie :** Une pseudo-amitié déchire et détruit votre foi en l'existence.

HÉMORROÏDES

- **Vous souffrez d'hémorroïdes :** Si votre rêve est une prolongation du quotidien, et donc, de cet état de fait, consultez votre médecin pour vous rassurer. Par contre, si dans la réalité vous n'êtes pas concerné par ces maux, ils traduisent quelques excès gastronomiques que votre organisme compte bien vous faire payer. Maîtrisez votre gourmandise les jours suivants.
- **Vous êtes opéré des hémorroïdes :** Un départ ou un changement de résidence mettra un terme à vos problèmes.
- **Un être cher souffre des hémorroïdes :** Vous regretterez une faute dans un instant d'affolement.

HENNISSEMENT

- **Vous entendez un cheval hennir :** Des nouvelles d'un ami.
- **Vous entendez des chevaux hennir :** Un événement heureux que vous fêterez entre amis. Voir **CHEVAL.**
- **Vous hennissez :** Ce rêve peut déceler le besoin de se défouler.

HERBE

- **Rêver d'herbe bien verte :** Signe de prospérité.
- **D'herbe desséchée :** De grands tourments, causés par une maladie.
- **Manger de l'herbe :** Des tromperies seront responsables des complications financières.
- **Se coucher ou se rouler dans l'herbe :** Vous tomberez amoureux.
- **L'herbe est très haute :** Vous ne saurez vous satisfaire d'un quotidien sans grandeur.
- **De l'herbe parsemée de fleurs :** Une somme d'argent sera mise à votre disposition.
- **Une personne homosexuelle rêve d'herbe verte :** Ses moyens seront abondants.
- **D'herbe séchée ou brûlée :** Elle doit se méfier de ses relations, certaines cherchent à lui nuire.
- **Un artiste rêve d'herbe verte :** C'est un excellent présage de réussite. S'il est connu, sa cote de popularité augmentera ; à l'inverse, **de l'herbe desséchée** lui annoncera des désenchantements.

HERCULE, ce Dieu est symbole de force et de protection.

- **Si un homme se voit dans la peau de ce héros de la mythologie :** Il ne doit pas manquer d'assurance face au sexe faible, et n'a aucun mal à imposer sa volonté. En fait, sa force réside, non pas dans ses muscles, comme ce dieu, mais dans son esprit, en toutes circonstances, il est maître de ses instincts et les domine.
- **Si vous avez une force herculéenne :** Réjouissez-vous, cette «force» annonce des jours meilleurs sous d'heureux hospices.
- **Si un proche est nanti de cette «force»,** sachez que par sa faute vous allez connaître une expérience bien embarrassante, que vous n'oublierez pas de si tôt.

HÉRISSON

- **Rêver d'un hérisson :** Signe de sécurité et de tranquillité.
- **Écraser ou tuer un hérisson :** Les échecs consécutifs ont tendance à vous décourager.
- **Un bébé hérisson :** La tentative d'un rival échoue.
- **Les piquants du hérisson vous piquent :** Votre émotion vous trahira.

HÉRITAGE

- **Recevoir un héritage** suscite la controverse, vous manquerez celui que vous espériez.
- **Donner un héritage :** Dispute avec des amis qui vous sont chers.
- **Une autre personne hérite :** Dans un délai très court vous toucherez de l'argent.
- **Refuser un héritage :** Une mort prochaine.
- **Votre héritage est très important :** Les périodes d'ennuis financiers s'enchaînent pendant toute une année.
- **Votre héritage est très pauvre :** Sans aucun secours, votre situation verra des jours meilleurs.

HERMAPHRODITE

- **Si vous rêvez d'un hermaphrodite qui peut être aussi l'un de vos proches :** La façon dont vous conduisez votre vie est très discutable. Il n'est pas exclu qu'elle mette en danger votre équilibre à un moment donné.
- **Si vous êtes hermaphrodite :** Vous aurez tendance à revenir sur ce qui a déjà été convenu ; il en résultera un climat de troubles et d'insatisfaction autour de vous. À l'avenir, soyez plus déterminé.

HERMINE

- **Rêver de cet animal :** L'amour est déchirant, sanguinaire, et vous aurez du mal à vous remettre de vos blessures.
- **Rêver de sa fourrure** n'est pas un indice de luxe, bien au contraire. Faites très attention à vos dépenses, car des difficultés pourraient bien vous obliger à vous séparer d'objets ou de meubles de valeur.
- **Un homme rêve qu'il offre une fourrure d'hermine à une femme :** Il sera trahi et le mobile sera l'argent.
- **Une femme reçoit une fourrure d'hermine en cadeau :** Elle perdra des biens précieux.
- **Acheter une fourrure d'hermine :** Vous avez tout à craindre d'une personne vénale.

HÉROÏNE

- **Vous prenez de l'héroïne :** Des problèmes d'adaptation. Le statut social est parfois en danger.
- **Un proche fait usage de cette drogue :** Il devra se remettre en question.
- **Vous transportez de l'héroïne sur vous ou dans votre véhicule :** Vous serez victime d'un chantage, la personne qui l'exercera s'en défendra et dirigera les hostilités contre vous.
- **Vous achetez de l'héroïne :** Perte, faillite.

HÉROS

- **Vous êtes un héros :** Dans la réalité, si vous avez accompli un petit exploit ou une performance récemment, ce rêve promet l'admiration des autres et leur soutien. S'il n'en est rien, méditez sur le moyen de sortir des sentiers battus, car vos ambitions ont besoin d'être soutenues par une bonne imagination.
- **Un être cher est un héros :** Ce thème évince le doute d'une insécurité affective.
- **Rêver d'un héros ou d'un acte héroïque :** Une aventure tentante vous séduira... mais de là à vous y lancer...

HERSE

- **Vous utilisez une herse pour remuer la terre :** La quarantaine promet richesse et prospérité.
- **Vous regardez quelqu'un utiliser une herse :** Par intérêt, on souhaite obtenir vos bonnes grâces.
- **Vous achetez une herse :** Si vous prenez un crédit, assurez-vous de pouvoir l'assumer à long terme.
- **Vous vendez une herse :** Une personne vous demandera de lui prêter de l'argent.

HEURE

- **Penser à une heure plus qu'à une autre dans un rêve** montre la nécessité d'assumer certains engagements que l'on redoute.
- **Regarder se vider un sablier :** Le retard vous sera défavorable.
- **Regarder l'heure à une horloge :** Une décision vous concernant sera prise le jour même.
- **Regarder votre montre :** Vous dispersez dangereusement vos énergies.
- **Demander l'heure :** Quelqu'un souhaite votre présence.

HIBOU

Cet oiseau nocturne est un symbole de connaissance et de circonspection. Beaucoup de penseurs lui prêtent des vibrations maléfiques et funestes. Il n'en est rien.

- **Si vous voyez un hibou pendant votre sommeil,** les décisions que vous prendrez seront empreintes de sagesse et de bon sens.
- **Si vous le chassez :** Vous parviendrez difficilement à résoudre vos problèmes car votre objectivité sera défaillante.
- **Si vous tuez un hibou :** Une erreur de votre part tournera au désastre.
- **Un hibou mort :** Vous hériterez d'un vieil homme.

HIPPOCAMPE

- **Si vous rêvez de ce petit animal fabuleux à la tête de cheval,** vous avez en vous une grande réserve d'amour ; malheureusement, certaines de vos passions sont inaccessibles et irrationnelles.
- **Si vous avez un hippocampe en aquarium :** Un sentiment d'insatisfaction, de perfection inachevée demeure en vous.
- **Un couple d'hippocampe :** Une union épanouissante contribuera à dénouer un passé compliqué.
- **Un hippocampe rejeté par la mer :** Cette existence trop rangée vous étouffe, «l'appel du large» va se faire sentir.

HIPPOPOTAME

- **Rêver d'un hippopotame dans son environnement naturel** présage qu'à leur façon vos ennemis sont déterminés à vous détruire ; assurez bien votre défense.
- **Un hippopotame au zoo :** Seul le découragement peut vous empêcher de surmonter l'adversité.
- **Chasser un hippopotame :** On vous agresse fréquemment par des paroles qui vous mettent les nerfs en pelote.
- **Être poursuivi par un hippopotame :** Vos affaires vont très mal.

HIRONDELLE

Symbole d'amour.

- **Lorsqu'elle vole autour de vous ou gazouille**, le retour de l'être cher est pour bientôt.
- **Si elle se pose sur votre bras :** Une grande joie va vous étreindre.
- **Si elle fait son nid sous votre toit :** Votre existence sera longue et harmonieuse.
- **Si vous tuez ou maltraitez une hirondelle :** Beaucoup d'ingratitude autour de vous.
- **Si c'est vous qui lui donnez la mort :** L'amour désertera votre vie.
- **Si vous attrapez une hirondelle :** Une lettre ou une déclaration d'amour vous surprendra.
- **Une hirondelle en captivité :** Une personne vous aime et ne peut dévoiler ses sentiments.
- **Voir un vol d'hirondelles :** Une naissance sans tarder dans le foyer.
- **Si vous trouvez une hirondelle blessée :** Un chagrin d'amour inconsolable vous affligera pendant de longs mois.

HISTOIRE

- **Vous consultez ou lisez un livre d'histoire :** Une personne vous parlera d'un parent défunt qu'elle a connu.
- **Vous enseignez l'histoire de France :** Dévouement et fidélité des amis.
- **Vous achetez un livre d'histoire :** Vous manquez encore d'expérience.
- **Vous êtes un passionné d'histoire :** Des félicitations et des honneurs sont à la veille de vous échoir.

HIVER

- **Vous rêvez d'un hiver rigoureux :** L'année nouvelle s'annonce avec de nombreux imprévus désagréables.
- **D'un hiver très doux :** Vos finances se porteront bien.
- **D'un hiver hors saison :** Une santé de fer, un moral d'acier.

HOMARD

- **Rêver d'un homard :** Une plaisanterie de mauvais goût.
- **Vous pêchez un homard :** Une période de grande chance.
- **Vous mangez du homard :** L'amour sera gratifiant et formidable.
- **Vous achetez du homard :** De sérieuses querelles avec l'être cher.

HOMME, le thème est délicat à interpréter surtout dans le rêve de femmes. L'homme ne représente pas forcement un désir sexuel, tout dépend de son comportement dans le rêve.

- **Lorsqu'une femme rêve qu'un homme la protège :** Elle doit craindre des complications relatives à des actions passées.
- **Si elle rêve d'un homme de loi :** Certaines de ses relations seront rompues.
- **D'un homme célèbre :** Quelqu'un la protège à son insu.
- **D'un jeune homme :** Elle dit à ses amants le contraire de ce qu'elle pense.
- **D'un homme nu :** Un homme lui fera des avances.
- **D'un homme nu et couvert de poils :** Elle est insatisfaite et résignée.
- **D'un homme qui la poursuit :** Elle se réconciliera avec ses ennemis.
- **Si elle est homosexuelle,** l'homme qui hante ses rêves représente tout ce qu'elle déteste et craint d'affronter.
- **Si un homme rêve d'un très bel homme,** il souffre d'un complexe d'infériorité devant les femmes.
- **S'il rêve d'un homme de loi,** il n'est pas sûr de lui et cherche l'approbation des autres.
- **D'un homme nu :** Il est timide et pudique.
- **Si un homme le provoque ou l'agresse :** Il ne sait pas dire non.
- **S'il est homosexuel et rêve d'un très bel homme,** c'est un signe de joie et de santé.

- **S'il rêve d'un homme nu :** Il sera malheureux en amour et rejeté.
- **D'un homme agressif et injurieux :** Sa vie professionnelle fera des jaloux.
- **D'un homme de loi :** Il doit s'attendre à des problèmes d'ordre social et relationnel.

HOMOSEXUALITÉ

- **Si vous êtes hétérosexuel et rêvez de personnes homosexuelles :** Ce rêve révèle surtout un aspect de votre caractère et peut prouver que vous attachez beaucoup trop d'importance à votre petite personne.
- **Fréquenter une personne homosexuelle** révèle parfois une confusion dans les sentiments susceptible de remettre beaucoup de choses en question.
- **D'hétérosexuel vous devenez homosexuel :** Une indication de tendance réelle à ces mœurs serait rarissime, il faut y voir la possibilité de transformation intérieure plutôt positive et tendant à améliorer les rapports avec les autres.

HONNEUR

- **Vous recevez des honneurs :** Vous avez tendance à la mégalomanie et vous évaluez mal vos ambitions.
- **Vous honorez une personne :** Vous recevrez des félicitations sincères.
- **Vous perdez votre honneur :** Des responsabilités données à tort à des gens insouciants risquent de vous causer des ennuis avec la justice.

HONTE, éprouver ce sentiment en rêve peut provoquer au réveil une sensation de lassitude et de découragement. Ces thèmes montrent des natures craintives et souvent exposées aux critiques dans leurs activités ou un contexte familial persécutant.

- **Si une personne a honte de vous :** C'est tout simplement que vous ne parvenez pas à accomplir un acte sans l'aval de quelqu'un et vous finissez par douter de vos compétences.
- **Si une personne a honte de ses agissements :** On vous fera, sans tarder, des excuses.

HÔPITAL

- **Vous vous rendez dans un hôpital, si vous êtes en activité,** c'est un avertissement, reposez-vous. **Si vous êtes sans travail et sans objectif**, votre oisiveté est le berceau de tous vos maux.
- **Si vous êtes hospitalisé :** Il y a peu de chance pour que cela vous arrive réellement dans un avenir proche, par contre vous souffrirez d'un éloignement ou d'une séparation.
- **Vous travaillez dans un hôpital :** Vous avez probablement de lourdes responsabilités et vous êtes très mal secondé pour y faire face.

- **Marcher dans les couloirs ou chercher quelqu'un dans un hôpital :** Les personnes angoissées par leur santé ou par celle d'un être cher ainsi que les personnes âgées font fréquemment cette sorte de rêve. Des faits réels et sans gravité s'y rapportent les jours ou les mois suivants, des visites chez le médecin, des examens médicaux, radiographies etc.

HOQUET

- **Être pris par une crise de hoquet** présage un vif désappointement affectif.
- **Si votre conjoint a le hoquet :** Il sera victime d'un problème auquel vous ne pourrez remédier.
- **Si votre enfant a le hoquet,** un de ses amis lui fait du tort.
- **Si une personne a le hoquet :** Les excès des autres deviennent déprimants.

HORLOGE

- **Regarder l'heure à une horloge,** voir **HEURE.**
- **Regarder l'horloge d'une gare :** Un voyage très court.
- **Regarder l'horloge d'une place ou d'un bâtiment :** Vous vous méprenez sur les intentions d'une personne de votre entourage.
- **Remonter une horloge** est l'indice d'une rencontre très agréable.
- **Entendre sonner une horloge :** Ne remettez pas au lendemain ce que vous pouvez faire le jour même.
- **Fixer des yeux la course de la petite aiguille d'une horloge :** Il est temps de vous mettre au travail car le retard peut vous être fatal.

HOROSCOPE, voir ASTROLOGIE

HOSTIE

- **Rêver d'hosties :** Possibilité de communion sur le plan spirituel avec l'au-delà.
- **Un prêtre vous tend l'hostie :** Un grand bonheur vous attend.
- **Un de vos enfants reçoit l'hostie :** Vous devrez le réconforter d'un grand chagrin.
- **D'autres personnes reçoivent l'hostie :** Vous recevrez une invitation chaleureuse.
- **Préparez le pain des hosties :** Mission de confiance, parfois hors de son milieu naturel.

HÔTEL

- **Vous entrez dans un hôtel :** Une erreur de parcours vous sera facturée très cher, la leçon porte sur le bon sens.
- **Vous habitez dans un hôtel :** De longs efforts seront couronnés de succès.

- **Vous vous rendez à l'hôtel avec une personne du sexe opposé :** Une relation sentimentale se dégrade ; si vous êtes marié, il est temps d'ouvrir le débat sur la sincérité.
- **Vous séjournez à l'hôtel pour un voyage d'affaires :** Vos ambitions fantaisistes vous perdront.
- **Vous possédez ou achetez un hôtel :** Vos investissements seront infructueux, la cause en sera votre impatience.
- **Vous quittez votre chambre d'hôtel sans la régler :** Une dette sera annulée.

HOUBLON

- **Rêver de houblon :** Cette plante est un symbole de douceur. Les jours à venir réservent de grands moments de tendresse.
- **Fabriquer de la bière avec du houblon :** Une ambiance aphrodisiaque vous fera perdre la tête.
- **Se procurer du houblon :** Une liaison amoureuse longtemps désirée.

HOUX

- **Rêver de houx :** Votre prévoyance vous mettra à l'abri de l'inconfort.
- **Vous cueillez du houx :** Paix et harmonie dans le foyer.
- **Vous offrez du houx :** L'avenir vous préoccupe à juste titre.
- **Si vous l'offrez à une personne aimée :** Vous trouverez la solution à un problème.
- **On vous donne du houx :** Un reproche vous fera voir clair en vous.

HUILE

- **Acheter de l'huile :** Une aide que vous n'attendiez plus.
- **Fabriquer de l'huile :** Message alarmiste, vous êtes sous pression, détendez-vous.
- **Utiliser de l'huile :** Vous manquez de souplesse, vos membres sont engourdis et votre esprit embrumé.
- **Absorber de l'huile :** Une requête difficile à exprimer.
- **Absorber de l'huile de foie de morue :** Une maladie vaincue rapidement.
- **Faire ingérer de l'huile de foie de morue à un parent ou à un enfant :** Les ennuis ne font que commencer.
- **Renverser de l'huile :** Votre cagnotte s'amenuise.
- **Tacher ses vêtements avec de l'huile :** Vous compliquerez tout.
- **Marcher dans l'huile :** Obstination vers un but irréalisable.
- **Se mettre de l'huile sur la tête :** De beaux profits, de lourds crédits.
- **Utiliser de l'huile pour se masser :** Votre partenaire n'est pas très attentionné.

HUISSIER

La loi des contraires intervient nullement dans la signification de ce thème. **Si, en rêve, ce personnage vous rend visite ou carillonne à votre porte**, vous pouvez vous attendre à des tracasseries juridiques ou administratives dans les deux semaines à venir.

- **Si vous renvoyez un huissier «manu militari»**, c'est la prédiction d'une scission prochaine dans le domaine amoureux ou des affaires.
- **Si vous rêvez que vous exercez cette profession :** Les démarches aboutiront mais se solderont à long terme par des échecs partiels.

HUÎTRE

- **Rêver d'huîtres :** Vous profiterez de la sottise d'une personne.
- **Vous achetez des huîtres :** Vos projets sont très ambitieux, ils n'aboutiront qu'au prix de vrais sacrifices.
- **Vous ouvrez des huîtres :** Vous dévoilez vos plans trop vite.
- **Vous mangez des huîtres :** Votre organisme fonctionne à merveille.
- **Des personnes de la famille vous apportent des huîtres :** Vous gagnerez beaucoup d'argent avec la contribution des proches.

HUMIDITÉ, cette sensation peut vous mettre très mal à l'aise au réveil, et peut indiquer une défaillance physique due à une pression omniprésente soit dans le contexte familial, soit dans la sphère professionnelle.

- **Cette humidité vous fait souffrir :** Un verdict concernant une personne chère vous semblera injuste et vous rendra triste.
- **Vous rêvez d'un pays humide où la végétation est intense :** Le sommeil vous manque ou vous gérez très mal votre repos.
- **Votre maison est empreinte d'humidité :** La fatigue vous empêche de vous lancer dans un projet qui d'ailleurs vous désavantagera dans l'immédiat.

HURLEMENT

- **Vous entendez un hurlement :** Un de vos amis est en danger.
- **Un de vos proches hurle :** Ne prenez pas pour acquis les serments de votre partenaire.
- **Des gens se disputent en hurlant :** Perte de relations sociales.
- **Vous hurlez :** Une trahison n'aura comme conséquence qu'un bon discernement à l'avenir.

HUSSARD

- **Rêver d'un hussard :** Entente physique parfaite.
- **Plusieurs hussards** attestent d'une vie amoureuse agitée aux multiples partenaires.

- **Parler avec un hussard :** Une décision énergique et surprenante qui ne concernera pas obligatoirement le plan affectif.
- **Une femme rêve qu'un hussard lui fait la cour :** Un homme la convoite depuis longtemps.
- **Un homme rêve qu'un hussard étreint une fille :** Il devra se méfier de la jalousie d'un rival.

HUTTE

- **Rêver d'une hutte :** Ne vous attendez pas à de gros bénéfices.
- **D'une hutte très minable :** Un travail long et épuisant vous attend.
- **Se réfugier dans une hutte :** Vous manquez d'initiatives.
- **Découvrir un proche dans une hutte :** Vous perdrez une amitié.
- **Des enfants se réfugient ou se cachent dans une hutte :** Vos sentiments vont être mis à l'épreuve sans tarder.
- **Construire une hutte :** Vous réussirez sans l'aide des autres.

HYÈNE

- **Voir en rêve cet animal rôder :** Persécution d'une femme jalouse.
- **Être poursuivi par des hyènes :** Vous serez trahi par ceux que vous aimez.
- **Une hyène s'en prend à un animal :** D'amères déceptions.
- **Des hyènes se battent entre elles :** Une période malchanceuse commence.
- **Chasser une hyène :** Craignez la vengeance d'une femme.
- **Une hyène est prise dans un piège :** Une femme simulera une grande souffrance.
- **Tuer une hyène :** Un héritage dont vous ne profiterez pas.

HYMNE

- **Vous entendez un hymne :** Vous pouvez vous considérer comme une personne privilégiée, la chance vous sourit.
- **Vous chantez un hymne :** Votre partenaire s'ennuie et vous vous en moquez.
- **Si vous êtes musicien et composez un hymne,** une de vos créations sera mondialement connue.
- **Si vous êtes musicien et interprétez un hymne,** une rencontre changera le cours de votre vie.

HYPNOSE, ce thème montre les dangers encourus lorsque l'individu est soumis à ses propres instincts. Il ne peut être interprété qu'en fonction du climat qu'il dégage et du motif de l'hypnose. Il est évident que si dans votre rêve vous demandez à être hypnotisé, votre désir le plus pressant est de clarifier une situation confuse qui vous rappelle étrangement certaines erreurs de votre passé.

- **Vous hypnotisez une personne :** Vous avez tendance à forcer les gens à se soumettre à votre volonté. Certes, vous le faites avec souplesse, mais cette attitude ne vous met pas à l'abri de situations conflictuelles. Changez votre comportement avant de nouer des rapports qui inclineront au sadomachosisme avec l'être aimé ou vos amis.
- Les autres cas de figure de ce rêve impliquent la réflexion, les conceptions mentales engendrent parfois de mauvaises orientations.

HYPOCRISIE

- **Vous êtes hypocrite envers quelqu'un :** Vos projets ne peuvent rester secrets et vous le déplorez, de plus ils suscitent des réflexions désagréables.
- **On vous manifeste de l'hypocrisie :** Vos affaires n'iront pas si mal, mais vous vous brouillerez avec des amis.
- **Le thème de l'hypocrisie en amour** explique des tensions entre partenaires, la fierté de caractère de chacun fait obstacle à toute concession, l'entente est compromise.

HYPOTHÈQUE

- **Vous hypothéquez un bien :** Vos fonds sont mal placés.
- **Vous payez une hypothèque :** Des problèmes financiers difficiles à surmonter.
- **Vous levez une hypothèque :** Heureux concours de circonstances.
- **Vous apprenez qu'un bien immobilier est hypothéqué :** Vous perdrez des biens.

HYSTÉRIE

- **Vous êtes en proie à une crise d'hystérie :** Des effets boomerang sont à craindre.
- **Une personne est en proie à une crise d'hystérie :** On vous reproche des faits graves.
- **Un être cher pique une crise d'hystérie :** Évitez de revenir constamment sur vos décisions.
- **On vous traite d'hystérique :** Quelqu'un cherche à vous faire un sale coup, faites changer votre serrure ou changez votre magot de place.

I

ICEBERG

Ce rêve est symbole d'obstacles dans la vie affective et matérielle.

- **Un navire percute un iceberg :** On vous tendra un piège, mais vous passerez au travers des mailles du filet.
- **Vous êtes dans le navire :** Une dangereuse influence met en danger votre situation.
- **Un iceberg se détache de la banquise :** Vous recherchez la solitude afin de vous ressourcer.
- **Voir un iceberg en eau libre :** Un procès entraînera des faits inattendus ou réservera un verdict très ambigu.
- **Vous êtes au milieu d'une mer couverte d'icebergs :** Vous devrez réfléchir longuement avant de prendre une sérieuse décision.
- **Vous êtes pris sous un iceberg au cours d'une plongée sous-marine :** Vous serez bouleversé par la réaction de l'être aimé.

IDÉE

- **Vous rêvez que vous êtes l'auteur d'un concept ou que vous cherchez à négocier une idée géniale :** La réussite n'est pas pour demain, mais c'est certainement un signal positif, votre imagination est prometteuse.
- Par contre, **ne vous laissez pas voler une idée ou un projet en rêve,** il en serait de même dans la réalité. D'où l'intérêt de contrôler le déroulement de vos rêves.
- **Si c'est vous qui détournez l'idée d'une personne à votre profit,** l'inattendu occupera une place importante dans votre vie. Cependant, l'accès au pouvoir ou à la réussite ne pourra se faire sans le respect de certaines règles.

IDIOT

- **Vous vous entretenez avec une idiote ou un idiot :** Vous n'aurez aucun mal à convaincre autrui à partager vos intérêts.
- **Vous faites l'idiot :** Des désagréments en perspective.
- **On vous gratifie d'idiot :** L'inverse est à retenir bien que vous doutiez beaucoup de vous.
- **Vous gratifiez d'idiot un proche ou une relation :** Des escrocs vous ont choisi pour cible.

IDOLE

Le thème est un symbole lié à la réussite, voir **ARTISTE.**

- **Vous rencontrez votre idole :** Le ciel vous viendra en aide.
- **Vous convolez avec votre idole préférée :** Le bonheur ne sera pas celui que vous attendiez.
- **Vous êtes une idole :** La réussite ne sera pas celle que vous espériez. Un grand bonheur s'annonce très différent de vos espérances, mais bien concret.

ÎLE

Symbole d'évasion.

- **La personne mélancolique qui voit une île déserte en rêve** a besoin de vivre des expériences nouvelles. L'isolement est néfaste à sa santé.
- **Le même thème pour une personne en pleine forme** est l'annonce d'un grand voyage.
- **Une île sinistre ou entourée d'écueils :** Un être cher s'éloignera de vous.
- **Une île très peuplée :** Vous aimez faire la fête sans votre partenaire, attendez-vous à des représailles.
- **Des amis ou des proches sont sur une île et vous les rejoignez :** Une dispute avec un membre de votre famille vous fera annuler un projet.
- **Débarquer sur une île :** Cessez de vous voiler la face, soyez plus réaliste, apprenez à vous adapter aux événements.
- **Se trouver sur une île avec l'être aimé :** L'amour est en danger et souffre de silences quasi maladifs.

IMAGE

- **Vous regardez des images en couleurs :** Un travail procurera de belles satisfactions.
- **Des images en noir et blanc :** De fâcheux contretemps.
- **Vous achetez des images :** Une personne vous aidera, vous lui forcerez un peu la main.
- **Vous vendez ou négociez des images :** Des échecs consécutifs à votre inconstance.

IMBERBE

- **Si un homme se voit imberbe :** Il n'est pas au mieux de sa forme, ou un souci physique important perturbe sa vie.
- **Si une femme voit son conjoint imberbe :** Il cache sa vraie nature, sa personnalité est double et lui réserve des surprises plus ou moins agréables.
- **Si elle voit un autre homme imberbe,** elle devra remettre un homme à sa place.

IMITATION

- **Rêver d'imitateurs :** Vous traverserez une période de malentendus.
- **Vous imitez quelqu'un en rêve :** Une personne très lunatique vous influencera.
- **Une femme rêve qu'un homme l'imite :** Un homme lui est dévoué corps et âme.
- **Qu'une femme l'imite :** Elle ne suivra pas les conseils d'une amie et elle aura raison.
- **Un homme rêve qu'il est imité par une femme :** Il va tomber éperdument amoureux.
- **Qu'un homme l'imite :** Ses amis l'influenceront négativement.

IMMEUBLE

- **Rêver de grands immeubles :** Des voyages joignant l'utile à l'agréable.
- **Vous cherchez un nom sur les boîtes aux lettres d'un grand immeuble :** Vos démarches ne donneront pas les résultats escomptés.
- **Vous cherchez quelqu'un ou quelque chose dans un immeuble :** Vous vous compliquez la vie à rechercher le pourquoi des choses.
- **Vous habitez dans un immeuble :** Une requête vous sera refusée dans un premier temps, mais elle tournera à votre avantage ultérieurement.
- **Vous habitez au dernier étage d'un immeuble :** Une heureuse initiative vous tirera d'embarras.
- **Vous êtes propriétaire d'un immeuble :** Vous vivrez dans le luxe une brève période.
- **Vous êtes propriétaire d'un immeuble en ruine :** Des jours difficiles en vue, dus à un mauvais calcul.
- **Vous emménagez dans un immeuble :** Vous avez besoin de recul ou de solitude pour faire le point.

IMMORALITÉ, voir MORALE

IMPATIENCE

Thème de confusion mais aussi de procrastination.

- **Si vous êtes impatient dans un rêve,** c'est tout simplement que vous avez la mauvaise habitude de remettre au lendemain non pas par incertitude, mais plutôt par négligence.
- **Un proche est impatient :** Ne vous mêlez pas de ses problèmes, sinon il vous en rendra en partie responsable.
- **D'autres sont impatients :** Le doute va vous effleurer.

IMPÉRATRICE

- **Rêver d'une impératrice :** L'estime et l'admiration des proches.
- **Vous êtes impératrice ou couronnée impératrice :** Une mission vous sera confiée et vous vous en acquitterez.
- **Vous êtes invité par une impératrice :** Grande satisfaction d'un projet. Succès.
- **Un homme rêve qu'il baise la main d'une impératrice :** Pour le meilleur, son épouse dirigera sa vie.
- **Un homme rêve qu'il se marie avec une impératrice :** Son union sera féconde.
- **Il rêve qu'il a pour maîtresse une impératrice :** Il accumulera une fortune en peu de temps.

IMPERMÉABLE

- **Vous portez un imperméable :** Quelques ennuis sans conséquence.
- **Vous achetez un imperméable :** Des solutions sont à portée de main et vous ne les voyez pas.
- **Vous trouvez un imperméable de femme :** Une aventure sentimentale ne sera pas de tout repos.
- **Vous trouvez un imperméable d'homme :** Une chance inespérée de brûler les étapes pour atteindre la réussite.

IMPORTATION

- **Vous travaillez dans l'importation :** Vos activités vont changer du tout au tout.
- **Vous importez des objets décoratifs ou des bijoux fantaisies :** Vous serez toujours sauvé du pire in extremis.
- **Vous importez d'autres marchandises :** Des gains substantiels.
- **Vous importez des animaux :** Vous perdrez une vraie fortune par stupidité.
- **Un proche travaille à l'importation ou est importateur :** Il va changer radicalement ses habitudes.

IMPOTENCE

- **Vous rêvez que vous êtes impotent :** Une période difficile pleine de contretemps désagréables s'annonce.
- **Un être cher est impotent :** Malchance dans les relations amoureuses.
- **D'autres personnes sont impotentes :** Obstacles à vos désirs.

Voir **HANDICAPÉ.**

IMPÔTS

- **Vous remplissez votre feuille d'imposition :** Vous craignez des difficultés financières à l'avenir et vous n'avez pas tort.
- **Vous payez trop d'impôts :** Vos écrits risquent de vous nuire, prudence.
- **Vous êtes exonéré d'impôts :** Des revers suivis de belles satisfactions matérielles.

- **Vous travaillez aux impôts :** Des profits et bénéfices dont vous ne pourrez vous vanter.
- **Vous recevez un courrier des impôts :** On fouillera votre appartement ou votre sac.
- **Vous recevez un trop perçu des impôts :** Perte d'argent due à un changement d'objectif.

IMPRIMERIE

- **Vous êtes dans une imprimerie :** Un souvenir impérissable d'un événement de votre existence.
- **Voir une imprimerie fonctionner ou un imprimeur travailler** est un signe très net d'une amélioration de vos finances.
- **Vous possédez une imprimerie :** À votre pensée, les rôles seront renversés.
- **Vous travaillez dans une imprimerie ou celle-ci vous appartient :** Attention ! Quelqu'un brigue votre poste ou vos avantages par des moyens détournés.
- **Acheter ou acquérir une imprimerie :** Vos objectifs sont réalisables, mais vous ne devez compter que sur vous-même.

IMPUDEUR

- **Rêver d'une personne impudique :** Vos relations amoureuses seront décevantes.
- **Être impudique** signifie souvent le contraire, on peut basculer dans l'autre extrême et devenir ennuyeux pour son partenaire.
- **Un être cher est impudique :** Ce dernier vous donnera des inquiétudes et vous ne devrez en informer aucun membre de votre famille.

IMPUISSANCE, ce thème est soumis à la loi des contraires lorsqu'il ne s'agit pas de sexualité, être privé de son pouvoir est annonciateur de réussite facile due à une forte personnalité.

- **Être impuissant sexuellement :** Fatigue physique, mais aussi crainte d'être mal aimé.
- **D'autres sont impuissants :** Vous n'avez aucun compte à rendre à personne.
- **Un homosexuel rêve qu'il est impuissant :** Particulièrement sensible à toutes les formes d'injustice, il se révolte facilement.

INAUGURATION

- **Rêver d'une inauguration :** L'espoir d'une liaison va se concrétiser rapidement.
- **Vous assistez à une inauguration :** Une rencontre amoureuse.
- **Vous êtes convié à une inauguration :** Vos complices seront très discrets.
- **Inaugurer quelque chose :** Vous triompherez d'un rival.

INCENDIE, voir **FEU**

INCESTE, c'est un symbole d'entrave à l'épanouissement physique.

- **Si vous vous voyez en rêve commettre un inceste,** votre sexualité est freinée par des principes ou vous refoulez volontairement des désirs que votre moralité réprouve.
- **Votre partenaire se livre à l'inceste :** Vous n'êtes pas à l'écoute, il souffre de votre incompréhension et ne vous suit pas dans vos raisonnements.
- **Un proche se livre à l'inceste :** Des oppositions sérieuses deviennent de plus en plus fréquentes entre vous et des parents.

INCUBATEUR

- **Rêver d'un incubateur :** Vous préférez une vie tranquille et même isolée à une vie mondaine ; vous avez horreur de la promiscuité.
- **Vous utilisez un incubateur :** Les obligations vous agacent, mais vous savez y faire face, vous n'aimez pas que l'on vous donne des leçons.
- **L'incubateur ne fonctionne pas :** Des épreuves vous épuisent.

INCURABLE

- **Rêver d'une maladie incurable :** Affrontez la réalité, vos sentiments sont sincères, mais en est-il de même pour ceux de votre partenaire ?
- **Vous êtes atteint d'une maladie incurable :** Ne focalisez pas sur votre santé, le problème est sentimental, vous souffrez surtout d'incertitude.
- **Une personne que vous aimez est atteinte d'une maladie incurable :** Bien que très entourée, elle manque de l'essentiel.

INDE

- **Rêver des Indes :** Une perte de soutien temporaire.
- **Vous partez en voyage aux Indes :** Vous pourriez faire un choix malheureux, si vous deviez changer de résidence ou demander une mutation, réfléchissez, vous parviendrez peut-être à contrarier le destin.
- **Vous gagnez un voyage aux Indes :** Une aventure sentimentale vous éprouvera et vous fera changer vos objectifs.
- **Vous visitez les Indes :** Vous partagerez un héritage.
- **Vous visitez les Indes avec un proche :** Vous fonderez une grande famille.
- **Vous habitez les Indes :** Des personnes fourbes gravitent autour de vous.

INDEX

- **Vous consultez l'index d'un livre :** Des nouvelles longuement attendues.
- **Vous vous êtes blessé à l'index :** Une sanction sera évitée de justesse.
- **Vous montrez quelqu'un ou quelque chose de l'index :** Les passages à l'acte sont difficilement contrôlables et vous nuisent.
- **D'autres personnes vous désignent de l'index :** Une vive émotion en public.
- **Vous mettez quelqu'un à l'index :** Ne cherchez pas querelles à vos amis car vous n'avez aucun goût pour la solitude.

INDIEN

- **Vous rêvez d'Indiens, ils sont avenants :** Le présage est heureux, tout vous réussira.
- **Ils sont menaçants ou vous agressent :** Vous manquerez de nombreux rendez-vous avec la chance.
- **Ils vous scalpent :** Vous perdez votre vitalité en essayant de la conserver, soyez raisonnable dans l'effort.
- **Vous tuez un Indien :** L'abandon d'un ami.
- **Vous triomphez d'un Indien dans un combat au couteau :** Découverte d'une infidélité.

INDIGESTION

Ce rêve est assez explicite en lui-même, **si vous souffrez d'indigestion**, c'est que vous ne savez pas où se trouvent vos limites, non sur le plan gastronomique, mais dans l'effort physique.
Ce thème peut déceler un problème d'essoufflement et même parfois un souffle au cœur. Consultez si vous n'êtes pas au mieux de votre forme.
Il peut également être une manifestation de la peur de voir vos facultés physiques diminuer.

- **Un être cher souffre d'indigestion :** Vos tendances pessimistes vous font redouter les changements.
- **Une autre personne souffre d'indigestion :** Les déboires en affaires seront dus aux mauvais conseilleurs.

INDIGO, voir BLEU

INDUSTRIE

- **Vous rêvez d'une industrie :** Des événements favorables s'enchaîneront.
- **Vous possédez une industrie :** De gros bénéfices.
- **Vous travaillez dans une industrie :** Vous changerez d'occupations par nécessité.

INCISION

- **Si vous n'êtes pas chirurgien et pratiquez une incision en rêve,** vous cherchez à tout prix à vous séparer des difficultés, elles ne sont pourtant que symboliques.
C'est un lien de dépendance qui doit être tranché, à vous de voir de quel cordon il s'agit !
- **Un médecin ou un chirurgien incise une partie de votre corps :** Vous vous apprêtez à commettre un acte déterminant, réfléchissez bien, vous ne pourrez revenir en arrière.
- **Vous incisez tout autre chose :** La franchise sera payante.

INCUBE

- **Si vous rêvez d'un esprit qui vous hante la nuit ou se glisse dans votre lit,** des cogitations inquiétantes perturbent votre esprit.
- **S'il abuse de vous,** c'est peut-être l'avertissement que vous devriez vous contenter de ce que vous avez actuellement dans votre vie sentimentale. Un tel rêve peut se produire également après une coupure affective, surtout chez les femmes seules. Voir également **DÉMON**.

INFECTION

- **Vous rêvez qu'un de vos proches est atteint d'une infection grave :** Des incidents matériels occasionneront de grosses dépenses.
- **Vous êtes atteint d'une infection :** Un conflit débouchera sur une rupture.
- **D'une infection vénérienne :** Une liaison dangereuse et destructrice.
- **Votre partenaire est atteint d'une infection vénérienne :** Vous manquez de loyauté et de sincérité envers lui.

INFIDÉLITÉ, le thème sur l'infidélité est courant chez les couples et caractérise le plus souvent des natures jalouses qui souhaitent voir changer à leur image l'être qui partage leur vie. Acceptez les différences entre vous et l'être qui partage vos relations.

- **Si vous êtes infidèle,** c'est que vous ne parvenez pas à juguler tous les paramètres de votre vie affective. Vous aimeriez façonner votre partenaire à vos idées et le soumettre à vos désirs ; méfiez-vous de votre tempérament égoïste, il finira par vous aliéner ceux que vous aimez.
- **Une personne homosexuelle rêve qu'elle est infidèle :** Elle doit prendre conscience de son comportement, ses passions sont tyranniques et elle incline à l'intolérance.

INFIRMERIE

- **Rêver d'une infirmerie :** Un problème de santé sans gravité sera vite résolu.
- **Recevoir des soins dans une infirmerie :** Une aide appréciable dans des circonstances délicates.
- **Un membre de votre famille se trouve dans une infirmerie :** Votre entêtement vous aveugle.
- **Travailler dans une infirmerie :** Estime et gratitude.

INFIRMIÈRE

- **Rêver d'une infirmière :** Vous manquez de confiance en vous.
- **Une infirmière vient à votre domicile :** Les semaines qui viendront seront tristes.
- **Des infirmières dans une clinique ou un hôpital :** Écoutez les sages conseils, ils vous aideront à vous tirer d'embarras.

- **Vous êtes infirmière :** L'avenir vous réserve de grands et troublants instants. Il va sans dire que si vous êtes réellement infirmière dans la réalité, le rêve perd son sens prophétique et ne fait que relater des faits du quotidien traduisant parfois des inquiétudes face à une situation donnée.

INFLUENCE

- **Subir une influence quelconque dans un rêve** n'augure rien de bon et implique de la prudence dans les affaires.
- **Votre influence vous permet d'acquérir une position enviable :** Une personne haut placée vous nuira.
- **S'entretenir avec une personne influente :** Des entraves sociales ou professionnelles sont à redouter.

INGÉNIEUR, peu importe la discipline, c'est un excellent présage.

- **Si vous vous entretenez avec un ingénieur,** le domaine matériel sera privilégié.
- **Si vous traitez avec un ingénieur :** Évitez tout mouvement de fonds pendant quelque temps.
- **Si vous êtes ingénieur,** pour le meilleur votre vie va changer.
- **Si un ami est ingénieur :** Gardez secret ce qui n'est pas officiel.

INGRATITUDE, encore un thème qui suscite la controverse.

- **Si des personnes sont ingrates à votre égard,** vous ne tarderez pas à recevoir leur reconnaissance, plus encore, elles n'hésiteront pas à prendre quelques risques pour l'une de vos causes.
- Par contre : **Être coupable d'ingratitude et le ressentir profondément** implique qu'un examen de conscience minutieux doit être envisagé. Il est possible que vous éprouviez des remords, ils ne vous apporteront pas pour autant la paix intérieure que vous souhaitez. Une attitude responsable ou un geste courageux devrait vous libérer de vos troubles de conscience et rétablir l'harmonie autour de vous. Réfléchissez-y, la lâcheté est inhérente à la condition de l'être humain.

INHALATION

- **Vous inhalez un médicament :** Un événement vous rassurera d'un doute.
- **Inhaler un produit toxique** présage une anxiété d'anticipation face à une action qui dérange.
- **Vous forcez quelqu'un à inhaler un produit :** Vos désirs sont condamnables.
- **Vous préparez une inhalation pour un de vos proches :** Vous souhaitez de tout cœur qu'il réagisse face à une situation donnée.

INITIALE

- **Rêver d'initiales :** Votre expérience est tributaire du passé, allez de l'avant.
- **Voir ses initiales :** Un rival cherche à détruire l'harmonie de votre vie sentimentale.
- **Graver ses initiales,** voir **GRAVER.**
- **Broder ses initiales :** Les aspirations sont trop parfaites pour être satisfaites.
- **Voir des initiales brodées sur des draps ou des étoffes :** Une invitation à un mariage.

INONDATION, voir EAU

INSECTE

- **Rêver d'insectes nuisibles :** Maladie.
- **D'autres insectes :** Vous perdrez de l'argent.
- **De gros insectes :** Vous attachez trop d'importance à votre sexualité.
- **Vous tuez des insectes :** Vous surmonterez aisément les obstacles.
- **Vous vous faites piquer par des insectes :** Votre vie sexuelle se dégrade.
- **Vous assistez à une invasion d'insectes :** Cruauté, sadisme parfois dans l'entourage.
- **Vous êtes couvert d'insectes :** Une série de «pépins» !

INSIGNE

- **Vous portez un insigne :** Une vie sans problème.
- **Vous achetez un insigne :** Un projet mal exploité.
- **On vous agrafe un insigne :** Une sécurité matérielle et affective.
- **Vous agrafez un insigne sur une personne :** Vous n'obtiendrez pas gain de cause.
- **Vous arrachez l'insigne d'un policier :** Un vol sera commis et vous porterez plainte.
- **Quelqu'un arrache votre insigne :** Une trahison se prépare.

INSOLVABILITÉ

- **Si vous rêvez que vous êtes insolvable,** il y a de grandes chances pour qu'à l'avenir vous n'ayez pas de soucis à vous faire pour vos fins de mois.
- **Si votre débiteur est insolvable,** vos imprudences vous bloqueront dans l'action.
- **Si d'autres personnes sont insolvables,** évitez de vous lancer dans des acquisitions immobilières ou des achats importants sans réfléchir longuement au préalable ; n'oubliez pas que l'on vous montre que le côté positif des choses.

INSTRUMENT

- **Rêver d'instruments de musique** est synonyme de fêtes et d'amusement.
- **Rêver d'instruments de chirurgie :** Une blessure suite à une colère.

- **Rêver d'autres instruments :** Une dispute en société ou avec un parent selon l'instrument.
- **Acheter des instruments de musique :** Une grande joie entre amis.

INSULTER

- **Vous insultez quelqu'un :** Un petit problème doit être résolu rapidement, réagissez avant qu'il ne soit trop tard.
- **Vous insultez la personne que vous détestez le plus :** Votre vengeance sera amère, mieux vaut pour vous que vous l'abandonniez.
- **Quelqu'un vous insulte :** Une querelle de courte durée basée sur un malentendu.
- **Un rival ou un ennemi vous insulte :** Vous souffrez de votre propre inconscience.

INTÉRÊT

- **Vous percevez des intérêts :** Des ennuis se solderont par une perte financière.
- **Vous payez des intérêts :** Petite rentrée d'argent qui tombe à pic.
- **Vous devez des intérêts :** Des personnes mentent à votre sujet.
- **On vous montre de l'intérêt :** Soyez prudent dans vos relations, ne prenez pas part à leur projets sans y réfléchir.
- **Vous accordez de l'intérêt à quelqu'un :** Un événement tournera au tragique.

INTESTINS

- **Rêver d'intestins :** Une maladie grave pour un proche.
- **Voir ses intestins** est également un signe de mauvaise santé.
- **Vous avez des douleurs intestinales :** Vous souffrez psychologiquement de l'attitude d'une personne à votre encontre.
- **Un proche souffre des intestins :** Un secret le mine, il n'ose vous en parler.
- **On vous opère des intestins :** Plaie d'argent n'est pas mortelle mais perturbe votre sommeil.
- **Un proche est opéré des intestins :** Il souffrira d'un changement important dans sa vie.
- **Voir des intestins d'animaux :** Des profits amélioreront votre standing.
- **Des intestins en putréfaction :** Fortune et richesse.

INTOLÉRANCE

- **Si vous manifestez de l'intolérance envers un de vos proches,** c'est qu'en fait votre nature permissive ne prend pas au sérieux les petites déviations de ces derniers.
- **Si vous faites preuve d'intolérance envers une personne chère,** c'est peut-être qu'elle en fait trop au nom de l'affection qu'elle vous porte, remettez les choses à leur place.

- **Si d'autres personnes sont intolérantes à votre égard,** ne vous mêlez plus des affaires des autres et laissez votre curiosité au vestiaire, vous avez tout à y gagner.

INTRIGUE

- **Rêver d'intrigues :** Vous serez saturé par l'indiscrétion et le toupet d'une personne de votre entourage.
- **Vous êtes victime d'une intrigue :** C'est le moment de participer à des concours ou de tenter votre chance au jeu.
- **Vous intriguez quelqu'un :** Vous allez être dépassé par les événements, la situation sera complexe à gérer.

INVALIDE

- **Être invalide** ne concerne en rien votre constitution, il s'agit surtout de quelques obstacles dans vos activités.
- **Être invalide de guerre :** Vous manquez d'échanges relationnels.
- **D'autres personnes sont invalides :** Des contretemps vous usent les nerfs et le retard régit tout ce que vous entreprenez.

INVENTAIRE

- **Vous assistez à un inventaire :** Un parent va faire un héritage.
- **Vous dressez un inventaire :** Changez de stratégie et vous obtiendrez ce que vous désirez.
- **Vous demandez un inventaire :** Quelqu'un souhaite votre aide, cette demande sera faite par un tiers.
- **Une personne veut faire un inventaire chez vous :** De la tristesse, des complications familiales.

INVENTION

- **Une de vos inventions est reconnue :** Laissez vos proches sourire de vos ambitions, vous êtes très près du but. Un projet fou se réalisera.
- **L'invention d'une personne proche est reconnue :** Un grand succès vous comblera de joie.
- **Une autre personne dépose un brevet pour son invention :** Vous recevrez une aide d'origine inconnue.

INVISIBLE

- **Si dans votre rêve vous êtes invisible,** c'est une mise en garde contre vos exigences et vos convoitises multiples. Votre avidité vous fait user de votre crédit avec ruse pour un oui ou pour un non.
Bien sûr, jusqu'ici les événements ont joué en votre faveur, mais cette conduite infantile risque de vous causer de vrais problèmes à long terme.

- **Si une autre personne est invisible :** Imaginez un jeu ou le bon sens serait de rigueur ! Avant de mettre en pratique les idées des autres, assurez-vous qu'elles s'adaptent bien à votre contexte.
- **Quelque chose devient invisible :** Une géniale et heureuse inspiration dont vous saurez tirer parti.

INVITATION

- **Vous recevez une invitation :** Des nouvelles contrariantes vont vous priver quelques jours de votre entrain.
- **Vous envoyez des invitations par courrier :** Un courrier remettra en cause votre emploi du temps.
- **Vous invitez une ou plusieurs personnes chez vous :** Un rendez-vous important peut remettre en jeu votre situation.
- **L'être aimé ou la personne convoitée vous invite :** Trop de questions vous assaillent, votre esprit est troublé, prenez du recul !
- **Vous invitez l'être aimé ou la personne convoitée :** Une victoire évidente vous échappera.

INVULNÉRABILITÉ, Achille aussi croyait à son invulnérabilité ! Il faut voir par opposition dans ce rêve une vulnérabilité tout autre, celle qui fragilise les sentiments. Vos premières impressions n'ont pas toujours été celles que vous espériez, des désillusions amères ont suivi. Aussi, vous avez peur d'accorder votre confiance trop vite ou de vous engager sur une voie affective incertaine. Fondamentalement sensibilisé par l'hypothèse qu'une telle situation se reproduise, vous montrez à ceux ou celles qui vous courtisent un cœur de pierre et un esprit désabusé.

- **Si une autre personne prétend être invulnérable dans votre rêve,** c'est qu'en fait vous êtes soucieux de ce que pensent vos proches.

IODE

- **Vous prenez un traitement à base d'iode :** Soyez à l'écoute de votre organisme, votre corps a besoin d'action.
- **Vous respirez de l'iode :** Votre circulation est probablement défaillante.
- **On vous inocule de l'iode :** Votre endurance est faible, votre vie est trop sédentaire.
- **Vous êtes intoxiqué par de l'iode :** L'iodisme indiquera un surmenage.
- **Un de vos proches suit un traitement iodé :** Il risque une défaillance cardiaque.

ITALIE

- **Rêver de l'Italie :** Un grand amour.
- **Vous partez en voyage en Italie :** L'amour vous fera faire une folie.

- **Vous visitez l'Italie avec l'être aimé :** Les liens affectifs ont besoin d'être resserrés, votre couple bat de l'aile.
- **Vous habitez en Italie :** Une rivalité est sans pouvoir contre vous.
- **Vous êtes mariée avec un Italien :** Un flirt vous attirera des ennuis.
- **Vous êtes marié avec une Italienne :** Vous divorcerez et vous porterez le chapeau de cet échec.
- **Une personne homosexuelle rêve qu'elle fréquente un Italien ou une Italienne :** Une rupture affective sera irréversible.
- **Vous vous mariez en Italie :** L'être aimé ne vous pardonnera jamais une petite infidélité.
- **Vous apprenez l'italien :** Vous êtes trop mélancolique, pendant ce temps les autres s'amusent, joignez-vous à eux, des soirées inoubliables vous attendent.
- **Vous faites votre voyage de noces en Italie :** La famille sera grande, mais très divisée.

IVOIRE

- **Rêver d'ivoire :** Vous ne pourrez disposer de votre fortune comme bon vous semble.
- **Vous achetez un bijou ou un objet en ivoire :** Vous êtes sur une affaire qui recèle un danger pour plus tard, faites-vous donner des précisions.
- **Vous négociez de l'ivoire :** Vous parlez trop d'argent.
- **Vous offrez de l'ivoire :** C'est vous qui recevrez un cadeau très précieux, un souvenir impérissable.
- **Vous recevez de l'ivoire :** On vous adore, on vous cite en exemple.
- **L'ivoire est faux :** Trahison d'un être cher.

IVRESSE

- **Votre ivresse est causée par la boisson :** Méfiez-vous de vos dépenses, vous avez le goût de la démesure et il vous arrive de vivre au-dessus de vos moyens.
- **Votre ivresse est causée par certains médicaments ou des drogues :** Vos réactions risquent d'être violentes les jours à venir, éviter les provocations.
- **Une ivresse provoquée par un fait ou un événement** est signe de gloire imminente pour les artistes et de progression ou de perfectionnement dans les aptitudes pour les autres.
- **L'être aimé est ivre d'alcool :** La flamme qui alimentait votre désir réciproque va bientôt s'éteindre.
- **Une autre personne est ivre morte :** Vos réactions sont un peu lentes.
- **Vous rencontrez un clochard ivre mort :** Votre instinct vous fera découvrir un moyen pour faire fortune.

J

JACQUET

- **Vous jouez au jacquet :** De nouvelles relations sympathiques en perpective.
- **Vous gagnez une partie de jacquet :** Un héritage tombe à pic pour régler vos dettes.
- **Vous perdez une partie de jacquet :** Une personne spécule dans votre dos et cherche à vous dérober de l'argent.
- **Des connaissances jouent au jacquet :** Vous manquez d'éléments pour conclure une affaire qui vous tracasse.
- **Des membres de la famille jouent au jacquet :** Des ennuis que vous redoutiez. **S'ils gagnent,** vos déboires seront passagers. **S'ils perdent,** vous aurez besoin de leur aide.

JAGUAR

- **Rêver de cet animal :** Des actions et des transactions se trament dans l'ombre à votre encontre.
- **Si vous chassez cet animal,** vous ne ferez pas de concessions et vous aurez tort.
- **Si vous capturez un jaguar :** Vous aurez tendance à sous-estimer l'ennemi.
- **Si vous êtes poursuivi par un jaguar,** sur le plan sentimental des règlements de comptes se préparent.
- **Si un jaguar vous blesse :** Votre rythme de vie est trop soutenu, vous couvez un problème organique ou circulatoire.
- **Si vous tuez un jaguar ou le trouvez mort :** Une manœuvre ou un accident aura une conséquence funeste.

JALOUSIE

- **Vous ressentez de la jalousie pour l'être aimé :** Vos soupçons ne sont pas fondés.
- **Vous ressentez de la jalousie pour une amie :** Une aventure amoureuse vous fera rompre avec un proche.
- **Vous êtes l'objet d'une jalousie quelconque :** Vos pressentiments sont justifiés, le hasard vous le prouvera.

JAMBES

- **Voir de belles jambes de femmes** prédit de beaux enfants en bonne santé.
- **Des jambes de femmes très maigres :** Les projets ne tiendront pas la route.
- **Des jambes de femmes très fortes :** La prospérité sera difficilement acquise.

- **Une femme rêve que ses jambes enflent ou sont énormes :** Elle n'est pas heureuse en amour.
- **Une femme rêve que ses jambes sont très maigres ou cagneuses :** Ses aventures sentimentales tournent mal et ses amis se détournent d'elles.
- **Voir des jambes blessées ou coupées :** Ce thème n'aura pas la même signification pour une femme que pour un homme, ce dernier y verra la crainte d'un échec en amour et sur le plan physique parfois une impuissance sexuelle passagère. **Pour une femme,** c'est le signe qu'une maladie très longue touchera un de ses proches.
- **Se voir avec une jambe de bois :** L'effondrement de ce que vous croyez définitivement acquis devrait vous servir de leçon pour le futur.

JAMBON

- **Vous préparez un jambon ou le découpez :** Mauvaise gestion, déboires financiers.
- **Vous fumez un jambon :** Les ennuis perdurent.
- **Vous mangez du jambon :** Vous ferez quelques économies.
- **Vous achetez un jambon :** Réglez vos dettes avant qu'elles ne vous créent de vrais problèmes.

JANVIER

Certains mois ont une signification plus symbolique que d'autres. C'est le cas pour ce mois qui présage un commencement dans un domaine particulier et incline à la persévérance dans l'action. Il sous-entend que les résultats et les satisfactions auront lieu vers la fin de l'année commencée, sauf si le rêve se produit en novembre ou en décembre, il faudra alors attendre la fin de la nouvelle année pour vérifier son influence bénéfique.

- **Il est très rare de rêver du mois de janvier en janvier. Si cela vous arrive,** n'y voyez qu'un accroissement désagréable de vos responsabilités.

JARDIN

Tous les travaux que vous effectuez dans un jardin expriment des sentiments qui doivent être extériorisés, l'expansion de la personnalité se fera dans le sens du bien.

- **Rêver d'un jardin paradisiaque ou du jardin d'Éden :** Un grand bonheur, vie saine et heureuse.
- **Un jardin fleuri et bien travaillé :** On vous témoignera une affection sincère.
- **Un jardin en friche ou mal entretenu :** Une personne mal intentionnée à votre égard prépare un sale coup.
- **Cultiver son jardin :** Vous avez une longue vie devant vous, entouré d'amis sincères.

- **Vous arrosez un jardin :** Amour et prospérité.
- **Se trouver dans un jardin potager :** Des affaires excellentes et fructueuses.
- **Marcher dans un jardin potager :** Méfiez-vous, un de vos amis est votre ennemi.

JARDINIER

- **Rêver d'un jardinier :** De nouvelles activités vous rapporteront de l'argent.
- **Vous êtes jardinier :** Un héritage sous peu.
- **Vous embauchez un jardinier :** De grosses contrariétés en perspectives.
- **Un jardinier peu minutieux saccage les plantes ou les massifs :** Du chagrin et des larmes.
- **Un proche ou un ami est jardinier :** On va vous faire part d'une nouvelle qui va favoriser la réalisation d'une de vos ambitions.

JARRETIÈRE

- **Une femme rêve de jarretière :** Des déboires sentimentaux.
- **Elle perd sa jarretière :** Son compagnon sera infidèle.
- **Quelqu'un ramasse sa jarretière :** Ses envies sont extravagantes.
- **Elle trouve une jarretière :** Elle doit prévoir une issue de secours, un homme va la harceler sexuellement.
- **Elle voit une autre femme perdre sa jarretière :** Elle soupçonne à juste titre quelqu'un de la trahir.
- **Un homme rêve de jarretière :** Une indiscrétion dans ses relations qu'il devra mieux choisir à l'avenir.
- **Une jarretière sur une femme éveille son désir :** Une conquête facile.
- **Il parle de jarretière avec un ami :** Une proposition le mettra mal à l'aise.
- **Il trouve une jarretière :** Des fiançailles prochaines s'il est célibataire.
- **S'il est marié,** une aventure remettra sa vie de couple en jeu.

JARS, voir OIE

JAUNE

La couleur jaune est un symbole d'intelligence et de réussite, son intensité proche de celle de l'astre solaire présage des jours meilleurs. Dans tous les cas de figure, la vision de cette couleur est bénéfique au déroulement de l'existence.

- **Si vous vous habillez avec des vêtements jaunes,** une heureuse découverte vous apportera la richesse.
- **Si vos murs sont tapissés ou peints en jaune,** vous ferez bientôt une expérience enrichissante qui modifiera favorablement votre vie.

JAUNISSE

- **Vous êtes atteint de cette maladie :** Les décisions seront malheureuses et dangereuses pour la santé.
- **Un de vos proche a la jaunisse :** La jalousie vous ronge, mais vous gardez le silence.
- **Un enfant a la jaunisse :** La maladie d'un proche est dépendante de son moral.
- **Votre enfant a la jaunisse :** À l'extérieur, il court un danger.

JEANNE D'ARC

- **Rêver de Jeanne D'Arc** est un signe de témérité, vous surmonterez tous les obstacles qui se présenteront.
- **Jeanne sur le bûcher :** Vous allez vous faire des ennemis redoutables.
- **On vous fait subir le même sort que Jeanne D'Arc :** Quelqu'un que vous aimez vous décevra cruellement.

JÉRUSALEM

- **Voir cette ville en rêve** augure d'une grande tristesse. Les jours à venir seront porteurs de mélancolie.
- **Partir en voyage à Jérusalem** prédit une perte d'affection.
- **L'être aimé part pour Jérusalem :** Si vous ne savez pas vous servir de votre liberté, vous la perdrez.
- **Une foule de gens prie à Jérusalem :** Un grand renouveau sentimental.

JETÉE

- **Vous êtes sur une jetée en avant d'un port :** Ce rêve est favorable à la vie financière.
- **Un de vos proches se trouve sur une jetée :** Un voyage provoquera quelques tensions au sein de la famille.
- **Vous tombez de la jetée dans l'eau :** Attendez-vous à de graves problèmes aux conséquences funestes.
- **Quelqu'un tombe de la jetée dans l'eau :** Un conflit ne fait que commencer.

JEU

Un rêve innocent **s'il s'agit de jeux d'enfants,** on a simplement envie d'échapper aux contraintes et de faire passer en priorité les bons moments, retrouver l'ambiance insouciante de sa jeunesse.

- **Se livrer à des jeux d'adresse :** Trop de dispersion dans les activités desservira la vie privée.
- **Tenter sa chance aux jeux de hasard :** Votre véritable personnalité n'est pas du tout celle que vous laissez paraître. Vous donnez l'impression d'être d'une

nature superficielle et optimiste, en fait il n'en est rien, vos cogitations perpétuelles tournent à l'angoisse et vous ressentez dans certaines circonstances une sorte d'impuissance et de frustration.

- **La personne superstitieuse qui fait ce rêve** perdra de l'argent par crainte d'investir ou de faire des placements.
- **Les jeux innocents où l'argent n'a pas cours :** La chance sera présente dans toutes les négociations.
- **Regarder jouer quelqu'un à un jeu de hasard :** Une personne de votre entourage vous fera faire une affaire en or.
- **Gagner au jeu de hasard :** Victoire sur l'adversité. Période productive.
- **Perdre :** rupture d'une amitié.
- Voir également **DÉS**, **CARTES** etc.

JEÛNE

- **Vous rêvez de jeûne :** Une obligation vous fera souffrir moralement.
- **Un de vos proches jeûne :** Les tensions s'aggraveront dans la cellule familiale.
- **Vous jeûnez conformément à votre religion :** Un grand bonheur au foyer.

JEUNESSE

- **Se voir ou se sentir rajeunir,** présage de longues et belles années à vivre.
- **Une personne a rajeuni :** Une rencontre va changer votre vie.
- **Une personne âgée se voit très jeune :** Elle recevra des nouvelles qui la combleront de satisfactions.
- **Un homme rêve d'une très jeune fille :** Des événements favorables vont se produire.
- **Un homme âgé rêve d'une très jeune fille :** De grands honneurs lui seront rendus.

JOCKEY

- **Rêver d'un jockey :** Des embarras financiers.
- **Un jockey passe le poteau en tête :** Faites brûler un cierge, vous allez bénéficier d'un non-lieu ou d'un privilège que normalement vous n'auriez jamais eu.
- **Un jockey se blesse en tombant :** Vous n'aimerez pas le changement qui s'annonce.
- **Vous êtes jockey,** c'est le moment de mettre à profit votre énergie pour dépasser une phase critique.

JONGLER

- **Si en rêve vous vous livrez à cet exercice d'adresse,** sachez que votre entourage ne vous prend pas du tout au sérieux ; il serait souhaitable que vous révisiez votre comportement en société.

- **Vous regardez un proche jongler :** N'essayez pas de brûler les étapes, laissez les choses se dérouler normalement, vous avez tout à y gagner.
- **Vous regardez une personne jongler :** Trop souvent vous prenez des vessies pour des lanternes.

JOUES

- **Vos joues sont toutes rouges :** Ce rêve révèle une certaine innocence ainsi qu'une grande vulnérabilité.
- **Vos joues sont flasques ou flétries :** Très perméable aux critiques, il n'en faut pas beaucoup pour vous ternir le moral et vous faire baisser les bras, réagissez !
- **Des joues pleines de barbe :** Vos nerfs sont à fleur de peau et vous êtes injuste envers les autres.
- **Des joues d'enfants rouges ou barbouillées :** Des sentiments et de l'affection en retour.

JOUER

- **Jouer la comédie, au théâtre ou sur une scène quelconque :** Dans les jours qui viennent vous devrez arranger la vérité, vous y parviendrez avec talent.
- **Si vous êtes joueur dans un rêve et tentez votre chance aux jeux de hasard,** voir **JEU.**
- **Si vous jouez à des jeux intellectuels, des jeux de société** c'est qu'en fait, vous ne prenez jamais de risques, monotone est votre vie. Faites quelques petites entorses à vos habitudes, vous serez agréablement surpris.
- **Si vous entrez dans le jeu de quelqu'un**, vous commettrez un acte habile mais imprudent.

JOUET

De quel jouet s'agit-il ? **Un jouet mécanique** est un signe d'intelligence pragmatique, la personne manipulant un tel jouet en rêve à toutes les chances de faire fortune à l'avenir.

- **Les jouets qui ont des roues** annoncent des progrès dans les activités.
- **Lorsque se sont vos enfants qui jouent,** le message est porteur d'espoir concrétisant et les concerne dans les études, ou les travaux manuels.
- **Des jouets cassés** désigneront des objectifs erronés, néanmoins utiles à l'évolution.
- **Si vous cassez vous-même un jouet** vous manquerez de belles opportunités.
- **Les poupées de toutes les formes** dénoncent des natures capricieuses et sensuelles qui n'hésitent pas à jouer avec les sentiments des autres.
- **Vous achetez des jouets :** Vous serez infidèle.

JOUG

- **Rêver d'un joug :** Des gens difficiles à contenter useront votre patience.
- **Des animaux attachés sous un joug :** Ne laissez pas vos proches diriger votre vie.
- **Porter un joug sur ses épaules :** De grosses responsabilités vous attendent, vous n'aurez aucun moyen de leur échapper.
- **Une personne porte un joug sur ses épaules :** Vos projets sont dangereux et pénalisants pour les autres, revoyez-les.
- **Acheter un joug de bœuf :** Des épreuves vont surgir.

JOUR, le rêve fait une petite nuance entre le jour et **l'AURORE**, consultez ce dernier.

- **Vous rêvez d'un jour férié :** Des ennuis ce jour même.
- **Vous regardez le jour se lever :** La journée qui suit ce rêve sera porteuse d'un événement ou d'un fait inoubliable.
- **Le jour vous réveille :** Mensonge dévoilé.

JOURNAL

- **Vous lisez le journal :** Les événements tournent en votre faveur.
- **Vous achetez le journal :** La nonchalance vous fera perdre de l'argent.
- **Vous vendez des journaux :** Ne croyez pas tout ce que vos amis vous racontent.
- **Vous trouvez le journal sous votre porte :** Les bavardages vous nuisent.
- **Vous lisez un article sur vous dans un journal :** Des distinctions et du succès.
- **Vous déchirez un journal ou des journaux :** On veut vous traîner dans la boue.
- **Une personne vous donne le journal :** Rapide ascension dans l'échelle sociale.
- **Vous brûlez le journal :** Une brève coupure avec la société.

JOURNALISTE, il symbolise les commérages et les dispersions.

- **Si vous parlez avec un journaliste,** vous échapperez aux ennuis en évitant de raconter vos affaires à votre entourage.
- **Si vous êtes journaliste,** vous aimez, à tort, avoir des références pour entreprendre.
- **Vous travaillez dans le journalisme :** Une opportunité se présentera, ne la laissez pas filer.
- **Un journaliste vous traîne dans la boue :** Si vous prenez des risques, sachez que votre hiérarchie ne vous couvrira pas.
- **Vous faites un procès à un journaliste :** Malheureusement, la justice ne vous sera d'aucun secours.

JOYAUX, voir BIJOUX

JUDAS

Le symbole est significatif de trahison sous toutes ses formes.

- **Si vous traitez quelqu'un de Judas,** vous avez commis un acte condamnable qui demande réparation.
- **Si c'est vous qui êtes gratifié de ce nom,** cela implique une certaine prudence dans l'action, l'objectif est trompeur, vous courrez à la catastrophe.
- **Vous regardez par le judas d'une porte :** Une personne triche et vous vole.
- **Quelqu'un vous observe par un judas :** Persécution et dépendance.

JUDO

- **Rêver de judo :** Les erreurs de vos adversaires vous seront profitables.
- **Vous participez à un championnat de judo :** Les ambitions les plus élevées ont toutes les chances de réussir.
- **Vous êtes ceinture blanche :** Un voyage suscitera une vocation.
- **Vous êtes ceinture marron :** Des circonstances vous obligeront à prendre un peu plus au sérieux votre vie sentimentale.
- **Vous êtes ceinture noire :** Une mission de confiance vous vaudra l'admiration de vos proches.
- **D'autres font du judo :** Reconnaissance et récompense d'un ami.

JUGE

- **Rêver d'un juge :** Ascension sociale lente mais certaine.
- **Vous êtes convoqué par un juge :** Le malheur s'acharne sur vous.
- **Le juge vous condamne :** Un changement négatif dans votre vie.
- **Le juge vous acquitte :** Des jours meilleurs.
- **Vous insultez un juge :** On vous reproche une faute que vous n'avez pas commise.
- **Vous êtes juge :** Rupture de bonnes relations.
- **Vous voyez un juge hors du tribunal :** Désagrément dans la semaine.
- **Plusieurs juges :** Dispute violente dans la famille.

JUILLET

Rêver de ce mois en dehors de juillet implique une meilleure hygiène de vie, l'organisme est encrassé et réclame une purification. Pensez à faire de l'exercice en plein air et mettez-vous à l'eau de source.

- **Rêver de juillet en juillet :** Prédit un amour de longue durée.
- **Si vous rêvez que vous êtes né en juillet alors que ce n'est pas le cas :** Vous ferez bien de ne pas compter sur la famille pour vous aider à sortir des situations scabreuses, responsabilisez-vous dès maintenant.

JUIN

Même principe que pour juillet ; en dehors du mois, ce rêve concerne la santé ; à l'inverse, l'activité physique sera réduite, car une fatigue instaurée depuis quelques mois est responsable d'une petite déprime, les distractions seront bénéfiques.

- **Si vous rêvez que vous êtes né en juin alors qu'il n'en est rien :** Les rapports amoureux seront privilégiés, vous serez comblé d'attentions.
- **Rêver de juin en juin :** Faites un peu plus confiance à l'être aimé.

JUMEAUX, JUMELLES

- **Rêver de jumeaux du même sexe :** Un grand bonheur.
- **Des jumeaux de sexes différents :** Vous verserez de l'argent à un proche.
- **Vous avez des jumeaux du même sexe :** Signe de fortune.
- **Un homme rêve que sa femme met au monde des jumeaux :** Sa situation s'améliorera considérablement.
- **Une parente accouche de jumeaux :** Une affection vous comblera de bonheur.
- **Vous accouchez de jumeaux :** Votre avenir est assuré matériellement.

JUMELLES (optiques).

- **Rêver de jumelles :** Vous demanderez une explication, en fait, vous en obtiendrez deux différentes.
- **Regarder dans des jumelles :** Vous avez peur de vieillir.
- **Quelqu'un vous observe avec des jumelles :** Vous êtes l'objet de la convoitise et de la jalousie.
- **Acheter des jumelles :** La tournure que prendront les événements ne vous déplaira pas.
- **Trouver des jumelles :** À un complot vous serez mêlé.
- **On vous donne des jumelles :** Quelqu'un vous aime en secret.
- **Casser des jumelles :** Vous vous rendrez sur les lieux d'un accident.

JUNGLE

Elle symbolise la part du danger de chacun. Un tel thème est sans aucun doute un avertissement dans tous les domaines où il est nécessaire d'évaluer les risques que l'on encourt. L'empressement du rêveur domine sa raison, la prudence sera sa meilleure alliée.

- Ainsi, **s'il se promène dans la jungle,** il est en train de se faire piéger dans une aventure excitante et déraisonnable, son salut dépend de son bon sens, à lui de se tirer de ce mauvais pas !
- **Chasser dans la jungle :** L'inconscience face au danger.
- **Tuer un animal dans la jungle :** Une victoire sur les ennemis.

JURER, voir BLASPHÈME

JURY

- **Vous faites partie d'un jury :** Votre situation va changer, pour en tirer avantage, il faudra faire quelques sacrifices.
- **Vous vous trouvez face à un jury :** Vous traverserez une période difficile.
- **Un jury prononce un verdict en votre faveur :** Tracas et soucis s'envoleront.
- **Un jury prononce un verdict à votre désavantage :** Éclosion de conflits dans l'entourage.

JUSTICE

- **Voir l'emblème de la justice** est un signe d'équité et de jugement loyal. Lorsqu'une personne fait ce rêve, elle a des ennuis avec la justice ou se tracasse pour un procès, pourtant elle aura gain de cause.
- **Rendre justice soi-même :** Vous avez tendance à vous mêler de tout, mais vous n'en êtes pas conscient.
- **Se plaindre de la justice en rêve** révèle un manque de discipline et des abus dans bien des domaines.
- **La justice, la huitième lame du jeu de tarot :** Une coupure ou une séparation est indispensable dans un domaine aussi bien affectif que matériel, seule la personne qui reçoit cette image durant son sommeil, saura au plus profond d'elle-même à quel plan attribuer son problème. Rester dans l'indétermination ne lui apportera rien de bon. Elle doit faire face à la réalité !

K

KABBALE

- **Vous achetez un livre sur la kabbale :** Vous découvrirez une vérité et vous aurez hâte d'en informer vos proches.
- **Vous lisez un livre sur la kabbale :** Les échanges relationnels vous déçoivent. Cependant, êtes-vous réellement disposé à écouter les autres et oublier de temps en temps votre petite personne ?
- **Vous enseignez la kabbale à quelqu'un :** Une assurance en tout et une bonne mentalité.
- **Vous parlez de la kabbale :** Vos ressources sont multiples et vous aideront à surmonter les épreuves.

KAKI

- **Vous rêvez de la couleur kaki, d'une étoffe ou d'un uniforme militaire :** Vous manquez d'audace et freinez à tort certains projets.
- **Vous portez un uniforme ou des vêtements kaki :** Une grande colère vous fera perdre votre sang-froid.
- **Vous achetez un uniforme ou des vêtements kaki :** L'exclusion d'une personne de votre entourage vous révolte.

KALÉIDOSCOPE

- **Rêver d'un kaléidoscope** marque des changements fréquents dans la situation et de nombreux échecs dus à un mauvais discernement.
- **Vous brisez un kaléidoscope :** Un accident en voyage.
- **Quelqu'un utilise un kaléidoscope :** Un proche se dépouillera pour vous.

KANGOUROU

- **Voir sauter cet animal** est un signe de voyage.
- **S'il porte son petit dans sa poche,** ce voyage changera bien des paramètres à l'avenir dans votre vie.
- **Apprivoiser ou nourrir un kangourou** annonce une nouvelle très décevante.
- **Chasser le kangourou :** L'hostilité d'un ami vous déboussolera.
- **Tuer un kangourou :** L'être aimé se détournera de vous.
- **Trouver un kangourou mort :** Un grand malheur.
- **Un kangourou mort avec son petit :** Un enfant se meurt.
- **Un kangourou en cage :** Vous faites souffrir une personne qui vous aime.

KARATÉ

- **Pratiquer cet art martial** prône la méfiance, le message parle de vos réactions, vous êtes sur la défensive et vous réagissez au quart de tour. Vos réflexes sont excellents, inutile donc d'angoisser !
- **Voir des gens s'adonner au karaté :** Des relations vous chercheront querelles.
- **Assister à un entraînement de karaté :** La décision que vous prendrez surprendra vos proches.
- **Assister à un championnat de karaté :** La considération de l'entourage.

KARMA, symbole de cause à effet. Si lors d'un rêve vous voyez défilé votre karma, à savoir les actes et les pensées accumulés lors d'une vie antérieure, c'est la preuve que dans cette vie, le poids des erreurs du passé perturberont vos décisions à votre insu. Analysez votre existence, l'insatisfaction n'est-elle pas monnaie courante de votre caractère et n'avez-vous pas tendance à exagérer les faits lorsque vous êtes contrarié ? Vous ne faites aucun effort pour vous racheter, votre âme s'en défend et vous envoie ce rêve qui implique une ligne de conduite différente.

- **Si une personne chère vous parle de son karma,** soyez à l'écoute, elle a probablement envie de libérer sa conscience d'un secret qui l'oppresse. Voir **RÉINCARNATION.**

KÉPI

- **Vous rêvez que vous portez un képi :** Les amitiés sont saines et apportent beaucoup de joie.
- **Un militaire porte un képi :** Un projet audacieux est à deux doigts de se réaliser.
- **Vous essayez un képi :** La vanité vous perdra.
- **Vous êtes assis sur un képi :** Vous refuserez une proposition galante.
- **L'homme de votre vie porte un képi :** Il s'ennuie de ses amis et vous en tient rigueur.

KERMESSE

- Ce sera la fête dans votre foyer **si dans votre rêve vous l'organisez**.
- **Si vous ne faites qu'y assister**, beaucoup de satisfaction dans les amitiés.
- **Si on vous y invite :** Sachez que des gens ne souhaitent pas votre présence là où ils s'amusent.
- **La kermesse est un véritable fiasco :** Vous ne donnez pas la bonne direction à vos efforts.

KIDNAPPING

- **Un kidnapping a eu lieu dans votre entourage :** Prudence ! Fermez bien votre porte, on cherche à vous dérober des objets de valeur.
- **Vous êtes impliqué dans un kidnapping :** Des circonstances étranges vous obligeront à changer votre point de vue.

- **Vous kidnappez une personne :** Certaines de vos responsabilités sont mal assumées, réfléchissez-y.
- **Vous kidnappez un enfant :** Non seulement certaines responsabilités sont mal assumées, mais de surcroît elles seront la cause d'une catastrophe.
- **Votre enfant est kidnappé :** Ce thème montre l'angoisse face aux adversités diverses, les soucis déclenchent des tensions, le subconscient s'en libère en montrant les pièges ressentis.
- **Vous échappez aux kidnappeurs :** Le moral tend à l'optimisme, la période à venir sera moins austère et les problèmes seront vécus différemment.
- **Vous assistez à un enlèvement :** Un mystère va difficilement être élucidé.
- **Vous apprenez qu'une personne a été enlevée :** On s'attribuera vos mérites.

KILT

- **Rêver d'un kilt :** Inconstance et frivolité.
- **Un homme rêve qu'il porte un kilt :** Une fantaisie vous coûtera très cher.
- **Une femme rêve que son partenaire porte un kilt :** Elle commettra une faute et le regrettera amèrement.
- **Rêver d'un Écossais en kilt :** Quelqu'un fera l'éloge d'un ami.

KIOSQUE

- **Vous rêvez d'un kiosque à journaux :** De fausses idées, des soupçons non fondés.
- **Vous tenez un kiosque à journaux :** Ceux que vous enviez ont moins de chance que vous.
- **Vous rêvez d'un kiosque à musique :** Faites confiance au destin, cessez de vous posez trop de questions.

KIWI

- **Rêver de ce fruit :** Toutes les transactions seront avantagées.
- **Vous mangez des kiwis :** La vitalité est en hausse.
- **Vous récoltez des kiwis :** Un petit legs avantageux.
- **Vous achetez des kiwis :** Une présumée perte se changera en gain.

KYSTE

- **Vous découvrez un kyste sur votre corps :** Un contretemps fâcheux suivi d'un grand chagrin.
- **Vous découvrez un kyste à un sein :** Sans exclure le côté prémonitoire, vous affronterez sans tarder une réalité triste et tout autre.
- **Une autre personne à un kyste sur le corps :** L'hypocrisie n'est pas absente de votre entourage.
- **Vous avez un kyste dentaire :** Une maladie et de graves soucis matériels.
- **Vous êtes opéré d'un kyste :** Du secours, un ami tombera à pic.

L

LABORATOIRE

- **Rêver d'un laboratoire** est un excellent présage, vos idées seront intéressantes et vous conduiront sur un projet dont la concrétisation sera aisée et fructueuse.
- **Si vous vous trouvez dans un laboratoire :** Des références vous manqueront, ne vous lancez pas dans une entreprise quelconque sans mettre tous les atouts de votre côté.
- **Vous travaillez dans un laboratoire :** Les aides que vous cherchez ne solutionneront pas votre problème, vous seul pouvez le résoudre.
- **Une personne proche travaille dans un laboratoire :** Vous chercherez par tous les moyens à percer une énigme.

LABYRINTHE

Il est fréquent de **rêver à un labyrinthe et de s'y perdre** lorsque la fatigue et les tensions quotidiennes régissent l'organisme.
Cependant, ce thème montre des difficultés, souvent chimériques, car l'être humain excelle dans l'art de se compliquer la vie. Il montre une certaine faiblesse de caractère et s'oppose à l'indécision qui retarde toutes les progressions.

- **Si vous parvenez à sortir du labyrinthe,** la volonté vous aidera à sortir des difficultés, mais vous y replongerez si vous n'adoptez pas une ligne de conduite plus stricte.
- **Si vous y rencontrez des formes terrifiantes, des fantômes ou des pièges,** de telles visions n'augurent rien de bon, vous récolterez sans tarder ce que vous avez semé. Chacun de vos actes suscite une réaction, à vous de les maîtriser.

LAC, voir également EAU

- **Rêver d'un lac :** Une vie paisible.
- **Un lac boueux ou à l'eau foncée :** Turpitudes et remords.
- **Vous vous baignez dans un lac :** L'amour vous apportera de grandes joies.
- **Des cygnes ou des canards nagent sur un lac :** Fortune et prospérité.
- **Vous vous promenez autour d'un lac :** Votre vie est heureuse et vous n'y êtes pour rien. Tout vous sourit.
- **Une tempête sur un lac ou une eau très agitée :** Une crise affective se prépare.

LAID

- **Vous rêvez que votre visage est laid :** Vos qualités sont enviées.
- **Votre enfant est laid :** Un défaut que vous êtes seul à connaître tourne au complexe et gâche votre vie.
- **Une personne est très laide :** Une mauvaise nouvelle.
- **La personne que vous aimez est très laide :** Vos sentiments deviennent de plus en plus confus.

LAINE

- **Rêver de laine :** Confort et sécurité.
- **De laine de mouton,** voir **MOUTON.**
- **La laine est très fine :** Mauvaise gestion, risque de faillite.
- **Acheter de la laine :** Découverte d'un magot, d'un petit pactole.
- **Vendre de la laine :** Des tourments et des malheurs à la chaîne.
- **Filer de la laine :** Votre vie sera très longue.
- **La laine est blanche :** Nul ne triche avec vous.
- **La laine est noire :** Un héritage sera source de haine.
- **La laine est rouge :** L'argent que vous aimez tant ne fera pas votre bonheur.
- **La laine est bleue :** Heureux présage, les réalisations seront fructueuses.
- **La laine casse :** Signe de trahison.
- **Former une pelote de laine :** L'affection est à toute épreuve.
- Voir, **TRICOTER.**

LAIT

- **Rêver de lait :** Signe d'équilibre et de santé.
- **Vous buvez du lait :** Vous serez à l'abri des soucis pendant longtemps.
- **Le lait est tourné ou troublé :** La santé est précaire.
- **Vous renversez du lait :** Des impédimentis cycliques.
- **Vous rêvez de lait maternel :** Bonheur et tendresse.
- **Vous achetez du lait :** Maîtrisez vos envies, elles vous feront faire des sottises.
- **Vous écrémez du lait :** Des économies importantes.
- **Vous faites cailler du lait :** Un bon conseil vous suivrez, de l'argent vous récolterez.

LAMA

- **Rêver de cet animal :** Votre existence est mélancolique, vous manquez d'air.
- **Un lama en captivité :** Un échec sentimental consécutif à votre égoïsme.
- **Blesser un lama ou le voir se blesser dans sa course :** Fuite, abandon de l'être aimé.
- **Tuer un lama :** Une trahison vous commettrez.
- **Un lama mort :** Divorce.

LAMENTATIONS

- **Rêver du mur des lamentations :** De sérieux ennuis en voyage.
- **Vous êtes devant le mur des lamentations :** La perte d'un être cher.
- Voir **JÉRUSALEM.**
- **Vous entendez des lamentations :** Une nouvelle émouvante.
- **Vous vous lamentez :** Vous allez bientôt faire la fête.
- **Un proche se lamente :** Il partagera une grande joie avec vous.

LAMPE

Symbole d'expérience.

- **Toutes les lampes allumées** sont synonymes d'actions fertiles et récompensées.
- **Porter une lampe allumée à la main** est un message de prudence, il faut être patient et réservé dans toutes les démarches.
- **Casser une lampe et se trouver dans le noir** révélera un complot contre soi.
- **Éteindre une ou plusieurs lampes :** Les échecs seront dus au retard.
- **Voir une personne allumer une lampe :** Les amis seront fidèles et solidaires.
- **Voir une personne éteindre une lampe :** Une fausse amitié.
- **Les lampes décoratives allumées** annoncent des satisfactions professionnelles. **Éteintes,** des démarches décevantes.
- **Une lampe à gaz allumée :** Une rentrée d'argent.
- **Éteindre une lampe à gaz :** Une dépense inopportune.
- **Allumer une lampe à gaz :** Les choses s'aggravent et vous perdrez patience.
- **Une lampe à pétrole allumée :** Attendez-vous à une surprise de taille.
- **Une lampe à pétrole éteinte :** Une catastrophe se prépare.
- **Allumer une lampe à pétrole :** Une passion amoureuse dévastatrice.

LANCE

Thème physique et sexuel.

- **Voir une lance** prédit des rapports amoureux passionnels.
- **Se servir d'une lance pour chasser** est un signe de provocation.
- **Une lance plantée en terre** désignera un défi vital à relever.
- **Une lance brisée :** L'amour vous fera perdre un ami.

LANGOUSTE

- **Rêver d'une langouste vivante :** Une querelle pour de l'argent.
- **Vous mangez une langouste :** Une invitation à dîner dans la haute société.
- **Vous faites cuire une langouste :** La jalousie d'un tiers vous causera des problèmes.
- **Vous achetez une langouste :** Une femme vous donnera de l'argent.

LANGUE

- **Vous parlez une langue étrangère :** Votre rayonnement personnel vous fera atteindre des sommets.
- **On vous adresse la parole dans une langue que vous ne comprenez pas :** Les circonstances ne vous seront pas favorables et vous aurez du mal à vous justifier.
- **Apprendre une langue étrangère :** Du plaisir dans les voyages.
- **Votre partenaire parle une langue étrangère :** Il manque de franchise à votre égard.
- **Votre langue est paralysée :** C'est un signe de culpabilité.
- **Se mordre la langue jusqu'au sang :** Une indiscrétion va vous coûter très cher et se retourner contre vous.
- **Se brûler la langue :** Début d'une hostilité dans les amitiés.
- **Tirer la langue à quelqu'un :** Une revanche sans gloire.
- **Une personne ou un enfant tire la langue :** L'entourage est hypocrite.
- **Agiter la langue, pour une femme :** Elle cherche à séduire pour se rassurer.
- **Un homme agite la langue devant elle :** Ses prétendants ne recherchent que de brèves aventures.
- **Agiter la langue, pour un homme :** Il craint d'avouer une faute.
- **Une femme agite sa langue devant lui :** Ses désirs sont inavouables et inconcrétisables.
- **Voir une langue d'animal :** Les propos seront imprudents et blessants.
- **Manger de la langue :** Des maux de gorge.

LANTERNE

Le symbolisme de ce rêve est similaire à celui de la **LAMPE**, avec un détail cependant, son sens revêt un caractère un peu plus secret.

- **Porter une lanterne allumée dans le noir** est également un signe de prudence, mais les dangers extérieurs seront plus difficiles à déceler.
- **Une lanterne éteinte :** Un aveuglement total dans la sphère où l'on évolue.
- **Une lanterne se balance :** Les indécisions retardent les projets et peuvent les faire avorter.
- **Une lanterne magique :** Un voyage sera source de joie.
- **Une lanterne clignote :** Accordez plus d'attention aux conseils que l'on vous donne.
- **Une lanterne de signalisation :** N'hésitez pas à revenir sur votre choix, il n'y a que les imbéciles qui ne changent pas d'idée !

LAPIN, avec ce thème nous sommes loin d'un symbolisme euphorique. Cet animal est le souffre-douleur de nombreuses générations ; traqué, chassé, dépecé, épilé de descendance en descendance, sa chair et sa fourrure font qu'il ne connaît pas de répit.

- **Si vous voyez de nombreux lapins,** seule l'objectivité peut vous sauver d'une vie laborieuse et épuisante. À quoi bon ramer pendant des lunes si vous ne récoltez qu'amertume et difficultés ? Il est sûrement temps de changer de voie.
- **Voir ou porter sa fourrure** promet des mois de malchance et de solitude.
- **Des lapins blancs** montrent que vous avez tendance à vous cacher la réalité, lorsque cela vous arrange.
- **Des lapins noirs** prédisent des chagrins et de grosses difficultés familiales.
- **Élever des lapins :** De petits bénéfices et une mauvaise santé.
- **Des lapins s'échappent d'une cage :** Un être cher va tomber gravement malade.
- **On vous vole des lapins :** Une personne vous exploitera.
- **Tuer un lapin :** Fausse promesse.
- **Un lapin pris au piège :** Rupture avec un proche.
- **Caresser ou apprivoiser un lapin :** Rencontre amoureuse avec une personne plus jeune que soi.
- **Manger du lapin** est un signe de longévité.
- **Dépecer un lapin :** Vous vous blesserez dans l'action.
- **Acheter ou négocier un lapin vivant :** Une fête vous donnerez, des larmes vous récolterez.
- **Acheter un lapin prêt à cuire :** Une mauvaise nouvelle dans la journée.
- **Des lapins sont en liberté dans votre maison ou votre jardin :** Période créative et fructueuse.
- **On vous offre un lapin :** Les échéances seront difficiles.

LAQUE

- **Rêver de laques chinoises :** On vous offrira un bijou somptueux.
- **Vous laquez un meuble ou un objet :** Ne parlez à personne de vos profits.
- **Des meubles laqués :** Des placements fructueux.
- **Vous utilisez de la laque sur votre chevelure :** Vos actes sont trop timides.
- **Votre partenaire utilise de la laque sur ses cheveux :** Il va vous tenir tête.
- **Vous achetez une bombe de laque :** Un conflit amoureux.
- **La bombe de laque explose :** Une rupture affective sans préavis.

LARD

- **Vous coupez du lard :** L'argent ne sera pas le sujet de vos inquiétudes.
- **Vous mangez du lard :** Paresse et insouciance.
- **Le lard est fumé :** Pérennité dans les affaires.
- **Vous achetez du lard :** Vous êtes très mal conseillé.

LARMES, en rêve comme dans la réalité, les larmes sont liées à des émotions profondes.

- **Les sentir couler sur ses joues** annoncent un grand bonheur auquel on osait plus espérer.

- **Les voir ruisseler sur le visage d'une personne aimée** signifie que nous souhaitons nous faire pardonner un acte inconsidéré.
- **Un enfant pleure à chaudes larmes :** La fin des obstacles.
- **Une personne pleure :** Une bonne nouvelle est en chemin.

LASSO

- **Rêver de lasso :** En amour comme en affaires, vous avez toujours le beau rôle.
- **Utiliser un lasso avec habileté :** L'amour idéal.
- **Capturer un animal au lasso :** Vous serez pris à votre propre piège.
- **Faire tournoyer un lasso :** Votre étendard est l'audace.
- **S'enrouler dans le lasso :** Vos conceptions sur la vie conjugale déroutent votre partenaire.
- **S'entraîner à manier le lasso :** Suffisance.

LATIN

- **Vous lisez un texte en latin :** Quiproquos.
- **Vous apprenez le latin :** Votre disponibilité sera très appréciée.
- **Vous enseignez le latin :** Vous avez pour habitude de tergiverser, allez droit au but !
- **Vous entendez la messe en latin :** Les excuses que vous vous trouvez ne sont pas des raisons !
- **Vous récitez des litanies en latin :** Des troubles de conscience perturberont votre sommeil.
- **Quelqu'un récite des litanies en latin :** Votre instinct vous protégera de certains dangers.

LAURIER

- **Rêver de lauriers :** Chance et prospérité.
- **Cueillir du laurier :** Triomphe sur l'adversité.
- **Voir une couronne de lauriers :** Honneurs et félicitations.
- **Porter une couronne de lauriers :** Le succès vous montera à la tête.
- **Rêver de lauriers roses :** Un remariage ou un amour oublié resurgira.

LAVANDE

- **Rêver de lavande bleue ou blanche,** est un symbole de pureté, les sentiments sont tout neufs, sincères et prometteurs.
- **De la lavande séchée :** Une vie matrimoniale très heureuse.
- **Sentir le parfum de la lavande :** Un grand amour poussé jusqu'à l'adoration.
- **Cueillir des lavandes :** Une nouvelle passion.

LAVEMENT

- **Voir en rêve les ustensiles nécessaires à ce soin :** Très rapidement, une déception.
- **On vous administre un lavement :** Départ rapide sans préparatifs.
- **Vous faites un lavement à quelqu'un :** Un coup de fil bouleversera votre journée.
- **Se faire un lavement :** Signe de rajeunissement.
- **Un lavement vous rend malade :** Une action irréfléchie et irréversible.

LAVER, ce thème indique une clarification par rapport à une situation donnée, il s'associe bénéfiquement au symbolisme de l'eau.

- **Se laver le corps ou le visage** présage la fin d'une situation affective confuse et parfois douloureuse.
- **Se laver les mains :** Vous vous disculperez d'une fausse accusation.
- **Laver du linge** est un indice de réconciliation.
- **Laver quelqu'un :** Une leçon de politesse vous donnerez.
- **Se laver les pieds :** Une démarche humiliante.
- **Laver les pieds d'une personne :** Un secours d'argent vous sera accordé.
- **Voir un proche se laver :** On tiendra compte de votre désapprobation.
- **Laver des aliments :** Une heureuse découverte.

LAYETTE, on est tenté de voir en ce rêve la naissance future d'un enfant. Son sens prémonitoire n'est pas exclu, mais il est rare que ces petits vêtements révèlent une grossesse. Souvent, il dépeint une nature fragile et émotive dont la sensibilité est mise à rude épreuve dans le présent. Bien sûr, cette signification n'est plus recevable si une femme qui vient d'accoucher fait ce rêve, son enfant étant sa préoccupation majeure, le message parle alors d'amour et de tendresse.

- **Tricoter une layette :** L'amour vous emprisonne et vous aimez ses chaînes.
- **Un homme rêve d'une layette :** Il est en train de perdre l'amour d'une femme.

LÉCHER

- **Un animal vous lèche lorsque vous vous approchez de lui ou le caressez**, aucun rêve n'est plus favorable à l'amitié.
- **Un chien** cimentera les complicités.
- **Un cheval** montre que vous vous impliquez dès qu'un ami réclame votre aide.
- **Un chat** est un avertissement, les flatteries sont intéressées.
- **Un bébé ou un jeune enfant vous lèche :** Un événement heureux.
- **Lécher la main de quelqu'un :** Certaines de vos ambitions doivent être freinées avant qu'elles ne vous fassent commettre des bêtises.

LÉGION

- **Vous recevez la légion d'honneur :** Les démarches aboutiront au niveau brigué.
- **Une personne reçoit la légion d'honneur :** Reconnaissance, récompense.
- **Vous êtes dans la légion étrangère :** Méfiez-vous des coups de têtes !
- **Un de vos proches appartient à la légion étrangère :** Un geste regrettable entraînera une sanction.

LEGS, voir HÉRITAGE

- **Vous faites un legs à une œuvre :** Votre indépendance financière n'est pas pour demain !
- **Vous faites un legs à quelqu'un :** Le plan matériel sera très désavantagé pendant une longue période.
- **Vous recevez un legs :** On vous escroquera d'une petite somme.

LENTILLE

- **Rêver de lentilles :** Vos petites économies seront utiles à vos proches.
- **Vous mangez des lentilles :** Des amis vous viendront en aide.
- **Vous achetez des lentilles :** Changez rapidement d'ambiance, la dépression vous guette.
- **Des lentilles se répandent au sol :** Vos efforts ne vous apporteront aucun profit.

LENTILLES (de contact)

- **Vous rêvez de lentilles de contact :** Vos compétences sont reconnues dans votre situation, mais vous manquez encore d'assurance.
- **De lentilles de couleur :** Votre vie manque de romantisme.
- **Vous achetez des lentilles de couleur :** Une période heureuse et pleine de surprises.
- **Vous portez des lentilles de contact :** Vous avez tendance à déléguer dans le travail.
- **Vous portez des lentilles de couleur :** Vos prévisions sont un peu trop optimistes.
- **Vous perdez une lentille :** Vous ne saurez sur quel pied danser.
- **Vous perdez vos lentilles :** Le sens du discernement fait défaut.
- **Vous avez écrasé vos lentilles en marchant dessus :** Des difficultés vont vous submerger.
- **Un de vos proches porte des lentilles de contact :** Une personne de confiance vous décevra.
- **Des lentilles de couleur :** Ne prenez pas les choses à la légère.
- **Vous refusez de porter des lentilles de contact :** Vous devrez vous recycler, certaines de vos idées sont obsolètes.

LÉOPARD

- **Rêver de cet animal** n'est pas obligatoirement un présage inquiétant. Le contexte est significatif.
- **Si l'animal vous poursuit ou cherche à vous dévorer,** c'est que vous avez besoin de détente, vous êtes à bout de souffle, il est temps de recharger vos accus.
- **Si vous regardez un léopard dans son milieu naturel :** Il est évident qu'une personne très intéressée cherche à vous rouler. Veillez au grain, sa tentative échouera.
- **Si vous chassez le léopard,** vos ennemis ne tarderont pas à demander grâce.
- **Un léopard en captivité :** Un échec humiliant dont vous vous remettrez.
- **Une femelle léopard et ses petits :** Une conspiration.
- **Un bébé léopard :** Votre sensibilité vous fera découvrir de vrais trésors.
- **Un léopard mort :** On essaye de vous corrompre, pesez bien le contre.

LÉTHARGIE, quelque chose ne tourne pas rond, votre énergie est prisonnière de votre paresse ; si votre subconscient se donne du mal pour vous montrer une telle image de vous-même, c'est qu'il y a lieu de vous inquiéter. Réagissez avant de voir arriver des ennuis en chaîne et inhérents à votre négligence.

- **Votre enfant se complaît à ne rien faire :** Il est paradoxalement très agité à l'idée que vous pourriez lui refuser une sortie ou un projet qu'il mûrit depuis quelque temps.
- **D'autres personnes sont léthargiques :** Il est certain qu'on vous oublie, mais faites-vous ce qu'il faut pour qu'il en soit autrement ?

LETTRE

- **Recevoir une lettre agréable :** Chance. Succès imminent.
- **Une lettre désagréable :** Un problème va surgir et vous ne saurez pas comment y faire face.
- **Une lettre d'amour :** L'amour est plus sensuel que sincère.
- **Déchirer une lettre sans importance :** Quelqu'un attend votre courrier.
- **Déchirer une lettre d'amour :** Un scandale, dont vous serez l'auteur à votre insu.
- **Écrire une lettre d'amour :** Un rendez-vous manqué.
- **Écrire une lettre d'affaire :** Un travail sans attrait.
- **Lire une lettre adressée à un tiers :** Un vol, une personne proche y est impliquée.
- **Cacheter une lettre :** Vous serez infidèle.
- **Glisser une lettre sous une porte :** On vous fera une surprise de mauvais goût.
- **Si c'est une lettre d'amour :** Ne revenez pas sur une décision, le pire peut se produire !

- **Recevoir une lettre anonyme :** Ne cherchez pas à vous venger, les choses tourneront très mal.
- **Lire une lettre à haute voix :** Une longue période de solitude.
- **Brûler des lettres d'amour :** Une séparation bénéfique sur tous les plans.
- **Quelqu'un lit une lettre qui vous est adressée :** Surveillez vos relations, elles se servent de votre nom pour cautionner leurs combines.
- **Votre partenaire écrit une lettre dont vous ignorer la teneur :** Depuis longtemps il vous ment et traverse une période difficile. **Si la lettre est une lettre d'amour :** Ses aveux seront très décevants.
- **Recevoir la lettre de sa maîtresse ou de son amant et la lire en cachette :** Vous avez tort de ne pas prendre votre vie sentimentale au sérieux, d'autres en profitent pour spéculer sur l'être aimé.
- **Recevoir de nombreuses lettres d'admirateurs ou d'admiratrices :** Vous attachez trop d'importance à votre petite personne, vous devez rapidement trouver d'autres centres d'intérêts. La mégalomanie, vous connaissez ?
- **Posséder un paquet de lettres d'amour :** Libérez votre conscience d'un poids qui vous hante depuis des mois. N'hésitez pas à vous confier à une personne de confiance.
- **Recevoir une lettre de licenciement :** Votre partenaire a des problèmes d'ordre social.

LEVAIN

- **Vous utilisez du levain :** Un achat pour un tiers.
- **Vous achetez du levain :** Soyez moins conformiste.
- **Vous faites du pain au levain :** Votre fortune sera bien gérée.
- **Votre mère vous donne du levain :** Une amie vous aime tendrement.

LEVER (se)

- **Si une femme rêve qu'elle se lève au petit matin,** elle a toutes les chances de voir sa vie s'améliorer matériellement, très vite elle basculera dans la facilité. Par contre, ce sens prophétique est annulé et n'indique rien de particulier si la personne est naturellement matinale.
- **Un homme rêve qu'il se lève au petit matin :** Ses objectifs seront sources de satisfaction.
- **Une femme plutôt matinale à l'ordinaire rêve qu'elle se lève très tard :** Elle n'a pas les même chances de réussite, ce rêve traduit une volonté chancelante, de nombreux déboires mis à bon compte sur le dos de la fatalité. Un changement de comportement serait salutaire.
- **Un homme rêve qu'il se lève très tard :** Une de ses entreprises récente échouera.

LÈVRES, voir BOUCHE

LÉVRIER

- **Rêver d'un lévrier :** Une aventure sentimentale très éphémère.
- **Un lévrier blessé :** Votre objectif est trop flou, faites marche arrière.
- **Un lévrier en course :** Votre vie amoureuse est très agitée, vous courrez à la catastrophe et risquez de vous retrouver seul.
- **Vous possédez un lévrier :** Vos apparences ne trompent personne.
- **Votre lévrier gagne une course :** Vous viendrez à bout d'un adversaire rusé.

LÉZARD

- **Voir un lézard se chauffer au soleil :** Les amitiés serviront la réussite.
- **Un lézard fuit devant vous :** Une rencontre vous décevra.
- **Un lézard mort :** Des journées entières à paresser.
- **Un lézard mort flotte sur l'eau :** Indifférence de l'être aimé.
- **Tuer ou écraser un lézard :** À tort vous briguez la place d'une personne haut placée.
- **Posséder des vêtements ou des accessoires en peau de lézard :** Vos revenus sont confortables mais n'assurent pas pour autant votre bonheur.

LIANE

- **Rêver de liane :** Votre cœur est ailleurs.
- **Vous vous balancez avec une liane :** Deux amours vous poseront un sérieux dilemme.
- **Si vous lâchez une liane et tombez :** Le choix que vous ferez sera malheureux.
- **Si vous vous blessez en tombant :** Une des deux personnes aimées vous quittera.
- **Un singe se balance avec une liane :** Vous excellez dans l'art de séduire.
- **Quelqu'un se balance avec une liane :** Une personne a un aveu à vous faire, mais n'ose pas.

LIBELLULE, cet insecte léger et transparent symbolise l'inconstance.

- **Lorsqu'une femme rêve de libellule**, elle est tentée de se lancer dans des aventures sans lendemain. Sa moralité est parfois douteuse, elle doit apprendre à maîtriser ses instincts.
- **Pour un homme,** c'est très certainement un appel à la raison, ses engagements sont superficiels, il ne souhaite pas de liens durables afin d'échapper aux contraintes. Les décisions dans le cadre du travail sont également légères et non réfléchies. La maturité lui fait défaut.

LIBERTÉ

- **Éprouver un sentiment intense de liberté** est incontestablement un indice de vitalité et de joie de vivre.

- **Si on vous prive de votre liberté pour une raison ou pour une autre :** Vous courrez un danger que vos proches semblent ignorer, d'autre éléments symboliques de ce thème donneront plus d'explications.
- **Si vous privez un proche de sa liberté :** Ce que vous souhaitez réaliser est impossible, le sens de la réalité vous fait défaut.
- **Si on vous enferme sans espoir d'évasion :** C'est que vous éprouvez un sentiment de dépendance, mais vous ne ferez rien pour changer les choses.
- Pour les autres définitions, voir **PRISON** et **ARRESTATION.**

LICENCE

- **Vous obtenez une licence :** La situation que vous convoitez est à votre portée, étudiez bien tous les paramètres avant de vous lancer.
- **Vous demandez une licence :** Une démarche entraînera des complications.
- **On vous refuse une licence :** Le malheur d'une personne fera votre bonheur.
- **On refuse une licence à une personne de votre connaissance :** Vous outrepasserez vos droits.

LICENCIEMENT

- **Vous êtes licencié :** Dans ce domaine, vous n'avez aucun souci à vous faire.
- **Vous apprenez qu'une personne est licenciée :** On vous donnera un renseignement erroné.
- **Vous licenciez une personne :** Des difficultés pour des remboursements ou pour faire valoir vos droits.
- **Votre partenaire est licencié :** Il se plaint de vous à un tiers.

LICORNE

Un symbole très mystique pour un animal mythique.

- **Sa vision en rêve** présage des événements étranges et bénéfiques. Si vous êtes comme saint Thomas qui croyait que ce qu'il voyait, l'avenir vous convaincra, vous découvrirez que les faits troublants et concordants qui s'enchaînent ne peuvent être le fruit du simple hasard.
- **Une licorne abattue ou sacrifiée :** Votre passé cherche à vous rattraper, mais la leçon que vous en avez tiré doit vous aider à faire un choix heureux.

LIEN

- **Rêver d'un lien symbolique :** Présage d'espoir. Fragilité.
- **Un lien entre une personne et vous :** Psychisme entravé, immobilité contemplative provisoire.
- **Chercher un lien entre éléments :** Les rapports humains vous embarrassent.
- **Chercher un lien pour attacher :** Vous manquez d'espace pour agir, aimer et concrétiser vos fantasmes. Voir **ATTACHER.**

LIERRE

- **Rêver de lierre :** Symbole d'attachement.
- **Lorsque le lierre grimpe sur les murs à l'extérieur,** les sentiments seront durables.
- **Le lierre pousse à l'intérieur :** Les changements espérés vont se produire.
- **Du lierre autour d'un tronc d'arbre :** Au nom de l'amour, n'étouffez pas votre partenaire.
- **Le lierre a envahi tous les murs de votre maison et condamne les fenêtres :** Une maladie sera très difficile à déceler.

LIÈVRE

- **Voir un lièvre dans sa course** est un signe de richesse.
- **Des lièvres en nombre :** Vous serez au bon moment, au bon endroit.
- **Manger du lièvre :** Une invitation vous flattera.
- **Chasser un lièvre :** Protégez-vous, c'est vous que l'on chasse et cherche à descendre en flammes !
- **Tuer un lièvre :** Amitié rompue.
- **Un lièvre blessé :** Votre existence sera chargée de démêlés avec la justice.
- **Un lièvre mort :** Des instants de profonde détresse.

LIMACE, ne voyez pas en ce mollusque gastéropode un symbole de lenteur.

- **Si des limaces se trouvent sur votre gazon, dans votre jardin ou à vos pieds,** assurez-vous que les principes que l'on vous a transmis dans votre enfance sont bien intégrés, et analysez bien le mot laxisme et non limace. Ne donnez-vous pas votre accord à tort ou à travers, dans un but de tranquillité ? Votre nature est certainement trop permissive. Ne prenez pas ce rêve à la légère, vous le regretteriez.
- **Si vous écrasez des limaces,** les flatteries seront trompeuses et vous induiront en erreur.
- **Si vous mangez des limaces en croyant que se sont des escargots :** On accordera très peu de crédit à vos démarches.
- **Si on vous qualifie de limace,** c'est tout simplement qu'on n'aime pas votre réussite.

LIN

- **Rêver de lin :** Bonheur et fidélité.
- **Filer du lin :** Un amoureux pense à vous.
- **Vous achetez du lin :** L'amour est intéressé.
- **Vous possédez du lin ou des étoffes de lin :** La sexualité domine votre existence.

LINCEUL

- **Rêver d'un linceul :** De mauvaises nouvelles.
- **Se voir envelopper d'un linceul :** Un des vôtres est très malade ou souffre de votre absence.
- **Une autre personne est dans un linceul :** Vous vous rendrez à un enterrement.
- **Un linceul taché de sang :** Un amour illicite donnera naissance à des hostilités.

LINGERIE, symbole érotique.

- **Une femme rêve de ses sous-vêtements :** Elle s'angoisse pour son devenir physique.
- **Une femme rêve qu'elle achète de la lingerie :** Elle redoute les réactions de son partenaire, tout en cherchant à lui plaire.
- **Une personne fétichiste rêve de lingerie :** Elle souffre de solitude.
- **Un homme rêve de sous-vêtements féminins :** Il souffre d'insatisfaction sexuelle.
- **Un homme rêve de ses sous-vêtements :** Il est timide et complexé en amour.
- **Un homme rêve qu'il achète des sous-vêtements féminins pour sa compagne ou sa femme :** Il recherche des affinités sexuelles plus subtiles.
- **Une femme rêve qu'elle enfile ses sous-vêtements :** Certaines de ses attitudes sont condamnables et elle en est consciente.
- **Un homme rêve qu'il enfile ses sous-vêtements :** Il doit rendre des comptes et cela l'épuise.

LION, symbole de puissance et de complexité.

- **Déchirant un animal avec ses griffes et ses dents :** Il exprimera une sanction découlant d'un refus des normes ou d'une autorité quelconque.
- **Aux prises avec un serpent :** Une passion démoniaque.
- **Un lion devant votre porte :** Protection sur vous.
- **Caresser un lion :** Mansuétude. Bonté.
- **Votre enfant joue avec un lion :** Soumission volontaire.
- **Mettre sa tête dans la gueule du lion :** Vous vous imposerez avec fermeté.
- **Un lion captif :** Une victoire sur les ennemis.
- **Un lion vous agresse et rugit :** Avec maestria, vous assumerez une tâche au-dessus de vos forces.
- **Chasser le lion :** Abus de pouvoir, rapide ascension mais précaire.
- **Un lion passif et dans son contexte :** Une belle réussite sociale et matérielle.
- **Une lionne dans son contexte :** Un grand réconfort.
- **Une lionne et ses lionceaux :** Une force anime votre détermination, vous parviendrez à vos fins.

- **Un ou plusieurs lionceaux :** Un sentiment trop envahissant vous rend indisponible.
- **Un lion mourant :** Une révolte sous-jacente.
- **Un lion mort :** La perte d'un ami dévoué.
- **Entendre les rugissements furieux d'un lion :** Des tensions d'ordre relationnel.
- **Un lion vous dévore et vous vous réveillez :** Vous êtes très angoissé, un harcèlement peut en être la cause. Il est certain qu'à l'état de veille vous subissez des pressions constantes qui troublent votre équilibre.
- **Un combat de lions :** Un chantage entre hommes dans votre famille.
- **Un lion dévore un de vos proches :** Vous serez victime d'un accident.
- **Posséder un lion apprivoisé à la chaîne :** Conquête. Séduction.

LIQUIDE, il faudrait savoir de quel élément liquide il s'agit. Freud aurait relié ce rêve à la sexualité, car c'est vrai que les sensations de la personne face à ce liquide en disent long sur sa vie sexuelle. Ainsi, **s'il coule sur une partie de son corps et lui procure une impression agréable,** on pense que sa sexualité ne présente pas de problèmes majeurs. À l'inverse, **si un liquide lui fait éprouver du dégoût, de la crainte ou le paralyse,** c'est l'indice d'un mal-être, d'une appréhension nerveuse.

- **Lorsqu'un homme fait ce rêve**, il doit apprendre à de détendre et non rechercher les performances avec sa partenaire.
- **Si c'est une femme,** une mésentente temporaire avec son partenaire ou une harmonie familiale défaillante, dégradent sa réceptivité sexuelle, mais à aucun moment il n'est question de frigidité.

LIRE

- **Lire un livre** présage des progrès dans un domaine précis.
- **Vous lisez à haute voix un passage :** Vous préférez une vie sédentaire.
- **Quelqu'un vous fait la lecture :** Des jours heureux en perspective.
- **Vous apprenez à lire à un adulte :** Votre influence est très positive sur vos proches.
- **Vous apprenez à lire à un enfant :** Une grande complicité va naître.
- **Vous ne savez ni lire ni écrire,** voir **ANALPHABÈTE.**

LIT, est-ce vraiment un symbole sexuel ? On a oublié de dire que le lit n'est sûrement pas l'endroit idéal pour réveiller les passions, même dans le rêve le lit évoque un climat affectif plutôt froid.

- **Lorsqu'on voit un lit vide :** Il y a souvent refus des rapports sexuels. Plusieurs causes peuvent s'y rattacher : l'ennui, la routine ou l'usure conjugale.
- **Voir une personne de votre sexe dans un lit ou votre lit** prédit un climat affectif hostile.

- **Y voir une personne du sexe opposé :** Une mauvaise nouvelle vous fera quitter provisoirement l'être aimé.
- **Un couple dans un lit :** Un divorce sera bientôt prononcé.
- **Un lit défait** est un signe d'adultère.
- **Voir un grabat, une paillasse :** Les désirs sont insatisfaits.
- **Un lit aux formes étranges :** Vous recherchez en vain l'amour idéal.
- **Une personne malade, couchée dans un lit** révélera l'appréhension d'être malade soi-même.
- **Acheter un lit :** Insécurité affective.
- **Vendre un lit :** Vos projets se réaliseront rapidement.
- **Faire son lit :** Un espoir déçu, un cœur gros comme ça !...

LITIÈRE

- **Rêver d'une litière :** Changement de résidence provisoire.
- **Une litière d'animaux :** Vie familiale heureuse.
- **Vous préparez une litière pour un animal :** Vous allez vous lier pour la vie.
- **Vous couchez sur une litière :** Vous toucherez de l'argent d'une personne qui vous déteste.

LIVRE

- **Vous possédez de nombreux livres :** Vos aptitudes sont excellentes lorsqu'il s'agit d'innover.
- **Des livres scientifiques :** Votre bon sens sera mis à l'épreuve.
- **Des romans** : Vous aurez une vie paisible.
- **Des livres de fiction :** Une leçon du passé servira dans le futur.
- **Des livres religieux :** Une phase réconfortante et prometteuse se présentera.
- **Vous achetez des livres :** Vous n'êtes pas matérialiste, il y a des circonstances où ce sera regrettable.
- **Vous vendez des livres :** Vos relations vous feront gagner de l'argent.
- **Vous tenez une librairie ou vous êtes libraire :** Ce thème atteste de la bonne foi des amis ou des relations qui sauront se rendre disponibles si nécessaire.
- **Vous regardez des livres dans la vitrine d'un libraire :** Vous allez faire de nouvelles expériences.
- **Vous recouvrez ou reliez des livres :** Vous vous rapprocherez d'une personne que vous aviez un peu délaissée.

LIVRET

- **Rêver d'un livret de caisse d'épargne :** Avancement dans la situation.
- **Perdre son livret de caisse d'épargne :** On vous dérobe de l'argent.
- **Trouver un livret de caisse d'épargne :** Une nouvelle activité fructueuse.
- **Rêver d'un livret militaire :** Quelqu'un cherche à vous rabaisser.

LOCATION

- **Vous louez votre appartement ou votre villa :** Vous allez partir en voyage.
- **Vous signez un bail de location :** Vous porterez une affaire devant le tribunal.
- **Vous sous-louez une partie de votre maison :** Un voisin vous cherchera chicane.
- **Vous louez des terres :** La logique n'est pas votre souci principal et les conséquences seront parfois fâcheuses.
- **Vous louez un garage :** Souvenez-vous qu'on ne prête qu'aux riches... Ne faites pas trop de châteaux en Espagne.

LOCOMOTIVE

N'oubliez pas que c'est elle qui tire les wagons. **Si vous en voyez une passer, toute seule, à toute allure,** elle annonce une opportunité qu'il faudra saisir illico, ce peut être le tremplin pour une belle réussite, ou la satisfaction de plus d'autonomie dans l'action.

- **Conduire une locomotive :** Vous êtes maître de votre sort, **si la locomotive reste sur ses rails** vous devrez luttez pour progresser et la route sera longue. **Si en revanche elle déraille**, tous les sommets seront difficiles à atteindre, vous devez éviter les dispersions et potentialiser votre énergie vers un but unique.

LOI

- **Vous êtes en désaccord avec la loi :** Des obstacles bloquent votre progression.
- **Vous gagnez une action en justice :** Les spéculations seront dangereuses.
- **Perdre une action en justice :** Des déboires professionnels imprévisibles et vivement surmontés.
- **Être chargé de faire appliquer la loi :** Une solution rapide à un problème.
- Voir également **PROCÈS.**

LOTERIE

Deux alternatives se présentent, la première c'est l'hypothétique sens prémonitoire de ce rêve, la seconde obéit à la loi des contraires et donne peu de crédit à la chance, c'est généralement la plus courante.

- **Si vous gagnez à la loterie :** Ne vous faites pas de fausses illusions, pensez aux choses concrètes et aux moyens classiques pour vous enrichir.
- **Perdre à la loterie :** Un désenchantement.
- **Voir le numéro d'un billet en rêve :** Essayez de le retrouver et tentez votre chance.
- **Voir des zéros sur un billet** est maléfique aux jeux et aux spéculations.

LOUCHER

- **Voir quelqu'un loucher :** Une personne rêve de vos faveurs.
- **Vous louchez :** Les promesses sont exagérées, elles ne pourront être tenues.
- **Votre partenaire louche :** Il perd son temps et paresse.

LOUP

Il symbolise depuis des générations les luttes de l'homme pour sa survie.

- **Rêver de loups** prédit des oppositions diverses.
- **Chasser le loup :** Vous serez décisionnaire dans toutes les situations complexes.
- **Tuer un loup :** La fin de difficultés.
- **Un loup vous attaque :** Vous donnerez le bâton pour vous faire battre.
- **Vous apprivoisez un loup :** Délivrance. Paix intérieure.
- **Un loup mort :** Un homme de la famille va mourir.
- **Un loup en captivité :** La chance va vous être contraire.
- **Une louve vous attaque :** Une sérieuse rivalité féminine.
- **Une louve et ses petits :** Un choix douloureux à faire.
- **Une horde de loups vous poursuit :** Vos adversaires sont redoutables et complices.
- **Un combat de loups :** Vos inquiétudes sont fondées, agissez en conséquence !
- **Vous êtes effrayé par un loup-garou :** Une visite à la nuit tombante.
- **Vous êtes attaqué par un loup-garou :** Une nuit blanche, le jour qui suit ce rêve.

LOUPE

Symbole d'amplification.

- **Si vous voyez cet objet en rêve,** c'est un appel à la modération dans toutes vos allégations, car vous avez pour habitude d'exagérer les choses, d'embellir ou de noircir les faits selon les circonstances.
- **Utiliser une loupe :** Vous souhaitez augmenter votre train de vie, vous avez du mal à vous contenter d'un quotidien restrictif. Vous passez régulièrement en revue mentalement toutes les choses qui vous manquent.
- **Si d'autres personnes utilisent une loupe :** N'accordez pas trop d'importance à leurs petites histoires et ne vous impliquez pas, même à leur demande, dans leur conflits familiaux.

LOURD

- **Vous rêvez d'objets très lourds :** Une somme d'argent à débourser.
- **De paquets ou de poids très lourds :** Votre confort matériel ne vous empêche pas de faire des dettes.
- **Se sentir lourd :** Indice de fatigue, votre sommeil est de mauvaise qualité.

LOUTRE

- **Rêver d'une loutre dans son contexte :** Vous ne saurez pas résister à une proposition.
- **Une loutre hors de son contexte :** De l'argent à donner à un huissier ou un avocat.
- **Une loutre morte sur un rivage :** Une démarche funeste.
- **Des loutres jouent ensemble :** Des amis souhaiteraient vous voir plus souvent.
- **Si vous participez à leur jeu,** vous mentirez pour vous tirer d'affaires.

LUMIÈRE

- **Rêver de lumière :** Vous êtes bien dans votre corps et dans votre tête, la vie vous sourit.
- **Lumière du jour** : Une belle clarté signifie que le sens des valeurs de l'existence est bien intégré. Chaque personne trouvera en elle l'essence profonde de ce rêve.
- **Voir une lumière au loin** indique qu'il faut persévérer dans toutes les disciplines où l'esprit domine tout ce qui est matériel.
- **Un rayon de lumière :** Une opportunité à saisir, vous en tirerez un profit plus spirituel que matériel.

LUNE

Comment pourrait-on parler de la vie onirique en oubliant cet astre mystique présent dans la mémoire atavique de chacun d'entre nous qui dirige tout un royaume ? Dans le rêve, la lune est en exaltation.

La voir briller par une belle nuit d'été ou dans un ciel très clair est annonciateur de chance, de succès et de bonne santé.

- **Une pleine lune** présage également des périodes agréables pleines de satisfaction. Les sentiments sont décuplés, l'amour est sublimé.
- **La lune entourée d'un cercle lumineux** est un signe d'alliance, parfois de mariage.
- **Si vous voyez disparaître le cercle**, l'alliance sera rompue.
- **La lune est voilée :** Les décisions rapides doivent être exclues.
- **La lune se reflète à la surface de l'eau :** Vos projets sont chimériques, votre imagination est trop fertile.
- **Faire un voyage sur la lune** indique un goût prononcé pour les voyages qui malheureusement ne se feront pas dans les délais escomptés ; ce rêve marque un besoin d'évasion.
- **Débarquer sur la lune :** Favorable au commerce et aux négociations à l'étranger.
- **Voir les cratères lunaires :** Vous dilapiderez votre fortune à moins que ce ne soit un être cher qui s'y applique !

- **Un croissant de lune :** L'imagination permet des créations géniales, des actions d'éclat.
- **Voir la lune augmenter de volume et se rapprocher de la terre :** Les adolescents qui font un tel rêve se sentent incompris et insécurisés affectivement, il en résulte des angoisses ou des névroses.
  Les personnes adultes y verront également la représentation de leurs craintes ou de leurs phobies dont la raison remonte à leur enfance ou à une période douloureuse.
- **Voir la lune se rapprocher de la terre et s'y écraser,** prédit des transformations physiques, des changements importants dans la vie sexuelle. La plupart du temps, le rêve n'atteint pas son terme, le réveil a lieu au moment critique.
- Il n'est pas rare que **chez une femme** son insatisfaction face à son image lui provoque des troubles psychiques sans gravité.
- **Chez un homme :** Ce thème relate la coupure avec les liens maternels, ou celle avec une femme aimée.
- **Une éclipse lunaire** voir **ÉCLIPSE.**
- **Vous êtes « dans la lune » :** Vos étourderies parviennent à vous porter préjudice.

LUNE DE MIEL

- **Vous partez en lune de miel :** Voyage annulé.
- **Vous êtes en lune de miel :** Votre vie sentimentale devient amère.
- **Vos amis ou relations sont en lune de miel :** Une fête décevante vous donnerez.
- **Des parents partent en lune de miel :** Ils vous cachent la vérité.
- **L'être aimé part en lune de miel avec un autre :** Il est fidèle et heureux.

LUNETTES

- **Dans un rêve, vous portez des lunettes de vue :** La voie est difficile et semée d'embûches. Il vous faudra de la volonté certes, mais surtout acquérir de l'expérience.
- **Pour une personne qui porte réellement des lunettes de vue**, ce thème ne signifie rien de très précis, il faut analyser son contexte et tenter de relever la présence d'autres symboles.
- **Vous cassez vos lunettes de vue :** Un échec cuisant.
- **Vous achetez des lunettes de vue :** Vous découvrirez une malhonnêteté et son auteur.
- **Vous trouvez des lunettes :** Vous joindrez l'utile à l'agréable.
- **Vous achetez des lunettes de soleil :** Vos aventures sont connues de tout le monde.
- **Vous essayez des lunettes de soleil :** Infidélité passagère.

- **Voir l'être aimé avec des lunettes de vue alors qu'il n'en porte pas dans la réalité :** Il existe un domaine où vous le surestimez.
- **Vous vendez des lunettes à un étalage :** Évitez de prendre à témoin votre entourage lorsque vous contestez certains faits.

LUSTRE

- **Rêver d'un lustre :** Aucun souci à vous faire pour votre renommée.
- **Accrocher un lustre :** Le succès tarde mais il est inscrit.
- **Décrocher un lustre :** Vous serez impliqué dans un événement qui ternira votre réputation.
- **Acheter un lustre :** L'année qui vient ne vous sera pas favorable.
- **Se pendre à un lustre :** Vous triompherez habilement de vos ennemis.
- **Si vous tombez :** Votre âpreté au gain vous fera perdre vos amis.
- **Casser un lustre :** Votre mauvaise foi est évidente pour les autres.

LUTIN

Thème de mystère prédicateur de circonstances heureuses et inattendues, sauf **si les lutins sont menaçants ou cherchent à vous nuire.** Dans ce cas, ne parlez pas de votre vie privée à n'importe qui et ne vous vantez pas de vos succès amoureux ou professionnels à quiconque, sinon vous verrez les choses se gâter et mettrez naturellement tous ces déboires sur le compte de la fatalité.

LUTTER

Ce rêve doit s'adapter au contexte de son auteur. Tout dépendra des personnages impliqués dans cette lutte. Quoi qu'il en soit, le terme de cette adversité est important, **lorsqu'il y a une défaite au bout,** il est significatif d'obstacles ou de retard. **Alors qu'une victoire** promet de meilleures dispositions pour faire face aux événements.

- **Si vous pratiquez la lutte comme sport de combat :** Votre meilleure défense c'est l'attaque.
- **Un proche pratique la lutte :** Une personne tentera de faire échouer un de vos projets.

LUXE

La réalité est contraire à ce rêve, qu'il vaudrait mieux prendre au sérieux.

- **Plus le luxe est important,** plus l'oisiveté, la stagnation, la nonchalance provoquent des situations désespérées et irrécupérables. C'est un rêve qui traduit un danger pour l'avenir. Une perte de sécurité peut être consécutive à un comportement irresponsable.
- **Si d'autres personnes sont dans le luxe,** les voyages sont déconseillés ainsi que les excès dans les plaisirs artificiels (tabac, alcool...).

LYNX, thème hostile aux intérêts professionnels.

- **Un lynx dans un arbre :** Les objectifs sont très hauts, trop hauts, plus dure sera la chute.
- **Un lynx vous attaque :** Vos obligations sont ressenties comme des agressions et perturbent votre système nerveux.
- **Un lynx en captivité :** En cherchant à imposer vos idées, vous allez vous heurter à la rigueur d'une personne inflexible.
- **Abattre un lynx :** La chute sociale d'un ennemi.

LYRE

- **Rêver d'une lyre :** Déclaration d'amour.
- **Vous jouez de la lyre :** Pensez à rembourser vos dettes avant de faire de nouvelles dépenses.
- **Vous achetez une lyre :** Vous trouverez des complices pour régler vos problèmes sentimentaux.
- **L'être aimé joue de la lyre :** Il aime la perversité et vous reproche d'en manquer.
- **Vous prenez des cours de lyre :** L'amour et l'amitié seront vos compagnons de route.

M

MACHINE

- **Si elle fonctionne et travaille bien :** C'est un signe de progrès et d'évolution.
- **Si elle travaille mal :** Mauvaise fortune.
- **Si une machine est cassée :** Les initiatives trop rapides aboutiront à la catastrophe.
- **Devoir faire fonctionner une machine,** indique des changements, une modification des événements présents engendreront des situations complexes.
- **Si vous ne parvenez pas à faire fonctionner une machine :** Un mauvais calcul vous fera perdre de l'argent.
- **Si vous achetez une machine,** la rigueur et la patience faciliteront votre réussite.
- **Les machines à sous** n'expriment que des désagréments et des sommes à débourser.

MÂCHOIRE

- **Rêver de votre propre mâchoire :** Vous plaiderez votre propre cause.
- **D'une autre mâchoire :** Des reproches et des insultes.
- **De mâchoires d'animaux vivants :** Vous manquez de détente, **si la mâchoire est menaçante ou vous blesse,** c'est un signal d'alarme... Vous déprimez.
- **La mâchoire d'un animal mort :** Une rencontre risque de gâcher votre vie.
- **Vous êtes blessé à la mâchoire :** L'être aimé vous fera souffrir par son silence.
- **Un proche est blessé à la mâchoire :** Il s'enferme dans des habitudes néfastes.

MAGASIN, voir COMMERCE

MAGICIEN

La magie de son art réside dans son habileté à nous faire croire qu'il maîtrise le monde matériel. **Mais si dans votre rêve vous cherchez à découvrir le secret de ses tours,** il se peut que vous fassiez partie des funambules de la vie. Vos risques d'égarement sont multiples et liés à l'absence de repères, tâchez de retrouver votre fil d'Ariane.

- **En voir un faire son numéro** dénotera une inexpérience dans les négociations et toutes les transactions.
- **Vous êtes magicien :** Il sera difficile de concrétiser vos aspirations si vous pensez à vos intérêts aux dépens des autres.

MAGIE

Même les plus septiques se trouvent confrontés à ce thème. Le subconscient émet l'espoir sous-jacent qu'une intervention surnaturelle à le pouvoir de changer les choses.

Aussi, si pendant votre sommeil vous êtes sous l'emprise d'une force immatérielle, c'est la preuve que votre existence actuelle ne vous apporte pas la stabilité ou la sécurité affective nécessaire à votre équilibre et par logique vous appréhendez l'avenir.

- **Si l'emprise est très maléfique et vous pousse à accomplir des actes condamnables :** Vous devrez vous méfier. Dans la réalité, une personne a pour but de vous faire ramper, et elle compte bien y parvenir.
- **Si vous voyez d'autres personnes agir sous l'effet de la magie :** C'est un signe de discorde par manque de concessions mutuelles.
- **Si vous faites de la magie dans le but de manipuler une personne :** Ce thème exprime très clairement un besoin de vengeance : pensez à tout ce que vous manquez en passant des heures à réfléchir à cette vendetta !

MAGNÉTISME

- **Posséder du magnétisme et le canaliser à des fins curatives** révèle une force de caractère peu commune. Le message implique la persévérance dans les domaines les plus complexes, la réussite est assurée à long terme.
- **Si le magnétisme est canalisé à des fins destructives :** Le sens onirique est maléfique, il parle de violence et d'individualité, votre comportement est en cause.
- **Quelqu'un vous magnétise :** Vous succomberez au charme de votre interlocuteur et vous le regretterez.
- **Un homme rêve qu'il est magnétisé :** Il éprouve une attirance physique pour une personne et souhaite développer une relation charnelle.
- **Voir un magnétiseur exercer :** On cherche à influencer un de vos proches.

MAI

Aucun sens prophétique si ce rêve se présente en mai.

Par contre, **rêver de ce mois à tout autre moment de l'année** présage des jours agréables. Tous les moyens seront bons pour faire la fête entre amis. Les célibataires qui feront des rencontres « coup de foudre » ne se lieront pas sérieusement pour autant.

- Ce mois favorise également les orientations artistiques ; **si un de vos projets est à l'état embryonnaire,** il a toutes les chances de se concrétiser dans les mois qui suivent ce rêve.

MAIGRIR

- **Vous perdez du poids :** À moins que ce ne soit votre préoccupation quotidienne, ce thème traduit une santé défaillante et des fins de mois difficiles.
- **Une personne chère perd beaucoup de poids :** Vous vous sentez lésé et revendiquez une autonomie vitale.
- **Une personne de votre entourage a perdu beaucoup de poids :** Une démarche vous troublera.

MAIN

La main joue un rôle important dans le rêve, son symbolisme donne des signes de reconnaissance.

- **Lever la main droite pour interpeller une personne** divulgue un certain optimisme face à l'avenir.
- **Lever les deux mains en signe de détresse** peu traduire une phase psychologique difficile à transcender ; la personne qui fait ce rêve a besoin d'aide ou de conseils avisés. **Voir quelqu'un faire ce geste** signifie que vos ennemis vont déclarer forfait.
- **Voir des mains entrelacées** est un signe de constance et de fidélité.
- **De très belles mains d'homme :** Des sentiments nobles et sincères.
- **Des mains d'homme velues :** Une vie sexuelle parfaite.
- **De très belles mains de femme :** Chance et succès.
- **Des mains de femme aux doigts déformés ou enflés :** Signe d'avarice.
- **Des mains de femme sales ou tachées :** Vos fréquentations sont douteuses.
- **Des mains de femme aux doigts effilés et crochus :** Tromperie, simulation.
- **Des mains tachées de sang :** Une alliance fructueuse à vos dépens.
- **Des mains liées :** Une rupture causée par un tiers.
- **Des mains d'enfant :** L'existence vous comblera de bonheur.
- **Se laver les mains,** voir **LAVER.**
- **Examiner les lignes d'une main :** Des inquiétudes sans fondement.
- **Une personne examine les lignes de votre main :** Vous êtes très influençable.
- **On vous coupe une main, la main droite :** Vous perdrez un être cher.
- **La main gauche :** Vous survivrez à une grave maladie.
- **Voir une main coupée :** Une découverte funeste.
- **Une personne vous baise la main :** Une liaison secrète.
- **Un homme rêve qu'il baise la main d'une femme :** Une complicité lui attirera de gros ennuis.
- **Une femme rêve qu'elle baise la main d'un homme important :** Un privilège lui sera accordé.

MAIRE, MAIRIE

- **Le maire fait un discours :** Des démarches ennuyeuses.
- **Un maire unit un couple :** La félicité dans votre foyer.
- **Vous vous entretenez avec le maire :** Des querelles familiales basées sur l'argent.
- **Un maire vous invite à une fête ou une cérémonie :** Une décision engagera votre avenir.
- **Vous êtes maire :** Méfiez-vous de vos engagements affectifs, vous pourriez bien les regretter toute votre vie.
- **Vous vous rendez à la mairie :** Des démarches n'en finiront pas, adressez-vous au Bon Dieu plutôt qu'à ses saints.
- **Vous vous rendez à la mairie avec votre partenaire :** Une promesse brisée.
- **Vous assistez au mariage d'un couple dans une mairie :** Un divorce dans l'entourage.
- **Vous entrez à la mairie au bras de votre partenaire pour vous marier, si vous êtes célibataire :** Commencez à dire adieu à votre liberté, vous êtes déjà sous l'emprise de Cupidon. **Si vous êtes déjà marié :** Vous ne passerez pas toute votre vie au côté de celui ou celle qui la partage.

MAISON

- **Rêver de sa propre maison** révèle des soucis d'argent. **Si vous renouvelez les papiers peints ou la peinture,** n'attendez pas d'amélioration financière avant de longs mois.
- **Rêver qu'une très belle maison vous appartient** est un signe d'insatisfaction matérielle.
- **Faire construire une maison** annonce des difficultés, parfois liées à des arrangements financiers familiaux.
- **Acheter une maison neuve :** Une entente décevante et source d'ennuis.
- **Vendre une maison :** La fin des déboires financiers.
- **Acheter une maison à rénover :** Des dépenses plus importantes que prévues.
- **Visiter ou regarder une maison :** Aisance et richesse tardive.
- **Regarder une maison en construction :** Un parent vous couchera sur son testament.
- **Une petite maison :** Joie et sérénité.
- **Une grande maison :** Soucis et indétermination.
- **Une maison est en feu :** Abandon définitif d'un projet.
- **Votre maison est en feu :** Séparation, divorce.
- **Une maison s'écroule :** Un de vos amis se trouve dans l'insécurité et le besoin.
- **Votre maison s'écroule :** Décès d'un parent.

- **On vous offre une maison en cadeau :** Si l'audace est votre étendard, vos ambitions peuvent se réaliser très vite.
- **Habiter une maison sur pilotis :** Vous avez tendance à fuir vos responsabilités.
- **Une maison sur une île :** Vous aurez besoin d'air et de sommeil.
- **Une maison forestière :** Un dur labeur vous attend.
- **Une maison vide et sinistre :** Malheur, pauvreté.
- **Rêver d'une maison de correction :** Un procès vous sera défavorable.
- **D'une maison de couture :** Projet accessible, vie financière très avantageuse.
- **D'une maison de retraite,** voir **RETRAITE**.

MALADIE

- **Un proche est atteint d'une grave maladie :** Déception sentimentale.
- **Vous êtes atteint d'une grave maladie :** Vous faites les choses sans conviction et sans enthousiasme, donc vous déprimez.
- **Vous sortez vainqueur d'une maladie :** Les obstacles ne résisteront pas à votre motivation.
- **Vous succombez à une maladie :** Vos sentiments à l'égard de l'être aimé vont changer radicalement.
- **Nul ne parvient à diagnostiquer votre maladie :** Des imprévus vont bouleverser vos objectifs, prévoyez d'en changer.
- **Vous êtes atteint d'une maladie vénérienne :** Vous vous laissez trop aller à vos penchants, votre réputation en souffre.

MALÉDICTION

- **Rêver de malédictions :** Un retournement de situation va vous surprendre et vous paralyser à la fois.
- **Vous proférez des malédictions pendant votre sommeil :** Vous manquez de tolérance envers vos amis, votre agressivité les fait fuir.
- **Un être cher profère des malédictions à votre encontre :** Vous serez confronté à une sorte de tyrannie.
- **D'autres personnes profèrent des malédictions :** Des relations influentes vont vous aider à améliorer votre vie sociale, mais vous leur serez redevable.

MALHONNÊTE

- **Si vous êtes malhonnête lors d'un épisode onirique :** C'est certainement pour vous informer que vos faits et gestes retiennent l'attention de personnes vulnérables ou très jeunes. Assurez-vous qu'ils n'auront aucune incidence désastreuse sur leur comportement futur.
- **Si d'autres sont malhonnêtes :** Des discussions sans importance vous feront perdre beaucoup de temps.
- **Si vous traitez avec des gens malhonnêtes,** changez rapidement d'objectif, la concurrence vous sera fatale.

MALLE

- **Rêver d'une malle :** Les changements qui vont se produire ne mettront pas en danger votre sécurité affective.
- **Une vieille malle dans un grenier :** Vous souhaitez intensément revoir une personne chère.
- **Une vieille malle pleine de jouets vieux ou cassés :** Ce que vous découvrez au fil du temps vous conforte dans l'idée que l'affection qu'on vous porte n'est pas dénuée d'intérêt.
- **Une malle pleine de chiffons :** Changez d'air, vous broyez du noir, votre mental va déteindre sur votre physique.
- **Une vieille malle d'où sortent des rats ou des souris :** Des tensions altérant vos pensées ou vos actes.
- **Transporter une malle :** La passivité est nocive. Prenez des initiatives.
- **Se faire voler une malle :** Quelqu'un vous en veut et vous cherchera chicanes.
- **Une malle pour voyager,** voir **BAGAGES.**
- **Une malle décorative :** Bien-être moral et physique procuré par des occupations futiles.

MANCHE

- **Des manches longues à un vêtement :** Indice de réussite que l'on doit surtout à son propre mérite.
- **Les manches sont trop longues :** La vanité vous perdra.
- **Des manches courtes** prédisent une aventure sentimentale toute aussi courte.
- **Une seule manche à un vêtement :** Dépit. Vexation.
- **Une manche déchirée :** Une discussion à bâton rompu.

MANDARINE

- **Rêver d'un mandarinier :** De gros bénéfices.
- **Vous pelez des mandarines :** Des concessions inutiles.
- **Vous mangez des mandarines :** De grands moments de bonheur parfait.
- **Vous cueillez des mandarines :** Vous répondrez par l'affirmative à une proposition amoureuse.
- **Vous achetez des mandarines :** Par amour vous changerez votre façon de vivre.

MANÈGE

- **Rêver de manèges :** Vous avez besoin d'une existence variée, mais attention aux mirages !
- **Vous faites un tour de manège :** Impatience de prendre la direction d'une initiative.
- **Vous faites un tour de manège avec vos enfants :** Vous ferez difficilement face à vos engagements dans les mois à venir.

- **Avec des amis :** Des expériences variées vont se présenter, à vous de retenir celles qui vous feront progresser.
- **Avec l'être aimé :** Vous resterez à l'écart des conflits.
- **Le manège ne tourne pas :** Les conséquences malheureuses d'une séparation ou d'un divorce.

MANGER

- **Se voir en train de manger :** Certitude d'une élévation dans la société.
- **Manger en compagnie d'amis ou de parents :** L'année qui vient se déroulera dans l'harmonie et la joie.
- **Manger gloutonnement :** Le stress accumulé fatigue votre cœur, reposez-vous.
- **Vous ne parvenez pas à manger pour une raison quelconque :** Vos dents sont en danger.
- **Regarder quelqu'un manger :** Votre vie sexuelle manque d'attrait.
- **Manger dans son lit :** Votre activité physique est trop faible.
- **Manger sans en avoir envie :** Vous regrettez de ne pouvoir dire le fond de vos pensées.

MANNEQUIN

- **Un homme rêve qu'il courtise un mannequin :** Il sera déçu par sa petite amie.
- **S'il est marié :** Sa femme lui mentira.
- **Un homme rêve que son amie est mannequin :** Il souhaite acquérir un autre statut.
- **Une femme rêve de mannequins :** Ses dépenses sont déraisonnables.
- **Une femme rêve d'un homme mannequin :** On lui offrira un bijou.
- **Une femme rêve qu'elle est mannequin ou qu'elle concoure pour le devenir :** Si son rêve ne se réalise pas, elle verra sa vie matérielle s'améliorer à une période où elle ne s'y attend pas.
- **L'homme de votre vie vous trompe avec un mannequin :** Vous avez accordé votre confiance à une personne jalouse et perfide.

MANSARDE, voir FENÊTRE

MANTEAU

- **Vous regardez un manteau dans une vitrine ou sur les épaules de quelqu'un :** Protection d'un ami.
- **Vous portez un manteau :** Un engagement secret.
- **Acheter un manteau** est un signe de prévoyance et de rigueur.
- **Porter un manteau usé** montre une certaine résignation face à l'adversité. **Alors qu'un manteau flambant neuf et de couleur vive** présage des tentations malsaines dans les affaires et du goût pour les moyens illicites.
- **Manteau de fourrure,** voir **FOURRURE.**

- **On vous offre un manteau :** Vous trouverez la solution d'un problème sans avoir à en informer vos proches.
- **Vous donnez votre manteau :** Vous faites ostentation de votre générosité.
- **Vous prêtez votre manteau :** Vous aimez avoir l'approbation des autres et vous y parvenez.
- **Vous essayez un manteau :** Vous accordez trop de crédit à des choses qui n'en valent pas la peine.

MARAIS

- **Vous êtes dans un marécage :** Les difficultés sont pléthores et vous n'en voyez pas la fin, **si vous vous enlisez** vos idées sont très négatives. Votre pessimisme vous empêche de voir les choses avec objectivité.
- **Un proche marche dans les marais :** Une nouvelle activité ennuyeuse et décevante.
- **S'il s'enlise,** vos réactions sont parfois malheureuses et ne desservent pas votre vie affective.
- **Une personne se débat dans un marécage :** Une grave maladie dans votre famille.

MARBRE

- **Rêver de marbre** est un signe d'austérité ; **noir ou gris,** il prédit de grandes souffrances.
- **Marbre rose :** Les rapports charnels seront frustrants.
- **Rêver d'une salle de bains en marbre noir :** On vous offensera. **En marbre rose :** Vos espoirs amoureux seront déçus.
- **Un caveau, une tombe en marbre noir :** De l'adversité et des souffrances.
- **Vous marchez sur un sol en marbre :** Ne regrettez aucun sacrifice, le hasard va vous récompenser.

MARCHÉ

- **Vous rêvez d'un marché :** Les affaires seront prospères.
- **Vous vous rendez au marché avec des amis :** Pensez à vous changer les idées.
- **Vous faites vos achats au marché :** De nouvelles connaissances.
- **Vous vendez des articles sur un marché :** Des maladresses dans les négociations.

MARCHE FUNÈBRE

- **Vous entendez une marche funèbre :** Un courrier vous comblera de joie et influencera bénéfiquement votre avenir.
- **Des militaires jouent une marche funèbre :** Une séparation momentanée.
- **Vous jouez une marche funèbre :** Une rencontre amoureuse lors d'une cérémonie.

MARCHER

- **Marcher la nuit le long des rues** est une mise en garde contre les dispersions, vous avez tendance à vous écarter de vos objectifs.
- **Marcher nu-pieds :** Vous minimisez les choses graves, plus tard vous en souffrirez.
- **Marcher avec une grande légèreté :** Vous atteindrez votre but aisément.
- **Marcher rapidement :** Les activités donnent de belles satisfactions.
- **Marcher sur des cailloux ou des graviers :** Quelques épreuves de santé.
- **Marcher lentement :** Les ennuis sont dus à votre nonchalance.
- **Marcher avec une canne ou des béquilles :** Vous comptez beaucoup trop sur les autres.
- **Marcher à reculons :** Une relation vous causera un préjudice.
- **Ne pouvoir avancer ou marcher avec difficultés :** L'annulation d'un projet.
- **Marcher sur les mains :** Une belle escroquerie.
- **Marcher sur la braise :** Vous prendrez de grands risques, vous perdrez de l'argent mais vous gagnerez l'amour d'un inconnu.
- **Marcher sur des cendres :** Des pertes financières.
- **Marcher sur du verre :** Vous ne savez pas mentir, le remords vous ronge.
- **Si vous vous blessez sur des morceaux de verre :** Un sentiment de haine progresse en vous envers une personne cruelle.
- **Marcher avec une jambe de bois :** Un problème sérieux dans vos activités ou votre vie professionnelle.
- **Marcher sur des aiguilles :** Vous êtes l'objet de rumeurs venimeuses. **Si les aiguilles s'enfoncent dans votre chair**, prudence, une personne démoniaque cache ses véritables intentions.
- **Marcher en zigzag,** voir **ZIGZAG.**
- **Marcher sur un fil :** Vous commettrez une indélicatesse.
- **Marcher avec un livre ou un objet en équilibre sur la tête :** Un de vos désirs s'accomplira.

MARÉE, elle symbolise les courants évolutifs et involutifs.

- **Si la marée est haute :** Le message est porteur d'un courant de belles opportunités, une réalisation ambitieuse peut aboutir rapidement.
- **La marée est descendante :** Indication d'une perte d'énergie, la réussite est inscrite, mais elle passe par de nombreux revers.
- **La marée est basse :** Les décisions doivent être mûrement réfléchies, n'hésitez pas à prendre du recul.

MARIAGE

- **Rêver de son mariage lorsqu'on est célibataire** est un présage funeste, un des membres de votre famille mourra dans l'année.
- **Si vous êtes marié et revoyez la cérémonie de votre mariage,** vous êtes triste et solitaire et vous vous sentez disponible sentimentalement.

- **Préparer un mariage :** Chance aux jeux.
- **Assister à un mariage :** Vous toucherez de l'argent.
- **Se remarier :** L'amour ne sera pas partagé.
- **L'être que vous aimez se marie avec une autre personne :** Un grand voyage vous séparera.
- **Rêver à un marié :** Vous manquez de considération à l'égard d'un ami.
- **Rêver à une mariée :** Infidélité de l'autre.
- **Danser avec un marié :** Dispute avec une femme.
- **Danser avec une mariée :** Le plan matériel sera privilégié, mais les affaires de cœur seront malheureuses.
- **Rêver de la robe blanche d'une mariée :** Un bel héritage vous reviendra plus tard.
- **Si la robe est noire,** décès dans la famille.
- **Tenir la traîne de la robe :** On vous confiera une mission.
- **Prendre une mariée en photo :** Un grand amour pour bientôt.
- **Prendre les mariés en photo :** Votre famille va s'agrandir.

MARIN

- **Rêver de marin, dans un bar ou en groupe :** Une aventure d'où les sentiments seront exclus.
- **Voir des marins sur un navire :** Les gens que vous fréquentez sont peu scrupuleux.
- **Voir des marins à terre :** Une relation prochaine jouera un grand rôle dans votre existence.
- **Un homme rêve qu'il est dans la marine :** Sa compagne en aime un autre.
- **Une femme rêve que son partenaire est dans la marine :** Elle perdra sa meilleure amie.
- **Une femme rêve qu'elle fréquente un marin :** Elle doit attendre avant de conclure ce qu'elle a entrepris.
- **Une femme rêve qu'elle fait l'amour avec un marin :** Elle coupera les ponts pendant de longues années avec sa famille.
- **Un homme rêve qu'il se bat avec un marin :** Une personne sera responsable de la perte de sa situation.

MARIONNETTE

Si vous tirez les ficelles et les animez sachez que vous ne bernez personne. Rien n'est plus transparent que vos faux-semblants, vous avez pour habitude de vous servir des gens et de les jeter ensuite. D'autres sont spectateurs de ces agissements. C'est probablement un avertissement, changez de comportement avant que ne se déclenchent des hostilités gênantes.

- **Vous regardez des marionnettes :** Avec humour, on vous dira la vérité sur un point qui vous tracasse depuis longtemps.

MARRONNIER

- **Rêver d'un marronnier chargé de fruits :** Passion dévastatrice.
- **Un marronnier en fleur :** Une déclaration d'amour déguisée.
- **Vous ramassez des marrons :** Vous faites erreur sur la nature des sentiments d'une personne.
- **Vous faites griller des marrons,** voir **CHÂTAIGNE.**

MARSEILLAISE (chant)

- **Vous entendez chanter La Marseillaise :** Un petit conflit avec la police.
- **Vous chantez La Marseillaise en famille ou avec des amis :** Une victoire sur l'adversité.
- **Des militaires chantent La Marseillaise :** Par prudence, vérifiez tous vos papiers personnels.

MARTEAU

- **Vous travaillez avec un marteau :** Rentabilité d'une activité.
- **Vous entendez des coups réguliers de marteau :** Un soutien amical vient à vous.
- **On vous menace avec un marteau :** Des griefs et des injures.
- **On vous frappe avec un marteau :** Une mauvaise nouvelle vous anéantira.
- **Vous menacez quelqu'un avec un marteau :** Vous vous trompez sur la valeur d'un objet.
- **Vous frappez quelqu'un avec un marteau :** Vous déposerez une plainte.

MARTIN-PÊCHEUR

- **Rêver d'un martin-pêcheur :** Vous récolterez une belle somme d'argent.
- **Un martin-pêcheur vole au-dessus de l'eau :** Vos sentiments vous empêchent d'être réaliste.
- **Plusieurs martins-pêcheurs en vol :** Vous doutez de vos capacités.
- **Un martin-pêcheur blessé :** Vous regretterez de ne pouvoir revenir en arrière.
- **Un martin-pêcheur mort :** Abandon de l'être aimé.
- **Vous recueillez un martin-pêcheur :** Vous serez fragilisé longtemps par une déception.

MARTYR

- **Rêver d'un martyr :** Vos actes réclament plus de réflexion, vous faites prendre des risques aux vôtres.
- **Vous êtes un martyr :** Par égoïsme vous perdrez l'amour d'un être cher.
- **D'autres sont des martyrs :** Par votre faute, une situation catastrophique se renouvellera.

MARTYRISER

- **Un enfant est martyrisé :** Un deuil vous frappera.
- **Vous martyrisez une personne :** Vous perdrez votre crédibilité auprès des gens de confiance.
- **Vous êtes martyrisé :** Vous renoncerez à une vengeance.
- **Vous êtes martyrisé par un proche :** Un manque affectif insécurise votre vie.

MASQUE

- **Rêver de masques :** Danger, fascination.
- **Porter un masque lors d'un bal masqué ou d'un carnaval** prédit une liaison passionnée et excitante.
- **Votre partenaire porte un masque :** Il se peut qu'il dissimule sa véritable personnalité et mène une double vie.
  Ce thème va éveiller en vous des soupçons, votre subconscient cherche à vous éclairer simplement sur la qualité de votre relation.
- **Votre conjoint porte un masque :** Il est loin d'affronter toutes les situations avec sérénité, ses soucis le minent et l'angoisse. Jusqu'à ce jour, il n'avait nullement l'intention de vous en parler.
- **Une personne dissimulée derrière un masque :** Les gens qui vous flattent ne sont pas sincères.
- **Des gens masqués vous agressent :** Vous êtes beaucoup trop perméable aux critiques et au qu'en dira-t-on. Ces préoccupations futiles gênent votre tranquillité.

MASSACRE

C'est le thème cauchemardesque, significatif de son concept qui veut dire tuer en masse et sauvagement.

Lorsque le rêveur est l'exécuteur de cette tuerie ou y participe, il doit s'interroger sur ses attitudes et ses réactions à l'état de veille. La nuance sera d'ailleurs faite avec un rêve où il se rend coupable d'un meurtre (voir **TUER**). À ce stade, il ne peut plus contrôler ses actes, étant sous l'emprise de son adrénaline. Il traverse une phase dépressive ou une crise psychologique grave, certainement privée d'un soutien médical. Il doit consulter, a fortiori si le rêve se renouvelle.

- **S'il massacre des animaux :** Ses instincts le détournent de sa voie. Là aussi, il a besoin d'un soutien psychologique.
- **S'il assiste à un massacre d'animaux sans y être impliqué :** Il va se trouver bientôt face à une situation sociale grave imputable à ses propres erreurs.

MASTURBATION

Si vous en rêvez, c'est probablement que cette pratique vous semble dégradante et offensante, à aucun prix vous n'en parleriez à quelqu'un. À part des préoccupations légitimes de satisfactions sexuelles, ce thème n'a pas de signification précise. Il divulgue vos principes et vos sentiments sur la sexualité et surtout face à la censure. Il en est de même **si vous êtes surpris par quelqu'un pendant que vous vous livrez à la masturbation ou si vous surprenez une personne dans cette situation.** Ce thème vous invite à déculpabiliser.

MÂT

- **Rêver d'un grand mât :** Un grand voyage.
- **D'un petit mât :** Des chicanes pour de l'argent.
- **Grimper au mât :** Ascension dans la hiérarchie.
- **Voir quelqu'un grimper au mât :** Vos adversaires sont impressionnants mais inoffensifs.

MATELAS

Il amortira les «coups durs», les chocs moraux **si vous le voyez sur le lit.**

- **Hors du lit,** il est signe d'adultère.
- **Un matelas neuf** est annonciateur de nombreux changements de résidences.
- **Un matelas en piteux état :** Vous serez riche et trompé.
- **Acheter un matelas :** Intervention d'une personne complaisante.
- **Vendre un matelas :** Vous perdrez de l'assurance.
- **Retourner un matelas :** Une résolution importante est attendue par vos proches.
- **Transporter un matelas ou le changer de pièce :** Un déplacement sous huit jours va faire bouger les choses.

MATIN, voir **AURORE**

MÉDECINE

- **Rêver de médecine :** De belles raisons de vous réjouir.
- **Vous êtes dans vos premières années de médecine :** Une personne avisée vous donne de précieux conseils.
- **Vous êtes en dernière année de médecine :** Une erreur vous obligera à recommencer un travail.
- **Vous échouez dans vos études de médecine :** Vous perdrez l'amour d'un être cher.
- **Un proche échoue dans ses études de médecine :** Vous souffrez d'un manque d'échange.
- **Vous assistez à un congrès médical :** Vos compétences seront appréciées dans divers domaines.
- **Vous rêvez de médecine expérimentale :** Un grave danger vous menace.

MÉDUSE

- **Rêver d'une méduse :** Une personne de votre entourage vous nuit.
- **D'une colonie de méduses :** Circonstance désagréable où vous serez pieds et poings liés.
- **Vous marchez sur une méduse :** Les affaires iront très mal.
- **Vous souffrez du contact urticant d'une méduse :** Des mois chargés d'épreuves et de dettes.
- **Un proche souffre du contact urticant d'une méduse :** Une affaire vous préoccupe plus que de raison.

MELON

- **Rêver de melon :** Une vive satisfaction pour un désir secret exaucé.
- **Vous tenez un melon dans votre main ou le soupesez :** Un terrain d'entente avec un parent têtu.
- **Vous mangez du melon :** Une liaison amoureuse prend trop d'importance.
- **Vous achetez des melons :** Vous ferez une visite à une personne très affectueuse.

MENACE

- **Vous rêvez que l'on vous menace :** D'ici quelques jours une personne bien placée pourrait bien vous faire une proposition très intéressante, mais elle comportera quelques risques ; tâchez de bien peser le pour et le contre.
- **Vous menacez quelqu'un :** Voici un conseil qu'il faudra suivre, ne comptez pas sur les autres pour vous aider à atteindre votre but, vous seriez déçu.
- **D'autres profèrent des menaces :** Certaines paroles irréfléchies risquent de vous faire des ennemis parmi vos amis.

MENDIANT

- **Rêver d'un mendiant :** De l'argent que vous n'attendiez pas.
- **Plusieurs mendiants :** Votre générosité vous vaudra l'estime de nombreuses personnes.
- **Donner de l'argent à un mendiant :** Amour partagé.
- **Un mendiant rentre chez vous :** Grâce à un malentendu, vous trouverez une belle amitié.
- **Une personne que vous connaissez ou un proche mendie :** Vous échapperez à une machination.
- **Se voir mendier** suscite la controverse, la chance vous a choisi comme chouchou, l'argent ne vous manquera jamais.

MENOTTES

- **Rêver de menottes :** Une personne brutale vous fera courir un danger.
- **Porter des menottes :** N'hésitez pas à passer outre un refus pour atteindre votre objectif.
- **Un prisonnier porte des menottes :** Vos dettes s'alourdissent et vous rendent insomniaque.
- **Un proche porte des menottes :** Vous devrez débourser une grosse somme d'argent.
- **Vos ennemis portent des menottes :** Sous peu, vous n'aurez plus à vous soucier d'eux.
- **On vous passe les menottes :** Une rivalité vous obligera à mentir.
- **Vous passez les menottes à quelqu'un :** Tout va pour le mieux, les spéculations seront heureuses, c'est le moment de tenter votre chance à la loterie.

MENSONGE

- **Si dans un rêve vous mentez à votre entourage,** la réalité est presque conforme à ce rêve. Sans vous en rendre compte, vous déviez sensiblement toutes les explications que vous donnez à vos proches. Bien sûr, ces petites déformations verbales n'ont eu jusqu'à présent aucune incidence sur votre existence, cependant, il est temps d'en prendre conscience afin d'éviter plus tard le processus de fabulation.
- **Si une personne que vous aimez vous ment :** C'est l'indication que vous manquez de compréhension à son égard.
- **S'il s'agit de la personne qui partage votre vie :** L'exigence et l'intolérance sont vos apanages. Il est temps de faire votre examen de conscience.
- **Si vous mentez pour sauver votre réputation, pour défendre vos intérêts ou ceux d'un être cher, ou encore devant un tribunal, à un représentant de la loi :** Votre esprit anxieux s'oppose à la loi des conséquences, vous cherchez un biais pour ne pas payer le prix de vos erreurs. La fuite ne fera qu'aggraver la situation, faites face à la réalité.

MENTHE

- **Vous buvez un sirop de menthe :** Flirt et frivolité.
- **Vous servez un sirop de menthe :** Vous obtiendrez tout ce que vous désirez.
- **Vous sirotez de la menthe dans un lieu public ou chez des amis :** Un fâcheux oubli pendant les vacances.
- **Vous possédez cette plante :** Une scène de jalousie.
- **Vous cueillez de la menthe :** Vous chercherez des histoires à votre partenaire pour une histoire montée en épingle qui n'en vaut pas la peine.
- **Vous buvez une infusion de menthe :** Des caresses expertes.

MER

Consultez ce thème parallèlement à celui de l'**EAU**.

La mer représente avantageusement l'inconscient universel, car sous ses reflets argentés et trompeurs, elle fait naître de ses abîmes des mouvements étranges et non maîtrisables comme ceux d'un esprit ou d'une âme tourmentée.

- Ainsi, **regarder une mer tempétueuse, voir et entendre les vagues se fracasser sur les rochers** est annonciateur de grands tourments et de souffrances.
- **Une mer bleue :** Vous conserverez votre énergie en vous réservant des périodes de solitude et de calme. Il se peut même que ce message soit vital, surtout si vous n'habitez pas au bord de la mer.
- **Une mer calme avec quelques voiliers ou bateaux :** De grandes joies et des satisfactions de personnes jeunes.
- **Si vous regardez la mer d'une fenêtre ou d'une colline :** C'est un présage heureux qui favorise le plan sentimental ; idem si vous rêvez de vacances à la mer.
- **Regarder l'eau transparente d'une anse, d'un lagon ou s'y baigner** : Vos projets n'auront aucun mal à se concrétiser.
- **Partir en vacances à la mer** prédit de bonnes dispositions pour affronter l'existence.

MERCURE

- **Rêver du mercure, cet élément métallique :** Vous plaiderez une cause perdue d'avance.
- **Vous manipulez du mercure :** Des troubles digestifs provoqués par le stress.
- **Vous achetez du mercure :** Vous manquez d'éléments pour entreprendre un projet, prenez votre temps.
- **Vous avez absorbé des sels de mercure :** Maladie, intoxication.
- **Vous rêvez de la planète Mercure :** Si les contacts sont largement facilités dans tous les domaines, l'impatience est un défaut qui vous nuit et paradoxalement retarde votre progression.
- **Vous rêvez de Mercure, le dieu romain :** Votre éloquence et votre présence vous tireront d'affaires dans les circonstances embarrassantes.

MÈRE

- **Rêver de sa propre mère** est un thème favorable à l'épanouissement s'il est occasionnel et si les rapports avec elle sont normaux. La personne se sent alors en sécurité et même bien dans sa tête.

  Il en est tout autre, lorsque la relation mère enfant est conflictuelle, sa signification devient alors plus complexe. Si ces rêves sont fréquents, ils peuvent révéler parfois des états psychologiques graves ou défaillants périodiquement.

Pour les interpréter, il faut tenir compte de nombreux éléments et se garder de conclure avec rigueur. La psychanalyse moderne pense qu'un enfant sommeille en chaque adulte et qu'inconsciemment il cherche la protection maternelle dans toutes les circonstances où il faut dominer les événements. Voir **PARENTS.**

MERLE

- **Rêver d'un merle ou l'entendre chanter :** Méditez sur cette citation «le silence est d'or la parole d'argent». Essayez de mieux gérer pensée et langage.
- **Vous apprivoisez un merle :** Vous partagerez de nombreux secrets avec vos amis.
- **Vous trouvez un merle mort :** Préjudices et pertes d'argent.
- **Voir un merle blanc :** Naissance d'un garçon dans la famille.

MESSE

- **Vous assistez à une messe :** Vos résolutions sont trop tardives, certaines démarches seront inutiles.
- **Vous assistez à la messe de minuit :** Vous rencontrerez une personne remarquable qui changera votre façon de penser.
- **Vous faites dire une messe :** Succès en société.
- **Se voir servir une messe :** Vous négligez vos affaires au profit de vos amis.
- **Un proche sert la messe :** Il tentera vainement de vous conseiller.
- **Vous participez à une messe noire :** Prudence, un de vos projets est dangereux et recèle un piège.
- **Une messe noire se déroule sous vos yeux :** Votre insécurité perdure, elle est due à votre propre comportement, mais également à votre mauvaise conscience.

MÉTAL

Tout dépend du métal.

- **Rêver à du métal fondu :** Implique une révision des objectifs, le plan affectif pouvant être sérieusement atteint.
- **Des métaux en fusion** peuvent désigner des passions destructives si les forces psychologiques sont mal équilibrées.
- **Acheter du métal** indique que vous recherchez la difficulté pour mieux vous prouver que vous les surmontez aisément.

MÉTÉORITE, voir ÉTOILE

MÉTRO

Son symbole est rattaché à des corvées professionnelles ou domestiques ininterrompues. Pour ceux qui ne prennent qu'occasionnellement le métro, ce rêve annonce des contrariétés et des déplacements problématiques.

- **Un accident se produit dans le métro,** voir **ACCIDENT.**
- **Vous êtes agressé dans le métro :** Vol et dégradations seront commis pendant votre absence. **On vous blesse :** Votre équilibre est menacé.
- **Une grève du métro :** Opportunité d'une démarche reportée.
- **La rame de métro n'arrive pas :** Espérances sans issue. Contexte non favorable aux tentatives diverses.

MEUBLE

- **Vous possédez de beaux meubles :** Richesse. Profits.
- **Vous regardez des meubles chez quelqu'un ou dans une vitrine :** Vous êtes préoccupé par des problèmes financiers qui se résoudront bientôt.
- **Vous déplacez ou déménagez des meubles :** Un changement appréciable dans votre vie affective.
- **Vous cassez un meuble volontairement :** Des discordes familiales sérieuses.
- **Par inadvertance :** Une dispute suivie d'une réconciliation.
- **Vous achetez des meubles :** Revers de fortune.
- **Vous vendez des meubles :** La dissimulation de certains bénéfices vous causera des problèmes.

MEULE

- **Rêver d'une meule :** Une corvée pénible.
- **Vous utilisez une meule :** Vous avez tort d'accepter le travail des autres.
- **Vous regardez une personne travailler à une meule :** Une perte de considération dont vous devrez vous soucier.

MEURTRE

- **Tuer une personne en rêve,** lorsqu'on éprouve une haine féroce à son égard ou que cette même personne est un ennemi de longue date ne revêt en aucun cas un caractère inquiétant, le rêveur veut simplement supprimer ce qui le gêne. Lorsqu'il y parvient, il se sent soulagé au réveil d'une bonne partie de son stress. Si le rêve se répète fréquemment, la santé ou l'équilibre se trouve alors en danger.
- **Tuer quelqu'un que l'on aime :** Il est certain que quelque chose bloque, une entrave à la liberté, un dilemme impossible à partager.
- **Un être cher cherche à vous tuer :** En fait, vous n'avez pas confiance en ceux que vous aimez, et la signification de ce rêve peut malheureusement vous donner raison. Mais n'oubliez pas, ce n'est pas systématique. Voir **TUER.**

MICROPHONE

- **Rêver de microphone :** On va vous confier une mission.
- **Vous parlez au microphone :** Vous exprimerez bientôt vos griefs en public.

- **Vous entendez une voix dans un microphone :** Vous avez fait des confidences à quelqu'un et vous craignez que cette personne ne les dévoile. S'il s'agit d'une voix de femme, vos doutes se justifieront.
- **Vous achetez ou installez un microphone :** Votre inquiétude sentimentale a pour mobile la jalousie.

MICROSCOPE

De deux choses l'une, soit **quelqu'un travaille avec cet objet** et c'est l'indice que vos doutes et vos interrogations sont excessives, il n'y a donc pas lieu de vous tourmenter !

Soit vous l'utiliser vous-même, dans ce cas vous aurez l'occasion de découvrir le nœud d'une affaire complexe.

- **Vous achetez un microscope :** Un secret sera divulgué.
- **Vous recevez un microscope en cadeau :** Une amie vous demandera votre avis avant de prendre une grave décision.

MIEL

- **Rêver de miel :** Une personne âgée vous adore.
- **Récolter du miel :** Toutes les démarches seront couronnées de succès.
- **Déguster du miel :** L'expérience et la diplomatie sont vos qualités.
- **Acheter du miel :** Votre timidité s'envolera.
- **Des ruches dans un jardin ou un champ :** Des querelles de voisinage.
- **On vous donne du miel :** Une personne hypocrite s'immisce dans vos affaires de cœur.

MILITAIRE, voir SOLDAT

MILLIONNAIRE, MILLIARDAIRE

Ce rêve revêt parfois une forme prémonitoire.

- **Se voir millionnaire ou gagner une belle somme d'argent** a une signification toute relative si vous êtes déjà parmi les élus bien nantis, vous avez peu de chance de faire ce rêve, dans l'affirmative, vous ne récolterez qu'une foule de gens intéressés et prêts à vous donner des conseils douteux dont ils comptent bien tirer parti.
- **Si vous n'êtes pas sur cette liste privilégiée,** votre rêve n'a pour objet que de vous faire penser à tout ce que vous pourriez entreprendre si l'argent ne vous manquez pas, sans aucun doute vous devez garder l'espoir mais redescendre sur la terre ferme.
- **Rencontrer une personne millionnaire :** Vous devez éviter de focaliser sur l'argent, affrontez la vie avec plus d'insouciance matérielle.

MINE

- **Rêver d'une mine de charbon :** Satisfaction et récompenses. **D'une mine d'or :** Une vie aisée.
- **Travailler dans une mine :** Ce thème est garant d'une réussite acquise à la sueur de son front.
- **Un accident se produit dans une mine :** De l'argent perdu, soit par un mauvais placement, soit parce que la société où vous aurez investi fera faillite.
- **Se trouver dans une mine ou la visiter :** Démarche bénéfique pour la situation.
- **Découvrir une mine d'or :** Tout ira pour le mieux, la santé, les affaires...
- **Travailler dans une mine d'or :** Le plan matériel est privilégié, mais la santé souffrira d'un déséquilibre.

MINUIT

- **Dans votre rêve, l'horloge marque minuit :** Vous renoncerez à un amour impossible.
- **Entendre sonner les douze coups de minuit** est un présage funeste, la santé est fragilisée, l'activité est trop intense.
- **Comme Cendrillon, vous devez rentrer à minuit :** Prévoyez l'avenir, régler vos affaires de succession ou faites votre testament.
- **Pour une raison quelconque, vous redoutez que sonne minuit :** Vous sortirez indemne d'un accident.

MIRACLE

- **Vous assistez à un miracle :** Deux significations possible pour ce rêve. Une personne sensibilisée par un événement tragique, la présence d'une maladie grave dans son cercle intime, une condition de vie difficile, l'abandon de son partenaire sont des éléments susceptibles de déclencher ce thème dont le message est porteur d'espoir, de consolation et une invite à prendre un nouveau départ dans l'existence. Tous les projets sont permis, et plus encore sur le plan sentimental.

  Pour les autres, ce rêve est l'indication qu'ils recherchent la facilité. Les petits succès personnels acquis, les confortent à sommeiller à tort sur leurs lauriers et de plus il font beaucoup trop confiance aux gens qui les flattent.
- **Entendre parler de miracles :** Votre vision des choses ne correspond pas vraiment à la réalité.

MIROIR

- **Se regarder dans un miroir :** La loi des conséquences interviendra bien que vous fuyez la responsabilité de vos actes.
- **Un miroir brisé :** Une dispute sans réconciliation.

- **Une personne se regarde dans un miroir :** Vous ne faites jamais face à la véritable situation.
- **Regarder une personne dans un miroir :** Désillusion.
- **On vous offre un miroir :** Vous vivez au-dessus de vos moyens.
- **Vous achetez un miroir :** Obsession d'une sécurité matérielle.
- **Se voir dans plusieurs glaces à la fois** est un signe d'arrivisme.
- **Le miroir vous renvoie l'image d'une personne décédée :** Un danger menace votre vie.

MISÈRE, vous êtes dans la misère : Ce thème n'est pas ressenti de façon unanime, certaines sources s'acharnent à le traduire bénéfiquement. Personnellement, je pense qu'il n'annonce rien de bon. Sans le rattacher à l'argent, on peut en déduire que des difficultés se présenteront, elles feront à coup sûr basculer quelques-unes de vos espérances.

- **Si une autre personne est dans la misère :** Des démarches pour un ami non nécessiteux, mais qui aura néanmoins besoin de votre aide.
- **Si un de vos enfants ou parents est dans la misère,** vous êtes angoissé et oppressé par une situation particulière.

MISSEL

- **Rêver d'un missel :** Vous changerez favorablement d'avis.
- **Un ecclésiastique vous donne un missel :** On vous confiera une petite mission.
- **Trouver un missel dans une église :** Ceux qui vous font la morale sont loin de donner l'exemple.
- **Recevoir un missel en cadeau :** Des retrouvailles émouvantes et porteuses d'espoir.

MODE

- **Vous suivez la mode avec intérêt :** Laissez les autres sourire de vos idées et continuez sur votre lancée.
- **Vos vêtements ne sont plus à la mode :** Détresse et rancœur.
- **Une amie est habillée dernier cri :** Vous négligez vos apparences et du même coup la personne qui partage votre vie.
- **Vous assistez à un défilé de mode :** Vous ferez de nombreuses conquêtes.
- **Vous parlez de mode avec quelqu'un :** Vous spéculez sur une étude de rentabilité.

MOISSON, elle symbolise la richesse, surtout si elle est abondante.

- **Regarder faire la moisson ou moissonner** présage une fortune solide.
- **Une mauvaise moisson :** De mauvais calculs vous feront perdre une grosse somme d'argent.
- **La moisson est perdue :** Ruine et tromperie.

MONDE

- **Rêver du monde, de sa formation, de l'environnement cosmique :** Beaucoup de mouvements dans votre demeure, entre autres, des visites inattendues.
- **Rêver du monde en général sur le plan collectif :** Du retard à achever les tâches entreprises.
- **Parler de la situation mondiale :** Méfiez-vous de ce que vous alléguez, vos propos seront consignés mot pour mot.
- **Consulter une carte du monde :** Un voyage particulièrement intéressant.
- **Regarder ou étudier une mappemonde :** Un départ précipité pour un de vos proches.

MONSTRE

Thème d'angoisse, **voir un monstre quelconque** présage des inquiétudes fondées au sujet d'une personne conflictuelle. Vous appréhendez ses agissements sans pouvoir intervenir.

- **Le monstre vous agresse :** De graves conflits avec un proche perdurent et s'amplifient.
- **Combattre ou tuer un monstre :** Vous sauverez la vie à quelqu'un.
- **Vous accouchez d'un monstre :** Votre force psychique est dangereuse.
- **Vous vous transformez en monstre :** Un grand malheur vous frappera.

MONTAGNE

Lorsque le thème est agréable et se déroule paisiblement, c'est un symbole de puissance.

- **L'escalader avec d'énormes efforts ou de l'essoufflement** n'exprime rien d'autre qu'une épreuve à surmonter.
- **Monter au sommet :** Ascension, amélioration de situation.
- **Descendre de la montagne :** Vous perdrez votre forme physique temporairement.
- **Tomber ou se blesser en l'escaladant ou en la descendant :** Les revers ne devront pas vous décourager.
- **Si vous montez sur des montagnes russes (manège forain) :** Vos espoirs et vos désirs ne pourront se concrétiser faute d'organisation.

MONTRE

- **Rêver d'une montre :** Votre temps est mal employé. Idem, **si vous la portez.**
- **Recevoir une montre en cadeau :** Un conseil que vous devriez suivre à la lettre.
- **Acheter une montre :** De bonnes résolutions porteront leurs fruits.
- **Vendre une montre :** Vous vous tromperez de cause.

- **Être horloger :** Des connaissances secrètes utiles.
- **Posséder une montre à gousset :** Vous gagnerez l'estime de vos adversaires.
- **On vous donne une montre à gousset :** Un incident vous sera bénéfique.
- **Regarder l'heure à sa montre,** voir **HEURE.**
- **Casser le verre de votre montre :** Une blessure légère par étourderie.
- **Casser ou écraser une montre :** Un écart de conduite dont il n'y aura pas lieu d'être fier.
- **Perdre sa montre :** Mauvaise rencontre.
- **Trouver une montre :** Une grande joie dans la journée.

MONUMENT

Rêver d'un monument est symbole de sécurité et de progrès.

- **Voir ériger un monument :** Votre progression est surprenante.
- **Son propre monument :** Toutes les initiatives seront chanceuses.
- **Participer à la construction d'un monument :** Une activité en or.

MORALE

- **Vous faites la morale à un enfant :** Les gens vous demanderont souvent conseil.
- **Vous faites la morale à un proche :** Votre mentalité et votre manière de voir les choses ne plaisent pas à votre entourage.
- **Une personne vous fait la morale :** Si vous ne revoyez pas certains de vos principes, vous vous fermerez des perpectives d'avenir.

MORGUE

Rêver de la morgue n'est pas systématiquement porteur de mauvaises nouvelles. Ce thème déconseille la solitude car elle sera facteur de doute et entraînera un manque de confiance envers les autres.

- **Se rendre à la morgue pour reconnaître un corps** signifie que l'amour dont vous entoure un être cher n'a pas la force ni la valeur que vous espériez.
- **S'entretenir avec le médecin légiste à la morgue :** Un engagement à risque se soldera par une victoire.
- **Un être cher se trouve à la morgue :** Des dettes sont à payer sur le plan moral, elles découlent des dispersions et des erreurs.
- **Se voir à la morgue :** Transformation radicale, vous allez changer votre style de vie.

MORSURE

- **Être mordu par un animal :** De mauvaise augure, une personne à qui vous donneriez le Bon Dieu sans confession va vous trahir sans scrupule.
- **Être mordu par une personne :** Vos ennemis remporteront une manche.

- **Mordre quelqu'un :** Vous êtes injuste envers l'un des vôtres.
- **Se mordre la langue :** Ne vous immiscez pas dans les affaires des autres, sinon vous suivrez leurs démêlés jusqu'au bout.

MORT

Thème mystique et complexe mais rarement maléfique. N'oublions pas que la mort est la plus grande dispensatrice de vie, de renouveau.

- **Le rêveur qui se voit mort** ne doit pas considérer cette vision comme maléfique. Il y verra de nouvelles perpectives d'avenir. Un cycle se termine, un autre plus fertile va lui succéder. Si la personne place les faits sur un plan plus élevé que le monde matériel, elle peut se découvrir des dispositions spirituelles ou une nouvelle vocation.
- **Assister un être cher dans ses derniers instants :** Les données sont sensiblement identiques. Une période favorable succédera à une phase de stagnation ou de difficultés.
- **Assister à sa propre mort** exprime une sanction karmique impliquant la nécessité d'un choix. Ce rêve est parfois prémonitoire d'une coupure avec une personne aimée.
- **Souhaiter en rêve la mort de son père ou de sa mère :** Une dépendance affective, une autorité inflexible peut déclencher ce thème. Sa signification est dépendante du contexte, et de la situation de famille du rêveur. Symboliquement, c'est le signe d'une délivrance, ou la fin d'une censure. Cependant, ce désir d'autonomie ne peut être que profondément ancré dans son esprit sans pour autant se concrétiser. Voir **PARENTS.**
- **Souhaiter en rêve sa propre mort ou la demander** est un manque de confiance qui risque de suivre la personne tout au long de son existence.
- **Une personne chère est décédée :** Soyez vigilants dans les rapports humains, un choix important peut être désastreux.
- **Une image allégorique de la mort, comme l'arcane XIII du tarot ou tout autre figuration** sont des indices d'altération des sentiments. Parfois, les aptitudes du dormeur se dégradent, une transformation destructive s'opère en lui, sans qu'il en prenne conscience. **Après une maladie ou une dépression,** cette image funeste peut dénoncer l'absentéisme, la personne ne s'intéresse à rien et peut même refuser de s'alimenter.
- **Vous êtes poursuivi par la mort personnifiée :** Des actions secrètes se trament dans l'ombre dans le seul but de faire échouer vos projets.
- **Des morts en nombre** présagent une longue maladie.
- **Voir un cadavre :** Cessation inéluctable dans un domaine quelconque.
- **Voir des cadavres se lever et marcher :** Les remous de conscience perturbent le psychisme.
- **Un cadavre à la morgue :** Un grave accident.

- **Faire la toilette d'un mort :** Un décès dans la famille.
- **Se voir couché à côté d'un mort :** Indice de veuvage.
- **Voir des personnes décédées en pleine santé :** C'est le rappel d'un devoir non accompli.
- **Voir mourir une personne déjà disparue :** La fin de vos soucis matériels.

MOUCHE

- **Vous êtes assailli par des mouches :** Des créanciers vous tourmenteront.
- **Se débarrasser de ces mouches :** Le terme de vos dettes est proche.
- **Vous tuez des mouches avec un torchon ou une étoffe quelconque :** Vous viendrez à bout de l'adversité.
- **Voir des mouches collées sur un ruban insecticide :** Report de corvées défavorable au bien-être.
- **Voir des mouches sur les aliments :** Buvez de l'eau, votre organisme est encrassé.

MOUCHOIR

- **Vous agitez votre mouchoir :** Une rencontre amicale.
- **Vous vous mouchez :** Insolence. Arrogance.
- **Voir quelqu'un se moucher :** Espoirs chimériques.
- **Un mouchoir taché de sang :** Blessure d'amour-propre.
- **Un mouchoir souillé** annonce un décès.
- **Vous perdez votre mouchoir :** La fin d'une aventure sentimentale.
- **Vous achetez des mouchoirs :** On abusera de votre confiance.

MOUETTE

- **Rêver de mouettes :** Vous avez du vague à l'âme.
- **Vous entendez le cri des mouettes :** Un amoureux transi pense à vous.
- **Une mouette en vol :** Heureuse nouvelle en cours.
- **Plusieurs mouettes :** Un long voyage.
- **Une mouette blessée :** Une amitié compromise.
- **Une mouette morte :** La fin d'un amour sans espoir.
- **Les mouettes suivent un navire :** Brève séparation.

MOULIN

- **Vous rêvez d'un moulin à eau :** Des profits importants au moment opportun.
- **Vous êtes dans un moulin à eau :** Votre fortune s'accroît.
- **Vous rêvez d'un moulin à vent :** Vous parlez beaucoup trop et vous n'écoutez pas votre interlocuteur.
- **Un moulin à vent à l'arrêt :** Vous contesterez un héritage ou un legs.
- **Vous faites fonctionner un moulin à vent :** Des petites combines fructueuses.

MOUSTACHES

- **Un homme rêve qu'il porte des moustaches :** Ses sentiments sont troubles, il n'a pas encore rencontré l'amour avec un grand A.
- **Une femme rêve qu'un homme porte des moustaches :** Elle se soucie beaucoup trop de l'opinion publique.
- **Si un homme se voit avec des moustaches naissantes :** C'est signe de timidité.
- **Si une femme se voit avec des moustaches naissantes :** On va tenter de la séduire, mais elle restera de marbre.
- **Un homme rêve qu'il se rase la moustache :** Une expérience sexuelle désastreuse.
- **Une femme rêve qu'elle se rase la moustache :** Elle aura affaire à un lâche.

MOUTARDE

- **Manger de la moutarde en ayant une sensation désagréable** est un présage défavorable au plan financier. Les intérêts en jeu entraînent de sérieuses divergences.
- **Manger de la moutarde en l'appréciant :** Par prudence, vous garderez le silence sur une affaire.
- **Acheter de la moutarde :** Vos relations sont perfides et vous calomnient.
- **Casser un pot de moutarde :** Une faute sera découverte.

MOUTON

- **Rêver d'un troupeau de moutons :** De l'argent à volonté.
- **Un mouton :** Une grande solitude et des larmes.
- **Des moutons sont maltraités :** Vous allez vivre une grande terreur.
- **Porter un mouton sur vos épaules ou dans vos bras :** Vous mènerez la vie que vous souhaitez.
- **Acheter un mouton :** On jase sur vos dépenses.
- **Vendre des moutons :** Des gens de mauvaises foi vous causeront des problèmes.
- **Manger du mouton :** Témoignage d'affection d'un nouvel ami.
- **Quelqu'un tue un mouton :** Des envieux cherchent votre perte.
- **Tuer un mouton :** Une rivalité sera réduite à l'impuissance.
- **Tondre des moutons :** Des gains importants dans l'année.
- **Rêver de laine de mouton :** Très bénéfique au domaine matériel.
- **Rêver d'un mouton noir :** De graves conflits seront responsables d'une mort.
- **Des moutons sautent dans le vide les uns derrière les autres et se tuent :** Vos propres erreurs vous rendront très malheureux et vous aliéneront vos amis.
- **Plusieurs moutons morts dans un troupeau :** Une personne profite de vos biens.
- **Un mouton mort :** Une maladie douloureuse.

MUET, voir également SOURD

- **Rêver d'une personne muette :** Un courrier restera sans réponse.
- **Une personne de votre entourage est devenue muette :** Vous serez obligé de rendre des comptes.
- **Vous ne pouvez émettre un son :** Ne prenez aucune décision avant une semaine.

MUR

Il représente l'obstacle majeur. Le thème le plus bénéfique est bien entendu celui où le rêveur parvient facilement à grimper dessus.

- **Lorsqu'il est infranchissable :** Il faut revoir ses plans ou redoubler d'effort dans un domaine que l'on juge moins intéressant, idem **s'il vous barre la route**.
- **Abattre un mur soi-même** est également synonyme de réussite, mais le prix de cette victoire sera lourd au plan affectif.
- **Tomber d'un mur :** Un échec non irréversible.
- **Construire un mur :** L'avenir vous fait peur.
- **Monter contre un mur avec une échelle :** Des aides et des privilèges dans vos activités.
- **Un ou plusieurs murs sont démolis :** Un résultat final décevant pour vos affaires.
- **Marcher sur un mur :** Vous prendrez de gros risques pour une bonne cause.
- **Marcher en équilibre sur un mur :** Vos moindres faits et gestes sont épiés.
- **Quelqu'un surélève un mur :** Rajoutez du temps à vos ambitions !
- **Être emmuré :** Les décisions seront sans appel.
- **Voir un mur en ruine :** Un découragement passager.
- **Une personne murée :** Une séparation amoureuse.
- **Voir un mur s'effondrer :** La jalousie vous fera perdre l'amour d'un être cher.
- **Un mur mitoyen :** Une configuration affective triangulaire sera source de problèmes.

MÛRE

- **Rêver de mûres :** Vous jouissez d'une belle santé.
- **Vous mangez des mûres en les cueillant :** La vie vous apportera de belles satisfactions.
- **Des enfants mangent des mûres en les cueillant :** Une heureuse nouvelle est en chemin.
- **Vous ramassez des mûres pour faire de la confiture :** Une activité vous tentera, vous y excellerez.

MURMURE, voir CHUCHOTEMENT

MUSCLE

- **Des muscles en pleine forme ou qui font l'admiration de vos amis** sont paradoxalement des signes de vulnérabilité et de faiblesse.
- **Des muscles endoloris** révèlent des inquiétudes intimes, des chagrins refoulés.
- **Faire du body-building, pour une femme :** Indécision et susceptibilité.
- **Pour un homme :** Manque de sincérité avec les femmes.
- **Un proche fait du body-building :** Les sentiments sont illusoires, sans réciprocité.

MUSELIÈRE

Ce rêve traduit assez bien les ennuis dont la source est le bavardage. Dans la réalité, l'agressivité du rêveur passe par son organe vocal. Il est facilement déclencheur de polémiques. C'est donc un avertissement **s'il se voit porter une muselière,** le message peut être également perçu sous la forme symbolique d'un animal muselé.

- **Museler un animal ou voir une personne mettre une muselière à un chien** est un signe de supériorité et de puissance dans l'action.

MUSIQUE

Si votre songe est heureux et bercé par de la belle musique, c'est un signe d'amour et d'harmonie. Plus sublime encore votre bonheur, si le rêve est basé sur le désir et le plaisir.

- **De fausses notes :** Querelles amoureuses.
- **Une cacophonie de notes :** Coups et blessures.
- **Jouer d'un instrument (n'importe quel instrument) :** Globalement, c'est une consolation, un pis-aller à une phase nostalgique et déprimante.

N

NAGER

- **Un homme rêve qu'une femme nage nue :** Désir persécuteur, il y a loin du rêve à la réalité.
- **Une femme rêve qu'un homme nage nu :** Elle cherche à être supérieure en tout.
- **Nager sans ses vêtements :** Des désaccords affectifs vont prendre fin.
- **Nager sans ses vêtements dans un cadre hostile ou pour échapper à un danger :** Des obstacles majeurs retarderont vos projets.
- **Vous parvenez à atteindre la rive en nageant :** Malgré les difficultés, vous concrétiserez un souhait ou vous rejoindrez la personne que vous aimez.
- **Nager dans une piscine :** Vous aurez l'assurance mais vous serez limité dans l'action.
- **Un homme rêve qu'une femme nage :** Chance et félicité.
- **Vous voyez des gens nager avec leurs vêtements :** Présage des ennuis dans le travail et des déplacements infructueux.
- **Nager tout habillé** annonce des conflits sociaux délicats à démêler.
- « **Nager entre deux eaux** » **:** C'est une vérité dite par ce rêve. Voir **EAU.**

NAIN

- **Rêver d'un nain :** Vos ennemis vous laisseront en paix.
- **D'une naine :** Une femme s'immiscera dans vos affaires.
- **Plusieurs nains :** Des gens ennuyeux vous rendront service.
- **Être nain :** Vous ne mettez pas en pratique les conseils que vous donnez aux autres.

NAISSANCE

Le symbolisme de la naissance reflète l'inconscient désir de renouvellement, parfois il exprime la crainte d'être délaissé, tout comme celle de ne plus être le centre d'intérêt principal de ceux que l'on aime.

- **Un rêve ou l'on se sent naître** est très rare, il révèle cependant une grande sensibilité et un besoin incessant d'extérioriser ses sentiments affectifs.
- **Apprendre une naissance** annonce un changement bénéfique dans la situation.
- Voir **ACCOUCHEMENT**.

NAPPE

- **Rêver d'une nappe blanche :** L'existence vous réserve d'heureuses surprises.
- **Une nappe de dentelle :** Un mariage dans la famille.
- **Une nappe en couleur :** Un week-end à la campagne.
- **Une nappe souillée ou tachée de vin :** Violente querelle lors d'une fête.
- **Une nappe déchirée :** Vous ferez votre propre malheur.
- **On vous offre une nappe :** Information de petits changements domestiques.

NAUFRAGE

- **Assister à un naufrage sans y être impliqué :** On vous refusera l'aide que vous espérez.
- **Faire naufrage :** Signe de ruine.
- **Être naufragé et sauvé** implique qu'il faudra repartir à zéro dans la vie professionnelle.
- **Sauver des naufragés :** Un compromis arrangera les choses.
- **Un des vôtres est victime d'un naufrage :** Pendant plusieurs jours vos idées seront noires et suicidaires.
- **Un proche est rescapé d'un naufrage :** Vous recevrez une preuve d'amour.

NAVET

- **Rêver de navets :** Une personne amoureuse de vous attend votre réponse.
- **Manger des navets ou les faire cuire :** Vos démarches se soldent par des échecs car vous n'y mettez pas la forme.
- **Acheter des navets :** Vous ne convaincrez que vous-même !

NAVIRE, voir BATEAU

NÉCROLOGIE

- **Lire la rubrique nécrologique** annonce d'excellentes nouvelles de l'entourage ; il est même probable que vous soyez convié à prendre part à des festivités d'ici quelques jours.
- **Une personne lit à haute voix des nouvelles funestes :** Si vous êtes dans une période difficile, les événements tourneront à votre avantage.
- **Préparer vous-même la rubrique nécrologique :** L'argent vous manquera, mais l'amitié subsistera.
- **Lire le nom d'un proche sous la rubrique nécrologique :** Vous allez déchoir dans l'opinion de vos relations.
- **Votre nom se trouve sous la rubrique nécrologique :** Vous allez vous libérer d'un assujettissement et faire peau neuve.

NÈFLE

- **Vous rêver de ce fruit :** L'amour sera platonique.
- **Vous mangez des nèfles :** N'espérez rien de plus que des belles paroles.
- **Ramasser des nèfles ou voir un néflier porteur de ces fruits :** État critique pour les finances.

NÉGATIF

- **Rêver de négatifs de photo :** Tout n'est pas clair, ne décidez rien avec précipitation !
- **Vous tirez des négatifs :** La solution d'une intrigue vous revient.
- **Vous achetez des négatifs :** Des gains substantiels vous causeront de gros ennuis.
- **Des négatifs servent à faire du chantage :** Vous avez tort de faire confiance à n'importe qui.
- **Vous négociez des négatifs à des fins spéculatives :** Une personne de mauvaise foi cherche à renverser la situation.

NÉGOCIATION

- **Vous prenez part à une négociation :** Vos efforts sont contrés, mais ils viendront à bout des obstacles.
- **Vous écoutez un proche négocier :** Tout ira pour le mieux dans vos relations amoureuses comme dans vos activités.
- **On vous trompe lors d'une négociation :** Vous allez vous trouver dans une situation inhabituelle qui vous sera profitable.
- **Vous négociez avec zèle :** Attendez-vous à quelques revers de fortune, mais plus tard ce sera la richesse.

NEIGE

- **Rêver de neige sans distinction de saison** est un excellent présage ; généralement, le rêveur a besoin de calme et de romantisme.
- **Si vous êtes dépressif,** ce rêve est porteur de compensations sous forme de petites attentions de vos proches et de vos amis.
- **Regarder tomber la neige :** Amour pur. Sublimation des sentiments.
- **Si vous êtes dans les affaires ou dans le commerce :** De l'argent vous perdrez.
- **La neige est sale ou boueuse :** Des hostilités gâchent votre vie.
- **Ramasser de la neige :** Conflit avec l'être aimé.
- **Manger de la neige :** Intuition d'une réussite, d'un succès tout proche.
- **Glisser sur la neige :** L'amour n'est pas sincère, on vous flatte dans un but précis.
- **Jouer avec la neige :** Des amis vous trompent et vous n'y voyez que du feu !

- **Rêver de pas ou d'empreintes dans la neige :** Quelqu'un cherche à détruire votre bonheur.
- **La neige fond :** Votre amour n'aura pas d'écho.
- **Votre maison est recouverte d'une épaisse couche de neige :** Les conflits intérieurs sont insolubles et ternissent votre quotidien.
- **Être enseveli sous la neige sans secours :** Des déboires conjugaux à la pelle !
- **Avec son partenaire :** Un proche sera la cause d'une séparation.
- **Une personne chère est ensevelie sous la neige :** La perte d'un être cher, pas nécessairement sa mort physique.
- **La neige bloque votre porte d'entrée :** Vous cherchez à vous débarrasser d'une responsabilité écrasante.
- **Un chasse-neige en action :** La libération imminente et provisoire de vos problèmes.
- **Déneiger devant sa porte, autour de chez soi :** Si vous êtes impliqué dans un litige, l'affaire se résoudra à votre avantage.
- **Du sang sur la neige :** Un enfant ou une personne faible est maltraité.
- **Déclencher une avalanche,** voir **AVALANCHE.**

NEVEU

- **Rêver d'un neveu :** Signe de santé.
- **Vous avez de nombreux neveux :** Un changement dans votre situation.
- **Votre neveu a un accident :** Vos sentiments vont être mis à l'épreuve.
- **Votre neveu est décédé :** Un échec professionnel vous fera à tort changer de voie.
- **Vous êtes le neveu d'une personne avec qui vous n'avez aucun lien de parenté :** Vous gagnerez beaucoup d'argent.

NEZ

- **Vous rêvez de votre nez :** Vous attachez beaucoup plus d'importance à la sexualité qu'à l'affection que l'on vous porte ou que vous pouvez donner.
- **Si vous rêvez que votre nez est trop long et vous complexe**, c'est un avertissement. Vos mensonges seront découverts et vous ne serez plus crédible.
- **Si votre nez est un peu grand dans la réalité et que le rêve vous le rappelle souvent :** Les querelles domestiques prendront une tournure dangereuse.
- **Votre nez saigne :** Adultère.
- **Un proche saigne du nez :** On vous fera un affront.
- **Votre nez est coupé ou vous n'avez plus de nez :** Une grave maladie.
- **Le nez d'une autre personne est coupée :** Vous aurez à faire à un malade mental.

- **Votre nez est enflé :** Une surprise désagréable dans la journée.
- **Votre nez est retroussé ou trop court :** Les autres profiteront de votre naïveté.
- **Votre nez est busqué :** Une personne veut tout régenter.
- **Votre nez est bouché et vous en souffrez :** Une dispute avec l'être aimé vous laissera sans voix.
- **Une personne que vous connaissez s'est faite refaire le nez :** Des nouvelles surprenantes d'amis ou de parents éloignés.
- **Se faire refaire le nez dans un rêve sans que cela soit un désir pressant dans la réalité** est annonciateur d'une grande passion charnelle.

NID

- **Voir un nid occupé par des oiseaux** présage chance et richesse.
- **Un nid vide :** Une liaison se termine.
- **Un nid occupé par des œufs :** De longs mois d'efforts vous conduiront vers la réussite.
- **Trouver un nid à terre :** Un événement va changer le cours de votre existence.
- **Le nid d'un animal dangereux :** Où qu'il se trouve, c'est le signe infaillible d'une déception sentimentale, la confiance a été bafouée.
- **Un homme rêve qu'il s'empare d'un nid ou le détruit :** C'est une mise en garde contre ses tendances possessives.
- **Une femme fait le même rêve :** Elle a horreur d'être dominée par son conjoint.
- **Un homme rêve qu'il détruit les œufs ou les petits :** Il doit surveiller ses instincts, et se méfier des relations trop libres s'il veut éviter le pire !
- **Une femme fait le même rêve :** Sans le savoir, elle aspire à quelque chose qu'elle détestera ultérieurement ; elle est contrariante et égoïste.
- **Découvrir un nid avec des oiseaux morts :** Une expérience sera très dangereuse.
- **Un nid avec des œufs brisés ou desséchés :** Vous serez séparé de votre famille.
- **Découvrir un nid de mésanges dans votre boîte aux lettres :** Bonheur au foyer. Sérénité.
- **Un nid vide sous le toit de votre maison :** Un être cher vous quittera.
- **Un nid occupé par des oiseaux sous le toit de votre maison :** Une naissance dans la famille.

NIÈCE

- **Rêver d'une nièce :** Malchance en amour.
- **Vous avez de nombreuses nièces :** Des problèmes de santé altéreront votre bonne humeur.
- **Votre nièce se marie :** On parle beaucoup de vous dans la famille.
- **Votre nièce a eu un accident :** Un choc émotif.

- **Votre nièce est décédée :** Votre vie sera marquée par une tragédie.
- **Votre nièce vous insulte :** Quelqu'un est entrain de vous tromper.
- **Vous en venez aux mains avec votre nièce :** Vous serez humilié par un parent.
- **Vous êtes la nièce d'une personne avec qui vous n'avez aucun lien de parenté :** Une rentrée d'argent providentielle.

NOBLESSE

- **Rêver ou parler de la noblesse :** Un scandale se prépare.
- **Appartenir à une famille noble :** Un changement défavorable va se produire.
- **Hériter d'un titre de noblesse :** La prospérité grâce à un concours de circonstances.
- **Un homme rêve qu'il épouse une femme noble :** Il sera d'aventures, infidèle et chanceux.
- **Une femme rêve qu'elle est fiancée à un noble :** Celui qu'elle aime n'est pas l'homme de sa vie.

NOËL

- **Rêver de Noël** en dehors de cette fête présage de grandes joies en famille et des échanges basés sur la confiance.
- **Célébrer Noël à l'étranger, hors de son lieu de résidence habituelle** annonce la naissance d'un garçon.
- **Célébrer Noël fastueusement :** L'amour vous apportera la richesse.
- **Préparer un sapin de Noël :** Vous fêterez un événement important de votre vie qui sera en quelque sorte le couronnement de vos efforts.

NŒUD

C'est le thème qui complique tout.

- **Faire un ou plusieurs nœuds :** Rien ne va plus, vous devez changer d'objectifs.
- **Des nœuds à son mouchoir :** Une affaire ancienne se complique.
- **Défaire ou couper des nœuds :** Des solutions pour vos dettes, sans repos pour l'esprit.
- **Un enfant fait des nœuds :** Des divergences très sérieuses avec une personne de votre entourage.
- **Un ami fait des nœuds :** Son influence devient malsaine.
- **Serrer le nœud de cravate de son partenaire :** Un succès d'amour-propre.
- **Faire un nœud coulant :** Attention aux spéculations, des irrégularités peuvent vous coûter cher.
- **Voir un nœud coulant pour une pendaison :** Quelqu'un cherche votre perte.
- **On vous pend avec un nœud coulant :** On essaiera de vous corrompre.
- **D'autres personne sont pendues par un nœud coulant :** En amour, les déceptions s'enchaîneront.

NOIR

C'est la couleur au symbolisme le plus funeste, cette couleur de deuil exprime le néant, sa vision en rêve est maléfique. Réfléchissez, les voies que vous empruntez sont des mirages, leurs courants sont semés de pièges destinés à vous perdre, à vous faire sombrer.

- **Marcher dans le noir sans parvenir à atteindre la moindre lumière** exprime un vide affectif ou un danger à poursuivre un style de vie stérile.
- **Dans vos ténèbres vous parvenez à atteindre la lumière :** Une prise de conscience salutaire et bénéfique.
- **Lorsque la couleur noire est liée à des funérailles ou à une mort,** elle annonce une cessation dans un domaine précis. **Chez une femme :** Elle peut prédire un divorce.
- **Teindre en noir ses vêtements, ses chaussures tout accessoire ou objet** est annonciateur de calomnies. Quelqu'un cherche incontestablement à « noircir » votre réputation.

NOIRE (RACE)

Bien sûr ce thème n'a aucune valeur prophétique s'il concerne une personne de race noire.

- **Vous rêvez d'un homme de race noire :** Évitez toute discussion trop personnelle avec certaines personnes, sinon vous en subirez les conséquences.
- **Plusieurs hommes de race noire :** Les querelles seront orageuses si vous lancez les défis.
- **Se lier d'amitié avec une personne de race noire** prédit beaucoup de succès avec le sexe opposé.
- **Se disputer avec cette personne :** Certaines démarches délicates risquent de vous porter préjudice.
- **Se battre avec cette personne :** Un chagrin passager.
- **Se voir sous les traits d'un homme de race noire :** Vous serez la proie de très fortes tentations contre lesquelles vous aurez du mal à résister.
- **Vous rêvez d'enfants de race noire :** Votre vie sociale sera riche en surprises.
- **Une femme de race blanche rêve qu'elle sort avec un homme de race noire :** Ses mensonges sont cousus de fil blanc.
- **Un homme de race blanche rêve qu'il fréquente une femme de race noire :** À l'avenir, il devra mieux contrôler son tempérament.
- **Une personne homosexuelle rêve qu'elle fréquente une personne de race noire :** Une réévaluation de ses projets s'impose de toute urgence.

NOIX

- **Rêver de noix :** Bénéfices. Fructification.
- **Gauler des noix ou les casser :** Les jours qui viendront vous apporteront de belles satisfactions.

- **Vous mangez des noix :** Signe de vitalité, d'ardeur sexuelle.
- **Ouvrir des noix qui sont sèches à l'intérieur :** Une faute aura des suites désastreuses.
- **Vous achetez des noix :** On cherche à vous faire concurrence.
- **Vous rêvez de noix de muscade :** Des confidences excitantes.

NOM

- **Entendre en rêve son propre nom :** La personnalité est complexe. Les désirs se heurtent aux principes.
- **Ne plus se souvenir de son nom :** Fuyez les situations confuses et déroutantes, elles s'opposent à votre sérénité.
- **Changer de nom :** Vous aimez vous décharger des responsabilités, cette pratique vous jouera un mauvais tour.
- **Lire son nom quelque part** prédit la reconnaissance d'un talent.

NOMBRE

- **Compter en rêve** évoque le désir de bénéficier de gain du hasard. Certains nombres sont porteurs d'opportunités, mais il faut que leur image soit précise, sans aucune confusion.
- **Si vous rêvez d'un nombre sans pouvoir vous en souvenir à votre réveil :** C'est l'indication que vous devez avec réalisme tabler sur des choses concrètes et laisser un peu de côté vos pensées chimériques sur la richesse.

QUELQUES NOMBRES ET LEUR SIGNIFICATION ONIRIQUE :

- **Nombre 0 :** Vous cachez votre véritable personnalité et vous manquez de discipline.
- **Nombre 1 :** Toutes les actions seront positives.
- **Nombre 2 :** La vie sentimentale sera perturbée par des doutes et des tourments incessants.
- **Nombre 3 :** Les impulsivités sont à redouter, il faut apprendre à être patient.
- **Nombre 4 :** Pouvoir et autorité assurent bien la sécurité.
- **Nombre 5 :** Les liaisons extraconjugales resteront très secrètes.
- **Nombre 6 :** Un choix difficile entre deux amours.
- **Nombre 7 :** Vos initiatives seront couronnées de succès.
- **Nombre 8 :** Un divorce à l'amiable, **pour les célibataires** c'est un signe d'autonomie financière et matérielle.
- **Nombre 9 :** Vous ferez peu de concessions et vous aurez tendance à vous couper de la société.
- **Nombre 10 :** Des échecs contribueront à vous faire progresser.

- **Nombre 11 :** Votre santé sera résistante, mais votre force de caractère fera parfois peur à vos proches.
- **Nombre 12 :** Vous subirez une opération qui concernera la partie inférieure de votre corps.
- **Nombre 13 :** Une mort vous rendra très riche ou vous gagnerez une grosse somme d'argent le jour de votre anniversaire.
- **Nombre 14 :** Vous ferez un grand voyage et rencontrerez des gens surprenants.
- **Nombre 15 :** Votre goût pour l'argent est obsessionnel et vous fait prendre de gros risques.
- **Nombre 16 :** L'amour est électrique. Les scènes précèdent aux ruptures et aux réconciliations.
- **Nombre 17 :** Les sentiments que l'on vous porte seront profonds et discrets.
- **Nombre 18 :** Très défavorable aux affaires, aux commerces. Les arrangements financiers sont séduisants mais dangereux.
- **Nombre 19 :** Une aventure sentimentale prendra une tournure très sérieuse.
- **Nombre 20 :** Vous découvrirez le fil d'Ariane d'un énigme qui vous tracasse depuis très longtemps.
- **Nombre 25 :** Une femme sera votre confidente (sans distinction de sexe).
- **Nombre 50 :** Danger dans les relations amoureuses.
- **Nombre 75 :** Un consensus attendu avec impatience.
- **Nombre 100 :** Signe de gloire et de concrétisation.
- **Nombre 500 :** Manque d'affection.
- **Nombre 1000 :** Une chance à saisir ! Tentez le zéro.
- **Nombre 2000 :** Les conflits d'intérêts seront nombreux au cours de votre existence.
- **Si vous rêvez de l'an 2000 :** Votre ascension sera précaire, mais des relations vous aideront à vous sortir des situations désespérées in extremis...

NOMBRIL

- **Rêver de son nombril,** thème très explicite, vous ne vous souciez que de vous-même et vous finissez par vous ennuyer.
- **Le nombril d'autres personnes :** Ne cherchez pas à avoir mieux que les autres.
- **Un nombril d'enfant :** Une tendre complicité avec un enfant qui vous adore.
- **Être blessé au nombril ou ressentir des douleurs à ce niveau :** Un lourd préjudice en cours pour votre vie sociale.
- **Un nombril tout déformé :** Votre influence sur un enfant est désastreuse.
- **S'il s'agit de votre nombril :** La priorité n'est pas de vous apitoyer sur votre sort, mais de vous rendre disponible pour une personne en détresse.

NOMINATION

- **Vous êtes nominé pour un poste quelconque :** Symbole d'élévation sociale.
- **Vous êtes nominé pour un prix :** Vous allez vous faire des alliés inattendus.
- **Participer à des nominations ou sélectionner une ou plusieurs personnes en vue d'un prix ou d'une récompense :** Une chance vous sera offerte de mieux consolider votre situation actuelle.

NONNE voir RELIGIEUSE

NORD, lorsque dans un rêve on parle du nord ou que l'on définit avec exactitude sa direction, c'est un heureux présage de sécurité et d'harmonie affective.

- **Vous vivez dans un pays nordique :** Vous prendrez toujours les bonnes décisions.
- **Vous vous diriger vers le nord, à pied :** Vous trouverez un magot.
- **En voiture, en train ou tout autre moyen de locomotion :** Vous ferez fortune loin du lieu de votre naissance.

NOTAIRE

Ce thème signale un accroissement de fortune.

- **Se voir sous les traits d'un notaire** promet une réussite financière que vous ne devrez qu'à vous-même.
- **Se rendre chez un notaire pour passer un acte :** Vous verrez votre fortune personnelle s'accroître.
- **Pour des papiers :** Des ennuis avec l'administration.
- **Un notaire vous désavantage :** Une personne s'immiscera dans vos affaires et vous portera préjudice.
- **Vous avez une discussion houleuse avec un notaire :** N'acceptez pas l'argent que l'on vous proposera, quelle que soit la somme, sinon vous le rendrez au centuple.

NOTE

- **Prendre des notes ou les déchiffrer** implique un meilleur discernement à l'avenir dans les affaires.
- **Vous écrivez des notes de musique :** Une déclaration d'amour imminente.
- **Lire ou déchiffrer des notes de musique :** Beaucoup de bon temps prochainement.
- **Vous prenez des notes sur le tas :** Une nouvelle va bouleverser agréablement votre existence.
- **Vous lisez une note affichée :** On cherche à vous désavantager.

NOURRICE

- **Une femme rêve d'une nourrice :** Signe de grossesse.
- **Un homme rêve d'une nourrice :** Une grande solitude le fait se retrancher sur lui-même.
- **Une femme rêve qu'elle allaite un enfant :** Sa vie sentimentale est troublée par le comportement d'un parent. Le sens prophétique de ce rêve est nul s'il s'agit d'une future maman.
- **Vous confiez votre enfant à une nourrice :** Désillusion, chagrin.

NOURRISSON

- Excellent dans toutes les sphères **s'il est potelé ou bruyant.**
- **S'il est chétif :** Soyez prudent dans les négociations, renseignez-vous avant de conclure.
- **S'il est mourant :** Des temps difficiles vous connaîtrez, par la faute d'une seule petite erreur commise.
- **Si on lui inflige de mauvais traitements,** c'est qu'une personne très proche vous trahira.

NOVEMBRE

- **Rêver de ce mois en novembre** présage des relations amicales chaleureuses et complices dans les projets.
- **Si vous rêvez de novembre en dehors de ce mois :** Un décès vous affectera.
- **Si un événement se déroule en novembre dans votre rêve,** il peut être prémonitoire d'un contact avec l'énergie d'une personne disparue ou avec des forces occultes bénéfiques.

NOYER

- **Rêver d'un noyer :** Une nouvelle situation.
- **Vous êtes assis sous un noyer :** Un travail ludique et de bon rapport.
- **Vous rêvez d'un noyer chargé de noix :** Honneur et richesse.
- **Vous plantez un noyer :** Votre existence sera très agréable.
- **Vous cueillez des noix :** Efforts non suivis d'effets.
- **Vous cassez des noix et les mangez :** Ne rendez pas les autres responsables de votre infortune.

NUAGE

- **Des nuages blancs dans un ciel bleu :** L'espérance est intense et sert de tremplin à l'élévation.
- **Vous rêvez d'un ciel assombri par des nuages :** C'est un signe de discorde en amitié.
- **Des nuages noirs chargés d'électricité :** Les échecs vous contrarient et vous font baisser les bras.

NUDITÉ

- **Être surpris nu, tenter vainement de se vêtir ou chercher à dissimuler sa nudité aux yeux des gens** est un thème fréquent. Dans la réalité, on donne une impression de résignation et de lâcheté dans les situations dualitaires. Il n'en est rien, ce n'est pas un manque de courage, mais une attitude volontaire pour éviter les discussions sans fin et trop fréquentes avec le cercle des intimes.
- **Surprendre une personne nue :** Que vous soyez jeune ou très âgé, vous devez tout faire pour vous débarrasser des tabous inutiles. Voir **FEMME, HOMME.**
- **Se dénuder volontairement :** Sexualité libérée, désir d'amour et de caresses.
- **S'exhiber nu :** Contradictoirement, on souffre parfois d'un complexe, c'est une invitation à se dépouiller de certaines inhibitions.
- **Un homme rêve de nudité féminine :** Rappel de plaisirs érotiques. Béatification.

NUIT

- **Claire et étoilée,** elle est symbole de réussite.
- **La nuit noire, l'obscurité, les ténèbres** ne présagent que des voies erronées. Les décisions rapides sont fortement déconseillées.
- **Si vous éprouvez des sentiments de terreur dans une nuit noire,** vos nerfs sont à bout, pensez à prendre du repos sous un autre ciel que celui où vous vivez.
- **Si vous cherchez un être cher dans la nuit noire,** votre comportement excessif nuit à la personne que vous aimez le plus.

NYLON

- **Les vêtements, les sous-vêtements et les artifices destinés à séduire fabriqués avec cette fibre artificielle** sont des symboles d'inconstance. Vos sentiments sont superficiels et vous avez du mal à tenir un engagement. Ne soyez pas surpris si vos amis ne vous font confiance qu'à moitié.
- Toutes autres extensions oniriques du nylon doivent être perçues comme des signes de tromperies, de faux-semblants. Souvenez-vous que tout ce qui brille n'est pas or !

NYMPHE

C'est plus spécifiquement un rêve d'homme.

- **Si la nymphe de votre rêve est nue :** L'amour est charnel et s'oppose aux engagements.
- **Voir une nymphe des ruisseaux et des fontaines :** Amour passionné et romantique.

- **Une nymphe des forêts ou des montagnes :** Des difficultés d'ordre sentimental.
- **Rêver d'une jeune fille très bien faite :** Les opportunités ne manqueront pas, les encouragements non plus.
- **Rêver d'une nymphette, une jeune fille très provocante :** Un défi vous relèverez.
- **Succomber à une nymphette :** Sentiment d'infériorité qui pousse à chercher compensation.

NYMPHOMANIE

En ce terme est dépeint l'obsession sexuelle féminine pour les hommes. Aussi, ce rêve intervient plus particulièrement chez les femmes soucieuses de leur apparence physique et de leur toilette. Si vous reconnaissez avoir ce comportement en rêve, sachez que ce n'est pas pour autant un signe de répression de ce même désir à l'état de veille, pas plus qu'un état de manque affectif ou sexuel. Vos fantasmes existent et votre libido est probablement bien gérée. Ce sont les doutes sur votre pouvoir de séduction qui assaillent et perturbent votre esprit. Ces craintes légitimes cherchent compensation par la voie onirique. Enfin, c'est un encouragement à vous intéresser plus intensément aux désirs de celui qui partage votre vie ou vos relations amoureuses qu'à votre petite personne.

- **Lorsqu'un homme rêve qu'il a affaire à une nymphomane,** il éprouve un besoin de manifester sa sexualité, mais il fuit les engagements.

O

OASIS

- **Rêver d'une oasis :** Une activité vous fera oublier tous vos soucis.
- **Une oasis en plein désert :** Vous abandonnerez tout pour vivre un grand amour.
- **Vous découvrez une oasis :** Vous vous tromperez de réussite, la plus sûre est toute proche.
- **Vous découvrez une oasis de tranquillité en plein tumulte :** Une convalescence après une grande fatigue.

OBÉISSANCE

- **Vos enfants sont obéissants :** Ils craignent que vous découvriez une de leurs sottises.
- **Vous n'avez pas d'enfant dans la réalité et vous rêvez que vos enfants sont obéissants :** Il y a des exemples à ne pas suivre.
  Réfléchissez à cela. Ce qui est valable pour un ami peut être désastreux pour vous.
- **Vous êtes obéissant :** Santé, harmonie. Votre corps vous obéit.
- **Une personne vous obéit :** Pouvoir de persuasion.
- **L'être aimé vous obéit :** Une vie de couple sans problème.

OBÉLISQUE

- **Rêver d'un obélisque :** Signe de fertilité et de fécondité.
- **Plusieurs obélisques :** La famille s'agrandit dans l'aisance.
- **Monter au sommet de l'obélisque :** Vous avez peur de vos propres sentiments, vous préférez vous mentir.
- **Avec l'être cher :** Vos vœux ne se réaliseront pas.

OBLIGATION

- **Vous êtes lié par une obligation :** Vous nourrissez un sentiment de haine envers un proche.
- **Un de vos amis est votre obligé :** Il vous apprendra une curieuse nouvelle.
- **Vous êtes l'obligé de certaines relations :** Méfiez-vous de l'influence d'une persona grata, son effort est à double tranchant.
- **D'autres personnes sont vos obligés :** De l'argent gagné facilement.
- **Quelqu'un vous parle de vos obligations :** Une période compliquée s'annonce.

OBSCÉNITÉ

- **Avoir un comportement obscène en rêve** est précurseur d'ennuis avec la société. Vous devrez tôt ou tard vous plier aux normes si vous ne voulez pas vous retrouver avec des tas de procès.
- **Un de vos proches à un comportement obscène :** Prochainement, il se comportera de façon odieuse avec vous.
- **D'autres personnes ont un comportement obscène :** Suivez la voie que vous dicte votre intuition.

OBSERVATOIRE

- **Vous surveillez quelqu'un d'un observatoire :** C'est vous que l'on surveille à votre insu.
- **Vous montez la garde sur un observatoire :** Vous manquez d'entrain et d'objectivité.
- **Vous regardez en bas d'un observatoire :** Un petit voyage que vous cacherez à l'être cher.
- **Vous regardez le paysage d'un observatoire :** De très bonnes nouvelles sont en chemin.
- **Quelqu'un vous surveille d'un observatoire :** Vous devrez recommencer un travail.

OBTENIR

- **Vous obtenez quelque chose :** Sens controversé, la chance ne sera pas de votre côté.
- **Vous obtenez gain de cause :** Refus et contradiction dans les affaires.
- **Une personne que vous aimez obtient ce qu'elle désire :** Elle ramera longtemps avant de goûter au bonheur.
- **Vous obtenez de l'argent :** Vous en perdrez par manque d'objectivité.

OCCASION

- **Acheter une voiture d'occasion :** On vous trompera sur un achat.
- **Des meubles ou des objets d'occasion :** Vous perdrez un objet de valeur.
- **Des vêtements d'occasion :** Une petite combine vous rendra service.
- **Sous la rubrique d'un journal, vous lisez ou recherchez des occasions, peu importe la nature :** Vous rendrez l'argent qui semblait acquis.

OCÉAN voir MER

OCTOBRE

- **Si votre rêve se déroule en octobre :** Vous serez en mesure de vous lancer dans un projet qui vous hante depuis des mois ; ne cherchez pas de raisons pour le reporter, c'est l'occasion idéale.

- **Rêver d'octobre en dehors de ce mois :** Vos actes ne sont pas aussi raisonnables que vous voudriez le faire croire, il peut en résulter de sérieux déboires qui n'incomberont qu'à votre légèreté dans l'action.

ŒUF

L'œuf est un symbole de naissance, de commencement, il contient en son germe le concept de la vie, **lorsque les œufs sont sains**, le présage est excellent pour les deux sphères.

- **Voir des œufs dans un panier ou sur les étagères d'un crémier :** Bonheur familial. Les unions seront fertiles et donneront de beaux enfants.
- **Voir des œufs cassés** annonce des déceptions sentimentales.
- **Casser des œufs par maladresse** est un avertissement, les actes manquent de réflexion.
- **Lorsqu'un homme rêve d'œufs,** c'est qu'il redoute certaines responsabilités qu'il ne pourra éviter en aucun cas.
- **Casser un œuf à double jaune :** Une personne étrange vous transmettra un don.
- **Manger des œufs :** Aucune inquiétude à vous faire pour votre santé.
- **Ouvrir des œufs décomposés ou avariés** annonce des problèmes aux ovaires pour une femme.
- **Si un homme fait ce rêve,** il verra sa forme physique décroître à vue d'œil ; il se nourrit mal ou il manque d'exercice.
- **Voir des coquilles d'œufs :** Un cadeau vous attendrez en vain !
- **Lancer des œufs dans un moment de colère :** On vous tiendra pour responsable d'un fâcheux incident.
- **Quelqu'un vous jette des œufs :** Des contrariétés d'ordre familial finissent par altérer votre santé.
- **Acheter des œufs :** De gros avantages, ceux que vous aimez en profiteront « avantageusement ».
- **Des œufs couvés :** Une personne cherche à détourner de vous l'être que vous aimez.
- **Des œufs couvée et ouverts par mégarde :** De grandes souffrances plus morales que physiques.
- **Trouver des œufs dans un endroit quelconque** est annonciateur de disputes dans la famille pour de l'argent.
- **Voir des œufs de Pâques :** Vous fêterez bientôt un événement familial.
- **« Ne pas placer ses œufs dans le même panier » :** Essayez d'avoir plusieurs cordes à votre arc.

OFFENSER

- **Vous offensez quelqu'un en public :** Vous ne prendrez pas la revanche que vous souhaitez.
- **On vous offense en public :** Vos ennemis ne parviendront pas à leur fin.
- **Un proche vous offense publiquement :** Cette personne cherche à tout prix à se faire passer pour une victime.
- **Vous offenser un des vôtres en public :** Vous n'êtes pas encore prêt pour enterrer la hache de guerre, d'autres conflits naîtront !

OFFICIER

- **Vous rêvez d'un officier :** Une rencontre troublante.
- **Un officier de la légion :** Un triomphe amer sur une rivalité.
- **Vous êtes en compagnie d'officiers :** Bénéfique au plan matériel.
- **Vous êtes officier :** Votre orgueil ne vous servira qu'un temps !
- **Une femme rêve qu'elle fréquente un officier :** Son partenaire lui sera infidèle, le pire c'est qu'elle le sait !

OFFRE

- **Vous faites une offre quelconque :** Les choses s'arrangeront grâce à l'intervention d'une personne.
- **On vous fait une offre quelconque :** Ne soyez pas dupe, on vous ment.
- **Vous faites une offrande à l'église :** Réussite sociale non liée à la recherche du prestige.
- **Vous faites un don à une institution :** Beaucoup de gens ont placé leur confiance en vous, ne les décevez pas.

OGRE

Ce personnage monstrueux sorti de nos contes d'enfant est moins maléfique qu'on pourrait le croire.

Sa présence dans un rêve laisse filtrer des aberrations dans les décisions et certaines attitudes.

Si vous n'avez cherché jusqu'ici qu'à vous faire plaisir, ne vous étonnez pas si on se ligue contre vous pour vous assaillir de reproches. Il est temps de vous comporter en adulte.

- **Le rêve tourne au cauchemar et l'ogre vous agresse ou vous dévore :** Vous avez intérêt à prendre ce thème au sérieux et éviter de succomber aux tentations qui par respect pour votre conjoint vous sont défendues ; elles causeront votre perte à coup sûr.
- **Vous êtes l'ogre :** C'est une invitation à ne pas se prendre trop au sérieux, au risque de devenir une caricature pour soi-même.

OIE

- **Rêver d'oies sauvages en vol :** fidélité. Attachement.
- **Une oie sauvage blessée :** Une personne entièrement dévouée défendra votre cause.
- **Des oies cacardent :** On spécule déjà sur votre mort future.
- **Vous achetez une oie :** Vous allez faire une sottise que vous regretterez.
- **Vous plumez une oie :** Un gain important au bon moment.
- **Vous mangez de l'oie :** Des profits et des satisfactions.
- **Une oie est tuée par un chasseur :** Un grand malheur dans la famille.
- **On vous offre une oie :** Un magot va vous passer sous le nez.
- **Vous possédez un jars :** Une personne se moque de vous.
- **Vous tuez un jars :** Votre adversaire se croit supérieur, en fait, il est inoffensif.

OIGNON

- **Manger des oignons ou les servir** est une mise en garde contre les charlatans.
- **Vous ramassez des oignons :** Soucis domestiques.
- **Vous faites cuire des oignons :** Une réunion de famille promet d'être agitée.
- **Vous pelez des oignons :** Des brouilles avec les voisins.
- **Vous achetez des oignons :** Vous soudoierez une personne.

OISEAUX

Ils symbolisent la liberté. Voici quelques grandes lignes de leur signification onirique si vous ne pouvez en définir l'espèce.

- **Les voir voler** exprime des besoins inassouvis d'élargir son point de vue sur le monde. Parfois, le but que l'on s'est fixé est difficile à atteindre.
- **Les voir voler très haut :** Les aspirations aboutissent, les réalisations sont exceptionnelles.
- **Un oiseau blessé** présage des épreuves de longue durée, la plupart du temps il s'agit du domaine sentimental.
- **Lorsque les oiseaux chantent dans les rêves :** L'amour sourit et certains désirs se réalisent.
- **Un oiseau qui s'envole d'une cage :** Notion de liberté. Une orientation nouvelle est souhaitée.
- **Des oiseaux maltraités :** Un danger plane sur vous ou sur un de vos proches.
- **Les rapaces en vol dans leur milieu naturel** sont d'heureux présages pour la vie professionnelle.
- **Agressifs ou blessés :** Ce sont des déceptions, des souffrances morales ou des humiliations à venir.
- **Rêver d'oiseaux-mouches** est un indice de rapidité et d'habileté dans les affaires.
- **Voler comme un oiseau,** voir **VOLER.**

OISIVETÉ

Elle symbolise l'ennui. Ce thème à donc l'avantage d'être explicite.
Votre travail n'est pas captivant ou vous en comprenez mal les objectifs, votre concentration est d'autant plus difficile.
Les apparences sont contre vous. Votre comportement nonchalant vous vaut le qualificatif de paresseux et ne traduit en fait dans la réalité qu'une grande lassitude.

- **Un être cher passe des heures à ne rien faire :** Il se compose mentalement des énigmes.
- **Voir une autre personne oisive :** Ne remettez pas au lendemain les problèmes que vous devez régler, méditez sur le proverbe.

OLIVIER

- **Rêver d'un olivier :** Amour et richesse.
- **Un olivier chargé d'olives :** Une dispute amoureuse suivie d'une réconciliation.
- **Un rameau d'olivier :** La naissance d'un talent vous ouvrira de nouveaux horizons.
- **Cueillir des olives :** Une année de travail et de profits.
- **Manger des olives :** Une seule personne occupe vos pensées et plus rien ne compte !
- **Servir des olives à l'apéritif ou les sortir d'un bocal :** Des gens parlent de vous en bien.

OMBRE

Ce thème doit être bien intégré au rêve pour être bien compris.

- **Des mouvements d'ombre vous inquiète :** L'avenir vous préoccupe, votre situation présente est incertaine et vous stresse.
- **Des jeux d'ombres vous semblent menaçants :** Vous ressentez à juste titre un climat d'hostilité autour de vous, les relations sont à surveiller, les gens les plus avenants risquent de ne pas être les plus francs.
- **L'ombre d'une personne décédée** doit susciter des interrogations quant à la manière de se comporter avec la famille. Les circonstances présentes vous aideront à comprendre quelle personne est concernée.
- **S'il s'agit de votre ombre :** Votre vie intérieure est intense, vous régenter votre royaume en donnant le rôle idéal à chacun.
  La réalité est tout autre, vous vous révoltez sans cesse contre l'insoumission de ceux que vous aimez, il en résulte des conflits. Votre nature est possessive et excessive et vous devez apprendre à gérer votre besoin de domination.

OMNIBUS

- **Rêver d'un omnibus :** La perspective d'un voyage vous déprimera.
- **Vous prenez l'omnibus :** Vous manquez d'optimisme dans vos démarches.
- **Votre adversaire est dans l'omnibus :** Il se renseigne et cherche à connaître certains détails de votre vie privée.
- **Votre adversaire s'apprête à prendre l'omnibus :** Il perdra la face lors d'une confrontation.
- **Vous êtes seul dans un omnibus :** L'angoisse que vous éprouvez se dissipera grâce à une conversation.
- **Une personne vous terrorise dans un omnibus :** Vous abattrez vos cartes trop tôt et trop vite.
- **Vous êtes agressé dans un omnibus :** Quelqu'un vous exploite et vous vole sans que vous y preniez garde.
- **Vous ne pouvez descendre de l'omnibus à temps pour une raison ou pour une autre :** On se sert de votre nom pour en retirer quelques avantages.
- **L'omnibus dépasse la station qui vous intéresse :** Ne laissez pas vos amis s'immiscer dans votre vie intime.
- **Vous oubliez un être cher dans un omnibus :** Vous avez très peur de perdre l'amour de ceux que vous chérissez.
- **Vous êtes dans un omnibus la nuit :** Ce n'est pas le destin qui est responsable de votre solitude affective. L'être aimé peut revenir ou le dialogue s'instaurer à nouveau, cela ne dépend que de vous.

ONCLE

- **Rêver de son oncle :** Les finances se portent bien.
- **On vous présente un oncle que vous ne connaissez pas :** Une proposition peut changer votre vie.
- **Vous êtes l'oncle de quelqu'un :** Des amis sont jaloux de vos talents.
- **Vous apprenez le décès d'un oncle :** Honte et désespoir.

ONGLE

- **Des ongles de femme très longs** annoncent des querelles entre époux ou amants.
- **Se couper les ongles** est un signe de rancune et de malveillance.
- **Se ronger les ongles :** Si la fatigue persiste, consultez.
- **Des ongles courts :** Votre activité physique s'accroît.
- **Des ongles cassés :** Une maladie d'origine nerveuse.
- **Une femme rêve d'ongles crochus :** La jalousie d'une amie.
- **Un homme rêve d'ongles crochus :** Il se blessera au visage.
- **Se vernir les ongles :** Une rupture avec une mauvaise fréquentation sera salutaire.

- **Des ongles négligés ou noirs :** Vous manquez à vos obligations, vous délaissez une personne et elle en souffre.
- **Se limer les ongles :** Autonomie. Assurance.
- **Un ongle noir après un choc :** Tristesse et faiblesse.
- **Vos ongles tombent :** Une mort certaine.

OPÉRA

- **Dans votre rêve, vous êtes une personnalité de théâtre et vous vous rendez à l'opéra :** Vous aurez besoin d'argent pour progresser dans la voie que vous avez choisie.
- **Vous vous rendez à l'opéra :** Des événements favorables se préparent.
- **Vous êtes à l'opéra :** Vous allez réaliser un projet qui vous semblait utopique.
- **Vous rencontrez des artistes à l'opéra :** Le succès viendra avec du retard, mais il viendra.
- **Vous assistez à un opéra avec l'être aimé :** Une passion incontrôlable va naître.

OPÉRATION

- **Vous subissez une opération :** Votre santé n'est pas en danger, mais l'affection vous manque.
- **Vous assistez à une opération :** Des relations influentes et utiles.
- **Vous faites vous-même une opération :** Richesse mais dépendance.
- **Vous succombez à la suite d'une opération :** Vous serez trahi par un être cher.
- **Un ami ou un des vôtres ne survit pas à une opération :** Vous ne pourrez lui apporter l'aide qu'il vous réclamera.
- **Un de vos enfants subit une opération :** Votre équilibre est en danger et vous devriez savoir comment y remédier.
- **Votre enfant ne survit pas à une opération :** Une longue période de malchance et de découragement.

OPIUM voir DROGUE

OPPRESSION

Thème d'anxiété et d'agitation.

- **Si vous êtes oppressé,** interrogez-vous avec objectivité, vous avez hâte d'en finir avec tout ce que vous commencez et vous passez une grande partie de votre temps à ressasser vos erreurs. Votre système nerveux en souffre. Les personnes qui appréhendent la vieillesse font également cette sorte de rêve. Quoi qu'il en soit, ce thème doit être pris au sérieux s'il se renouvelle fréquemment. La raison peut être une fatigue cardiaque corollaire de votre stress, n'hésitez pas à consulter.

OPTICIEN

- **Vous êtes chez l'opticien :** Rencontre d'une amitié complice.
- **Vous êtes opticien :** Une petite fortune accumulée par chance.
- **Vous achetez des lunettes chez un opticien :** Signe d'escroquerie. Voir **LUNETTES.**

OR, c'est un symbole de précarité matérielle. Les objets en or qui défilent dans nos rêves sont l'expression de nos convoitises et surtout de nos ambitions les plus démesurées.

- **Voir de l'or en fusion :** Un fort désir de concrétisation, les résultats seront encourageants à long terme.
- **Chercher de l'or :** Des difficultés matérielles sont à craindre, mais certaines circonstances se retourneront en votre faveur.
- **Trouver de l'or :** Toutes les tentatives aboutiront et la réussite protège la vie sentimentale.
- **Cacher de l'or :** Vous comptez trop sur des soutiens éventuels pour entreprendre, peut-être parce que vous êtes dépendant des aspects restrictifs.
- **Posséder ou compter des lingots d'or ou des pépites :** Vous ne vous investissez jamais à fond dans vos projets, aussi vous freinez volontairement votre ascension.
- **Votre fortune en or est considérable :** C'est un rêve qui retarde la réussite, le plan affectif est vulnérable, les luttes sont pléthores.
- **Voler de l'or :** Un piège se refermera sur vous au moment ou vous vous y attendrez le moins, si vous utilisez des moyens illicites pour vous enrichir.
- **Quelqu'un vous vole de l'or :** Vous perdrez ce que vous gagnerez sans efforts.
- **Dorer quelque chose à l'or fin :** Amélioration de situation.
- **Acheter de l'or :** Évitez pendant quelques mois toutes les négociations et soyez prudent dans les activités en liaison avec les affaires.
- **Vendre de l'or :** Présage des charges très lourdes, une insécurité matérielle constante.
- **Fondre de l'or :** Ce thème implique des sacrifices, les exigences doivent être freinées, la réussite est plus tardive.
- **Des couverts en or,** voir **COUVERT.**
- **Travailler de l'or :** Des difficultés seront suivies de changements positifs.
- **Donner ou offrir de l'or à quelqu'un :** La chance sera insolente, mais les excès peuvent être fatal.
- **Acheter du plaqué or :** Les projets seront contrariés.
- **Posséder du plaqué or :** Contacts et soutiens aisés.
- **Des vêtements rehaussés d'or ou lamé or :** Rivalités et jalousies sur les créations fructueuses.
- **Trafiquer de l'or :** Médisance dans l'entourage.

ORAGE, thème de bouleversement voir également **FOUDRE**.

- **Si vous êtes surpris par un orage** attendez-vous à du mouvement chez vous, une suite d'événements va contrarier vos plans et déranger votre vie tranquille.
- **Si vous regardez un orage de votre fenêtre ou d'un lieu sûr :** Vous n'avez pas de soucis à vous faire, les mois qui viennent seront sécurisant et porteurs d'espoirs nouveaux.
- **Si l'orage est très violent,** c'est une menace sérieuse pour votre vie de couple ou pour la passion que vous vivez dans le présent.
- **Si le tonnerre vous effraie,** attendez-vous à des pertes matérielles liées à la négligence de votre conjoint.

ORANGE

- **Rêver d'oranges :** Une faveur vous sera accordée.
- **Manger des oranges :** Passion brève.
- **Boire du jus d'orange :** Tendresse et amour en voyage.
- **Cueillir des oranges :** Les sentiments que vous éprouvez pour une personne ne sont pas réciproques.
- **Acheter des oranges :** Des tracas au sujet de l'être cher.
- **Posséder un oranger :** Vos proches vous craignent et vous respectent.
- **Planter un oranger :** Une conquête amoureuse vous fera dire adieu à votre liberté.
- **Des fleurs d'oranger :** Difficile d'oublier un amour de jeunesse.
- **Peler des oranges :** Attention aux rapports intéressés.
- **La couleur orange :** Un nouvel amour fera naître un conflit entre amis.

ORCHESTRE

- **Rêver d'un orchestre :** Des accords décisifs et chanceux.
- **Vous faites partie d'un orchestre :** Vous recevrez une petite fortune.
- **Vous êtes chef d'orchestre :** La famille ne prendra aucune décision sans votre aval.
- **Vous connaissez le chef d'orchestre :** N'ayez aucun scrupule à demander l'aide d'une personne influente.
- **Vous louez un orchestre :** Vous assisterez bientôt à une grande cérémonie.
- **Vous écoutez un orchestre en concert :** Une période de solitude vous sera profitable, n'oubliez pas d'en tirer une leçon.

ORDONNANCE, en général ce rêve annonce des ennuis très personnels dans un avenir très rapproché.

- **Rédiger une ordonnance pour une personne :** Avertissement pour le rêveur qui devrait se garder de donner des conseils alors qu'il est loin de les mettre lui-même en pratique.

- **Perdre une ordonnance :** Vous n'apportez pas assez d'attention à vos affaires, vous en subirez de graves conséquences.
- **Trafiquer une ordonnance :** Une mauvaise rencontre vous fera gamberger toute une journée.

ORDRE

- **Vous donnez des ordres :** Signe de discorde et de jalousie.
- **Recevoir des ordres d'une hiérarchie :** Élévation de situation.
- **Vous n'obéissez pas aux ordres :** Quelqu'un vous causera un préjudice.
- **Vous recevez les ordres d'un parent ou d'un ami :** Vous serez mis dans l'embarras, car vous confiez vos affaires trop facilement.
- **Vous passez un ordre d'achat par écrit :** La chance effacera l'ardoise de vos dettes.
- **Vous donnez des ordres à des enfants :** Des choses pas très claires demandent à être élucidées.
- **Vous entrez dans les ordres :** Vous sauverez une personne d'un grand danger.

ORDURE

- **Vous rêvez d'ordures ménagères :** Au prix d'un travail de longue haleine, vous connaîtrez des jours meilleurs.
- **Vous nettoyez des ordures :** Beaucoup de déboires dus à des erreurs et des étourderies.
- **Vous basculez dans les ordures :** Prenez les mesures qui s'imposent pour vous protéger d'un ami ou d'un amant peu scrupuleux qui vous fera souffrir.

OREILLE

- **Vous souffrez des oreilles :** Une malveillance toute proche.
- **Vous vous faites percer les oreilles :** Une déception amoureuse.
- **Vous perdez une oreille :** Une personne insoupçonnable vous trompe.
- **Vos oreilles sont bouchées :** Évitez les discussions trop personnelles avec votre entourage.
- **Vous vous nettoyez les oreilles :** Redoublez de prudence dans vos affaires.
- **Nettoyer les oreilles d'un de vos proches :** Des remerciements tardifs.
- **Vous avez de grandes oreilles :** Vos dépenses sont excessives.
- **Vous avez de toutes petites oreilles :** Vous tirerez le diable par la queue.
- **Vous n'avez qu'une oreille :** Une bonne raison vous fera mentir.
- **Des oreilles coupées :** Vous avez peur d'avouer une faute.
- **Votre tympan est percé :** L'être aimé vous trahira.
- **Quelqu'un vous maltraite en vous tirant les oreilles :** Des épreuves vous traverserez, mais à aucun moment votre vie affective en sera affectée.

- **Vous trouvez une oreille d'animal :** Une rencontre va bouleverser votre vie.
- **Vous êtes sourd :** Un ami est en train de devenir votre pire ennemi.
- **Vous portez des boucles d'oreilles :** Adultère.
- **Se faire tirer l'oreille :** Qui trop attend perd du temps !
- **Oreilles d'âne :** Insipidité, absurdité.

ORGANE

Lorsqu'une femme rêve de ses organes, elle doit y voir un danger dans ses entreprises de séduction ; le résultat peut être maléfique et opposé à celui qu'elle espère.

- **Si elle se voit avec des organes génitaux déformés ou une descente d'organes,** elle a tout intérêt à soigner ses apparences et faire attention à son langage en société ; imperceptiblement, depuis des mois, elle sombre dans des habitudes néfastes et se laisse aller sans se soucier de l'image qu'elle impose à ses proches.
- **Un homme qui rêve d'organes de femme,** traverse un moment décisif dans sa vie sentimentale.
- **S'il s'exhibe en public, ou parle de ses organes :** Rien n'est plus clair, il dépense trop d'énergie à satisfaire tous ses appétits.

ORGASME

C'est un thème très personnel, comme celui de la masturbation. Il dévoile vos réactions face à la sexualité. L'orgasme onirique peut traduire une grande frustration, mais également des échecs perturbants dans les rapports sexuels où le dialogue est absent. Mais si votre vie sexuelle est sans problème et votre taux hormonal normal, évitez de vous poser trop de questions après ce rêve physique, n'essayez surtout pas de vous l'interdire lorsqu'il vous transporte agréablement. Toute censure provoquée ou souhaitée intensément fera chuter votre énergie au réveil. Laissez-vous porter jusqu'à son terme. Beaucoup plus simple à dire qu'à mettre en pratique lorsque l'on ignore comment intervenir dans le rêve ou le diriger. Sachez néanmoins que votre état d'esprit à plein pouvoir sur le déroulement d'un tel rêve. En déculpabilisant par anticipation, vous parviendrez à un résultat quasi identique.

ORGE, voir BLÉ

ORGIE

- **Vous assistez à des orgies :** Des menaces seront proférées à votre égard, rassurez-vous, elles seront inoffensives, le but est de vous faire rompre avec une personne.

- **Vous prenez part à des orgies :** La fidélité n'est pas votre obsession et vous êtes convaincu que l'amour se meurt des habitudes ; vous ferez tout pour ne pas vous ennuyer.

ORGUE

C'est un thème symbolique d'amour.

- **Entendre cet instrument** prédit une aventure sentimentale tourmentée, la personne qui fait ce rêve est prête à tout pour garder l'être aimé.
- **L'entendre dans une église :** Vous ferez acte de soumission.
- **Jouer de cet instrument :** Une passion secrète sera dévoilée dans un lieu public.

ORIENT

- **Rêver de l'Orient :** Vous ferez une croisière avec des amis.
- **Des Orientaux :** Vous vous lierez d'amitié avec des étrangers.
- **Vous faites un voyage en Orient :** Vos plaisirs seront très onéreux.
- **Vous résidez en Orient :** Vos relations vous estiment plus que vous ne le pensez.
- **Votre partenaire est oriental :** Vos affaires prospéreront.
- **Vous vous mettez aux us et coutumes orientales :** Vous devez vous justifier très souvent, cela vous révolte.

ORME

- **Rêver d'un orme :** Une succession d'événements va transformer votre existence.
- **S'asseoir sous un orme :** Une personne bienveillante vous sortira de l'embarras.
- **Un proche est assis sous un orme :** Il vous fera une proposition qui peut améliorer votre confort matériel.
- **Posséder un orme dans son jardin :** Une activité sociale vous apportera beaucoup de satisfaction.

ORTIE

Synonyme de contrariétés et de petites offenses.

- **Rêver d'orties :** Des projets seront remis, vous serez à prendre avec des pincettes.
- **Des orties vous piquent :** Une personne vous fera rougir en public.
- **Ramasser des orties :** De l'ingratitude à la pelle.
- **Marcher dans les orties sans se faire piquer :** On vous calomnie injustement, vous le prouverez.

OSSEMENTS

- **Rêver d'un squelette humain :** Des nouvelles funestes.
- **D'ossements :** Un héritage sera source de discorde.
- **Trouver des os humains :** Douleurs et chagrins.
- **Désosser de la viande :** Perte financière, vous ne conserverez qu'une partie de votre capital.
- **Ronger un os :** Revers de fortune.
- **Rêver d'os d'animaux :** Vous essuierez les plâtres, la faute vous en incombe.
- **Enterrer des os :** Personne ne saura à combien se chiffre votre fortune.
- **Un animal sauvage ronge des os :** Les créanciers ne vous feront pas de cadeaux.
- **Des os de cétacés :** Consultez rapidement, votre santé se dégrade.

OSTÉOPATHE

À moins que vous ayez parlé la veille de cette pratique, ce rêve devrait vous faire comprendre que vous négligez votre forme physique. Votre mauvaise tenue au bureau, à la maison ou dans diverses activités hypothèque votre colonne vertébrale et vous prépare des jours difficiles.

- **Si l'être aimé ou un proche se fait traiter par un ostéopathe**, demandez-lui d'être prudent dans ses déplacements et proposez-lui de faire un bilan de santé. Mieux vaut prévenir que guérir.

OTAGE

- **Vous êtes pris en otage :** La découverte d'une intrigue déclenchera des hostilités.
- **Un enfant est pris en otage :** Vous garderez des séquelles d'un accident.
- **Un homme rêve qu'il prend quelqu'un en otage :** Il hésite dans ses prises de positions tant sur le plan amoureux que sur le plan professionnel.
- **Une femme rêve qu'elle prend quelqu'un en otage :** C'est une exhortation à la prudence. Dans ses spéculations, elle risque de se retrouver confronter à une situation imprévisible et pleine de conséquences.

OTARIE

- **Rêver d'une otarie :** Vous avez blessé un ami.
- **Vous apprivoisez ou donnez à manger à une otarie :** Le retour d'une affection.
- **Une famille d'otaries :** Une souffrance morale très longue.
- **Vous attrapez une otarie :** Votre conscience vous tourmente.

OUEST

- **Rêver de la partie occidentale du globe ou en parler :** Beaucoup de choses seront sacrifiées au profit des voyages.

- **Partir vers l'ouest en solitaire :** Un souvenir vous hante.
- **Partir vers l'ouest avec des proches ou des amis :** Les vacances se termineront plus tôt que prévu.

OURAGAN

Un peu comme le thème de l'orage, le domaine affectif sera particulièrement touché.

- **Si l'ouragan fait beaucoup de dégâts,** des pertes matérielles s'ajouteront à un échec sentimental.
- **Aux prises avec un ouragan, ou être blessé :** Souvent, le rêveur se pose en victime. Cependant, il sait exploiter les faiblesses des siens afin de satisfaire son ego. Ses manipulations « innocentes » deviennent de plus en plus dangereuses et lui préparent de graves ennuis.
- **Une personne chère est aux prises avec un ouragan :** Il faut essayer de gommer de votre esprit : tous les sentiments destructifs, de rancœur, ils nuisent à la qualité de la vie.

OURS

- **Rêver d'un ours blanc :** Amélioration du niveau de vie.
- **D'un ours brun :** Votre pessimisme vous fait redouter le changement.
- **Un ours en captivité :** Un ennemi puissant s'apprête à vous affronter.
- **Un ours vous attaque :** Une aventure galante, odieuse et courte.
- **Chasser l'ours ou le mettre en fuite :** Les obstacles seront vaincus, mais vous perdrez des amis.
- **Tuer un ours :** L'amour finira par vous détruire.
- **Des chasseurs tuent un ours :** Des gens se font passer pour vos amis pour mieux vous tromper.
- **Des ours en nombre :** Vos chimères sont inaccessibles, mettez de l'ordre dans votre esprit.
- **Caresser ou apprivoiser un ours blanc :** Succès dans tous les domaines.
- **Un ours brun :** Il y a beaucoup de choses à changer pour que vous viviez en harmonie.
- **Les empreintes d'un ours dans la neige :** Bientôt une récompense à vos efforts.
- **Manger de la viande d'ours :** Un secret vous causera une vive déception.
- **Un ours mort :** Un être cher vous persécute.
- **Un ours au cirque :** Une spéculation vous fera gagner une belle somme d'argent.
- **La peau d'un ours :** Le côté matériel prend beaucoup trop le pas sur votre vie affective, plus tard vous en souffrirez.
- **La tête d'un ours naturalisé :** Existence sous diktat.

OUTIL

- **Rêver d'outils :** Les initiatives sont trop hasardeuses.
- **Posséder de nombreux outils :** Votre budget se porte bien.
- **Acheter des outils :** Vous vous dispersez, songez à être plus économe.
- **Voler des outils :** Des petites combines vous tracassent.
- **On vous vole des outils :** Des négociations se passeront très mal.
- **Vendre des outils :** Vous donnerez de l'argent à un de vos proches.
- **On vous donne des outils :** Si vos obligations vous coûtent cher, sachez qu'ultérieurement vous en tirerez avantage.

OUVRIER

- **Rêver d'ouvriers au travail ou d'une équipe de travailleurs :** Bonheur affectif et matériel.
- **Embaucher des ouvriers :** Une dépendance matérielle vous met des bâtons dans les roues.
- **Licencier des ouvriers :** Quelqu'un va bloquer votre spontanéité, vous serez défavorisé quelque temps.
- **Un ouvrier vous vole :** Vous ne prenez pas au sérieux les conseils d'un ami et vous avez tort.
- **Vous êtes ouvrier :** Vous redoutez les conséquences de vos résolutions, mais tôt ou tard vous devrez agir.
- **Un ouvrier du bois :** Augmentation des biens.
- **Un ouvrier de la métallurgie :** Une rentrée d'argent imprévisible.
- **Un ouvrier plombier :** Vos vieux jours seront assurés.

P

PAILLE

- **Se voir sur la paille au sens propre comme au sens figuré** annonce des problèmes financiers.
- **Chercher quelque chose dans la paille** est un signe d'inquiétude, on craint parfois les réactions d'un parent.
- **Se cacher dans la paille** signifie que la volonté nous manque pour faire face à une situation qui en exige.
- **Dormir ou paresser ou encore se rouler dans la paille :** Exprime un désir physique intense.
- **Nourrir des animaux avec la paille :** Chagrins et pénurie.
- **De la paille en bottes ou en tas :** Les revenus seront confortables.
- **De la paille mouillée :** L'argent causera votre perte.
- **De la paille en feu :** Vous perdrez tout, y compris votre dignité.
- **«Feu de paille» :** Encore une vérité dite par le rêve.

PAIN

Excellent présage **lorsqu'on le mange frais ou chaud**.

- **Manger du pain rassi** rappelle des jours difficiles et n'augure rien de bon pour les mois qui viennent.
- **Des petits pains ou du pain aux formes spéciales :** Indice de tempérament en amour.
- **Acheter des baguettes de pain :** Petite provocation sexuelle innocente.
- **Du pain :** Santé et prospérité.
- **Voir faire du pain :** La sécurité financière est assurée.
- **Du pain d'épice :** Vous vous rendrez à une fête locale.
- **Du pain béni :** Vos souhaits se réaliseront.
- **Donner du pain aux oiseaux :** Vos enfants seront bien portants.
- **«Gagner son pain» :** La mauvaise santé est corollaire de l'oisiveté.
- **«Du pain sur la planche» :** Le message dépend du contexte onirique, pas assez d'activité et donc peu d'argent pour faire face aux besoins.

PALACE

- **Vous rêvez d'un palace :** Un nouveau départ dans la vie avec un esprit différent.
- **Regarder un palace de l'extérieur :** Un changement de résidence dans l'avenir proche.

- **Vous entrez dans un palace :** Un voyage d'agrément qui ne vous conduira pas obligatoirement dans un palace !
- **Vous vivez dans un palace :** C'est une allusion à des espérances sans issues, l'existence est gênée par de pseudo-obligations.

PALANQUIN

- **Vous êtes assis sur un palanquin :** Chance en matière immobilière.
- **Un proche est assis sur un palanquin :** Revirement soudain d'un associé ou d'un ami.
- **Vous portez un palanquin :** De nombreux déplacements de grand intérêt.
- **Un palanquin sur le dos d'un chameau :** Secours et protection.
- **Un palanquin sur le dos d'un éléphant :** Vie sécurisée et tranquille.

PALEFRENIER

- **Rêver d'un palefrenier** met en garde contre certaines passions.
- **Un palefrenier s'occupe de vos chevaux :** Faites-vous confiance dans les décisions, évitez de faire appel aux autres.
- **Travailler comme palefrenier :** Une occasion de faire preuve de courage va se présenter.

PANIER

- **Vous rêvez d'un panier en osier :** Une personne sincère vous dévoilera ses sentiments.
- **Un panier rempli de fruits :** Une rencontre marquera toute votre existence.
- **Un panier plein de linge :** Vous subirez une épreuve épuisante.
- **Un panier plein de fleurs :** Illusions qui prennent corps. Douceur affective.
- **Des paniers vides :** Vous ne ferez jamais le premier pas.
- **Vous achetez un panier :** Une aventure sentimentale s'annonce compliquée.

PANNE

Ce rêve est très fréquent, il ne montre souvent que la mauvaise influence sur l'esprit humain de la mécanique et des robots.

- **Chez un homme,** une panne simulée de voiture peut révéler des insatisfactions sexuelles.
- **Chez une femme :** Ce rêve évoquera les contretemps désagréables, les limites dans les dépenses et parfois le découragement face à une adversité protéiforme.
- **Une panne d'appareil** signifie que le dormeur a besoin de reposer son esprit, les éternels soucis quotidiens ou une tension omniprésente perturbent son équilibre. Généralement, les choses rentrent dans l'ordre, la santé n'est pas en danger.
- **Appeler un dépanneur :** Indice d'insécurité par manque de confiance en soi.
- **Votre voiture est en panne,** voir **AUTOMOBILE.**

PANTALON

- **Dans le rêve d'un homme,** il signifie des tourments et des griefs qu'il n'ose exprimer.
- **S'il l'enlève :** Incapacité à prendre sa vie en main.
- **S'il le perd :** Il s'abuse sur ses propres capacités.
- **Si le pantalon est déchiré ou taché :** Des conflits naîtront avec des employés ou des subordonnés.
- **Dans le rêve d'une femme :** Elle triomphera sur une rivale.
- **Si le pantalon est déchiré ou taché :** Elle devra être prudente avec ses relations et ses amis.
- **Si elle l'enlève :** Elle se laissera dominer par son conjoint.
- **Si elle le perd :** Ses sentiments la trahiront.

PAPE

Pour que ce rêve conserve son aspect prophétique, il ne doit être en aucun cas relié à l'annonce d'un fait réel ou télévisé concernant ce dignitaire de l'église.

- **Voir le Pape à Rome ou en sa demeure** est un appel à développer sa foi, à croire à la loi divine. Les échecs sont trop reliés à la fatalité.
- **Le Pape s'adresse à vous :** Votre âme s'élève, la communication avec l'au-delà devient possible.
- **Le Pape donne sa bénédiction :** Quitus favorable, une plus grande liberté.
- **Le Pape est en danger ou fait l'objet d'un complot :** Prudence, ce peut être un avertissement prémonitoire, suspendez vos initiatives, des énergies contraires peuvent faire chuter vos capacités.

PAPIER

- **Rêver de papier d'emballage :** Un déménagement dans l'année.
- **Papier de riz :** Changement favorable.
- **Papier d'Arménie :** Des biens de valeur vous reviendront plus tard.
- **Papier transparent :** Ne faites rien à contrecœur, vous le regretterez.
- **Papier doré :** Vous tomberez dans un piège, mais les conséquences seront faibles.
- **Papier d'argent :** Des discussions d'affaires difficiles.
- **Papier de verre :** Vous êtes à cran, relaxez-vous.
- **Papier hygiénique :** Mauvaise orientation en tout.
- **Recycler du papier :** Vos affaires se démêlent.
- **Déchirer du papier :** Vous pardonnerez.
- **Des papiers de famille :** Vous aurez besoin d'être cautionné par les vôtres.
- **Des papiers d'affaires :** De mauvaises nouvelles.
- **Montrer ses papiers :** Un document est caduc ou non conforme.

PAPILLON

- **Voir voleter des papillons :** Vous pensez à tort que la chance ne vous favorise pas. Le véritable problème de certains échecs réside dans le fait que vous n'allez jamais jusqu'au bout de vos entreprises.
- **Faire la chasse aux papillons :** Vous possédez des trésors d'imagination que vous ne savez pas rentabiliser.
- **Attraper un magnifique papillon :** Bonne période, les forces complices s'allient.
- **Collectionner des papillons :** Une liaison éphémère.
- **Naturaliser un papillon :** Un cadeau « empoisonné ».

PÂQUES

- **Fêter Pâques à tout autre moment de l'année** prédit un grand bonheur, parfois un renouveau dans la vie sentimentale. Aucun sens prophétique **si ce rêve intervient pendant les fêtes pascales.**
- **Assister à une procession pascale :** Vous partagerez de grands moments avec ceux que vous aimez.
- **Regarder d'autres personnes assister à une procession de Pâques :** Ne cherchez pas la clef de certains mystères, la trouver peut mettre votre vie en danger.
- **Passer des fêtes de Pâques exceptionnelles ou dans un lieu inhabituel :** Sentiment d'amour. Protection d'une puissance active.

PARACHUTE

- **Rêver de parachute :** Indice de souplesse dans les décisions.
- **Regarder des parachutes descendre :** Votre nature contemplative manque d'efficacité dans l'action.
- **S'inscrire dans un club de parachutisme :** Des efforts à faire pour vous stabiliser.
- **Vous faites du parachutisme :** Bien-être, sensualité débordante.
- **Un être cher fait du parachutisme :** Vous devriez changer de milieu pour vous aérer l'esprit.
- **Votre parachute ne s'ouvre pas lors d'un saut :** Un état de manque affectif sera corollaire d'un échec.
- **Le parachute d'une autre personne ne s'ouvre pas :** Vous avez besoin d'un climat de détente totale.
- **Vous refusez de sauter en parachute :** Certaines de vos activités sont trop contraignantes, elles peuvent mettre en danger votre équilibre.
- **Sauter sans parachute :** Les erreurs seront totalement négatives à la réussite sociale.

PARADIS

C'est le jardin d'où l'homme a été chassé après la Faute.

- **Entrer au Paradis** est un signe d'innocence, mais on devrait seulement en déduire que le rêveur est protégé dans sa vie sociale, soit par son rang, soit par son hérédité naturelle. Puisse-t-il n'être jamais confronté à de véritables difficultés, il aura du mal à leur faire face. C'est une invite à descendre de son nuage afin de retrouver la terre ferme.
- **Si ce lieu de rêve ne recèle pas de piège :** Des potentialités peuvent être canalisées à d'heureuses fin.
- **Si le Paradis fait allusion à l'érotisme :** Attention aux paradis artificiels, drogues, excitants, ils constituent un grave danger à long terme.

PARAPLUIE

- **Vous portez un parapluie de couleur ou fleuri :** Vous recevrez un cadeau avant la fin de la semaine.
- **Vous portez un parapluie noir :** À un enterrement vous vous rendrez.
- **S'abriter à deux sous un parapluie :** Une personne se lassera de vos exigences.
- **Vous trouvez un parapluie :** Une connaissance vous rendra un service avantageux.
- **Vous volez un parapluie :** Un rival vous supplantera.
- **On vous a volé votre parapluie :** Allègrement, vous traverserez une période financière désastreuse.
- **Un parapluie percé :** Une déception amoureuse.
- **Dans la rue, tous les gens s'abritent sous des parapluies :** Vos doutes et vos interrogations nuisent à votre sérénité.
- **Vous achetez un parapluie :** Vous allez claquer une fortune en un temps record.
- **Vous ouvrez votre parapluie dès qu'il commence à pleuvoir :** Par timidité vous passerez à côté de la chance.

PARAVENT

- **Voir un paravent dans votre maison ou dans un lieu quelconque :** Un conseil vous suivrez et vous éviterez une perte d'argent.
- **Se débarrasser d'un paravent :** Un petit changement désagréable dans votre situation.
- **Se procurer un paravent :** Vous susciterez une nouvelle vocation chez un membre de votre famille.
- **Être séparé d'une personne par un paravent :** Le contexte actuel fait barrage aux ambitions.

PARDON

- **Demander pardon à Dieu** révèle un besoin de se libérer d'une préoccupation ou de quelque chose à n'importe quel prix. Ce thème exprime les complexités de votre personnalité.
- **Vous demandez pardon à quelqu'un :** Vous recommencerez la même faute.
- **Obtenir le pardon de quelqu'un** est un aveu de culpabilité.

PARENTS

Il va sans dire que ce thème dépend des liens ou de l'importance accordée à la famille, mais également du climat affectif lorsqu'il intervient. Trop nombreux sont les cas de figure pour tous les citer. Pour dégager un sens plausible à ce rêve, étudiez bien les éléments connexes et les sentiments qu'il évoque. Attachez autant d'importance à votre comportement dans le rêve qu'à celui du parent ou des parents mis en cause. N'oubliez pas que le père représente généralement l'autorité, les interdits, et selon le contexte social, la sécurité tout comme l'insécurité et la peur des lendemains. La mère représente l'amour et la protection si elle a rempli son rôle dans l'enfance.

- **Lorsque les rapports sont conflictuels ou que le dormeur reproche l'absence d'un des parents**, sa vie sentimentale n'est pas harmonieuse et il essuiera quelques échecs, pour la plupart dus à son propre comportement. Il faut tout de même ne pas perdre de vue que **les conflits et les querelles familiales** qui maintiennent la rancune ou génèrent des idées de vengeance reproduisent facilement les mêmes schémas pendant le sommeil.
- **Idem pour les frères et sœurs.** De nombreuses personnes aiment leurs frères et sœurs et conservent contradictoirement dans leur inconscient des souhaits cruels à leur encontre datant de l'enfance ou d'une période particulière. Ces désirs malsains oubliés resurgissent ou se réalisent dans les rêves.
- **Souhaiter la mort d'un parent en rêve ou tenter de le supprimer** n'a rien de monstrueux. Tout se passe au moment de l'enfance, la fille voit en sa mère un obstacle à sa liberté sexuelle et sa mère voit en elle la fin de ses relations amoureuses. Le mécanisme de l'inconscient n'est pas maîtrisable. Le père, lui aussi, pour la fille comme pour le garçon, développe dans l'enfance une hostilité naturelle par son pouvoir illimité sur l'éducation. Par le canal du rêve, les sentiments d'inimitié se libèrent pour le meilleur dans la réalité.
- **Ces scénarios, parfois agités** n'ont aucun sens prophétique particulier, ils ne montrent que des états d'esprit troublés, contrariés et désireux d'être en paix avec leur conscience. Seul, un renouvellement trop fréquent de ces thèmes peut demander un examen de conscience et plus encore si nécessaire.

PARESSE voir LÉTHARGIE

PARFUM

- **Rêver de parfums :** Une rencontre amoureuse marquera favorablement votre vie matérielle.
- **Une femme rêve d'un parfum d'homme :** Elle sait tirer parti de son sex-appeal.
- **Un parfum envoûtant :** La journée ne se passera pas sans incident.
- **Une femme rêve qu'elle achète un parfum :** Un homme cherche à la séduire.
- **Un homme rêve qu'il achète un parfum :** Un rival lui tendra un piège.
- **Un homme rêve qu'il offre un parfum à une femme :** Il tombera follement amoureux.
- **Une femme rêve qu'elle offre un parfum à un homme :** Ses projets contrarient son partenaire, si elle s'entête, elle perdra son amour.
- **Offrir un parfum à un de ses amis :** Vous aurez tendance à spéculer sur leurs confidences.
- **Vous fabriquez des parfums ou les mélangez :** Les projets coûteux qui semblaient chimériques se réaliseront.
- **Voler un flacon de parfum dans un magasin :** La sexualité est ambiguë et dérange.

PARI

- **Vous prenez un pari :** L'indécision ne sert pas vos plans.
- **Vous gagnez un pari :** Malchance, perte aux jeux.
- **Vous pariez entre amis :** Vous allez avoir besoin de tous vos moyens.
- **D'autres prennent des paris :** N'accordez aucun crédit aux promesses.
- **Vous perdez un pari :** Accordez plus d'attention à vos affaires.

PARLER

- **Si vous rêvez que vous parlez trop**, c'est un conseil de modération dans vos propos, plus encore si vous avez le verbe haut et l'humour noir, votre influence n'est pas sans danger sur des personnes vulnérables en quête d'exemples à suivre.
- **Vous décidez de parler à quelqu'un et ne pouvez émettre un son,** voir **MUET.**
- **Vous décidez de parler d'un problème à un être cher :** Comptez des mois avant de réaliser vos projets.
- **Vous décidez de parler à votre supérieur :** On ne vous fait pas tellement confiance.
- **Vous parlez à votre ennemi :** Un conflit vous mettra dans l'embarras.
- **Vous parlez à un animal :** Un ami a besoin de votre avis, il va se manifester sans tarder.
- **Vous parlez par onomatopées :** Ne changez pas vos habitudes, elles maintiennent votre équilibre.

PARQUET

- **Rêver d'un beau parquet de bois :** Vous êtes trop sensible pour vous lancer dans une aventure qui ne vous tente que par son aspect matériel.
- **Un parquet de bois en losange ou de forme mosaïque :** Votre travail vous énerve et complique vos petits litiges sentimentaux.
- **Clouer un parquet :** Du succès en affaire si vous êtes prudent.
- **Démonter un parquet :** Des expériences fort désagréables.
- **Voir des ouvriers poser un parquet :** Attendez le déroulement des événements avant d'entreprendre quoi que ce soit.

PARTERRE

- **Voir en rêve un parterre de fleurs** annonce des jours heureux pleins de surprises.
- **Des parterres de fleurs fanées** laissent filtrer des désenchantements tant sur le plan de l'amitié que sur celui de l'amour où le malaise et les tensions couvent depuis longtemps.
- **Vous piétinez un parterre de fleurs :** Vous êtes rongé par des inquiétudes lancinantes, décompressez !

PARTIR

- **Vous partez de chez vous :** Les choses ne changeront que si vous le désirez vraiment.
- **Vous partez précipitamment et définitivement :** Un conflit va éclater au sein de votre foyer.
- **Des amis ou des personnes de votre famille partent définitivement :** Le moment est mal choisi pour passer d'un style de vie à un autre.
- **Votre partenaire part définitivement :** Vous vous trompez de cause.
- **Vous faites semblant de partir :** Dispute, réconciliation au sein de la famille.

PAS

- **Vous entendez des bruits de pas :** Des confidences vous troubleront.
- **Vous entendez les pas de l'être aimé qui s'éloigne :** Vous n'extériorisez pas assez vos sentiments.
- **Les pas de l'être aimé qui se rapproche :** Vous êtes très égoïste et agissez fréquemment sans tenir compte de votre partenaire. Cette négligence peut vous coûter cher.
- **Des pas résonnent au-dessus de vous :** Irritabilité et nervosité, les échanges sont électriques.
- **Vous voyez des empreintes de pas,** voir **EMPREINTE**.

PASSEPORT

- **Rêver de passeport** n'est pas obligatoirement synonyme de voyage. Le sens de ce symbole réside dans les droits que nous donne ce document. Vos ambitions ne se réaliseront que si vous parvenez à obtenir certains privilèges. Pour cela, vous devrez aller au bout de situations inhabituelles qui vous obligeront parfois à agir contre votre gré.
- **Perdre son passeport** est l'assurance d'une longue période de malchance.
- **Trouver le passeport d'une autre personne :** À l'improviste vous partirez en voyage.

PASSOIRE

- **Rêver de passoires :** Vous êtes trop maniaque.
- **Vous utilisez une passoire :** Vos desseins ou vos plans seront judicieux.
- **Quelqu'un utilise une passoire :** Des allusions mesquines ne vous laisseront pas indifférent.
- **Vous achetez une passoire :** Vous saurez tirer parti d'une situation complexe.

PASTÈQUE

- **Rêver de pastèque :** Vos dépenses sont un peu légères.
- **Vous mangez de la pastèque :** Les promesses seront trompeuses.
- **Vous achetez des pastèques :** Vous inviterez des amis à dîner dans quelques jours.
- **Vous cultivez des pastèques :** Essayez de faire fi de l'opinion publique, vivez pour vous.

PATINER, voir GLACE

PÂTISSERIE

- **Vous rêvez de brioches :** Vous accumulez les sottises.
- **Voir en faire ou en manger :** Un grain de sable changera le cours de votre vie.
- **Vous rêver de babas, de savarins :** Un incident dû à une surprise.
- **De biscuits, de madeleines :** Des larmes.
- **De gaufres :** Votre partenaire se lasse de vous.
- **D'éclairs, de religieuses :** Une naissance proche.
- **D'une pièce montée :** Une compensation en argent.
- **De macarons, de petits fours :** Aucune suite sérieuse à un rendez-vous.
- **De tartes :** Une petite fête entre amis.
- **De clafoutis :** Doux abandon.
- **D'autres gâteaux :** Vitalité sexuelle. Changement de partenaire.

- **De gâteaux rassis :** Signe de misère.
- **Offrir des pâtisseries :** Votre humeur est contradictoire et vous manquez de patience.
- **On vous offre des gâteaux :** Une personne du sexe opposé vous aime follement.
- **Vous vous empiffrez de pâtisseries :** Quelqu'un vous empoisonne l'existence.

PAVÉ

- **Regarder les pavés d'une rue :** Des petits chagrins en perspective.
- **Marcher sur des pavés :** Revoyez vos projets d'achats, ils ne sont pas indispensables et peuvent vous mettre dans l'embarras.
- **Des ouvriers pavent une rue ou une place :** Vos difficultés s'aplanissent.
- **Des ouvriers enlèvent les pavés d'une rue ou d'une place :** Vous remettrez une bonne résolution au lendemain.

PAYSAGE

- **Rêver d'un magnifique paysage :** Votre vie sera douce et harmonieuse.
- **Un paysage sinistre :** Des hostilités vont naître de tout côté.
- **Un paysage ou des nappes d'eau s'étendent à l'infini :** Vous ferez beaucoup de bien autour de vous.

PEAU

- **Rêver d'une peau ridée :** Ce thème est très familier chez les femmes, la crainte de vieillir, de refuser psychologiquement l'acheminement vers la ménopause explique ce rêve.
- **Une femme rêve que sa peau est couverte de boutons :** Ses intentions sont bienveillantes, pourtant, elles créent souvent des conflits avec les plus proches.
- **Se voir avec une peau couverte de taches :** Vous aimeriez vivre une grande passion, votre existence est triste.
- **Se voir avec une peau douce et bronzée, pour un homme comme pour une femme,** annonce des jours paisibles, un climat amoureux et romantique.
- **Se voir avec des imperfections ou des cicatrices :** Une brève période de dépression.
- **Votre peau pèle :** C'est une mise en garde contre des habitudes qui pourraient nuire à votre santé.
- **Un homme rêve que sa peau est tavelée ou boutonneuse :** Il doit s'attendre à des échecs sur le plan sentimental.
- **S'il rêve que sa peau est brûlée :** Ses relations, ses bienfaiteurs ou ses associés le tromperont.
- **Rêver d'une peau de bête** annonce la trahison d'un ami.

- **Se sentir dans la peau d'un autre :** Des interdits moraux sont embarrassants à moins qu'une personne pleine de rigueur n'entrave l'épanouissement.
- **«Changer de peau» :** L'argent y contribuera !

PÊCHER

- **Vous pêchez à la ligne en pleine mer :** Vie affective tumultueuse et passionnante.
- **En rivière :** Brûler les étapes n'est pas une bonne solution, réfléchissez.
- **Vous pêchez dans un étang où l'eau est trouble :** On vous sera infidèle.
- **Si l'eau est claire :** Le même sort, mais l'amour vous reviendra.
- **Vous pêchez au filet :** En amour comme en affaire, est-ce bien raisonnable de courir plusieurs lièvres à la fois ?
- **Vous pêchez à la ligne avec un ami :** Des liens d'amitié très solides.
- **Vous pêchez à la ligne avec un être cher :** Il ne pourra bientôt plus se passer de vous.
- **Vous pêchez du haut d'une falaise ou d'un rocher :** Ne méprisez pas les gens que vous croyez inférieurs à vous.

PÊCHEUR

- **Vous regardez des pêcheurs :** De plus en plus vous prenez conscience de la direction à donner à vos projets.
- **Vous parlez avec un ou plusieurs pêcheurs :** De bon gré, vous ferez face à un accroissement de vos responsabilités, mais vous ne serez pas en mesure de les assumer.
- **Vous déjeunez avec des pêcheurs :** Sans illusion, on peut avancer que votre obstination se révélera payante.
- **Vous vous accrochez avec un pêcheur :** Hâtez-vous de conclure les négociations entreprises.

PÉDOPHILIE

Lorsque ce rêve n'est dû ni à une tendance sexuelle amorale, ni aux conséquences d'un acte délictueux, il trahit une crainte affective, certains échecs successifs peuvent compromettre une relation sentimentale sérieuse. Si dans le thème, on se souvient avoir éprouvé un sentiment de gêne devant des gens face à un sujet semblable, c'est qu'à l'état de veille, certaines pensées que nous seuls jugeons condamnables nous culpabilisent et nous effrayent. Il vaudrait mieux les confesser pour retrouver un esprit plus clair.

- Toutes les autres extensions de la pédophilie ne peuvent être interprétées justement, sans analyser méticuleusement le contexte et les éléments qui s'y rapportent. Les symboles empruntés peuvent être révélateurs du comportement face à la censure.

PEINTURE

- **Vous repeignez votre appartement :** Vous vous donnez beaucoup de mal mais sans vous décourager, ce sont vos héritiers qui en profiteront.
- **Des peintres sont dans une maison ou un appartement :** De nouvelles relations tendront à modifier votre emploi du temps.
- **Vous peignez un tableau :** Une période de calme s'impose. Prenez de la distance vis-à-vis des autres.
- **Vous regardez un peintre s'affairer sur sa toile :** Des vacances improvisées et mémorables.
- **Vous mélangez de la peinture :** Un sujet de conversation sèmera le trouble dans un lieu public.
- **Vous vous tachez en manipulant de la peinture :** Une mauvaise idée déclenchera un incident.
- **Vous tachez vos vêtements avec de la peinture :** Vous avez opté pour un choix dangereux et vous ne pouvez faire marche arrière ! Vous lamenter n'arrangera pas les choses. Votre volonté et votre perspicacité doivent vous sortir de ce mauvais pas.
- **Les enfants jouent avec de la peinture :** Les nouvelles seront contrariantes.
- **De la peinture est répandue au sol :** Abstenez-vous de céder à toutes vos tentations.
- **Si vous glissez dessus :** En connaissance de cause, vous prendrez une voie dangereuse qui s'opposera à votre sérénité en famille.

PELLE

- **Rêver d'une pelle :** Un dur labeur vous revient.
- **Vous donnez des coups de pelle à quelqu'un :** Une personne abuse de votre confiance.
- **Vous achetez une pelle :** Vous tentez d'oublier de vieilles querelles de famille.
- **Vous cassez le manche de votre pelle :** En tombant, vous risquez une fracture.
- **Vous creusez un trou avec une pelle**, voir **CREUSER.**

PELUCHE

- **Rêver de peluches :** Symboles de douceur, de protection et de sécurité affective.
- **Vous rêvez d'un ours en peluche :** Tendresse et amour.
- **D'un ours en peluche blanc :** Vos craintes et vos doutes s'envoleront.
- **D'un ours en peluche miniature :** Une personne vous aime passionnément en secret.
- **On vous offre un ours en peluche :** Un heureux changement dans la vie sentimentale.

- **Vous offrez un ours en peluche :** Des petits déboires affectifs seront réglés avantageusement.
- **Vous possédez de nombreuses peluches :** Les disputes amoureuses consolideront les sentiments.
- **Vous achetez une maxi peluche :** Ne soyez pas gêné pour avouer vos sentiments à celle ou celui que vous aimez.
- **Vous offrez une maxi peluche à un enfant :** Par la tendresse vous gagnerez une personne à votre cause.
- **Vous offrez une peluche à l'être aimé :** Vous n'osez pas lui poser les questions qui occupent votre pensée.
- **L'être aimé vous offre une peluche :** Il vous aimera pour le meilleur comme pour le pire.
- **Vous rêvez d'un magasin de peluches :** Votre cœur souffre en secret d'un grand amour.
- **Dormir avec un ours en peluche :** L'amour s'enracine.

PENDAISON

- **La corde du pendu** ne vous portera chance dans vos affaires que si elle rompt sous le poids du pendu.
- **Si vous remplacez le bourreau pour pendre quelqu'un dans votre rêve,** c'est l'indice que vous vous laissez aller à des sentiments déshonorants qui vous privent de votre lucidité.
- **Voir un pendu :** Vous regretterez toute votre vie un seul instant d'abandon.
- **Vous dénouez la corde du cou d'un pendu :** Une chance incroyable dans la journée.
- **Une personne que vous aimez tente de se pendre :** Un des siens la méprisera.
- **Un homme rêve qu'il se pend :** Il manque d'assurance, l'implication est parfois sexuelle surtout en cas de dissension avec la partenaire.
- **Une femme rêve qu'elle se pend :** Ses liaisons sont nombreuses mais dépourvues d'affection réelle.
- **On vous condamne à la pendaison :** De mauvaise augure pour la vie sentimentale, mais de la chance au jeu.
- **On vous pend :** Votre pessimisme vous fait appréhender l'avenir.
- **Un criminel est pendu :** Vous devez vous soumettre à l'opinion d'autrui pour régler un problème.
- **Un proche est pendu sans motif :** Ne prenez pas les affaires de cœur à la légère, vous le regretteriez toute votre existence.
- **Vous parvenez à vous enfuir avant d'être pendu :** Malgré l'adversité vous parviendrez au but que vous vous êtes fixé.

PÉNICHE

- **Rêver d'une péniche :** Un changement de résidence vous causera quelques inquiétudes.
- **Vous êtes à bord d'une péniche :** Toutes vos affaires personnelles et professionnelles devront être en ordre, vous comprendrez vite pourquoi !
- **Vous regardez passer une péniche chargée de fret :** Vous connaîtrez une progression constante dans votre vie professionnelle.
- **Une péniche vide :** Des difficultés financières provisoires.
- **Vous affrétez une péniche :** Attendez-vous à des revers de fortune.
- **Des amis affrètent une péniche :** La pauvreté n'est que provisoire.

PENSION

Aucun sens prophétique à ce rêve si vous touchez ou payez régulièrement une pension.

- **Vous payez une pension alimentaire :** Les ennuis ne font que commencer.
- **Vous êtes harcelé par votre partenaire qui vous demande de lui verser une pension alimentaire :** Vos projets immédiats seront bloqués quelque temps.
- **Vous recevez une pension :** De beaux profits dans les affaires.

PENSIONNAIRE

- **Vous êtes pensionnaire :** Un secret vous angoisse.
- **Vous avez un pensionnaire chez vous :** Ne faites confiance qu'à vous-même.
- **D'autres personnes sont pensionnaires :** Vous prendrez des mesures pour échapper à des gens sans gêne.
- **Vos enfants sont pensionnaires :** Un grand chagrin suivi d'une grande joie.

PÉPITE, voir OR

PERDRE

- **Vous perdez un objet :** Attendez-vous à faire une trouvaille.
- **Vous perdez un bijou :** Des soucis d'argent.
- **Vous perdez vos vêtements :** Parfois les choses les plus simples vous échappent.
- **Vous perdez vos chaussures :** Malchance, infortune.
- **Vous perdez votre voiture :** Quelqu'un cherche à vous tromper.
- **Vous perdez l'estime de vos amis ou de vos relations :** Vous focalisez beaucoup trop sur votre sort.
- **Vous perdez l'amour de votre conjoint,** voir **RUPTURE.**
- **Vous perdez votre chien :** Déception et chagrin.
- **Vous vous perdez dans les rues :** Vos projets seront contrariés par des gens de mauvaise foi.

- **Vous vous perdez dans les bois :** Vous craignez qu'une faute soit découverte. **Si vous retrouvez votre chemin,** le hasard résoudra les problèmes qui vous préoccupent.
- **Vous perdez votre sac :** Une maladresse en matière de finances.

PÈRE voir PARENTS

- Un père qui se présente dans un rêve sous **des traits aimables et chaleureux** exprime généralement une ascension conforme aux règles et aux possibilités du rêveur.
- **Le voir sévère et inflexible** montre des tendances à culpabiliser dès qu'un événement à caractère dramatique se produit dans la famille. Souvent, le comportement paternel a eu des conséquences désastreuses sur la progression et l'épanouissement.
- **S'il vous injurie ou vous fait des reproches injustifiés,** vous manquez de confiance en vos moyens. La persévérance n'est pas votre point fort. Si vous pensez manquer de crédibilité dans tout ce que vous entreprenez, c'est aussi parce que vous avez une mauvaise connaissance de vous-même. Prenez conscience de vos potentialités, apprenez à canaliser vos énergies vers un même but.
- **De père inconnu :** Recherche inconsciente de repères, quête de réponses, angoisse face aux entreprises de toute nature. Parfois grande tristesse.

PERLE

Son symbolisme n'échappe plus à personne. Elle prend naissance au fond des mers et représente l'idéal que l'on cherche à atteindre, malgré le danger à la ramener à la surface. Sa signification est variable.

- **S'il s'agit d'un collier :** Votre sécurité matérielle est assurée.
- **Si le fil du collier casse et les perles se répandent au sol :** Vous êtes entouré d'incapables.
- **Si vous trouvez une perle au fond de l'eau :** L'amélioration de votre situation se fera très lentement.
- **Si vous recevez des perles en cadeau :** Vous parlez trop de vos projets, certains les étudient pour leur propre compte.
- **Si vous offrez des perles (bague, collier ou bracelet) :** L'amour sera cruel et vous rendra amer.
- **Si vous vendez ou négociez des perles :** Entretenez vos illusions, l'espérance stimule la passion, vous obtiendrez de grandes satisfactions.
- **Si vous perdez un bijou monté de perles :** Vous perdrez temporairement votre énergie.
- **Les fausses perles** ne promettent que des désillusions sentimentales.
- **Des huîtres perlières :** Votre richesse réside dans vos valeurs intrinsèques, ce rêve doit vous aider à les découvrir.

PERROQUET

- **Rêver de perroquet :** Des bavardages ne sont pas sans danger.
- **Vous possédez un perroquet :** Vous prêchez pour des gens déjà convaincus.
- **Un perroquet s'échappe :** Un oubli causera un accident.
- **Vous apprenez à parler à un perroquet :** Vous ferez des concessions contre votre gré.
- **Un perroquet vous parle :** Vous manquez de concentration.

PERRUQUE

- **Une femme rêve qu'elle porte une perruque brune :** Mésentente sérieuse entre femmes.
- **Une perruque blonde :** Elle a besoin d'être rassurée sur ses apparences.
- **Une perruque rousse :** Son agressivité croît.
- **Un homme rêve qu'il porte une perruque brune :** Sa résistance physique est excellente.
- **Une perruque blonde :** Il se vexe pour une paille en croix.
- **Une perruque rousse :** Il devra changer ses habitudes.
- **Une personne porte une perruque :** Une situation dualitaire.
- **L'être aimé porte une perruque :** Vous n'êtes pas assez respectueux des conventions en général.
- **Votre perruque tombe en public :** Cassure, rupture, chagrin.
- **Un ami perd sa perruque en public :** Même avec votre aide il échouera dans un projet.
- **L'être aimé perd sa perruque en public :** Éternel insatisfait, il a tendance à reporter ses échecs sur vous.
- **Un enfant joue avec des perruques :** Toutes les activités en liaison avec les affaires sont déconseillées, laissez passer un bon mois.
- **Vous achetez une perruque :** On vous croit très riche et c'est tout faux !

PERSUADER

- **Vous rêvez de persuasion :** Vos tendances cyclothymiques fréquentes vous font perdre des amis.
- **Vous persuadez quelqu'un de faire selon votre volonté :** Les soutiens vous feront défaut, comptez sur vous-même dans vos entreprises.
- **D'autres personnes vous persuadent de faire selon leur volonté :** Un faux jugement vous sera fatal.

PESER

- **Vous pesez de la nourriture :** Signe de prospérité et de chance.
- **Vous pesez un paquet quelconque :** Une excellente occasion à saisir.

- **Vous pesez des animaux :** Votre fortune augmente.
- **Vous contrôlez votre poids :** Attendez-vous à une déception dans les mois à venir.

PÉTROLE

- **Rêver de pétrole :** Cessez de perdre votre temps en palabres et suppositions, mettez-vous au travail sans plus attendre.
- **Vous utilisez du pétrole :** Apporter plus de soins à vos affaires personnelles si vous ne voulez pas perdre de l'argent.
- **Vous achetez du pétrole :** Votre statut social va considérablement s'améliorer.
- **Vous raffinez du pétrole :** Une situation actuelle vous déplaît, vous ne savez pas comment y faire face, pourtant les choses vont s'arranger à votre avantage.
- **D'autres personnes sont dans le pétrole :** Des difficultés à concrétiser vos ambitions.

PEUR

La source de cette peur peut être physique, une grande fatigue, une circulation sanguine défaillante, un état dépressif grave ou des problèmes cardiaques peuvent déclencher cette angoisse et laisser le rêveur épuisé à son réveil.

- En dehors des problèmes de santé, ce thème devra bien entendu être relié aux autres éléments du rêve. Si vous découvrez la raison de cette peur ou la surmontez, vous serez en mesure d'atteindre le but que vous vous êtes fixé dans l'existence. Quelques retards et déboires ne seront pas exclus, mais la réussite sera au bout.
- **Lorsque la sensation de peur persiste et ne peut être identifiée :** C'est l'instabilité totale, les remises en question sont pléthores ou les unions affectives se fragilisent et sont vécues comme des contraintes.
- **Calmer la peur d'un proche :** Vous êtes en quête d'un idéal, mais votre esprit manque un peu de combativité.
- **Calmer la peur d'un enfant :** Vous avez besoin de vous entourer de mystère ou de vivre sur un mode passionnel.
- **Volontairement vous faites peur à quelqu'un :** Votre agressivité est dans la zone rouge, votre émotivité atteint parfois son paroxysme, apprenez à gérer vos émotions.

PHARE

- **Vous rêvez d'un phare :** Vos projets sont en bonne voie.
- **Pendant une tempête :** Un drame personnel retardera votre réussite.

- **La lumière d'un phare dans la nuit :** Un renseignement précieux vous fera éviter le pire.
- **Les phares d'une automobile dans la nuit :** Vous serez appelé à prendre des initiatives pour vous ainsi que pour des personnes de votre entourage.
- **Une femme rêve qu'elle se trouve dans un phare :** Sincérité dans les rapports affectifs et amicaux.
- **Un homme rêve qu'il se trouve dans un phare :** Il sera à l'aise dans toutes les circonstances.

PHARMACIE

- **Rêver d'une pharmacie :** Un accident se déroulera sous vos yeux.
- **Vous entrez dans une pharmacie :** Cliniquement tout va bien, mais vos nerfs sont en détresse.
- **Vous achetez une pharmacie :** Des obligations onéreuses dont vous saurez tirer profit plus tard.
- **Vous vendez une pharmacie :** Une mise en garde contre des habitudes nuisibles qui peuvent engendrer des problèmes financiers.
- **Vous êtes pharmacien ou pharmacienne :** Votre générosité peut être sans limite, vos amis seront reconnaissants et se dévoueront pour vous.
- **Un proche ou vous-même êtes blessé et recherchez une pharmacie :** Vous trouverez une protection contre vos ennemis.
- **Vous entrez dans une pharmacie par effraction :** Votre logique est défaillante et expose parfois ceux que vous aimez au danger.
- **Quelqu'un entre dans une pharmacie par effraction :** On spécule sur vos projets.

PHÉNIX

Si vous rêvez de cet oiseau fabuleux qui sort des flammes complètement rajeuni, c'est incontestablement un signe de longue vie. Idem **si vous parlez de sa légende.**

- **Si ses ailes de feu vous frôlent,** c'est très certainement un message qui s'adresse à votre âme, votre foi est défaillante ou vos idées sur la mort se limitent à une conclusion trop cartésienne. Quoi qu'il en soit, gardez précieusement cette image en vous et faites-la resurgir lorsque vous vous sentirez déprimé. Elle peut vous aider à refaire surface dans les moments de détresse. Ce thème peu courant présente rarement un caractère agressif ou cauchemardesque, mais si c'est le cas, faites un examen de conscience. Il est clair que votre subconscient cherche à vous faire réagir sur un point bien précis. Votre courage est faible, toute action qui présente des risques vous paralyse. Il est grand temps de motiver vos actes et de dynamiser votre corps et votre esprit.

PHOQUE

- **Rêver de phoques :** Signe de richesse.
- **Voir des phoques dans un zoo :** Vous ne pourrez pas profiter de votre fortune comme bon vous semble.
- **Une mère et son petit :** Une personne ne mérite pas votre indifférence.
- **Des phoques jouent sur la glace :** Vous vivrez pleinement votre vie et ferez de nombreux voyages à travers le monde.
- **Voir des hommes massacrer des phoques :** Si vous n'avez pas été sensibilisé par un reportage ou des photos qui vont dans ce sens, consultez le mot **MASSACRE**.

PHOTOGRAPHIE

- **Vous photographiez quelqu'un :** D'amour vous languissez, mais vos désirs ne peuvent devenir tous des réalités.
- **Un paysage :** Conservez vos illusions, certaines prendront forme à l'avenir.
- **Quelqu'un vous photographie :** Un voyage sans tarder.
- **Vous êtes photographe :** Votre mémoire est fabuleuse.
- **Vous regardez des photos :** Vous serez impliqué dans un événement que vous n'oublierez pas de si tôt.
- **Vous recevez des photos :** Nouvelle connaissance et sympathie mutuelle.
- **Vous donnez des photos :** Un malentendu, parfois avec la personne impliquée dans le rêve.
- **Vous déchirez des photos :** Les choses ne vont pas comme vous le souhaitez, ce n'est pas une raison suffisante pour être de mauvaise foi.
- **Vous brûlez des photos :** Une rupture affective couve depuis des mois, le terme est tout proche.

PIANO

- **Vous jouez du piano :** Votre persévérance sera récompensée.
- **Comme virtuose :** De nombreux jaloux gravitent autour de vous.
- **Quelqu'un joue du piano :** De grandes satisfactions des amis.
- **Vous entendez un virtuose jouer :** Des confidences vous déplairont.
- **On vous livre un piano :** Le temps est propice aux transactions et aux accords.
- **Vous faites accorder votre piano :** Une migraine tenace.
- **Vous achetez un piano :** Pensez à vous libérer de vos dettes, avant d'envisager des dépenses importantes.
- **Vous vendez un piano :** Demandez des comptes sur les charges que l'on vous réclame.
- **Si vous possédez réellement un piano,** c'est l'indice que vos soutiens se dérobent, vous allez devoir faire cavalier seul.

PIE

- **Rêver d'une pie :** Une personne viendra vous emprunter de l'argent.
- **Vous possédez une pie :** Une invitation à dîner.
- **Entendre ou voir une pie chanter :** Une amitié est compromise.
- **Une pie vous vole des objets :** Une conversation que vous croyez secrète sera entendue par l'intéressé.
- **Une pie en captivité :** Les querelles en famille ne cesseront de se multiplier.
- **Une pie blessée :** Des tourments passagers.
- **Une pie morte :** Une commère à qui vous mettrez les points sur les « i » ne vous causera plus de tort.

PIED

- **Rêver de pieds propres et nus :** Les fréquentations seront excellentes et de bon goût.
- **Des pieds déformés ou mal entretenus :** Les initiatives sont malheureuses car probablement mal échelonnées dans le temps.
- **Vos pieds vous font souffrir :** Vous éprouvez de la jalousie envers une relation amicale.
- **Vous avez un pied cassé :** Un parent va tomber malade.
- **Prendre un bain de pieds :** De bonnes nouvelles vont dissiper vos inquiétudes.
- **Vous avez de très grands pieds :** Signe de sécurité matérielle.
- **Vous avez de petits pieds :** On vous comblera d'attentions et de tendresse, mais jamais de richesse.
- **Soigner ses cors :** Vous prendrez une résolution courageuse.
- **Donner un coup de pied ou se faire mal aux pieds :** Vous devriez vous mordre la langue, vous avez le chic pour faire des gaffes monumentales.
- **Voir des pieds d'animaux :** Loyauté et dévouement des amis.
- **Des pieds d'enfant propres :** Satisfaction personnelle.
- **Sales :** Une petite humiliation bien méritée.
- **Un poids tombe sur l'un de vos pieds et l'écrase :** Prenez soin de vous, votre santé se dégrade.
- **Un homme va pieds nus :** Mille métiers, mille misères.
- **Une femme va pieds nus :** Longtemps vous chercherez l'amour de votre vie.
- **Des enfants vont pieds nus :** Beaucoup d'agitation sans raison valable.
- **Vous marchez pieds nus,** voir **MARCHER.**

PIERRE

- **Rêver de pierres :** Attention aux chocs crâniens, l'humeur s'exprime par l'impulsivité et entraîne des maladresses.

- **Marcher sur des pierres :** Plus la difficulté est grande pour avancer, plus vite vous viendrez à bout de vos ennuis.
- **Une carrière de pierres :** La réussite fait partie de votre destinée, mais il faut aller la rencontrer ou la provoquer. Oubliez vos échecs et affrontez les expériences qui la caractérisent.
- **Jeter des pierres :** Les gens qui vous entourent en aucun cas ne sont responsables de vos déboires.
- **On vous jette des pierres :** Les difficultés financières s'accroissent et vous perdez confiance en vous.
- **On vous livre des pierres :** tendance à faire son propre malheur.
- **Voir une pierre tombale :** Les amis vous apporteront beaucoup de soutien.
- **De vieilles pierres tombales :** Quelqu'un vous manque et votre univers se transforme.
- **Rêver de pierres précieuses,** voir **PIERRES PRÉCIEUSES.**

PIGEON

- **Rêver de pigeon :** L'affection est partagée.
- **De pigeons voyageurs :** Des nouvelles d'une personne chère.
- **D'un pigeonnier :** Satisfaction dans les amitiés.
- **D'un pigeon mort :** Perte d'affection.
- **En manger :** Une rencontre vous mettra le cœur en fête.
- **Des pigeons en nombre sur une place :** Vous vous rendrez à une cérémonie où vous rencontrerez vos futurs amis.
- **Devant une église :** Un mariage dans la famille.
- **Vous attrapez des pigeons :** Des ennuis et des plaintes.
- **Des pigeons qui roucoulent :** Amour, plénitude.
- **Être le «pigeon idéal» :** Bonne connaissance de soi et des autres.
- **Chercher un »pigeon» :** Attention aux imprévisibles, retournement de situation.

PIOCHE

- **Rêver d'une pioche :** Vous allez vous retrouver dans une situation potentiellement dangereuse où les bonnes manières ne serviront pas votre cause.
- **Utiliser une pioche :** L'objectif que vous vous êtes fixé est inaccessible, pour deux raisons : votre disponibilité est relative et vous manquez de fonds.
- **Percer la glace avec une pioche :** Quelqu'un est amoureux de vous et pas du tout impressionné par votre attitude glaciale, son but est de vous faire craquer, il y parviendra.
- **Blesser une personne, involontairement, avec une pioche :** Attention à vos réactions, elles dévoilent votre nature profonde et vous rendent vulnérable.
- **Volontairement :** Obstination et maladresse peuvent vous faire perdre votre sécurité affective.

PIPE

- **Une femme rêve que son mari fume la pipe :** Une belle journée de repos.
- **Une femme rêve qu'elle fume la pipe :** Elle cherchera querelle à son partenaire dans un but intéressé.
- **Un homme rêve que sa femme fume la pipe :** Il lui mentira pour ne pas affronter sa colère.
- **Un homme rêve qu'il fume la pipe :** Il n'ose pas avouer ses désirs et il a tort.
- **Un homme rêve qu'il achète une pipe :** Pendant une période il sera impuissant.
- **Une femme rêve qu'elle achète une pipe :** Un homme l'impressionne fortement.
- **Une pipe cassée :** Faire-part de décès.

PIRATE

- **Rêver de pirates :** Les amis trahissent et spéculent.
- **Vous êtes aux prises avec des pirates :** Les affaires et le commerce ne vous seront pas favorables.
- **Des pirates vous font prisonnier :** Des gens dans le secret de vos déboires vous font injustement du tort.
- **Vous êtes un pirate et vous vous comportez comme tel :** Vous allez vous enrichir par des moyens illicites qui cependant n'assureront pas votre sécurité.

PISSENLIT

- **Rêver de pissenlit :** Armez-vous de courage, des problèmes vont surgir.
- **Vous ramassez des pissenlits :** Des déceptions familiales.
- **Vous mangez des pissenlits :** La rancune ne vous quitte pas.

PLAGE

- **Vous vous promenez sur la plage :** Existence paisible et heureuse.
- **Vous vous allongez ou bronzez sur une plage :** Vous remettrez un travail à plus tard.
- **Vous faite une rencontre sur une plage :** Petit succès en société.
- **Un bateau s'échoue sur la plage :** Un projet n'aboutira pas.
- **Un cétacé échoué sur une plage :** Une maladie vous isolera de vos amis.
- **Vous revoyez la plage de vos vacances :** Vous réussirez au-delà de vos espérances.
- **Vous êtes sur une plage noire de monde :** Vous allez faire face à des obligations qui vous rebutent, mais la compensation sera financière.
- **Vous cherchez quelqu'un sur une plage :** Un nouvel amour vous fera perdre votre bon sens.

PLANÈTE

- **Vous rêvez de planètes :** Grande liberté d'action.
- **D'une collision entre planètes :** Violent conflit, déchirure affective.
- **Vous rêvez de Jupiter :** Arrangements de famille. Passation de patrimoine.
- **De Mars :** Contradiction et provocation. Vous serez branché sur cent mille volts.
- **De Mercure :** Grande habileté dans l'action, dispositions pour traiter plusieurs affaires en parallèles.
- **De Neptune :** Vous tutoierez l'enfer pour goûter au paradis.
- **De Pluton :** Vous bâtirez une nouvelle existence en faisant table rase du passé.
- **De Saturne :** Meilleures applications et concentration dans l'ouvrage.
- **D'Uranus :** Ère nouvelle propice aux relations.
- **De Vénus :** La vie affective se déroule moderato cantabile malgré quelques périodes nébuleuses.

PLANTE

- **Rêver de plantes vertes :** Bon tonus, besoin vital de vivre au grand air.
- **De plantes d'appartement :** Vous détestez les mondanités et les lieux ou règnent la promiscuité.
- **De plantes exotiques :** On aimerait trouver des endroits idylliques, des lieux paradisiaques afin d'échapper aux tensions du quotidien.
- **De plantes grimpantes :** L'amour est possessif, envahissant.
- **De plantes carnivores :** Les réactions sont primaires, sans concession.
- **De plantes toxiques :** Idées stressantes ou obsessionnelles pouvant entraîner des malaises.
- **Des plantes odoriférantes :** Vous prendrez conscience qu'il existe des rapports de force avec des énergies secrètes. Évitez les discussions avec les matérialistes.
- **Un jardin botanique :** Toutes les aptitudes seront excellentes pour réaliser n'importe quel projet d'envergure pourvu que le contexte affectif s'y prête.
- **Une forêt de plantes hautes, denses et luxuriantes :** Esprit créatif, il serait souhaitable que vous renonciez aux trop grandes dispersions, elles vous feront perdre du temps et une énergie précieuse.
- **Des plantes saccagées :** Rupture des ponts et des attaches sentimentales.
- **Chouchouter des plantes :** Vous êtes secret sur vos motivations, jamais vous ne vous justifiez, l'être aimé se sent délaissé, il pourrait bien se lasser de vous.

PLATANE

Ces arbres imposants augurent d'un climat de confiance dans l'entourage **lorsqu'ils sont en alignement.**

- **Se voir assis sous un platane :** On peut trouver soi-même le remède à ses maux.

- **Des platanes dépouillés de leurs feuilles :** Les démarches sont sans résultats mais doivent être poursuivies.
- **Vous rejoignez l'être aimé sous un platane :** Votre partenaire est d'une nature sérieuse mais susceptible.
- **Des connaissances sont assises ou discutent sous l'ombrage des platanes :** Un rendez-vous manqué vous apportera la solution à vos problèmes.

PLOMB

Ce métal en alchimie est relié à Saturne : retard et obstacles sont les tendances de cette planète. Dans le rêve, le plomb évoque également une lenteur toute relative, car les contretemps peuvent être bénéfiques.

- **En feuille, en lingot, dans un sac, en porter sur son dos ou en soulever en ressentant l'impact de son poids**, est un indice de prudence ; n'entreprenez rien sans être certain de juguler tous les paramètres.
- **Les autres thèmes où il est question de fusibles ou de plombs** sont annonciateurs de querelles et de règlements de compte.

PLUME

- **Des plumes ornementales des chapeaux, des articles confectionnés avec des plumes, et des vêtements rehaussés avec des plumes d'autruche ou d'autres oiseaux** sont des symboles qui montrent l'attrait que l'on exerce sur les autres ; la réussite est donc facilité pour une femme, elle n'en est pas moins précaire ou éphémère.
- **Pour un homme,** souvent ce thème exprime un manque de sécurité affective. Les autres éléments du rêve seront révélateurs de ses tendances secrètes.
- **Pour un homosexuel :** La fin des ses anxiétés, il va recouvrer sa liberté mais pas obligatoirement celle qu'il attend. Un projet fou va le séduire.
- **Posséder des plumes d'oiseaux ou en acheter :** Vous attachez trop d'importance aux apparences, vous en paierez les conséquences.
- **Écrire avec une plume d'oie :** Logique assommante, exactitude, perfectionnisme sur des choses qui n'en valent pas la peine.

POCHE

- **Vous rêvez que vos poches sont vides :** Mépris envers autrui.
- **Vous rêvez que vos poches sont pleines :** Considération et soutien des amis.
- **Vous fouillez les poches d'une personne par curiosité :** Votre jalousie est injustifiée.
- **Vous fouillez les poches de quelqu'un pour le voler :** Un ami vous lâchera lorsque vous aurez le plus besoin de lui.
- **Quelqu'un fouille vos poches :** Vous quitterez rapidement votre domicile.

POÊLE

- **Vous achetez une poêle à frire :** Signe de remariage.
- **Vous faites la cuisine avec :** Le conjoint gagnera beaucoup d'argent.
- **De la nourriture brûle ou carbonise dans une poêle :** Votre caractère s'assagira, vous deviendrez magnanime.
- **Quelqu'un cuisine avec une poêle :** Annonce d'un mariage.
- **Une poêle à frire percée :** Un proche dilapidera l'argent du foyer.

POIGNARD

C'est un rêve à forte connotation sexuelle.

- **Posséder, admirer ou acheter un poignard** révèle une nature passionnée. Dans l'existence, le désir physique prédomine, la provocation est parfois un jeu.
- **Lorsqu'un homme rêve de cette arme blanche**, il aime paraître et vit au-dessus de ses moyens, ses désirs sont impérieux et inclinent à la violence.
- **Menacer quelqu'un avec un poignard :** L'orgueil empêche tout réalisme, d'où le refus de la responsabilité des échecs sentimentaux.
- **Voir une tierce personne avec un poignard :** Les réactions face à l'être aimé sont toujours imprévisibles.
- **Un poignard taché de sang :** Une trahison du partenaire pas obligatoirement sur le plan sexuel.
- **Poignarder quelqu'un :** Le mobile vous aidera à trouver le sens de ce thème. Si aucune raison ne se rattache à cet acte dans le rêve, c'est qu'une tension longtemps contenue ou un choc émotif antérieur l'a déclenché. Seule, sa répétition au fil de vos nuits devra vous inquiéter.
  Dans ces thèmes, une partie de votre agressivité se libère. Voir « ces rêves qui soignent ».
- **Poignarder un animal :** Pour vous, il n'y a pas d'amour sans jalousie ; c'est malheureux, car ce sentiment dégradant vous fera accomplir des choses regrettables. Vous devez apprendre à maîtriser vos pulsions.
- **On vous menace avec un poignard :** Par jalousie on cherche à vous faire du tort.
- **On vous blesse avec un poignard, si vous êtes une femme**, une personne cherche à abuser de vous.
- **Si vous êtes un homme :** Sous les traits d'un ami, se cache un rival dangereux.
- **Lancer un poignard contre une cible :** Par fierté, vous avez pour habitude de ne pas extérioriser vos sentiments, quelqu'un en souffre.
- **Un enfant joue avec un poignard :** La trahison d'une personne aura de graves conséquences.
- **Voir un corps avec un poignard planté dans le thorax,** voir **ABDOMEN.**

POING

- **Vous montrez les poings à quelqu'un :** Dans votre intérêt vous devez agir vite et vous passer de l'aval d'une personne.
- **Vous serrez les poings :** Le hasard fera bien les choses.
- **Vous donnez un coup de poing :** Avec satisfaction vous savourerez une revanche.
- **Vous recevez un coup de poing :** Le triomphe sans gloire d'un rival.
- **Des gens se battent à coups de poing :** Des menaces et des insultes.

POINTE, voir CLOU

POIREAU

- **Rêver de poireaux :** Vos amours prendront un tournant maléfique.
- **Vous plantez des poireaux :** Une personne prétentieuse se moquera de vous.
- **Vous mangez des poireaux :** Vous manquez d'expérience dans de nombreux domaines.
- **Vous arrachez des poireaux :** Vous surestimez un ami ou une collaboration.

POISON

De nombreuses sources convergent vers une signification maléfique. **Une boisson ou un mets empoisonné** serait annonciateur de maladies et de catastrophes. Personnellement, je pense surtout que ce thème a pour objectif de mettre en garde le rêveur. Ses ambitions axées principalement sur l'argent le fragilisent face aux influences extérieures et aux pièges de toute nature ou encore l'obsession d'une vengeance le déresponsabilise.

- **Le poison ne vous est pas destiné :** Vous cherchez à triompher d'une rivalité en utilisant des moyens dégradants.
- **Un de vos proches succombe par le poison :** Des épreuves douloureuses vous attendent.
- **Rêver que l'on empoisonne une personne** révèle fréquemment un désir incontrôlable de faire justice soi-même.

POISSON

- **Voir des poissons nager dans les grands fonds :** Vous perdrez une fortune, mais vous trouverez le bonheur.
- **À la surface de l'eau :** Vous ne serez jamais matérialiste.
- **Des poissons rouges :** Des petites joies et des cachotteries.
- **Des poissons de toutes les couleurs :** Des sautes d'humeur, des sottises et des pleurs.
- **Attraper un poisson :** Les acquisitions seront faciles.

- **Des poissons à l'étal, au marché :** Vous n'êtes pas apprécié à votre juste valeur.
- **Un poisson mort :** Vos espoirs seront déçus.
- **Des poissons morts sont rejetés par la mer ou s'échouent sur les bords d'une rivière :** Découragement, amertume, parfois longue dépression.
- **Manger du poisson :** L'argent pourrait bien faire votre malheur.
- **Manger du poisson cru :** Habilement, vous contournerez un problème.
- **Acheter du poisson :** Ne prenez pas de décision à la hâte, vous le regretteriez.
- **Essayer d'attraper du poisson à la main :** Une déception amoureuse.
- **Un poisson dans l'eau vous effraie :** Dans un but précis on cherche à vous faire abandonner vos droits.
- **Un poisson rouge dans un bocal :** Vos combines vous rendent dépendant.
- **Donner à manger à des poissons rouges :** Ceux qui cherchent à vous nuire n'y parviendront pas.
- **Un poisson rouge mort :** Vous défendrez une cause perdue d'avance.
- **Acheter un poisson rouge :** Une consolation émouvante.
- **Voir un poisson volant :** Des propos mensongers seront difficiles à oublier.

POLICE

- **Rêver de la police :** Quelque chose ne va pas, vous êtes la seule personne à pouvoir ouvrir le débat.
- **Les policiers sont chez vous :** Implication dans un grave conflit d'intérêts.
- **Un policier contrôle vos papiers :** Laissez de côté les expériences dont les règles vous échappent.
- **Les policiers vous interpellent :** Pourquoi donner son aval sans conviction ni certitude ?
- **Des policiers poursuivent un malfaiteur :** Vous cherchez à rétablir l'harmonie et la confiance dans le contexte où vous évoluez.
- **Des policiers procèdent à une arrestation,** voir **ARRESTATION.**
- **Des policiers sont à vos trousses :** L'adversité vous fait courber l'échine et les tensions vous dépriment ; soyez optimiste la chance va tourner en votre faveur.
- **La police est chez votre voisin :** Vous aurez toujours une bonne raison pour vous soustraire à vos responsabilités.
- **La police enquête sur un meurtre :** On vous tient à l'écart de beaucoup de choses, non pas par manque de confiance, mais pour éviter que vous remontiez la chaîne des problèmes jusqu'à certaines personnes, ceux qui vous côtoient connaissent vos talents de justicier.

POMME DE TERRE

- **Rêver de pomme de terre :** Les mois seront difficiles à terminer.
- **Vous cultivez des pommes de terre :** Un dur labeur vous attend et vous manquez de courage.

- **Quelqu'un cultive ou ramasse des pommes de terre :** Vos dépenses augmentent et vos revenus diminuent.
- **Vous achetez des pommes de terre :** Vous demanderez un prêt à votre banque.
- **Vous vendez des pommes de terre :** Vous toucherez des dommages.
- **Vous mangez ou cuisinez des pommes de terre :** Des soucis passagers vous retardent pour achever un ouvrage.
- **Des pommes de terre en robe des champs :** Accalmie, vous prendrez des « gants » pour dénouer une embrouille.

POMME

- **Vous rêvez d'un pommier chargé de fruits :** Amour et prospérité.
- **Vous ramassez des pommes :** Infidélité dont vous serez l'auteur.
- **Vous mangez des pommes :** Un changement va bientôt intervenir dans votre existence.
- **Vous achetez des pommes :** D'autres porteront le chapeau à votre place.
- **Des pommes pourries :** Rupture avec une amie.
- **Des pommes vertes ou acides :** Malchance en amour.
- **Vous mangez de la compote :** Accomplissement sans gloire, aucun mérite.

PONT

Il symbolise un lien entre la réalité et l'immatériel.

- **Si le pont est en bon état et permet d'atteindre l'endroit prévu dans le rêve,** alors comptez sur votre intuition, elle vous avantagera dans bien des situations, tout comme votre nature réceptive qui vous permettra la communication sur des plans particuliers ou mystiques.
- **Une structure de pont endommagée ou un pont en ruine** laisse présager un conflit sentimental ou des tensions avec les proches.
- **Si vous êtes séparé d'une personne par un pont au tablier cassé,** votre vie intime est concernée, vous engourdissez vos possibilités affectives, l'ambiance est hivernale, vous ne faites rien pour reprendre le dialogue. Des désaccords sont responsables de cette coupure.
- **Se voir de l'autre côté du pont :** Un conflit intérieur perturbe votre équilibre, il est en bonne voie d'être résolu.
- **Sauter par-dessus un pont :** Les projets sont suicidaires et vous les abandonnerez sans regret.
- **Un pont s'écroule alors que vous passez dessus :** Une mort certaine dans la famille.
- **Un pont est en construction :** Un de vos projets est en voie de se réaliser, si vous évitez les dispersions vous le conduirez à son terme.

- **Un pont-levis :** Contre vents et marées vous poursuivrez le but que vous vous êtes fixé.
- **Vous êtes pris de panique sur un pont-levis qui se met en mouvement :** Vous angoissez à l'idée de manquer d'argent, de perdre votre situation ou l'amour de vos proches.
- **Un pont-levis ouvert :** Vous abandonnerez l'idée d'une vengeance.
- **Un pont-levis fermé :** Vous n'approfondissez pas les problèmes, c'est la raison pour laquelle vous n'avez aucune aptitude à les résoudre.
- **Un péage vous est demandé pour franchir un pont :** Efforts et sacrifices sont demandés pour réaliser vos ambitions.

PONT DE NAVIRE

- **Vous êtes sur le pont d'un navire :** Un voyage apportera un changement à votre situation.
- **Vous êtes sur le pont d'un navire avec l'être aimé :** Vos aspirations ne cadrent pas avec le choix que vous avez fait.
- **Vous êtes sur le pont d'un navire pendant une tempête :** Les soutiens se désistent, les amis vous tournent le dos. Armez-vous de courage et tenez bon la barre. Vous en avez vu d'autres, le soleil reviendra !

PORC

- **Rêver de porcs :** L'argent coulera à flots **s'ils sont bien gras.**
- **Maigres :** Ils prédisent une maladie pour un des vôtres.
- **Vous achetez un porc :** Un ami est vexé de votre comportement.
- **De nombreux porcs vont et viennent autour de chez vous :** On cherche à vous déposséder de vos biens.
- **Vous dépecez un porc :** Vous allez connaître une période faste.

PORC-ÉPIC

- **Rêver d'un porc-épic :** Ce que vous croyez acquis est loin de l'être.
- **Un porc-épic dans votre jardin :** La solitude vous guette.
- **Un porc-épic en captivité :** Vous allez vous heurter à des gens bornés et inflexibles.

PORT

- **Rêver d'un port sans bateau** exprime un manque affectif.
- **Avec des bateaux :** Le confort et l'érotisme occupent une place importante dans l'existence du rêveur.
- **Se promener en solitaire sur un port** signifie que l'on appréhende l'inconnu.

- **Dans un port à bord d'un bateau :** On redoute une séparation cependant nécessaire.
- **Si vous êtes dans un port à des milliers de kilomètres de chez vous :** C'est un heureux présage de changement, surtout si vous êtes seul dans ce port.
- **À deux dans ce même port :** C'est un funeste présage de divorce et de pertes matérielles.

PORTAIL

- **Rêver d'un portail fermé :** Vos projets sont irréalisables, reconsidérez les faits.
- **D'un portail ouvert :** Vous accordez trop vite votre confiance et vous dépensez sans compter.
- **D'un portail délabré :** On prendra d'assaut votre vertu.
- **D'un portail immense ou luxueux :** Vous attachez trop d'importance à l'argent.

PORTE

- **Une porte grande ouverte** est symbole d'espérance, on se rapproche de ses ambitions, des influx montrent la voie.
- **Une porte très étroite :** La voie empruntée est néfaste et suppose un châtiment si on persiste.
- **Une porte fermée ne pouvant s'ouvrir :** Contraire au plan affectif, terme définitif des illusions.
- **Une porte s'ouvre sur plusieurs couloirs intérieurs :** Ce sont de nouvelles possibilités qui s'offrent au dormeur, celles-ci ne sont pas exemptes de danger et de tentations qui peuvent affaiblir sa lucidité.
- **Une porte cassée ou enfoncée :** Les entreprises sont vouées à l'effondrement.
- **Écouter aux portes :** Les passions sont dégradantes et engendrent de vives déceptions.
- **Frapper à une porte,** voir **FRAPPER.**
- **Forcer une porte :** Estime des relations. Initiatives audacieuses et heureuses.

PORTEFEUILLE

- **Vous perdez votre portefeuille :** Une action secrète se déroule à votre insu et contre vous.
- **Vous trouvez un portefeuille plein :** Vos investissements sentimentaux ne seront pas payés de retour.
- **Un portefeuille vide :** Saisissez la chance qui passe.
- **Quelqu'un vous vole votre portefeuille :** Vous ferez une trouvaille.
- **Voler un portefeuille :** Vous avez horreur de la médiocrité, mais ce n'est pas en poursuivant des objectifs fantaisistes que vous parviendrez à vous enrichir.

POT

- **Vous cassez un pot :** De funestes nouvelles.
- **Voir des pots de toutes sortes :** Des pertes risquent d'être liées aux mauvais conseilleurs.
- **Boire à même un pot :** Signe de santé et de dynamisme.
- **Les pots de fleurs :** Aucun sens prophétique lorsqu'ils sont vides.

POT-DE-VIN

- **Vous parlez de pots-de-vin :** Vous allez commettre une erreur de jugement.
- **Vous acceptez un pot-de-vin :** Les dépenses que vous ferez prochainement vous combleront de satisfaction.
- **Vous refusez un pot-de-vin :** Une rentrée d'argent inattendue.
- **Vous versez un pot-de-vin :** Médisance et persécution.
- **Vous voyez quelqu'un verser un pot-de-vin à un personnage officiel :** Honneurs et richesse.

POTENCE, voir PENDAISON

POU

- **Vous rêvez de poux :** des pertes matérielles engendreront des querelles.
- **Vous êtes infesté de poux :** Prenez des résolutions car vous êtes exploité par la personne à qui vous confiez votre argent. Deuxième hypothèse : quelqu'un vit à vos dépens et en profite.
- **D'autres personnes ont des poux :** Ce que vous attendez reviendra malheureusement à une autre personne.
- **Se débarrasser de ses poux :** Vous surmonterez vos difficultés financières.

POULAIN, voir CHEVAL

POULE

- **Blanche,** elle symbolise la confiance et les actions saines. Les poussins sont le reflet des sentiments spontanés et sincères.
- **Rousses,** elles prédisent des situations dualitaires.
- **Noires :** Une absence d'objectivité totale.
- **Dans une volière ou en liberté :** Elles présagent un grand bonheur affectif.
- **Une poule avec ses poussins**, annonce la naissance d'une fille.
- **Une poule qui chante,** c'est une rentrée d'argent providentielle.
- **Une poule qui pond :** Préparez-vous à être l'invité d'honneur d'une fête ou d'un gala.
- **Manger de la poule :** Liens solides entre époux.

- **Tuer une poule ou la plumer :** Avec facilité vous dominerez votre partenaire.
- **Des poules se battent :** Querelles entre femmes de la famille pour de l'argent.
- **Une poule se dresse pour protéger ses petits :** Vous manquez de calme et de sérénité.

POUPÉE

Thème qui prédit beaucoup de variation et d'inconséquence dans les sentiments **lorsqu'on les voit en nombre assises sur des fauteuils.**

- **Une femme rêve qu'elle offre une poupée à un enfant :** Une personne proche triche en lui jouant une véritable comédie.
- **Un homme rêve qu'il offre une poupée à un enfant :** Il acceptera une proposition dangereuse.
- **Une femme rêve qu'elle achète une poupée :** Elle trouvera l'amour avec un homme riche.
- **Un homme rêve qu'il achète une poupée :** Ses épreuves viendront d'une liaison secrète.
- **Les poupées de collection** présagent des liaisons extra-conjugales de courte durée.
- **Une poupée cassée ou avec des membres en moins :** Informe d'une trahison ou de faux aveux.
- **Habiller ou déshabiller une poupée :** Une de vos excentricités vous fera perdre la confiance de votre partenaire.
- **Vendre des poupées :** L'inconscience fait perdre l'amour de l'autre.
- **Des petites filles jouent à la poupée :** Votre bonne conscience vous rappellera à l'ordre. Vous avez quelque chose à vous faire pardonner.
- **Jouer à la poupée :** Des plaisirs et des aventures éphémères.
- **Poupée gonflable :** Contentieux de l'inconscient, l'amour est déçu, la période n'est pas favorable aux vraies étreintes.

POURBOIRE

- **Rêver de pourboires :** Vos dépenses s'accroissent et votre ardoise augmente.
- **Vous donnez un pourboire :** Une personne vous fera changer d'avis.
- **Vous recevez un pourboire :** Une petite accusation est portée contre vous.
- **Vous gagnez votre vie avec des pourboires :** Beaucoup de travail pour peu de résultat.

POURPRE, voir ROUGE

POURSUIVRE

Le sens prophétique de ce rêve dépend des circonstances qui l'entourent.

- **Si vous êtes poursuivi ou traqué par quelqu'un :** L'adversité vous use les nerfs et votre but est de plus en plus inaccessible.

- **Si la personne qui vous poursuit ne peut vous atteindre :** Il en sera de même dans la réalité, les gens qui s'appliquent à vous nuire n'y parviendront pas.
- **Vous poursuivez quelqu'un :** Synonyme de période trouble, sans but précis.
- **Vous parvenez à atteindre la personne que vous poursuivez :** Une victoire sur une rivalité, que vous êtes seul à qualifier de triomphe.
- **Vous poursuivez un animal,** voir **CHASSE.**

PRESTIDIGITATION, voir MAGIE

PRÊTER

- **Vous prêtez de l'argent :** Une personne sans scrupule profite de votre confiance.
- **Vous prêtez des vêtements :** Une période de chagrin sans soutien affectif.
- **Vous prêtez des bijoux :** Malchance, déboires en chaîne.
- **Vous prêtez votre voiture :** Quelques échecs que vous cacherez aux autres par fierté.
- **Vous prêtez des ustensiles de cuisine, appareils ménagers ou objets quelconques :** Discussions dans la famille concernant les avantages des uns et des autres.
- **Vous prêtez de l'outillage :** Des petits gains vous causeront des ennuis.
- **Quelqu'un vous prête de l'argent :** Lentement, mais sûrement, vous parviendrez à vos fins.

PRÊTRE

Sa présence dans un rêve peut dénoncer des sentiments de culpabilité envers une personne qui vous est chère.

- **Si vous parlez à un prêtre :** Des inquiétudes et des craintes vous harcèlent mais il est probable qu'elles ne soient pas fondées.
- **Si vous entrez dans les ordres :** Entre vous et l'être aimé un contentieux existe, aucun compromis ne parviendra à le dissiper.
- **Vous êtes prêtre :** On cherche à vous détourner de votre devoir.
- **Un prêtre renonce à ses vœux :** Une énigme sera résolue.

PREUVE

- **Vous avez la preuve de quelque chose :** Dans le présent ne prenez aucun engagement.
- **Vous apportez des preuves devant un tribunal :** Vous serez déçu de la justice.
- **Des personnes ont des preuves contre vous :** Une trahison que vous n'auriez pu soupçonner.

PRIER

- **Si vous priez pour vous et en vous-même dans votre rêve,** c'est un indice de paix intérieure et de satisfaction donnée à ceux qui vous aiment.
- **Vous priez pour un être cher :** Vos obligations s'accompliront facilement.
- **Vous récitez des litanies :** Des démarches vous donneront du fil à retordre.
- **D'autres personnes prient :** Une grande joie.
- **Vous priez dans une église,** voir **ÉGLISE.**
- **Vous priez la Sainte Vierge :** Un malentendu sera très vite dissipé.
- **Vous lisez des prières :** Les perspectives sont prometteuses.

PRINTEMPS

Rêver du printemps présage une amélioration dans tous les domaines de l'existence. Ce thème est l'indice d'un état d'esprit enthousiaste et généreux ; les activités favoriseront de nouvelles relations et de belles opportunités.

- **Rêver du printemps en hiver** révèle une sensibilité et un caractère s'adaptant très mal à la réalité.

PRISON

C'est globalement un thème d'insécurité affective.

- **Vous êtes en prison :** Vous ferez appel à une aide en quelque matière.
- **Des forces de l'ordre vous amènent en prison :** Vous regretterez une action passée.
- **Une personne que vous connaissez est emprisonnée :** En raison de certains événements récents, vous mettrez des bâtons dans les roues à un ami.
- **Vous vous évadez de prison :** Vos inquiétudes se dissiperont plus vite que vous ne le pensez.
- **Quelqu'un s'évade de prison :** Un concours de circonstances statuera sur votre sort.
- **Vous êtes en prison et les portes sont ouvertes :** Vos projets se réaliseront.
- **Vous êtes en prison à vie :** Une période exaltante mais dangereuse s'annonce.
- **Vous êtes libéré rapidement :** Votre vie actuelle vous satisfait pleinement.

PROCÈS

Ce rêve est de mauvaise augure, si vous êtes en cause, prenez-le comme un avertissement, il est grand temps de régler les problèmes que vous minimisez.

- **Si une personne de votre famille vous fait un procès :** Attendez-vous à rendre des comptes contre votre gré.
- **Si vous entamez une procédure contre votre adversaire :** Vos imprudences vous feront perdre votre indépendance.
- **Contre votre partenaire, mari, femme ou amant :** L'avis d'une tierce personne pourrait vous aider à clarifier la situation.

- **Vous gagnez un procès :** Méfiez-vous des spéculations, elles vous seront fatalement négatives à long terme.
- **Vous perdez un procès :** Vous aurez à vous battre contre une adversité imprévue et vous gagnerez !
- **Vous saisissez la cour d'appel :** Vous êtes à la merci des événements, n'entreprenez rien dans l'immédiat.
- **Vos adversaires vont en appel :** De gros soucis financiers.
- **Vous assistez à un procès :** Vous avez besoin de briller en société, ne vous en privez pas, cela ne fait de tort à personne.

PROJECTILE

- **Rêver de projectile** est synonyme de difficultés majeures.
- **Si vous êtes atteint par un projectile :** Vous perdrez vos appuis et vous récolterez de vos petites magouilles des fruits amers.
- **Si vous les maniez et les destinez à quelqu'un,** ils indiqueront un retournement de situation douloureux.
- **Si un projectile traverse votre appartement :** Vous perdrez un être cher ou vous serez blessé gravement.

PROJET

- **Vous faites de grands projets :** De l'aide et de nouvelles opportunités.
- **Vous êtes mis au courant d'un projet :** Une contestation déclenchera un petit conflit.
- **Quelqu'un vous vole un projet :** Une démarche inconsidérée retardera votre réussite.
- **Un être cher fait des projets :** Très favorable à un changement en mieux.

PROMESSE

- **Vous faites une promesse à quelqu'un :** Celles qui vous sont adressées ne seront pas tenues.
- **Vous faites une promesse à un enfant :** Vous serez témoin d'un mariage.
- **Un être cher vous fait une promesse :** Avec un peu de réflexion vous pourriez éviter un ennui sérieux.
- **Une autre personne vous fait une promesse :** Quelqu'un vous aidera et vous demandera un service en retour.

PROPRIÉTAIRE

Selon la loi des contraires, **si vous êtes propriétaire ou le devenez en rêve,** préparez-vous à une longue phase de pénurie. Cependant, si vous êtes dans vos murs dans la réalité, ce n'est que le contexte global de votre rêve qui vous donnera son sens. Il peut être question d'une augmentation de vos revenus.

- **Si vous êtes locataire et rêver de votre propriétaire :** Des difficultés d'ordre personnel vous ôteront votre libre arbitre. Le sens prophétique de ce rêve devient nul si vous êtes en conflit avec lui ou en mauvais terme.
- **Discuter affaire avec un propriétaire :** Des dépenses importantes. Des changements bénéfiques **si la discussion aboutit à une entente.**
- **Votre propriétaire se plaint de vous :** En cherchant querelle à vos amis, vous deviendrez la cible des critiques.
- **Vous insultez votre propriétaire :** Savez-vous que vos actes causent inconsciemment du tort aux autres ?

PROPRIÉTÉ, voir MAISON

PROSTITUÉE

Dans un rêve d'homme, deux significations possibles, **si cette femme vous sollicite ou vous interpelle**, ce n'est ni plus ni moins qu'une transcription déguisée de vos désirs, à votre grand regret les femmes ne vous montrent pas l'intérêt que vous souhaitez, cet état de fait vous complexe, à moins que votre vie conjugale soit trop linéaire. La vie amoureuse manque de perversité !

- **Être proxénète :** Ce thème est soumis à la loi des contraires, le rêveur deviendra dépendant de ses employeurs qui l'exploiteront ou de ses associés qui le voleront.
- **Une prostituée cache sa vraie nature et se montre différente de ce qu'elle est :** C'est un signe infaillible d'événements mineurs mais très perturbants sur le plan personnel.
- **Vous faites l'amour avec une prostituée :** Malgré certaines crises de confusion, les sentiments qui vous lient à votre femme résisteront à l'épreuve du temps.
- **Une femme rêve qu'elle se prostitue :** Elle jouera un rôle de premier plan, mais elle doit s'attendre à quelques échecs.
- **Une femme rêve de prostituées :** Une séparation et les chagrins qui en découlent sont très proches.
- **Un homme rêve qu'il se prostitue :** Une belle augmentation de ses revenus.

PROTÉGER

- **Rêver d'une protection mystique :** Sérénité et foi.
- **Une personnalité vous protège :** Un événement sortant du quotidien va changer votre existence.
- **Vous protégez quelqu'un :** La naissance d'un sentiment prend des proportions importantes et s'impose à vous.
- **Toutes autres formes de protection** sont signes de détachement des valeurs matérielles.

PRUNE

- **Rêver de prunes :** Des dépenses pour des frivolités.
- **Vous cueillez des prunes :** L'amour vous fera faire des sottises.
- **Vous mangez des prunes :** La jalousie détruit votre bonheur.
- **Vous faites de la confiture de prune :** Les amis seront intéressés.
- **Vous achetez des prunes :** Un vol sera commis dans votre jardin.

PUBLICITÉ

- **Vous faites de la publicité :** Vous allez devoir vous expliquer ouvertement sur un sujet épineux.
- **Une publicité parle de vous :** Vous manquez de détermination dans vos activités.
- **Une publicité parle d'un proche :** Un obstacle imprévu.
- **Lire une brochure publicitaire** : Signe de nouvelles ennuyeuses.

PUCE

- **Rêver de puces :** Des gens ennuyeux vous feront perdre un temps précieux.
- **Vous êtes couvert de puces :** Perte de temps et d'argent.
- **Vous tuez des puces :** Vous surprendrez une indiscrétion.
- **Vous êtes piqué par des puces :** Vous provoquerez une surprise dans votre entourage.

PUITS

- **Rêver d'un puits :** La générosité d'un proche fera votre bonheur.
- **Creuser un puits :** Vos aptitudes sont excellentes dans tous les domaines.
- **Vous tombez dans un puits :** Votre ennemi vous tend un piège.
- **On vous retire du puits :** Les conséquences d'une de vos fautes seront de faible incidence.
- **Jeter quelque chose dans un puits :** Vous désirez vous débarrasser d'un mauvais souvenir.
- **Tirer de l'eau d'un puits :** Vous doutez à tort de vos possibilités.
- **Un puits à sec :** Votre vie n'est pas de tout repos, les ressources qui sommeillent en vous ont besoin d'être stimulées.

PUNAISE

- **Rêver de punaises :** Pendant une longue période vous n'agirez pas à votre guise.
- **Vous tuez une punaise :** Dans une dispute, vous en viendrez aux mains.
- **Votre maison est envahie de punaises :** Vous focalisez trop sur l'argent, dites-vous que «plaie d'argent n'est pas mortelle».
- **Des punaises dans votre lit :** Des négociations frauduleuses.
- **Des punaises sur votre peau :** Une longue maladie.

PYRAMIDE

- **Rêver de pyramides :** Chance, vitalité.
- **Contempler des pyramides de l'extérieur :** Signe de réussite tardive.
- **Visiter des pyramides de l'intérieur :** Une personne exceptionnelle vous transmettra un don.
- **Escalader une pyramide :** Élévation sociale et professionnelle.
- **Fabriquer la maquette d'une pyramide en carton :** Des progrès lents mais sûrs dans le domaine qui vous tient à cœur.
- **Une maquette en or :** Honneurs et prospérité.
- **En tout autre métal :** Un dur labeur pour une belle récompense.
- **En bois :** Les problèmes seront surmontés et laisseront la place à un grand bonheur.

Q

QUADRILLE

- **Vous dansez le quadrille :** Hésitation dans les engagements affectifs.
- **Vous regardez des gens danser le quadrille :** Si vous n'y prenez pas garde, votre partenaire dilapidera votre fortune.
- **Quelqu'un vous invite à danser le quadrille :** Une visite inattendue.
- **Vous dansez le quadrille avec votre partenaire :** Vous hériterez d'une petite fortune que vous dépenserez sans compter.

QUADRUPLÉS

- **Si vous rêvez qu'une femme de la famille donne naissance à des quadruplés,** c'est un signe certain d'accroissement de fortune. Aidez la chance en prenant un billet de loterie ou en doublant votre loto.
- **Si ce sont vos problèmes qui quadruplent :** Soyez sur vos gardes, une personne attend que vous fassiez une erreur pour profiter de la situation.

QUAI

- **Vous rêvez d'un quai :** Un voyage sera remis à plus tard.
- **Vous marchez sur un quai :** Trop de négligence favorise vos déboires.
- **Vous avez un rendez-vous sur un quai :** Il est temps de prendre la décision que vous reportez constamment.
- **Voir un quai rempli de marchandises :** Vous toucherez des intérêts d'une vieille affaire.
- **Vous dites au revoir à quelqu'un sur un quai :** Tromperies. Parjures.
- **Des navires sont amarrés à quai :** Les jours qui arrivent seront fastes.
- **Vous avez peur d'être agressé sur un quai :** On vous persécute et vous doutez encore !
- **Vous êtes poursuivi sur un quai :** Votre vie sentimentale est en danger.

QUAKER

- **Vous rêvez d'un quaker :** Vie paisible, un peu triste.
- **Vous êtes pasteur quaker :** Contacts et soutiens aisés.
- **Vous rêvez d'une communauté de quakers :** Vous vivrez une période de votre vie comme une sanction et vous l'accepterez.

QUALITÉ

- **Vous critiquez la qualité dans un domaine quelconque :** Refusez de vous impliquer dans une affaire qui par logique ne vous concerne pas.

- **On vous complimente sur la qualité de... :** De vrais amis prendront votre défense.
- **Vous recherchez la qualité d'un objet ou d'un produit :** Des circonstances très embarrassantes.
- **Vous parlez de la qualité avec une personne :** Vos efforts vous vaudront une belle récompense.

QUARANTAINE

- **Vous mettez une personne en quarantaine :** Vos angoisses sont sans fondement.
- **Vous êtes mis en quarantaine :** Fuyez la solitude, elle vous déprime.
- **Une maison ou un bateau est mis en quarantaine :** Pertes de biens immobiliers.

QUENOUILLE

- **Vous rêvez d'une quenouille :** La patience vous aidera à surmonter les épreuves.
- **Vous filez la quenouille :** Une vie à deux sans faille.
- **Une parente file la quenouille :** Vous conserverez toute votre vie un lien secret avec cette personne.

QUESTION

- **Vous posez des questions**, des démarches inutiles et superflues.
- **Vous posez des questions à l'être aimé :** Vexations et tyrannie.
- **Vous refusez de répondre à des questions,** une mauvaise nouvelle en route.
- **Quelqu'un vous pose des questions :** Vos ambitions sont déraisonnables.
- **Vous répondez volontairement de travers à une question :** Vous aurez affaire avec la justice.
- **Vous répondez juste aux questions que l'on vous pose :** Gain d'un procès.
- **Vous remplissez un questionnaire :** Des privations temporaires.
- **Vous envoyer des questionnaires à des gens :** Une personne de votre entourage cherche à tout prix à noircir votre réputation.

QUEUE

- **Celle d'un animal sauvage :** Vous avez de mauvaises intentions.
- **Celle d'un reptile :** Quelqu'un guette vos allées et venues.
- **Celle d'un animal domestique :** Vous recevrez des excuses d'un ami.
- **Saisir un animal par la queue :** Retournement de situation. Renversement des plans.
- **Un animal frétille de la queue :** Infidélité constante, parfois seulement psychique.

- **Porter la queue d'un animal comme fétiche :** De petits profits.
- **Faire la queue dans un lieu commercial :** Vous prendrez la suite d'une succession.
- **Vous voyez des gens faire la queue :** Des personnes alliées cherchent à vous corrompre.

QUILLE

- **Vous rêvez d'un jeu de quilles :** Vos projets sont fiables, mais vous avez tout intérêt à faire cavalier seul.
- **Vous jouez aux quilles :** Des hauts et des bas dans vos finances.
- **Vous regardez des gens jouer aux quilles :** C'est vous qui sortirez les marrons du feu.
- **Des enfants jouent aux quilles :** Des expériences ratées serviront bientôt votre vie professionnelle.

QUININE

- **Rêvez de quinine :** Une liaison brève mais heureuse.
- **Vous prenez de la quinine :** Un regain de vitalité dont il faudra tirer profit.
- **Vous soignez un proche avec de la quinine :** Vous réglerez vos comptes avec violence.
- **Vous achetez de la quinine :** De la chance en affaire.

QUINTUPLÉ

On sait à quel point le chiffre cinq est porteur d'instabilité et de changement. **Une femme se voyant en rêve mettre au monde des quintuplés** doit s'attendre à traverser une période d'activité intense pendant laquelle elle sera sujette aux accidents et devra redoubler de prudence.

- **Si elle rêve qu'une autre femme donne naissance à des quintuplés,** elle devra faire face à des circonstances très complexes, des personnes de bonne foi lui viendront en aide.
- **Un homme rêve qu'une femme met au monde des quintuplés :** Une perte présumée se changera en profit.
- **S'il s'agit de sa propre femme,** c'est un signe certain de changements importants, de déménagements dans l'année.

R

RABAIS

- **Vous obtenez un rabais :** Une spéculation va vous tenter, réfléchissez, le jeu en vaut-il la chandelle ?
- **Une personne vous demande de lui faire un rabais :** Votre entêtement vous fait perdre de belles occasions.
- **Vous achetez des meubles ou des objets au rabais :** Des satisfactions professionnelles médiocres.
- **Vous achetez tout autre chose au rabais :** L'argent devient votre préoccupation majeure.

RACCOMMODER

- **Vous raccommodez un vêtement :** Votre obstination vous sera profitable.
- **Une personne raccommode un vêtement qui vous appartient :** Des liens d'amitié seront renoués.
- **Votre grand-mère raccommode :** Le résultat que vous attendez sera encore plus heureux que prévu.

RACINE

- **Rêver de racines d'arbres :** Stabilité affective et matérielle.
- **Vous trébuchez sur des racines :** Vos belles résolutions s'envolent en fumée et l'hypothèse d'un mieux également.
- **Vous utilisez des racines de plantes en décoction :** Vous retrouverez une certaine rigueur dans l'action.
- **Vous recherchez vos racines :** Désir d'altruisme, belle mentalité.
- **Vous rêvez de racine au carré :** Votre stratégie est critiquable, cependant elle sert votre ascension.

RADEAU

Les éléments qui gravitent autour de ce thème sont importants. Bien que relié à l'eau, il peut montrer une sensibilité affective temporaire, le rêveur fuit ses responsabilités ou se désengage, surtout **s'il est tranquillement assis ou allongé sur le radeau.**

- **Si vous rêvez d'un radeau au loin sur l'eau :** Votre négligence débouchera sur des problèmes sociaux, parfois même avec la justice.
- **Si vous construisez un radeau :** Vous connaîtrez le succès dans un domaine qui ne relève pas des affaires.

- **Si vous réparez un radeau :** Une réconciliation vous ouvrira de nouvelles perpectives.
- **Si vous regardez l'être aimé sur un radeau :** Des mésaventures amoureuses vous causeront des problèmes.
- **Si vous vous accrochez désespérément à un radeau :** Une situation désespérée sera résolue sans tarder, si vous êtes en mesure de faire face aux réalités.

RADIO

- **Vous écoutez la radio :** Vous allez connaître une période gaie et pleine d'entrain.
- **Le son de la radio est au maximum :** Une période de troubles ne pourra être transcendée que si vous y mettez de la volonté.
- **La radio vous met au courant d'un fait qui vous touche personnellement :** Un changement de cap est à conseiller.

RADIS

- **Rêver de radis :** Vous dormez plus qu'à l'accoutumé.
- **Vous mangez des radis :** Un retard découlera de votre paresse.
- **Vous achetez des radis :** D'autres assumeront les conséquences de vos actes irréfléchis.
- **Vous arrachez des radis de terre :** Quelques irrégularités entraîneront des démarches pénibles.

RAGE

- **Rêver d'une épidémie de rage :** Les hostilités à votre égard se multiplient, mais vous avez œuvré pour cela.
- **Vous êtes atteint de cette maladie :** L'adversité fera échouer un grand projet.
- **Un des membres de votre famille est atteint de la rage :** Votre colère n'arrangera pas les choses.
- **Un chien est enragé :** Votre ennemi s'acharne contre vous.
- **Tuer un animal enragé :** Triomphe sur vos adversaires.

RAISIN voir VIGNE

- **Rêver de raisins blancs :** Début d'une grande passion.
- **De raisins noirs :** Un flirt débouche sur un drame.
- **Manger du raisin :** Nul ne parviendra à vous déstabiliser.
- **Des enfants mangent du raisin :** Des reproches contrariants et injustes.
- **Vous utilisez des raisins secs :** Plus d'action, moins de théories.

- **Vous mangez des raisins secs :** Vos responsabilités augmentent et les difficultés avec.
- **Presser du raisin pour faire du vin :** Le succès est à l'horizon, faites encore quelques efforts.
- **Acheter des raisins :** Votre situation familiale va changer.
- **Vendre du raisin :** Vous n'êtes pas sur la bonne voie pour démêler une affaire sentimentale.

RAJEUNIR, voir JEUNESSE

RAME

- **Se voir ramer :** En principe vous ne « ramerez » pas longtemps, les satisfactions viendront par vos efforts et votre volonté.
- **Vous regardez ramer une autre personne :** Signe de retard, cependant les contretemps qui vous font perdre patience ont parfois un aspect positif qui se vérifiera plus tard.
- **Voir des rames brisées :** Vous mettrez un terme à vos relations.
- **Perdre une rame :** Désistement d'une aide, d'un secours.
- **Se procurer des rames :** Vous allez vous retrouver très seul.

RAMONEUR

- **Rêver d'un ramoneur :** La chance va passer très près de vous, ouvrez grand les yeux, ne la laissez pas passer.
- **Vous êtes ramoneur :** Des problèmes conjugaux couvent sous la cendre depuis de longs mois. Les explications seront houleuses.
- **Vous faites ramoner votre cheminée :** Beaucoup de choses sont à tirer au clair ; de plus, vos actes divergent de vos principes, mettez de l'ordre dans votre vie.

RASER

- **Un homme rêve qu'il se rase :** Il va tomber amoureux
- **Qu'il se fait raser :** Il doit mettre un terme aux relations, même platoniques, qu'il entretient avec une femme.
- **Il rêve qu'une femme se rase les jambes :** Il recherche des sensations érotiques.
- **Une femme rêve qu'un homme se rase :** Elle fera l'amour avec un inconnu.
- **Elle rêve qu'elle se rase le visage :** Ses désirs sont incommunicables.
- **Elle rêve qu'une autre femme se rase :** Elle a une rivale très jalouse.
- **Un mari rêve qu'il rase sa femme :** Il sera déçu de ses amis.
- **Une femme rêve qu'elle rase son époux :** En amour, elle croit contrôler la situation, en fait il n'en est rien.

RAT

C'est un rêve inquiétant, de mauvaise augure, qui annonce des problèmes de santé.

- **Voir des rats par hordes** doit inciter la personne à décompresser, la fatigue s'installe insidieusement et altère certaines de ses facultés. Cette baisse de vitalité doit l'inciter à se rendre chez son médecin surtout si ce thème se renouvelle fréquemment.
- **Si vous êtes attaqué par des rats,** c'est le signe d'un état dépressif grave.
- **Si vous entendez les rats ronger et se déplacer :** De graves soucis perturbent votre équilibre, les coupures affectives non souhaitées engendrent également ce type de rêve.
- **Vous tuez un rat :** Une maladie sera longue à traiter.
- **Un rat est pris dans la ratière :** Vous entretenez un climat de tension qui vous mine intérieurement.
- **Voir des rats blancs :** Plaintes et contestations.
- **Voir des rats dans un laboratoire :** Une personne que vous aimez vous exploite et vous refusez de l'admettre.

RAYON

Si ce sont des rayons mortels ou très dangereux, c'est l'indice d'une limitation dans l'action. On doit se protéger d'un rythme de vie trop agité.

- **Des rayons** seront porteurs également d'un message de prudence et de modération, dans les réactions et le comportement car les conflits émotionnels sérieux peuvent entraîner des incidents organiques et circulatoires.
- **Examiner ses propres clichés pris aux rayons X :** Des problèmes inflammatoires cycliques.
- **Vous passez une personne aux rayons X :** Vous aurez du mal à affronter une maladie.

RÉCEPTION

- **Rêver de réception mondaine :** Mensonges et faux-semblants.
- **Vous donnez une réception :** Vos progrès vous procureront de belles satisfactions.
- **Vous vous rendez à une réception :** Nc parlez pas de votre train de vie.
- **À une réception, vous monopolisez l'attention des invités :** Toutes les éloges et les flatteries que vous recevrez ne seront pas sincères.
- **Pour une raison ou une autre vous quittez une réception et prenez congé des invités :** Grâce à des relations vous concrétiserez un projet.

RÉCONCILIATION

- **Vous rêvez d'une réconciliation avec l'être aimé :** De sérieux conflits vont émerger.
- **Vous vous réconciliez avec des amis ou des relations :** Les mêmes ennuis se renouvellent.
- **Vous assistez à une réconciliation sans y être impliqué :** Accomplissement d'un désir.
- **Vous provoquez la réconciliation de deux personnes :** Une récompense viendra tardivement.

RECONNAISSANCE

- **Vous exprimez votre reconnaissance :** Vous êtes trop complaisant avec les gens de votre entourage.
- **Vous êtes reconnaissant :** Vous tirerez partie d'une situation embarrassante.
- **D'autres sont reconnaissants :** Oui, mais l'argent sera la source de tous vos maux.

RÉGIME

- **Vous faites un régime :** Vous manquez d'exercice et vous en êtes conscient.
- **Votre partenaire est au régime :** Ses affaires le contrarient, il en perdra le sommeil.
- **Un régime vous affaiblit ou vous rend malade :** Redoublez de prudence dans l'action.
- **Vous achetez des aliments diététiques :** Des satisfactions apparentes seront très vite remises en question.
- **Vous êtes à la diète :** Votre santé sera robuste.
- **D'autres personnes sont à la diète :** La conduite d'un tiers déclenchera un fâcheux incident.
- **Un médecin vous conseille de suivre un régime :** Votre comportement laisse à désirer. Vous allez au-devant d'ennuis évidents.

RÉINCARNATION

La loi de cause à effet a mal été intégrée. Que vous soyez réincarné en rêve dans la peau et l'esprit d'une personnage illustre ou ceux d'une personne de la famille qui perpétuerait ainsi votre dynastie, le message est sans équivoque. Il cherche à vous faire prendre conscience de vos actes présents par rapport à ceux du passé. Il semble que vous êtes en train de répéter les mêmes fautes. Après avoir connu des passages en enfer et en devoir assumer plus ou moins bien leurs conséquences, l'expérience acquise en ce vécu devrait logiquement vous aider à refaire surface avec lucidité.

Ce thème est un véritable sésame qui doit susciter votre réflexion. Ne cherchez plus de fausses excuses pour vous livrer à des actes dont vous connaissez à l'avance l'incidence et cessez d'alléguer qu'il n'y a aucun moyen d'échapper à la fatalité. Si, il en existe un, celui de le nier !

- **Dans votre rêve, un être cher décédé s'est réincarné dans une autre personne ou un enfant en bas âge :** Des courants de pensées, d'inquiétudes diverses font de votre existence un véritable champ de bataille. Vous n'êtes plus sûr de l'importance de vos sentiments, et parallèlement vous ne pourrez jamais couper définitivement le cordon ombilical qui vous lie à vos racines. Rassurez-vous, ces persécutions psychiques sont le lot des gens sensibles et passionnés, ce thème est le reflet d'une âme tourmentée qui en revanche prend de l'altitude, il prédit de beaux et nombreux printemps.

REINE

- **Rêver d'une reine :** Des circonstances vous donneront le pouvoir sur les autres.
- **Demander audience à une reine :** Une aventure risque d'aller très loin.
- **S'agenouiller devant une reine :** Vous manquez un peu de diplomatie dans vos rapports avec les autres.
- **Une reine est entourée de sa cour :** Ne laissez personne vous détourner de vos objectifs.
- **Vous êtes la souveraine :** La réussite est inscrite, mais elle sera retardée.

RELATION

- **Rêver de relation sociale** est un thème de réussite qui indique que vous aurez toute la maîtrise nécessaire pour vous lancer dans les affaires les plus délicates.
- **Vous vous faites de nouvelles relations :** Vous parviendrez à imposer votre point de vue sans difficultés.
- **S'il s'agit de relations sexuelles,** il faudra dégager de ce rêve un maximum d'éléments symboliques pour en trouver réellement le message. Néanmoins, vous pouvez vous faire globalement une idée en analysant vos impressions.

  Si vous retirez satisfaction des relations sexuelles légitimes ou illégitimes, c'est la preuve que votre état général est à son zénith.

  Éprouver de l'aversion pour ces mêmes relations sera signe d'instabilité, une adaptation difficile dans le milieu où vous vivez peut en être la cause.
- **Si d'autres personnes sont impliquées dans des relations sexuelles illégitimes**, revoyez la scène, souvenez-vous de votre attitude, toute contemplation ou plaisir sera garant d'essais novateurs et concluants dans tous les

domaines où vous excellez. Une réaction inverse, **chez un homme,** tend à dénoncer une nature égocentrique, incapable de faire des concessions. **Cette aversion chez une femme** dénonce son besoin d'indépendance et d'autonomie probablement contrarié.

RELIGIEUSE

Si vous avez été élevé dans une institution religieuse, ce thème peut se présenter à plusieurs reprises dans votre existence. Il n'exprimera alors que des craintes ou des appréhensions relatives à votre sensibilité. Ces états d'âme font naître parfois toutes sortes de complexes. De façon symbolique, ils reflètent le besoin de stabilité affective.

- **Une femme qui se voit sous les traits d'une religieuse ou d'une nonne** sera fidèle à son conjoint et se dévouera pour ses enfants sans jamais dévier à ses obligations.
- **Voir des religieuses :** Un chagrin d'amour difficile à apaiser.
- **Vous confiez vos enfants à des religieuses :** Vous perdrez l'amour d'un être cher.
- **Vous recherchez la protection d'une religieuse :** Vous perdrez confiance en vous, cet état d'âme sous-développe les ambitions et les initiatives.
- **Une religieuse soigne des malades :** Vos amis souffrent de votre incompréhension.
- **Vous êtes une religieuse soignante :** Un vif mécontentement fera place à une grande joie.

RELIGION

De nombreuses interprétations s'entendent à dire que **tout ce qui a trait à la religion en rêve** est de mauvaise augure, on peut s'attendre à des malentendus et des heurts fréquents dans les activités professionnelles, la franchise n'est pas valorisante et de surcroît les attitudes souvent incomprises envers ceux que l'on aime risquent de nous les aliéner.

Mais **lorsqu'il s'agit d'une expérience personnelle ou d'une vocation mystique,** la prophétie est excellente et porte sur une progression étonnante dans un domaine particulier, tel que les arts, mais également les disciplines corporelles où la concentration est de mise.

- **Débattre de la religion avec quelqu'un** reflète un état d'âme sans illusion, l'espoir se meurt et le scepticisme est profondément ancré. Ce rêve se présente généralement à des gens qui n'aiment pas rencontrer d'oppositions à leurs idées ou qui ne sont ni croyants ni pratiquants.

REMORQUEUR

- **Rêver d'un remorqueur :** Un ami vous mettra sur le chemin de la richesse.
- **Vous êtes dans un remorqueur :** La personne que vous croyez influante n'a aucun moyen de vous venir en aide.
- **Un remorqueur traîne un bateau ou une péniche :** Vos finances sont en danger.
- **Vous remorquez une voiture en panne :** Ce que vous entreprenez est au-dessus de vos forces ; porté par votre motivation, vous atteindrez votre but.
- **Une personne remorque votre voiture :** Vous reviendrez à vos anciennes amours.

RÉMOULEUR

- **Voir un rémouleur en rêve**, présage des tracas financiers et de mauvaises nouvelles en route.
- **Si un rémouleur frappe à votre porte :** Vous assisterez à un règlement de comptes qui vous mettra mal à l'aise.
- **Si vous exercez le métier de rémouleur :** Un ami sera de bons conseils.

RENARD

Mauvais présage que **la présence de cet animal en rêve,** une ou plusieurs personnes vous sont hostiles et sont déterminées à vous nuire.

- **Lorsque le renard est argenté :** Méfiez-vous des mauvais conseilleurs, ils s'appliqueront à vous faire perdre une fortune afin d'en tirer quelque profit !
- **Si vous chassez le renard :** Vous échapperez à une belle escroquerie.
- **Si vous tuez un renard :** Votre rival sera réduit à l'impuissance.
- **Un renard pris au piège :** Une entreprise échouera pour votre plus grand bien.
- **Vous êtes mordu par un renard :** Faiblesse, impuissance face à l'adversaire.

RENDEZ-VOUS

Tous les rendez-vous d'affaires sont des symboles d'obstacle ou de retard. Indicateurs de contretemps, ils dénoncent des tendances à brûler les étapes.

- **Les rendez-vous amoureux** prédisent toujours la confusion dans les passions ou l'incursion d'un nouveau sentiment qui remet tout en question. **Manqués,** ils sont générateurs de choix difficiles, les hésitations deviennent des menaces et remettent en question l'avenir sentimental du rêveur.
- **Les rendez-vous d'affaires ratés ou manqués** n'expriment que des déboires dont la faible incidence peut être matérielle.
- **Tous les rendez-vous reportés** sont la confirmation d'objectifs irréalisables dans leur contexte actuel.

RENONCER

- **Vous renoncez à un être cher :** Quelqu'un recherche votre appréciation, mais vous ne vous impliquerez pas personnellement dans son problème.
- **Vous renoncez à vos droits :** Triomphe retardé sur l'adversité, mais certain.
- **Une personne qui vous aime renonce à vous :** Prélude à une aventure amoureuse très triste.
- **Vous renoncez à des avantages ou à un privilège :** Une dépendance volontaire doit cesser, il conviendrait d'y mettre un terme.

REPOS

- **Rêver de repos :** À coup sûr vous en manquez ! Vous êtes sous pression, vous usez et abusez de vos forces. Le travail et les occupations diverses ne vous donnent pas le temps de réfléchir aux conséquences de votre fatigue. Vous pensez à tort que le travail diminuera ou que votre forme reviendra. N'y comptez pas ! Prenez ce rêve comme un signal d'alarme. Traverseriez-vous au rouge ?
- **Si dans votre rêve vous êtes dans une maison de repos :** Vous êtes à la veille d'être submergé par vos responsabilités, autant dire que ce thème confirme la détérioration de votre santé.
- **D'autres personnes se reposent :** Vous avez tendance à vous égarer dans l'action en vous laissant porter par vos divagations d'idées ou de sentiments. Orientez bien vos ambitions.

RESTAURANT

- **Un restaurant très convivial** annoncera de nouvelles amitiés et des satisfactions par les enfants.
- **Un restaurant très luxueux**, prédit beaucoup de plaisir dans les relations personnelles.
- **Un restaurant sale, mal tenu** est l'indice d'un accroissement d'ennuis, parfois avec la justice.
- **Un ami ou un proche vous invite au restaurant :** Ne posez pas trop de questions, vous serez déçu des réponses.
- **L'être aimé vous invite au restaurant :** Les doutes que vous nourrissez à son encontre sont sans fondement tant qu'il a besoin d'aide matérielle.
- **Un être cher ou un ami vous invite au restaurant :** Aide et protection dans les affaires.
- **Vous fêtez un événement ou un succès personnel au restaurant :** Pour votre plaisir, vous dépenserez une petite fortune.
- **Vous êtes propriétaire d'un restaurant :** Bientôt, un événement favorable et prometteur.
- **Vous achetez un restaurant :** Si vous agissez prudemment, vous serez riche.

- **Vous vendez un restaurant :** Les critiques de toute part ne doivent pas vous faire baisser les bras.
- **Vous vantez les mérites d'un bon restaurant :** Une personne profite de ce que vous désirez le plus.

RÉSURRECTION

Message de bouleversement et de mutation, ce rêve symbolise un refus de la réalité. Un sentiment mort depuis longtemps que l'on considère obstinément vivant, des faits psychologiques qui ne passent pas et empoisonnent l'existence peuvent exprimer cette Rédemption onirique.

- **Se voir renaître à la vie ou voir ressusciter un être cher** peut déterminer la nécessité d'une scission avec le passé. Certains passages de la vie ainsi que les souvenirs doivent être oubliés afin de laisser s'accomplir en soi les métamorphoses affectives et psychologiques en instance.
- **Voir des morts ressusciter :** Ce thème précipite les événements en cours en favorisant la découverte de certains mystères.

RETARD

Ce thème exprime rarement un ralentissement dans l'action ou dans un autre domaine.

- **Si vous vous répétez en dormant que vous prenez trop de retard ou que le retard fait avorter votre réussite,** c'est un signe certain d'exaspération, vous tenez difficilement en place et vous êtes d'un naturel défaitiste que vous démentez d'ailleurs vivement. Sachez tout de même que l'existence ne peut se dérouler sans manquer une opportunité... ou un train ! Et dites-vous qu'il existe beaucoup plus de retards bénéfiques et bénis que vous ne pourriez l'imaginer. C'est un thème qui invite à porter son intérêt exclusivement sur l'action et non sur un sablier !

RETRAITE

À moins que vous ne soyez déjà à la retraite ou disposé à la prendre d'ici quelques mois, en rêver implique qu'un changement va transformer votre mode de vie. Tout en conservant un univers réconfortant et sécurisant, vous serez amené à prendre une toute autre direction. Il va falloir vous adapter à de nouvelles réalités et vous intéresser au monde qui vous entoure.

Ce thème ne propose ni repos, ni retraite, il vous conseille de vous remettre en cause et de profiter de nouvelles circonstances pour élargir votre point de vue sur la société. Vous atteindrez ainsi une dimension supérieure et en éprouverez de la satisfaction.

- **Voir une personne encore jeune à la retraite** peut dénoncer un manque d'autonomie. Dans la passivité vous exécutez les ordres que l'on vous donne. À votre insu, cette soumission, aussi faible soit-elle, vous ôte votre enthousiasme, vous devez lutter pour retrouver votre unité et affirmer votre personnalité.
- **Rêver d'une maison de retraite :** Un bouleversement dans votre existence peut vous contraindre à assumer une charge familiale.
- **Se voir dans une maison de retraite** détermine souvent une situation affective au bord d'une cassure. Par anticipation, vous vous sentez le besoin de reconstruire.

RETROUVER

- **Vous retrouvez un objet :** Vous empêcherez un ami de faire une sottise.
- **Vous retrouvez quelqu'un que vous avez perdu de vue depuis longtemps :** Sans attendre, vous prendrez la décision qui vous fait tant hésiter.
- **Vous retrouvez votre chemin :** Bonheur et sérénité.

RÊVE

Rêver que l'on rêve peut sembler étrange, et pourtant, tout le monde un jour ou l'autre a vécu cette expérience singulière et difficile à transmettre, qui confirme sur un plan bien réel que nos ambitions sont pour la plupart utopiques, mais pas pour autant irréalisables. Cette faculté nous est acquise et notre subconscient nous le rappelle en nous projetant d'une dimension dans une autre. Il faut voir dans cette insertion du rêve dans le rêve un message prémonitoire. FREUD fait allusion à cette hypothèse dans son *Interprétation des Rêves* : Les faits qui apparaissent dans un thème comme rêvés sont tout à fait réels. Pourquoi ne s'accompliraient-ils pas ? À moins qu'ils ne soient déjà accomplis au cours d'une vie antérieure. En retenant cette partie rêvée, nous seront peut-être en mesure de vérifier plus tard son authenticité. De nombreux reflets de notre destin sont d'avance matérialisés. En nous efforçant d'en comprendre le sens, nous pouvons éclairer notre vie d'une prise de conscience.

RÉVEILLER

- **Vous rêvez que quelqu'un vous réveille en plein sommeil :** Une aventure sentimentale a laissé des cicatrices dans votre cœur et vous ne parvenez pas à l'oublier.
- **Vous réveillez un être cher :** L'interdiction que vous donnerez évitera un véritable désastre.
- **Vous vous réveillerez tout seul :** À votre pensée, vous serez obligé de céder.
- **Vous regardez quelqu'un se réveiller :** Le silence d'une amitié sera rompu.

RÉVOLTE

- **Rêver d'une insurrection populaire :** Vous êtes particulièrement agité et vivez sur les nerfs.
- **Vous vous révoltez contre le comportement d'un proche :** Les projets en gestation ne doivent pas être confiés.
- **Vous vous révoltez contre un pouvoir quelconque :** Un changement est nécessaire dans vos habitudes.
- **Une ou plusieurs personnes se révoltent contre vous :** Des idées de vengeance planent et vous sont destinées.

RHINOCÉROS

- **Rêver de rhinocéros :** Situation stable et de longue durée.
- **Un rhinocéros charge :** Abus de confiance, usurpation de fonction vous sont imputables.
- **Un troupeau de rhinocéros :** Votre logique est inflexible et votre pouvoir sur autrui puissant.
- **Tuer un rhinocéros :** Danger dans les affaires, risque de faillite.

RICHESSE, voir FORTUNE

RIRE

- **Vous riez de bon cœur :** À ce jour, des nouvelles très désagréables.
- **Quelqu'un rit de vous :** Un petit succès inattendu.
- **Entendre ou voir rire quelqu'un :** Vous avez tout fait pour alimenter les bavardages.
- **Des enfants rient :** Vous recevrez un cadeau.
- **Vous riez de quelqu'un :** Vous allez vous disputer pour un malentendu.

RIVIÈRE, voir EAU

Ce thème est dépendant des circonstances et relié naturellement à celui de l'eau. **Voir une rivière dans un contexte agréable** est un présage favorable, **s'y baigner** assure bonheur et prospérité, surtout **si l'eau est transparente. Si vous y prenez plaisir,** rien ne troublera l'harmonie et la paix que vous saurez instaurer dans votre cellule familiale.

- **Une eau de rivière trouble** est de mauvaise augure et laisse filtrer des conflits affectifs douloureux ou des ennuis de santé. Les éléments d'ensemble peuvent modifier sensiblement le sens du rêve.
- **Se baigner dans une rivière pour épater des parents ou des amis,** dénonce à coup sûr un manque de confiance en soi.
- **Si vous tombez dans l'eau d'une rivière,** c'est l'annonce d'un drame futur qui vous laissera un sentiment de culpabilité et de remords.

- **Si vous traversez la rivière à la nage,** vous n'êtes pas satisfait de votre situation actuelle et le changement que vous espérez est tributaire de ceux que vous aimez.
- **Si aucun obstacle ne trouble cette traversée**, vous parviendrez à atteindre votre but, si vous faites preuve de patience.
- **Si vous descendez la rivière en barque :** Vous excellerez dans toutes les entreprises. **Si vous tombez de la barque,** votre vie sentimentale sera un échec.
- **Si vous vous noyez en tombant d'une barque ou d'un bateau sans aucun secours,** attendez-vous à des revers de fortune insurmontables et responsables en grande partie de votre solitude amoureuse.

RIZ

- **Rêver de riz :** Vos gains s'accroissent.
- **Vous mangez du riz :** Vos efforts seront couronnés de succès.
- **Vous achetez du riz :** Vos affaires tournent mal.
- **Vous jetez du riz à des mariés :** Amour et richesse.
- **Des gens vous jettent du riz :** Une visite vous comblera.

ROBE

- **Dans votre rêve, vous convoitez une robe superbe :** Vous avez toutes les chances d'arriver à vos fins.
- **Vous regardez une robe en vitrine :** Un inconnu vous fera la cour.
- **Vous achetez une robe :** Les dépenses entraîneront des querelles.
- **Une robe du soir :** Vous avez plusieurs cordes à votre arc.
- **Vous achetez une robe de chambre :** Tous vos sentiments de culpabilité ne vous rendront pas l'amour de l'être aimé.
- **Vous vaquez à vos occupations en robe de chambre :** Votre négligence vous cause du tort.
- **Vous sortez dans la rue en robe de chambre :** L'amour de votre vie se lasse de vous.
- **Votre robe est trop grande :** Votre générosité n'a pas de limite.
- **Votre robe est trop petite :** Votre forme physique dépend de votre moral.
- **Vous portez une robe de deuil :** Votre partenaire vous quittera.
- **Vous achetez une robe de deuil :** Une rivale attend son heure pour vous blesser.
- **Vous portez une robe de grossesse :** Un enfant vous dévoilera ses secrets.
- **Votre penderie est pleine de robes :** Vous serez riche mais solitaire.
- **Voler une robe,** voir **VOLER.**
- **Porter une robe de cérémonie :** Un succès dont vous serez fier.
- **De couleur blanche :** Vous rencontrerez l'amour.

- **De couleur rouge :** Délire et passion.
- **Un homme rêve qu'il achète une robe à son épouse :** Ses relations l'envient et le jalousent.
- **À sa maîtresse :** Il perdra de gros avantages.
- **Il rêve qu'il porte une robe de femme :** Il est extrêmement sensible et affectueux.

ROBINET

- **Vous rêvez de robinet :** Soyez prudent dans vos dépenses.
- **Boire au robinet :** Chance en affaire.
- **Tirer de l'eau au robinet :** Vous ferez la rencontre de quelqu'un que vous apprécierez.
- **Tirer du vin au robinet :** Sans un peu de volonté vous ne réussirez à rien.
- **Un robinet fuit :** Cette année vous dépenserez plus que prévu.

ROI

- **Rêver d'un Roi :** Les sacrifices seront inutiles, vous aurez à faire à des gens ingrats.
- **Vous demandez audience à un Roi :** Les risques que vous prenez n'en valent pas la peine !
- **Vous vous agenouillez devant un Roi :** Malgré vos supplications, votre partenaire vous quittera.
- **Un Roi est entouré de sa cour :** Pour certaines démarches indispensables à votre réussite vous devrez mettre votre fierté dans votre poche.
- **Vous êtes Roi :** Vos ambitions extravagantes feront de vous un objet de risée publique.
- **Une femme rêve qu'un Roi se meurt :** Elle changera d'amant.
- **Un homme rêve qu'un Roi est mort :** Il perdra sa situation.
- **Une femme rêve qu'un Roi demande à la voir :** Elle sera bientôt riche.
- **Un homme rêve qu'un Roi demande à le voir :** Les autres le respecteront et il bénéficiera de soutiens puissants.

ROMAN

- **Vous écrivez un roman :** Sans tarder vous direz à l'être aimé tout ce que vous avez sur le cœur. (Sauf si vous êtes écrivain dans la réalité.)
- **Vous lisez un roman :** Des amis vous feront des confidences émouvantes.
- **Vous achetez un roman :** Le voyage que vous appréhendez se déroulera à merveille.
- **Vous éditez des romans :** Vous n'êtes pas apprécié à votre juste valeur, cette injustice va cesser dans très peu de temps.
- **Vous vendez des romans :** Pour une raison futile, vous allez vous retrouver dans une situation extrêmement dangereuse.

RONCE

Thème d'obstacle et de complication impliquant qu'on portera atteinte à votre intégrité. Soyez sur vos gardes dans votre vie professionnelle, les gens qui souhaitent vous aider n'agissent que pour leur propre compte. Ceux qui ne travaillent pas y verront une période de problèmes et d'erreurs déjà commises. En se servant de leur intelligence, ils régleront ces ennuis définitivement.

- **Lorsque les épines des ronces vous déchirent la peau,** c'est un appel à la prudence, il vaut mieux ne prendre aucun risque pendant quelques semaines. De toutes les façons vous ne rencontreriez aucun écho à vos demandes, ceux à qui vous pensez sont actuellement de mauvaise foi et prédisposés à vous mettre des bâtons dans les roues.
- **Lorsque les ronces entravent ou blessent d'autres personnes :** Il serait prudent d'éviter les conflits avec l'entourage, car il risque de vous faire perdre votre crédibilité.

ROCHER

- **Voir des rochers au loin dans un paysage :** Vous allez devoir examiner de nouvelles possibilités, tâchez d'en tirer parti.
- **Grimper sur un rocher :** Soyez patient et philosophe, le résultat de vos efforts sera gratifiant.
- **Tomber d'un rocher :** Mirage et tromperie, nécessité de mieux choisir ses amis ou ses associés.
- **Tomber d'un rocher et se blesser :** Vous serez pris sous un fardeau d'obligation.

ROSSIGNOL, symbole de passion et d'amours malheureuses.

- **Vous rêvez d'un rossignol :** Un rendez-vous changera le cours de votre existence.
- **Vous écoutez le chant d'un rossignol :** Plaisir et caresses.
- **Vous rêvez d'un rossignol en captivité :** Un chagrin d'amour vous rendra sérieusement malade.
- **Un rossignol en cage :** L'être aimé sera infidèle.

ROUE

- **Vous rêvez d'une roue :** Un dur labeur vous attend.
- **D'une roue cassée :** Un incident dans votre travail.
- **Vous regardez tourner une roue :** Satisfaction et progression professionnelles.
- **Elle tourne à toute vitesse :** Vous allez vous enrichir rapidement.
- **La roue d'un moulin :** Vous augmenterez votre capital.
- **Une roue de loterie :** Une période de gêne financière.

- **Une roue de voiture :** Un voyage dont vous ne parlerez pas à vos proches.
- **Un pneu crevé :** Une personne souhaite intensément votre perte.
- **Vous réparez un pneu crevé :** Contre votre gré vous devrez rendre des comptes à quelqu'un.
- **Vous regardez une roue à aubes en mouvement :** Votre existence se modifiera favorablement.
- **Vous êtes dans un véhicule qui perd une roue :** Vos angoisses proviennent de vos faiblesses et la résignation n'est pas une solution, faites un effort sur vous-même.

ROUGE

C'est la couleur qui véhicule l'énergie et symbolise le désir et l'action génératrice. Lorsqu'elle est dominante dans les composants d'un rêve, comme les éléments décoratifs, peinture, tapis, rideaux, pans de murs etc., elle exprime une puissance saine dans l'action. Toutes les décisions seront déterminées par un très grand enthousiasme. Les idées originales et les projets professionnels se matérialiseront avec facilité car ils iront dans le sens de vos intérêts futurs.

Dans un cadre sensuel et érotique, la couleur rouge détermine les pulsions négatives, les conceptions mentales risquent d'être faussées par un manque de calme. Parfois, elle fait allusion à une facette perverse du caractère. Évaluez bien les risques de vos emballements amoureux, une liaison passionnée pourrait être la source d'une séparation tragique et regrettable.

ROUGE À LÈVRES

Bien que faisant partie des cosmétiques, ce thème est à connotation sexuelle et particulière en son sens. Ainsi, **s'appliquer à mettre du rouge à lèvres face à une glace** prédira à une femme beaucoup de succès auprès de la gent masculine.

- Alors que **porter un rouge à lèvres voyant et inhabituel** devra la mettre en garde contre des soupirants, comédiens et menteurs.
- **Trouver un tube de rouge à lèvres dans les poches ou la voiture de son partenaire :** Des confidences vont se retourner contre elle.
- **Acheter du rouge à lèvres :** Signe d'inconstance.
- **Voir un homme avec du rouge à lèvres :** Vous serez la proie d'une très forte tentation, ne cédez pas, vous le regretteriez.
- **Voir un enfant avec du rouge à lèvres :** Un de vos actes vous mettra mal à l'aise.

- **Un homme rêve que sa femme ou sa petite amie porte un rouge à lèvres très vulgaire :** Il devra se méfier des flatteries et de l'intérêt que certaines relations lui portent.
- **Un homme rêve qu'il met du rouge à lèvres :** Il choisit très mal ses partenaires.
- **Un homme rêve qu'il trouve un tube de rouge à lèvres dans sa poche ou dans sa voiture :** Un échec certain dans le domaine amoureux.

ROUGIR

En rêve comme dans la réalité l'émotion, la honte, la crainte d'une personne, d'une sanction peuvent vous faire rougir. Si c'est le cas, votre volonté de réagir est intacte, elle vous aidera à assumer les conséquences de vos actes et à faire face avec franchise aux oppositions éventuelles.

- **Rougir de plaisir** dénonce presque toujours un grand désir de chaleur humaine ; ce genre de rêve est enveloppé de romantisme et de mélancolie.
- **Voir des enfants dont le rouge monte aux joues lorsqu'ils sont réprimandés ou surpris**, présage une déception ; en effet, le désir qui vous tient à cœur ne pourra se réaliser.
- **L'être aimé rougit :** Il a peut-être souffert d'injustice dans le passé, mais dans le futur tout rentrera dans l'ordre en sa faveur.
- **L'être aimé rougit de plaisir :** C'est la promesse d'un avenir à deux tendre et satisfaisant.

ROUTE

- **Dans votre rêve vous suivez, à pied, une route sans destination précise :** Vous êtes plein d'espoir et de bonne volonté, vous atteindrez bientôt vos objectifs.
- **Si la route est sinistre et se perd à l'horizon :** À votre insu, vous ne rendrez pas heureux ceux qui vous aiment.
- **Vous suivez la route en voiture :** Vous avez le sens de l'observation. C'est un avantage qui vous fera trouver une voie créative.
- **Si la route est sinistre et tortueuse :** Sachez que les frustrations que vous éprouvez ne sont imposées que par vous-même.
- **Si vous vous trompez de route à pied comme en voiture :** Vous devez liquider un lourd passé affectif et trouver quelles sont les priorités à donner à votre vie.
- **Vous perdez votre route, à pied :** Avant de vous engager sur une nouvelle voie, faites solde de tout compte avec votre passé. **En voiture :** Vous demandez l'avis des gens et pourtant vous n'en faites qu'à votre tête.
- **Sur la route, une personne vous demande de vous arrêter :** Vous n'attendez plus rien des autres et vous avez tort. Il faut développer l'esprit de solidarité.

- **Sur une route, vous faites signe à un véhicule de s'arrêter :** Vous appréhendez toutes les circonstances à risques et gérez mal votre angoisse.
- **La route est complètement défoncée :** Périodes autodestructrices et morbides annoncées.
- **La route est coupée :** Certains événements vous contraindront à subir quelques privations.
- **La route est déviée :** Si vous vous enlisez dans une fausse situation, prenez-vous-en qu'à vous-même. Seule votre ingéniosité peut vous sortir de cette embrouille.
- **Vous roulez en marche arrière sur la route :** Ne reculez pas devant les responsabilités qui vous incombent à moins que vous ne désiriez vivre plus tard avec un sentiment oppressant de culpabilité.
- **Vous faites du stop au bord d'une route :** Votre perception de la vie est assez naïve, mais tous vos besoins physiques et affectifs sont comblés.
- **Vous prenez une personne en stop sur la route :** Prudence, vos émotions font de vous une girouette influençable.
- **Quelqu'un vous suit sur la route et vous avez peur :** Signe d'insécurité et de frustration. But inaccessible.
- **La route se jette dans l'eau :** Une passion se meurt, vous cherchez une solution de résurgence.
- **L'eau vous ensevelit dans votre véhicule :** Les tourments s'opposent à la paix de votre esprit, votre cœur déçu agonise et vous déprimez.
- **La route s'arrête au bord du vide :** Entêtement et refus bloquent la situation actuelle.
- **Le vide vous aspire :** Vous êtes probablement sous pression depuis plusieurs semaines. Certes, vous focalisez vos pensées et votre énergie sur un objectif qui en vaut la peine, mais vous devriez faire un break, votre horloge biologique se dérègle.
- **La route monte presque à la verticale :** Vous devrez fournir encore de gros efforts et l'attente du résultat sera longue.
- **Si vous ne pouvez monter cette déclivité :** Vous vous serez donné beaucoup de mal pour rien.
- **Vous amorcez une forte descente :** Défaillance, faiblesse passagère, absence d'intentions combatives.
- **Vous perdez le contrôle de votre véhicule dans des virages :** L'énergie est en dents de scie, le rythme de vie est irrégulier, la confusion s'instaure et les problèmes paraissent insolubles.
- **Sur la route, avec votre véhicule, vous blessez une personne :** Vos relations sentimentales sont pleines d'imprévus, vous serez obligé de changer vos habitudes sous peu.
- **Vous blessez un animal :** Vous êtes esclave des conventions et le demeurerez.

RUCHE

- **Vous rêvez d'une ruche en activité :** La prophétie porte sur le succès dans la vie matérielle.
- **Vous rêvez d'une ruche abandonnée et vide :** La prédiction est funeste ; tout ce qui a été acquis sera perdu.
- **Extraire le miel d'une ruche** annonce une trahison dans le travail.

RUE

- **Vous cherchez une rue :** Le hasard vous aidera à trouver votre véritable voie.
- **Vous demandez le nom d'une rue :** Une personne bien intentionnée vous rendra service.
- **Une rue très sombre :** Votre vie sociale se dégrade lentement.
- **Une rue en cul-de-sac :** Un mauvais quart d'heure à passer.
- **Une rue noire de monde :** Une dispute va éclater lors d'une fête ou d'un anniversaire.
- **Vous marchez dans une rue :** Vous vous écartez de votre but initial.

RUINE, thème soumis à la loi des contraires.

- **Rêver de ruines** est un signe de richesse.
- **Des ruines historiques** indiquent que l'on parviendra à la réussite par ses propres efforts.
- **Voir sa propre maison en ruine :** Vous allez vivre dans l'aisance et le confort durant de longues années.
- **Visiter des ruines :** Vous gravirez de nombreux échelons dans l'échelle sociale.

S

SABLE

- **Dans un contexte agréable comme s'étendre sur le sable chaud,** ce rêve exprime un besoin de détente et d'exultation. Si cette vision est nette et imprègne bien votre esprit, votre forme a de grande chance d'être au maximum à votre réveil.
  Sa signification est différente lorsque **le sable est brûlant, qu'il est difficile d'avancer ou que le rêveur s'enlise.** La gravité de la crise qu'il traverse est relative à ses propres facultés d'analyser le conflit, l'aboutissement de ce rêve peut en dire long sur son caractère. Souvent, le réveil a lieu avant son terme. Il est alors profitable d'examiner à nouveau les résolutions prises avec l'être aimé ou la personne impliquée dans ces problèmes, qui épargnent rarement le plan matériel. Les choses n'ont pas été intégrées dans leurs justes perspectives.
- **Une personne est en détresse dans les sables mouvants :** Malaise, inquiétudes dont la source est une fatigue physique et morale.
- **Vous faites des châteaux de sable :** Votre activité ne correspond pas à vos aspirations, pourtant celle-ci vous procurera bientôt une satisfaction.
- **Voir un sablier :** Signe de mort.
- **«Le marchand de sable» :** Vos illusions ne prendront jamais fin.
- **«Le grain de sable qui...» :** Minimiser, c'est prendre de gros risques, le message fait référence à une affaire délicate ou liée à la justice.

SABOTAGE

Rêver de sabotages annonce des problèmes complexes. La plupart du temps, on ne doit s'en prendre qu'à soi-même et s'attendre à des pertes matérielles plus ou moins importantes selon l'incidence et l'impact de ce sabotage.

- Par contre, **si vous êtes impliqué dans l'organisation d'un sabotage ou le pratiquez vous-même,** cela augure fort bien pour votre vie professionnelle. Votre étendard est l'audace, rien ne vous fait peur, à votre façon vous éliminerez les obstacles sur votre route. Malheureusement, le plan sentimental ne reçoit pas les même données, un cruel dilemme vous attend, à vous de ne pas le compliquer.

SAC

- **Une femme rêve qu'elle achète un sac à main :** L'homme qu'elle aime n'est pas assez attentionné à son égard.
- **Elle perd son sac à main :** Ses objectifs sont inaccessibles.

- **Elle vole un sac à main :** Une aventure amoureuse lui fera perdre la raison.
- **Elle se fait voler son sac à main :** Elle rendra un homme très malheureux.
- **Elle trouve un sac à main :** Un accroissement de biens.
- **Elle reçoit un sac à main en cadeau :** Son budget est très mal géré et elle doit de l'argent.
- **Un homme rêve qu'il trouve un sac à main :** Il trahira sa légitime.
- **Il fouille le sac à main de sa femme :** Il sera trahi et volé.
- **Il vole un sac à main :** Il fait des promesses sans lendemain à une femme.
- **Il achète un sac à main à sa femme ou à sa compagne :** On lui demandera un choix difficile.

SACRIFICE

Thème d'implication, il faut s'investir pour repartir dans une meilleure direction.

- **Se sacrifier pour une personne chère** dénote un manque d'humilité. Dans votre intérêt, montrez-vous plus modeste et disponible aux sollicitations des autres.
- **Se sacrifier pour une cause :** Vous avez tendance à vivre au gré des événements et même parfois aux dépens de la générosité d'autrui.
- **Quelqu'un se sacrifie pour vous :** La notion d'indépendance domine et les rapports avec vos proches sont tendus.
- **Vous sacrifiez un animal au nom d'une croyance :** Tensions et faiblesses peuvent être dus aux paradis artificiels (alcool, drogue etc.) mais également à l'oisiveté.
- **Vous sacrifiez un enfant au nom d'une croyance :** Votre vie affective est marquée par des souffrances qui ne se cicatriseront qu'avec le temps, vos habitudes vous aliènent vos proches et une aide psychologique vous serait d'un grand secours.

SAISIE

- **Vous faites l'objet d'une saisie :** Un gain matériel vous occasionnera des problèmes.
- **Vous faites saisir d'autres personnes :** Une rentrée d'argent d'une provenance dangereuse.
- **Un parent est saisi :** Vous faites partie des gens à qui il souhaiterait emprunter de l'argent.
- **Des connaissances sont saisies :** Par obligation vous changerez de résidence.

SALAIRE

- **Vous recevez un salaire :** Vol, exploitation.
- **Vous préparez une feuille de paie :** Petite augmentation de vos revenus.

- **On vous supprime votre salaire :** Des ennuis avec la justice.
- **Vous réglez des salaires à des ouvriers ou des employés :** Vous devrez payer pour une faute commise.
- **Votre salaire est augmenté :** Les événements joueront en votre faveur.
- **Votre salaire est diminué :** Des malentendus dans les contacts professionnels.

SANG

C'est un symbole de vulnérabilité, il a également une connotation avec la sexualité. Sa vue exprime une grande sensibilité ainsi que la crainte d'être rejeté par les êtres que l'on désire dominer et garder près de soi.

- **Perdre son sang** est contradictoirement un signe de vitalité pour une femme, peut-être parce que le sang est lié à la virginité et aux menstruations. Son but sera de profiter de la vie au maximum, et de ne retenir que l'essentiel.
- **Si elle subit une transfusion,** elle se sentira très concernée par les problèmes de ses proches. Sa sexualité sera source de résurgence bien que sa vie sentimentale subisse des fluctuations constantes.
- **Perdre son sang pour un homme** est l'indication d'une gêne, d'un mal-être dans son existence actuelle. Son idéalisme l'empêche de tenir compte des réalités matérielles.
- **S'il donne son sang :** Son besoin d'indépendance est incompatible avec une vie familiale ou une relation amoureuse stable.
- **S'il reçoit une transfusion :** Ses conquêtes seront faciles.
- **Du sang en quantité sur le sol :** Jalousie. Piège.
- **Du sang sur les draps :** Une mort déclenchera un choc psychologique.
- **Voir un être cher baigner dans son sang :** Période très hostile.
- **Du sang sur les mains :** La situation vous échappe, vos proches se liguent contre vous.
- **Échanger du sang avec un être cher :** Ce cérémonial annonce une complicité relationnelle vitale dans un domaine créatif.
- **Du sang s'écoule des robinets :** Résurgence, la vie se recanalise.

SANGLIER

Symbole d'entêtement et de brutalité.

- **Rêver d'un sanglier :** Votre obstination vous fera perdre des opportunités.
- **Chasser le sanglier :** Vous parviendrez à retourner une situation à votre avantage.
- **Un sanglier vous charge :** Un conflit affectif remettra tout en question.
- **Tuer un sanglier :** Quelqu'un cherche à se venger de vous.
- **Voir une laie et ses petits :** Une relation passionnelle vous fera changer d'objectif.

- **Des marcassins jouent entre eux :** Une raison à votre colère, ne faites pas d'esclandre, les choses s'arrangent à votre avantage.
- **Tuer un marcassin :** Une petite performance vous vaudra une proposition intéressante.
- **Tuer une laie :** Par l'audace vous obtiendrez des privilèges, mais vous perdrez beaucoup d'amis.

SANGSUE

On ne saurait être plus précis. Ce rêve sous toutes ses formes concerne vos finances. Des tyrans vous exploitent, demandez-leur des comptes et vérifier vos charges. Sciemment ou non, ils vous causent du tort. Par contre, si votre santé est précaire, si vous êtes en traitement ou subissez des examens médicaux, ce thème augure d'un prompt rétablissement.

- **Des sangsues dans un récipient :** Message de potentialité, passez à l'action.

SAPIN

- **Rêver d'un sapin** est un signe de longévité.
- **Rêver d'une forêt de sapins :** Un très long voyage en perpective.
- **Rêver d'un sapin de Noël,** voir **NOËL.**
- **Acheter un sapin :** Une rentrée d'argent importante dans l'année qui suit.

SAULE

- **Vous rêvez de saules pleureurs :** L'argent provoquera des discordes.
- **Vous coupez les branches des saules :** Votre descendance vous causera de graves inquiétudes.
- **Vous avez un saule pleureur dans votre jardin :** Votre vie se déroulera de manière triste et mélancolique.

SAUT

Thème d'ascension.

- **Se voir exécuter un grand saut :** Désir de s'améliorer et même de se dépasser dans certaines activités, les ambitions ne seront pas déçues.
- **Appréhender un saut quelconque :** Annonce des contrariétés relatives au plan matériel.
- **Sauter par obligation :** Vos responsabilités vous angoissent.
- **Voir quelqu'un faire un saut :** Une relation influente vous viendra en aide opportunément.
- **Sauter à la corde :** Les amitiés seront nombreuses.
- **Voir d'autres personnes sauter à la corde :** Par étourderie vous perdrez de l'argent.
- **Des enfants sautent à la corde :** Votre situation va prendre un essor considérable.

SAUTERELLE

- **Rêver de sauterelle :** Vos ambitions sont irréalistes.
- **Une invasion de sauterelles dans votre maison ou votre jardin :** Votre situation matérielle empirera.
- **Tuer des sauterelles :** Une maladie bénigne.

SAUVETAGE

- **Une personne est en péril et vous la sauvez :** Les rumeurs qui circulent sur votre compte sont toutes à mettre à votre crédit.
- **Vous êtes sauvé in extremis :** Un proche vous tirera de l'embarras.
- **Vous assistez à un sauvetage :** Vous trouverez l'aide désirée au moment propice.

SAVON

- **Rêver de savon :** Compétition amoureuse.
- **De savon parfumé :** L'être aimé vous pardonnera une petite incartade.
- **Des bulles de savon :** Une relation amoureuse éphémère.
- **Savon noir :** Une exhortation à la prudence.
- **Acheter du savon :** Votre apparence physique va changer.

SCANDALE

- **Provoquer un scandale en rêve** indique une insatisfaction permanente par nature.
- **S'impliquer dans une histoire scandaleuse :** Une dépense déraisonnable vous permettra de matérialiser un projet stérile.
- **D'autres personnes sont impliquées dans un scandale :** Forcez pour obtenir quelque chose ne vous apportera qu'une déception.

SCARABÉE

Symbolise les potentialités.

- **Un homme qui voit un scarabée en rêve** est généralement pourvu d'une énergie puissante, ses ressources intérieures sont inépuisables, mais il n'aimera pas être bousculé ou mis devant le fait accompli.
  Une femme y verra une phase créative et constructive au moment où elle fait ce rêve.
- **Voir ce coléoptère grimper sur une autre personne :** On doit s'attendre à des affrontements et compter sur soi-même pour progresser concrètement.
- **Tuer un scarabée :** L'originalité est défaillante dans les démarches personnelles, la routine annihile le sens créatif.

SCÈNE

- **Rêver d'une scène de théâtre :** Révèle un manque d'assurance en soi.
- **Vous assistez à une représentation théâtrale :** Vous aimez les contextes compétitifs.
- **Vous interprétez le rôle d'un personnage sur une scène :** Vos compétences seront considérées comme des références.
- **Vous faites une scène de ménage :** Période d'instabilité, prenez garde aux actes irréfléchis.
- **Vous assistez à une scène de ménage :** Une amère désillusion.

SCIE

Signe de mésentente et d'usure dans les relations.

- **Si vous sciez du bois,** le terme d'une relation difficile est bientôt proche.
- **Vous utilisez une scie à métaux,** votre obstination vous sera favorable.
- **Vous vous blessez avec une scie :** Votre amour-propre sera malmené.
- **Une autre personne utilise une scie :** L'objectivité vous fait défaut.

SCORPION

- **Rêver d'un scorpion :** Vous avez soif d'idéal et la médiocrité vous fait horreur.
- **Des scorpions en nombre :** Les oppositions seront violentes, vous avez tendance à suivre vos propres lois.
- **Un scorpion vous pique :** Une passion intense et dualitaire vous fera souffrir.
- **Un scorpion pique un animal :** Vous courrez un grave danger.
- **Vous tuez un scorpion :** Dans la même année, une mort et une naissance dans la famille.

SCULPTURE

- **Des sculptures dans un espace vert** annoncent des succès professionnels.
- **Une sculpture dans un lieu clos :** Vous avez besoin de vous recycler, votre progression est bloquée.
- **Vous êtes sculpteur :** Vous manquez de discipline et d'organisation dans votre travail. C'est dommage, car votre imagination est peu commune.
- **Vous regardez travailler un sculpteur :** Travaillez votre concentration, elle vous sera utile bientôt.

SÉCHERESSE

On associera ce thème aux difficultés matérielles et à l'effondrement des projets trop onéreux.

- **Si la pluie tombe après une longue période de sécheresse :** Sous des hospices favorables vous repartirez à zéro.
- **La sécheresse vous fait perdre vos récoltes :** Vous ne portez pas assez d'intérêts à vos problèmes financiers, ils pourraient se régler facilement.

SEIN

Ce rêve est presque toujours en rapport avec la sexualité.

- **Chez une femme**, il dénonce des tendances narcissiques et une certaine nostalgie de sa jeunesse.
- **Lorsque ses seins lui apparaissent hypertrophiés,** la crainte de ne plus séduire devient une obsession et elle a besoin d'être maternée pour compenser ce manque de sérénité.
- **Des seins malades ou blessés** peuvent révéler une dysharmonie dans sa vie sexuelle.
- **Rêver de mammoplastie, de prothèses... :** Espoir d'une vie nouvelle, refus des réalités.
- **Faux seins etc. pour tromper l'œil :** Éventualité d'un adultère, uniquement pour se prouver certaines choses.
- **Lorsqu'un homme rêve de seins jeunes et galbés,** il a soif de volupté et de sensations amoureuses.
- **Des seins ptôsés** traduisent un mal-être, une insatisfaction, parfois une inadaptation aux situations qu'il doit assumer.
- **Voir une femme donner le sein,** voir **ALLAITEMENT.**

SEL

- **Dans un rêve, vous trouvez vos aliments trop salés :** Votre propre agressivité vous cause du tort.
- **Vous renversez du sel :** Des disputes dans la famille.
- **Vous ramassez de la fleur de sel :** Une nouvelle vous mettra le cœur en fête.
- **Vous achetez du sel :** Danger, on cherche à vous leurrer.
- **Vous avez du sel béni :** Heureux présage pour la vie sentimentale.

SÉPARATION

Ce thème prédit des problèmes matériels lorsqu'il s'agit d'un couple. Une séparation avec d'autres membres de la famille est contradictoirement un signe d'attachement qui ne concernera pas obligatoirement la personne vue en rêve.

- **Une séparation avec ses propres enfants :** Prédit une mésentente conjugale, parfois une dégradation de la vie sociale.
- **Une personne célibataire rêve qu'elle se sépare d'un être cher :** Il est probable qu'elle souhaite certains avantages de la vie de couple, mais elle n'est pas prête pour autant d'en assumer les contraintes.

SÉQUESTRATION

Ce rêve se présente le plus souvent à des personnes pessimistes dont le découragement et la procrastination précèdent des résolutions difficiles ; le présage est défavorable aux changements dans la vie affective et matérielle.

- **Si un être cher vous séquestre,** vous devrez faire passer les intérêts des autres avant les vôtres.
- **Si vous séquestrez quelqu'un,** c'est un signe de possessivité et de jalousie, ce comportement vous ferme la perspective d'un grand bonheur.

SÉRAIL, voir HARÉM

- **Un homme rêve de sérail :** Espérance de joie et de plaisir, la liberté est mal utilisée. **S'il se trouve dans le sérail :** Ses désirs se réaliseront au détriment de sa vie affective, une relation féminine sera rompue.
- **Une femme rêve de sérail :** Sa vie sentimentale va prendre une tournure inattendue.

SERMENT

- **Rêver d'un serment d'amour :** Inquiétudes amoureuses.
- **Les serments vous sont destinés :** Quelque chose d'important se prépare sur le plan affectif.
- **Vous découvrez que ce sont de faux serments :** Votre intuition vous fait défaut, vous manquez de prévoyance dans vos actes.
- **D'autres personnes échangent des serments :** Il faut s'attendre à de la délation.

SERMON, voir MORALE

SERPENT

De nombreuses sources attestent que le présage est funeste. Je ne serai pas aussi affirmative. Le serpent est un des symboles de vie, de mort, de transformation et de sexualité les plus anciens. Ambivalent, il figure tantôt le mauvais principe, tantôt le bon, tantôt les deux. Il est à l'origine du chaos.

- **Tuer rapidement un serpent ou lui couper la tête** assure une victoire sur l'adversité.
- **S'il vous surprend ou rampe menaçant autour de vous,** vous avez tout intérêt à n'accorder aucun crédit et aucune confiance aux personnes qui prétendent être vos amis, elles sont fourbes, mal intentionnées et n'attendent que l'occasion pour vous faire du mal.
- **Être mordu par un serpent venimeux :** Grave maladie, parfois décès d'un proche.
- **Un être cher est mordu par un serpent venimeux :** Une séparation douloureuse vous procurera une autre vision des choses.
- **Des serpents en nombre rampent de tous côtés :** Votre vie est en danger.

- **Un amas de serpents se noue et s'agite :** Influence malsaine, dangereusement communicable à des personnes vulnérables, les instincts sont primaires et imprévisibles.
- **Entendre des serpents siffler** annonce une mort brutale.
- **Charmer un serpent :** Chance et fertilité.
- **Un serpent de très petite taille se glissant sous les vêtements** annoncera des problèmes de santé.
- **Un très grand reptile comme un boa ou un python :** Désir intense d'harmonie sexuelle.
- **Ce même type de serpent autour de votre corps :** Alliance et complicité charnelle.
- **Danseuse nue aux serpents :** Sexualité débridée.
- **Des serpents en captivité** garantissent des revanches, par étapes, sur l'adversité.
- **Tomber dans une fosse à serpents** indique qu'on s'attaquera avec acharnement à votre réputation.
- **Rêver d'un serpent à deux têtes** attire les bienfaits de la chance et promet la richesse matérielle et spirituelle.
- **Un serpent enroulé sur lui-même et endormi** freine les possibilités et tend à ne montrer que le bon côté des choses.
- **Un serpent est enroulé autour d'un arbre :** Une personne va heurter violemment vos convictions.
- **Un serpent se dressant comme un phallus, dans un rêve de femme,** est un symbole sexuel qui peut révéler un état de manque ; ce thème est une compensation à ses désirs.
- **Dans un rêve d'homme :** Fusion d'une passion charnelle avec des sentiments profonds de domination.
- **Transporter sans le savoir un serpent sur soi ou dans son sac :** Une nouvelle expérience sexuelle.
- **Tenir sans crainte un serpent dans ses mains :** Focalisation sur la sexualité, sentiment d'impuissance et angoisse d'être mal aimé.
- **Écraser un serpent :** Vous parviendrez à faire d'une difficulté majeure, une victoire.
- **Découvrir un nid de serpents :** L'instinct prend le dessus, mais dans ce qu'il y a de plus bas en lui.
- **Marcher sur un nid de vipères** est un présage maléfique qui apporte aussi bien des mystères liés à l'argent que des événements brutaux et inattendus. **Si les vipères vous mordent,** elles signent alors la fin d'une illusion sentimentale.

- **La vue d'un serpent rouge :** Le destin est hostile, on doit être prudent et se méfier de ses relations.
- **Un serpent noir qui rampe ou qui s'enfuit :** Une idée criminelle passagère liée à une situation de dépendance.
- **Un serpent dans l'eau :** Également une intention morbide, mais compréhensible, car découlant de souffrances infligées par un proche.
- **Voir une peau de serpent :** Renouveau affectif et charnel.
- **Un serpent conservé dans l'alcool :** Thésaurisation. L'argent accumulé est souvent mal acquis et ne profite à personne.

SERRURE

- **Vous rêvez de serrure :** Thème d'intrigue, incline à la curiosité dans la vie affective.
- **Vous l'ouvrez facilement :** L'accomplissement d'un désir.
- **Vous ne pouvez l'ouvrir :** Cela vous prépare d'amères surprises.
- **Vous avez une serrure sans clef :** Vous faites trop de confidences à votre entourage, vous le regretterez.
- **Vous forcez une serrure,** voir **FORCER.**
- **Vous regardez par le trou de la serrure :** Votre aptitude est particulière et provient de frustrations mal acceptées.

SEXUALITÉ

Même dans le rêve elle ne sera jamais un sujet tabou, elle est liée intimement à la plupart d'entre eux, parfois par le biais d'éléments symboliques pas toujours simples à reconnaître.
Aussi, que son implication soit subjective ou sous-jacente, elle est sans aucun doute génératrice en puissance d'angoisses et de doutes, dans le rêve comme dans la réalité. Référez-vous aux différents thèmes qu'elle inspire pour une juste interprétation.

SIFFLER

- **Dans votre rêve, vous sifflez un air, une chanson :** La journée vous réservera une surprise.
- **Vous sifflez pour attirer l'attention de quelqu'un :** Un rendez-vous vous rendra nerveux.
- **D'autres personnes sifflent des airs musicaux :** Un voyage sera annulé.
- **Une personne siffle pour attirer votre attention :** Vous faites fausse route dans une affaire sentimentale.
- **Vous entendez un coup de sifflet :** Risque d'agression nocturne.
- **Un coup de sifflet durant un match :** Contrariété et pleurs.
- **Vous entendez siffler des serpents,** voir **SERPENT.**

SINGE

- **Vous rêvez de singe :** Renseignements erronés.
- **Vous rêvez de singes en captivité :** Une mésentente affective.
- **Vous rêvez d'un bébé singe :** Privation nécessaire.
- **Vous possédez un singe :** Quelqu'un vous porte préjudice.
- **Voir un singe mort :** Danger, aveuglement sentimental.

SIRÈNE

S'il s'agit d'un être mystique, d'une femme dont la partie inférieure du tronc se termine par une queue de poisson, la prophétie est maléfique et vous prévient d'un danger. Mais la «sirène» de votre rêve peut être une femme très sexy et dangereuse, c'est alors un signe de timidité devant le sexe faible.

- **Une femme qui rêve qu'elle qualifie de «sirène» une fille séduisante,** a pour seul but d'attirer l'attention d'un homme pour rendre jalouse ses rivales ou ses amies.
- **Rêver d'une sirène (l'appareil de signalisation),** voir **ALARME.**

SOIE

Symbole érotique, la lingerie en soie a un sens exclusivement sexuel, elle exprime un désir.

- **Pour une femme :** Des vêtements en soie sont signe d'impulsivité, d'émotions incontrôlables.
- **Pour un homme :** Ce thème révélera des tendances sadomasochistes.
- **Une femme rêve de soie rouge :** Elle sera prête à tout pour séduire l'homme sur lequel elle jettera son dévolu.
- **Un homme rêve de soie rouge :** Un rival blessera son amour-propre.
- **Une femme rêve de soie blanche :** Elle vivra dans le luxe une bonne partie de sa vie.
- **Un homme rêve de soie blanche :** Il tiendra ses promesses de fidélité.
- **Rêver de soie bleue, pour les deux sexes :** Les espoirs se réaliseront.
- **Rêver de soie noire, pour les deux sexes :** Les exigences sont démesurées.
- **Déchirer de la soie :** Un conflit entre amants.
- **Vous achetez des étoffes de soie :** Spéculation sur les sentiments.

SOIF

Ce rêve a une signification complexe. Il peut s'agir d'une réaction physique qui se confirme au milieu de la nuit en vous arrachant au sommeil. Dans ce cas, vous l'aurez compris, aucun sens prophétique est à retenir. Cependant, si cette soif est le point fort de votre scénario onirique, préparez-vous à une période compliquée, les circonstances vous seront défavorables et la fatigue annihilera votre déterminisme.

- **Si vous étanchez votre soif :** Vos aspirations prendront forme et vous éprouverez une grande fierté.
- **Une soif insatiable** est présage de maladie.

SOIGNER

- **Vous soignez une personne :** Des nouvelles vont vous faire remettre un rendez-vous.
- **Vous soignez un enfant :** Amitié sincère.
- **Vous soignez votre enfant :** Vous serez beaucoup aimé.
- **Quelqu'un vous soigne :** Vous manquez de contrôle sur vous-même.

SOIRÉE

- **Vous rêvez qu'une soirée se déroule chez vous :** Tristesse et pessimisme.
- **Vous passez une très belle soirée :** Une récompense décevante.
- **Vous donnez une soirée pour célébrer un événement :** Ne vendez pas la peau de l'ours avant de l'avoir tué.
- **Vous passez une soirée avec l'être aimé :** Un conflit se terminera dans la joie.

SOLDAT

- **Une femme rêve de soldats :** Il dénote une certaine réserve et la crainte qu'un homme se méprenne sur ses intentions.
- **Un homme rêve de soldats :** Son caractère est en cause, il se ferme lui-même des perspectives d'avenir.
- **Voir des soldats passer à l'attaque :** En principe, cette sorte de rêve est significative d'une révolte intérieure. Voir **GUERRE.**
- **Un homme rêve de soldats de plomb :** C'est l'indice d'un changement dans sa profession, il perdra un peu de son autonomie.
- **Une femme rêve de soldats de plomb :** Elle doit être prudente lors de ses déplacements, elle risque de se retrouver face à des gens agressifs et violents dans un lieu de promiscuité.
- **Des soldats défilent au pas cadencé :** Conseille la discipline et une meilleure organisation pour progresser.
- **Voir des soldats ivres :** Faiblesse et négligence.

SOLEIL

C'est un symbole de vie, d'espoir et de perfection.

Son mouvement est à la base de nombreux mythes d'orientation.

Le soleil donne accès à l'amour, à l'érotisme en provoquant une libération de soi-même. **Si en rêve il vous procure une agréable sensation,** sachez que vous bénéficiez déjà à votre insu de sa lumière vivifiante et que votre réussite ne dépend que de vous seul, car vos ambitions sont soutenues par des influences cosmiques bénéfiques à votre épanouissement. Il en est de même **quand ses rayons pénètrent et éclairent votre demeure.**

- **Rêver d'un lever de soleil :** Amour et prospérité.
- **Un soleil brouillé avec un halo :** Vous manquez de sincérité ou vous n'êtes pas assez motivé dans vos implications.
- **Un coucher de soleil :** Les objectifs sont erronés, vous perdrez une fortune si vous persistez.
- **Le soleil disparaît derrière les nuages :** Une imprudence vous fera passer à côté du succès.
- **Un soleil rougeâtre et menaçant :** Votre santé est en danger, limitez-vous dans l'action.
- **Le soleil se rapproche de la terre rapidement :** Votre rythme de vie est dangereux, il perturbe votre sérénité. Des conflits vont naître, ils peuvent vous rendre gravement malade.
- **Le soleil se refroidit ou s'éteint :** Votre vitalité aussi, un organe est en mauvais état, ou vous souffrez de graves problèmes circulatoires.
- **Une éclipse solaire,** voir **ÉCLIPSE.**

SOLITUDE

- **Rêver de solitude :** Ce thème suscite la controverse dans la réalité.
- **Si vous êtes très solitaire :** Vous prendrez part à de nombreuses festivités et vos relations réclameront vos lumières dans de nombreux domaines.
- **Une personne que vous aimez souffre de solitude :** Quelqu'un développe envers vous une secrète inimitié.

SOMMEIL

Se voir dormir est significatif d'insécurité, l'esprit est tourmenté et cherche à fuir certaines réalités.

Moins affligeant pour le rêveur s'il dort avec un enfant ou son partenaire, c'est l'indication qu'il parviendra à impressionner et influencer une personne comme il le souhaite.

- **Dormir avec une personne inconnue** annonce de nombreuses déceptions sentimentales.
- **Dormir à même le sol** révèle d'un désir caché qui empêche de donner libre cours à ses actions.
- **Si vous rêvez que vous avez sommeil,** c'est l'annonce d'une longue période de désappointement.
- **Un proche vous dit qu'il a sommeil :** Il sera bientôt dans l'embarras et réclamera de l'aide.
- **Regarder dormir quelqu'un :** Une personne veille sur vous en secret.

SOMNAMBULISME

À moins d'être réellement somnambule, ce rêve cache certains côtés négatifs de la personnalité.

Une personne qui rêve qu'elle agit en état de somnambulisme d'une façon monstrueuse ou criminelle, peut très bien en fait se sentir dans la réalité coupable d'attitudes ou de pensées condamnables. Cela dit, il est rare que ce rêve dénonce des tendances meurtrières. Ce n'est pas totalement exclu, mais je pense que le subconscient utilise d'autres symboles, non moins complexes pour les exprimer.

- **Un être cher est somnambule :** Trop d'éléments sont en désaccord avec les espérances du rêveur, il faudra lutter contre les fatalités de l'existence.

SORCIÈRE

- **Rêver d'une sorcière de légende aux doigts crochus est un présage maléfique :** Soyez prudent dans vos occupations diverses, la fatalité sera négative.
- **Vous rêvez d'un sorcier :** Votre pouvoir sur autrui est puissant, utilisez-le à des fins louables, sinon il se retournera contre vous.
- **Vous vous faites passer pour un sorcier ou une sorcière aux pouvoirs surprenants :** Vous êtes sur la voie de la réussite, mais l'expérience vous fait défaut.
- **Le rêve tourne au cauchemar, une sorcière vous effraie :** Vos nerfs sont à bout de force, une dépression est en gestation. Changez d'ambiance rapidement.

SOUFFLE

- **Dans votre rêve, vous sentez un souffle au-dessus de vous :** Une énergie bienfaisante vous fera accomplir des prodiges.
- **Vous sentez un souffle agréablement parfumé :** Un plaisir d'amour intense.
- **Vous soufflez sur quelqu'un :** Un ami vous apportera son soutien.
- **Vous sentez un souffle chaud :** Votre opposition sera faible.
- **Vous sentez un souffle froid :** En amour, vous aimez la difficulté et les interdits.
- **Vous soufflez une réponse à quelqu'un :** Vous défendrez la cause d'un ami.
- **Vous perdez le souffle :** Une entreprise trop audacieuse avortera.
- **Vous soufflez sur le feu pour le faire prendre :** Des commérages et des disputes.
- **Vous haletez :** Du chagrin en perspective.

SOUFFLET

- **Rêver d'un soufflet à feu :** L'amour vous consolera des échecs matériels.
- **Vous utilisez un soufflet pour activer les braises :** On vous aime passionnément.

- **Vous achetez un soufflet dans une brocante :** Un projet longuement mûri ne pourra prendre forme.
- **Vous trouvez un vieux soufflet dans un grenier, une grange, une cave... :** Un sacrifice inutile.

SOUFFRANCE, voir également DOULEUR

- **Si vous êtes victime de souffrances,** la répétition d'insécurité, de soucis, de contrariétés est significative de ce rêve.
- **Si un être cher souffre physiquement :** Des drames silencieux dont vous ignorez l'existence marquent la famille.
- **Une autre personne souffre :** Un sentiment de solitude vous affaiblit.
- **Si vous parvenez à atténuer la souffrance d'une personne par un moyen quelconque :** Vos conceptions très personnelles seront utiles et profitables à vos proches.

SOURCE, pour vous aider à décrypter ce thème, consultez **EAU.**

- **Rêver d'une source et s'y désaltérer :** Sans aucun mérite, vous réussirez ce que vous entreprendrez et votre vie affective sera harmonieuse.
- **Si l'eau de cette source est trouble ou souillée :** N'essayez pas de résoudre seul vos problèmes de santé, consultez un médecin.
- **La source d'un lieu sacré :** Un message de prudence venant d'en haut et un appel à la loyauté envers ceux qui vous aiment.
- **Boire de l'eau d'une source dont les bienfaits sont connus :** Le retour d'une affection que vous n'espériez plus.
- **Découvrir une source dans son jardin :** Vos amis connaissent des faits sur vos proches que vous ignorez, par affection ils vous les cachent.
- **Une source jaillit à vos pieds :** Ce thème cautionne une réussite matérielle et affective.

SOURD

- **Rêver d'une personne sourde et muette :** La logique vous fait défaut.
- **Vous êtes sourd :** Les gens parlent de vous et cela ne vous surprend pas.
- **Vous êtes sourd et muet :** Un piège incontournable.
- **L'être aimé est sourd :** Il sera trahi par des gens ou des collègues de travail peu scrupuleux.
- **Un de vos enfants est sourd et muet :** Changez de mentalité, vous décevez vos proches et vos amis.

SOUTERRAIN, les rêves où apparaissent des souterrains sont réservés aux personnes anxieuses par anticipation.

- **Être enfermé, bloqué dans un souterrain** est un signe d'oppression dont la cause peut être le dilemme d'un choix.

Rappelez-vous les événements et les détails liés à ce rêve, ils vous aideront à découvrir son véritable sens.

- **Cherchez quelqu'un dans un souterrain,** présage des erreurs de parcours qu'il faudra assumer.
- **Hurler dans un souterrain pour se faire entendre ou recevoir de l'aide :** Des problèmes psychologiques, parfois un blocage, devront être pris au sérieux. Ce thème peut révéler des aspects d'introversion.

SPECTRE

On pourrait croire que ce thème s'interprète comme celui du **FANTÔME.** Pourtant, sa signification est différente car l'image que l'on perçoit du spectre d'une personne décédée que l'on a connue a presque toujours un caractère effrayant.

Contradictoirement, un tel rêve révèle une paix intérieure ainsi qu'un pouvoir créatif en gestation.

- **S'il s'agit du spectre d'une personne que vous avez trahie :** C'est un signe d'élévation que vous ne devrez qu'à vous-même.
- **Si vous dites d'une personne très maigre qu'elle n'est plus qu'un «spectre» :** Un deuil cruel vous affectera.

SQUALE

- **Rêver de squales :** Grande menace pour la vie matérielle.
- **Un requin vous suit pendant que vous nagez :** Prudence ! Associés requins, créanciers murènes qui attendent leur heure.
- **Un requin vous attaque :** Souffrances psychiques qui entraînent une déficience immunitaire.
- **Vous harponnez un requin :** Entêtement dans les opinions et dans les positions. Uniquement favorable au domaine financier.
- **Tuer un requin :** Néfaste aux déplacements d'affaires, aux voyages, parfois coupure définitive avec des relations.

SQUELETTE, voir OSSEMENTS

STATUE

- **Contempler une statue :** Changement heureux, renouveau.
- **Toucher de ses mains une statue ou la caresser :** Les attitudes d'une personne à votre égard vont changer radicalement.
- **Être changer en statue :** Signe de frustration **chez un homme** et de frigidité **chez une femme.**
- **Une statue s'anime :** Vous recherchez l'amour fou et vous pensez à tort qu'il n'existe pas.

SUCCÈS

Par certains côtés, on peut interpréter ce thème comme celui d'**ARTISTE**. Il symbolise plus spécifiquement l'orgueil et l'autosatisfaction qui en découle que la réussite elle-même. Ne perdons pas de vue qu'il ne fait parfois qu'exprimer des ambitions audacieuses dans les sphères où les élus sont peu nombreux. Ce désir est certes légitime, mais il ne doit pas faire perdre de vue au rêveur le sens des réalités.

- **Lorsque ce sont les autres qui connaissent le succès,** c'est un signe de scepticisme, le rêveur recèle au fond de lui-même des doutes et des hésitations sur ses potentialités qui desservent son accomplissement dans la voie choisie.

SUCRE

- **Rêver de sucre :** Une personne mène double jeu.
- **Sucrer des aliments qui généralement se dégustent salés :** Petite amélioration de votre train de vie.
- **Refuser de manger sucré :** Sauf si vous êtes au régime dans la réalité, attendez-vous à des restrictions matérielles sévères.
- **Acheter du sucre :** Vous avez le verbe beau et les cadeaux que vous faites sont plutôt intéressés.
- **Renverser du sucre :** Le ridicule peut faire du tort, gardez-vous de vous justifier à des gens qui ne vous demandent rien.

SUICIDE

Mettre fin à ses jours est un thème qui a peu de chance de se présenter au cours de l'existence. Quand bien même, le rêveur se voit rarement passer à l'action.

Si l'exception confirme cette évidence, n'hésitez pas à vous confier à un psychologue. Une profonde détresse, un conflit douloureux et permanent ou d'incessants remords peuvent dégrader dangereusement votre état psychologique sans que vous en soyez conscient.

- Par contre, **voir un être cher se suicider ou découvrir qu'il vient de mettre fin à ses jours** est un appel à développer un peu plus les aspects humanitaires.
- **Se sentir responsable d'un suicide** implique un manque de volonté et d'initiatives face aux situations complexes ; c'est également la raison des ennuis perpétuels.

SUIE

- **Vous vous tachez avec de la suie :** Mettez un frein à vos dépenses.
- **Vous êtes couvert de suie :** Une perte d'argent ayant pour cause la négligence.

- **L'être aimé est couvert de suie :** Il dilapidera vos économies.
- **Vos enfants sont couverts de suie :** Le moment est propice pour leur parler d'un problème dont vous appréhendez les conséquences.

SURNOM

- **Vous rêvez qu'on vous donne un surnom :** Vous gagnerez de l'argent facilement.
- **Vous trouvez un surnom à quelqu'un :** Perte de temps en préliminaires.
- **Vous donnez un surnom à un être cher :** Quelque chose d'agréable va lui arriver.

T

TABAC

Si vous rêvez de cette grande plante aux larges feuilles aromatiques, c'est un indice d'expansion sur le plan professionnel.

- **Si vous rêvez de tabac à chiquer ou à fumer,** c'est une exhortation à la prudence dans les négociations, une personne cherche à vous court-circuiter.
- **De tabac à priser :** Estime de l'entourage et des relations.
- **Vous vous trouvez dans un lieu tabagique :** Confusion, égarement, nécessité de se prendre en charge.
- **Vous êtes atteint de tabacomanie :** Pour quelques dollars de moins, vous passerez à côté d'une proposition que vous regretterez.

VOICI QUELQUES PROPHÉTIES VALABLES UNIQUEMENT POUR LES NON-FUMEURS !

- **Une femme rêve qu'elle accepte une cigarette d'un inconnu :** Elle a besoin de distraction et de détente.
- **Un homme rêve qu'il accepte une cigarette d'une inconnue :** Une femme étrange le surprendra et le détournera de son but.
- **Une femme rêve qu'elle fume :** Vie aisée.
- **Un homme rêve qu'il fume le cigare :** Il se lassera d'une vie de couple monotone.
- **S'il est célibataire,** il commettra une imprudence qui lui sera fatale.
- **Vous achetez des cigarettes :** Le résultat d'une démarche vous comblera de joie.
- **Vous achetez des cigares :** Rêve de bonne augure lié à la prospérité et à la sérénité dans les affaires.
- **Fumer la pipe,** voir **PIPE.**

TABLE

- **Vous rêvez que vous achetez une table en bois : Si elle est ronde,** vous développerez une grande force intérieure.
  Si elle est rectangulaire, vos décisions et votre comportement risquent de détruire votre sécurité.
  Si elle est très longue, vous continuerez à vous créer des complications inutiles.
- **Vous vendez une table en bois : Si elle est ronde,** vous ferez le deuil de quelques relations. **Si elle est rectangulaire,** vous aurez tendance à vous reposer sur les autres.
- **Vous vous attablez à une table en solitaire :** Un combat d'idées et de principes constituera la motivation principale de votre vie.

- **S'attabler à une table bien dressée avec des amis :** Vous resterez fidèle à vos engagements, les circonstances faciliteront les choses.
- **Vous montez sur une table :** Bien-être. **Si elle est ronde,** vos facultés créatives seront favorablement exploitées.
- **D'autres personnes montent sur une table :** Une période agitée en perpective.

TABLEAU

- **Un tableau noir dans une salle de cours** prédit des changements importants pour un parent ou un enfant dans un délai très court.
- **Si quelque chose est écrit sur le tableau :** À ce jour, vous trouverez un courrier fort intéressant dans votre boîte aux lettres.
- **Vous écrivez au tableau en vous adressant à plusieurs personnes :** Vos tribulations auront des retombées positives pour vous et vos proches.
- **Vous achetez un tableau d'écolier :** Des luttes et des rivalités surviendront.

TACHE

Symbole de châtiment.

- **Des taches en nombre sur le visage et sur le corps** révèlent la plupart du temps des faiblesses et des craintes qui incitent le rêveur à se méfier de tout le monde.
- **D'autres personnes ont le corps et le visage couvert de taches :** Vos exigences vis-à-vis des autres vous privent de leur reconnaissance et de leur tendresse.
- **Se voir avec des taches de rousseur :** Dès qu'une tâche est à accomplir, vous vous noyez dans un verre d'eau !
- **D'autres personnes ont des taches de rousseur :** Des discussions désobligeantes dresseront des hostilités contre vous.
- **Voir des vêtements couverts de taches :** Vous ne savez pas gérer votre temps.
- **Les gens autour de vous ont les vêtements couverts de taches :** À tort, vous croyez que vous êtes constamment épié ou jugé.
- **Taches d'encre,** voir **ENCRE.**

TALISMAN

- **Un homme rêve d'un talisman :** Des satisfactions d'amour-propre.
- **Il perd son talisman :** Il se doit de développer son autonomie financière et affective.
- **Une femme rêve d'un talisman :** Sa réussite sera freinée par son besoin de se sédentariser.
- **Elle perd son talisman :** Elle défend mal ses opinions.

TAMBOUR

- **Rêver de cet instrument de musique :** De bonnes nouvelles sont en chemin.
- **Jouer du tambour d'une façon rythmée et mélodieuse :** Votre vie sentimentale sera harmonieuse.
- **Les roulements de tambours sont discordants :** Vous focalisez trop sur des faits insignifiants ; il est donc nécessaire pour votre tranquillité d'esprit de changer cette mentalité tracassière.

TANDEM

- **Vous êtes sur un tandem avec l'être aimé :** Vous serez sur la même longueur d'onde que lui pendant de nombreuses années.
- **Vous êtes sur un tandem avec un enfant :** Grande joie en famille
- **Vous menez des chiens attelés en tandem :** Dans les pires circonstances, vos proches vous soutiendront chaleureusement.

TANIÈRE

Ce thème implique un changement d'attitude au quotidien, vous êtes responsable de vos propres déboires, tant que vous ne le comprendrez pas, les choses iront en empirant.

- Par contre, **si l'animal est dans sa tanière,** sachez que le présage est excellent, vous mettrez rapidement votre expérience à profit pour la réalisation d'un projet.
- **Si la tanière est piégée,** un revirement spectaculaire de situation favorisera le plan matériel.

TANTE

- **Rêver de votre tante :** Suivez les conseils avisés d'une femme ingénieuse.
- **Rêver d'une tante inconnue :** Une personne cherche à vous mettre des bâtons dans les roues.
- **Vous êtes la tante de quelqu'un :** Tristesse et rancœur.
- **Vous vous rendez à l'enterrement d'une tante :** Une femme fera votre fortune.

TAPAGE

- **Vous rêvez de tapage nocturne :** Trop de dispersion dans le travail.
- **Vous êtes accusé de tapage :** Une séparation vous procurera un immense chagrin.
- **Vos voisins font du tapage :** Les obstacles vous paraîtront insurmontables, réjouissez-vous, la chance sera avec vous.

TAPIS

- **Rêver de tapis :** Découverte d'une source de profits **s'il est propre et en bon état.**
- **De tapis sale et déchiré :** Dégradation des rapports avec l'entourage, pertes matérielles.
- **Vous possédez un magnifique tapis :** Vos amis vous tromperont.
- **Votre tapis est déchiré ou en mauvais état :** L'argent vous manquera.
- **Vous achetez un tapis :** L'empressement vous fera faire un mauvais choix.
- **Vous vendez un tapis :** Des gains non négligeables d'une source que vous garderez secrète.
- **Se voir sur un tapis volant :** Un recours déloyal vous apportera plus d'ennuis que de satisfactions.
- **Vous marchez sur un tapis qui recouvre la chaussée :** Un heureux événement va se produire.
- **Vous empruntez le tapis rouge entre des haies d'honneur :** Presque conforme à la réalité, vous côtoierez bientôt des sommités.

TAPISSERIE

- **Rêver de tapisserie :** Vos activités sociales seront très agréables et enrichissantes.
- **Vous possédez une tapisserie :** Votre fortune s'accroîtra.
- **Vous achetez une tapisserie :** Un voyage d'affaire fructueux.
- **Vous tissez une tapisserie :** Vous serez apprécié et respecté.
- **Quelqu'un vous offre une tapisserie :** Vous partagerez un héritage.

TATOUAGE

- **Rêver de tatouages :** Vous ne placez pas les choses dans leurs justes perspectives.
- **Vous vous faites tatouer :** La jalousie vous rend violent.
- **Vous observez un tatoueur :** Une rupture amoureuse vous fera prendre conscience de ce que vous avez perdu par orgueil.
- **Un tatoueur vous blesse en effectuant son travail :** Période de contrariétés et de mauvaise fortune.

TAUREAU

Symbole de vitalité.

- **Voir un taureau dans un pré :** Annonce **pour une femme** une grande résistance organique et une santé solide. **Pour un homme,** ce thème lui assure de lourdes responsabilités qu'il assumera sans grandes difficultés. En puissance, il renversera tous les obstacles.
- **Un taureau blanc** est un signe de fidélité en amour comme en amitié.

- **Un taureau noir :** Accomplissement d'une vengeance.
- **Vous êtes chargé par un taureau :** Votre rancune est violente et s'oppose à votre sérénité.
- **Assister à une corrida :** Une opposition cachée se dévoilera au grand jour.

TAXI

- **Rêver de taxis :** La solitude vous pèse.
- **Prendre un taxi de jour :** Une bonne période commence.
- **Prendre un taxi de nuit :** Un nouvel amour va naître.
- **Prendre un taxi avec une personne du sexe opposé :** L'être aimé vous trompe, vous découvrirez la vérité.
- **Faire l'amour dans un taxi :** Interdit moral embarrassant, rigueur neutralisante du conjoint.

TEINDRE

- **Vous teignez des vêtements :** Ne parlez pas toujours de votre expérience, elle est aussi tributaire du passé.
- **Vous teignez des étoffes ou des tissus :** Vos projets de sorties deviennent coûteux.
- **Vous donnez un vêtement au teinturier :** Il n'est pas si facile de vous contenter.
- **Teindre ses cheveux,** voir **CHEVEUX.**

TÉLÉGRAMME

- **Le télégramme annonce une bonne nouvelle dans votre rêve :** Vous surmonterez aisément les tracas financiers.
- **Il annonce une mauvaise nouvelle :** Les projets sont à reconsidérer.
- **Il annonce un décès :** Vous n'allez pas tarder à découvrir une erreur que vous avez commise.
- **Vous envoyez un télégramme annonçant un décès :** Vous ferez un héritage.

TÉLÉPATHIE

- **Réussir une expérience télépathique en rêve** montre que vous êtes capable de bouleverser l'ordre des choses dans un domaine bien concret. Vos conceptions seront utiles et profitables à ceux que vous aimez et même s'ils ne comprennent pas toujours vos motivations, ils vous en seront reconnaissants dans le futur.
- Ce thème, qui a d'autres extensions, peut libérer d'autres messages. Il est fort possible qu'il cherche à vous révéler à vous-même. N'êtes-vous pas par principe un peu trop conformiste, l'image que vous avez de vous n'est-elle pas celle que les autres vous renvoient ? Défendez votre vérité, laissez votre corps et votre esprit s'exprimer, vous établirez des rapports harmonieux avec autrui.

TÉLÉPHONE

De nombreuses sources affirment qu'il est révélateur de la vie sentimentale.

- Ainsi, **une conversation téléphonique brusquement interrompue** annonce la fin d'une liaison.
- **Raccrocher au nez de son interlocuteur** laisse filtrer des tendances agressives, une nature conflictuelle en amour.
- **Si vous ne pouvez obtenir votre communication :** Le doute prend le pas sur la confiance et vos raisonnements manquent d'objectivité.
- **Si vous laissez sonner le téléphone indéfiniment sans décrocher :** Vous êtes esclave de votre partenaire sans pour autant avoir le désir de le quitter.
- **Si vous achetez un nouveau téléphone :** Un rendez-vous amoureux sera déterminant pour l'avenir.
- **Vous changez votre numéro de téléphone :** Vos tendances vaniteuses vous portent plus préjudice qu'elles ne suscitent l'admiration.
- **Vous attendez impatiemment un appel :** Vous cherchez à résoudre un problème insoluble.

TÉLÉVISION

Difficile de trouver un sens prophétique à ce rêve, même en connaissant le sujet de l'émission qui se déroule sur l'écran. Rattaché au quotidien pour la plupart d'entre nous, il n'évoque que des faits routiniers et traduit un besoin impérieux de réalisations impossibles ou utopiques tout comme un enthousiasme en dents de scie devant les actes qu'il faut accomplir.

- **Une télévision qui implose et n'entraîne que des dégâts matériels** annonce des circonstances potentiellement dangereuses, d'où l'intérêt de maîtriser ses accès de fureur. La boulimie du confort et de l'argent fait perdre au rêveur bien plus qu'il ne souhaite acquérir.
- **Acheter un téléviseur :** Vous entreprenez beaucoup de choses en vous reposant sur les autres.

TÉMOIGNER

Thème d'engagement personnel.

- **Vous témoignez en faveur de relations ou de proches :** Vous allez prendre des responsabilités qui vous honoreront.
- **Vous témoignez sous serment :** Des amitiés solides vous aideront à réaliser vos ambitions.
- **Vous témoignez contre quelqu'un :** Vous serez pris dans un réseau de relations dangereuses. Soyez prudent.
- **D'autres personnes témoignent contre vous :** On vous reproche votre inconstance, et votre manque de maturité.
- **Des témoignages établissent votre culpabilité :** Dans les événements où vous êtes impliqué, vous constaterez un fort courant de malchance.

TEMPÊTE, voir ORAGE

TEMPLE

- **Rêver d'un temple :** Changements psychologiques.
- **Visiter un temple à l'étranger :** Inquiétude pour un départ ou un voyage.
- **Visiter un temple dans votre pays :** Solitude, compréhension des autres.
- **Entrer dans un temple :** Sensation d'impuissance face une situation affective douloureuse.
- **Regarder les idoles d'un temple :** La richesse que vous acquerrez sera spirituelle, ce sera votre bien le plus précieux.

TENNIS

- **Vous rêvez d'une partie de tennis :** Des changements professionnels opportuns.
- **Vous rêvez d'un court de tennis :** Vous adopterez une nouvelle stratégie dans vos affaires, elle sera favorable à vos intérêts.
- **Vous jouez au tennis contre un partenaire du sexe opposé :** Vous serez trompé pendant votre absence.
- **Vous jouez au tennis avec l'être aimé :** Contrôlez mieux vos émotions.
- **Vous gagnez une partie de tennis :** Vous allez acquérir force et pouvoir.
- **Vous perdez une partie de tennis :** Vos hésitations vous mettent en danger.

TENTATION

Oscar WILDE a tout compris, le seul moyen que nous ayons de nous délivrer de la tentation, c'est d'y céder. Dans les rêves, il est rare de ne pas se voir passer à l'action. Aussi, il serait stérile de chercher à tout prix un sens prophétique à ce thème. Il n'est que le reflet, dans son ensemble, de nos désirs et de nos convoitises.
Si toutefois vous parvenez à étouffer cette appétence, à votre réveil il ne vous restera qu'un sentiment d'amertume, une sensation d'anéantissement ou une faiblesse physique passagère. D'où l'intérêt de conduire nos rêves jusqu'à l'accomplissement des fantasmes que vous impose notre inconscient. (Voir **ces rêves qui soignent**.)

TENTE

- **Rêver d'une tente :** La réussite est remise à plus tard.
- **Dresser la tente :** Un danger plane sur vous.
- **Dormir sous une tente :** Vous devriez limiter vos dépenses.
- **Vivre sous la tente :** Des ennuis en chaîne.
- **Manger sous la tente avec des amis :** Une longue vie saine.
- **Des enfants campent sous la tente :** Faites confiance à votre intuition.

TERRAIN

- **Rêver de terrains :** Vous allez, sous peu, bénéficier d'un avantage.
- **Vous achetez un terrain :** Période chanceuse dans les affaires.
- **Vendre un terrain :** Dévalorisation, cessation.
- **On vous fait don d'un terrain :** Une dette sera oubliée.
- **Vous êtes propriétaire d'un terrain :** Bientôt vous serez allégé de vos charges.

TERRE

Elle symbolise sans équivoque la puissance et l'énergie vitale.

- **Si dans un rêve, son odeur ou sa texture réveille en vous des souvenirs d'enfance ou vous rend mélancolique** c'est qu'il est temps pour vous d'enterrer certains ressentiments. Il y a mille et une façons de prendre des revanches sur l'existence sans chercher à appliquer la loi du talion à chaque fois que l'action d'un tiers vous paraît injuste.
- **Cette terre réveille en vous des sentiments de vengeance :** En réalité, vous avez besoin d'être aimé et rassuré. **Si vous êtes une femme,** la maternité ou la présence d'un enfant dans votre foyer vous apportera de grandes satisfactions.
- **Embrasser la terre ou se sentir à sa vue transporter par un sentiment d'amour** dénotera une belle énergie nécessaire aux causes humanitaires, les impulsions seront bonnes conseillères.
- **Enterré vivant,** voir **ENTERRÉ.**
- **Se voir étendu à terre :** Transformation intérieure par la sexualité.
- **Creuser la terre** voir **CREUSER.**
- **Voir un trou dans la terre :** Un grand désespoir.
- **Une terre bien labourée ou cultivée :** D'excellente augure pour les affaires en cours.
- **La terre est aride :** Signe de misère et de mauvaise santé.
- **Un grand amoncellement de terre** présage des gains substantiels mais provisoires.
- **Acheter de la terre :** Vous perdrez vos économies.
- **Vendre de la terre :** Une rente ou des biens inattendus accroîtront vos revenus.
- Le rêve **vous reproche de ne pas avoir «les pieds sur terre» :** Présence d'une force connue ou inconnue qui dirige le rêveur.

TESTAMENT

- **Vous faites votre testament :** Signe de santé et de longévité.
- **Vous faites votre testament en faveur d'une œuvre :** L'argent ne reste pas longtemps entre vos mains, les partenaires non plus !
- **Une personne fait son testament en votre faveur :** Les querelles familiales sont basées sur l'argent.

- **Un parent établit son testament en votre désavantage :** Des déboires financiers.
- **Lire l'Ancien Testament :** Vous limitez vos sentiments à des schémas sécurisants, laissez parler votre cœur, il consolidera votre épanouissement.

TÊTE

- **Vous rêvez de votre tête :** Vous ne rattraperez jamais le temps perdu.
- **Vous vous trouvez une jolie tête :** Vous aspirez à plus de liberté.
- **Vous avez mal à la tête :** Des bavardages renforceront l'image que les gens ont de vous.
- **Une tête sans tronc :** On vous brutalisera.
- **Votre tête est très pâle :** Maladie.
- **Voir une tête floue au-dessus de vous :** Vous découvrirez une rivalité en amour.
- **Une tête chauve :** Vous serez riche.
- **Une personne à deux têtes :** La prospérité dans les affaires.
- **Une tête énorme :** Honte et chagrin.
- **Une tête coupée :** Un hasard malheureux.
- **Voir sa propre tête coupée :** Votre existence est déréglée, vous devez restaurer l'équilibre indispensable.
- **Vous tenez votre propre tête entre vos mains :** Vous pardonnerez à vos ennemis.
- **On vous coupe la tête,** voir **DÉCAPITATION.**
- **Vous découvrez la tête coupée d'un animal domestique :** Un ami abusera de votre confiance.
- **Vous découvrez la tête coupée d'un animal sauvage :** Vous assisterez à l'agonie d'une personne aimée.
- **La tête coupée d'un oiseau :** La fin d'un amour.
- **Vous avez la «grosse tête» :** Abus de ses possibilités, expérience incomplète.
- **Tête de bois :** La réceptivité est défaillante. Les actions sont mal engagées.

TÊTE-À-TÊTE

- **Rêver d'un tête-à-tête en amoureux avec l'être aimé** est un signe de bonheur conjugal et d'harmonie sexuelle.
- **Vous avez un tête-à-tête avec une personne de notoriété :** Vos espoirs s'accompliront.
- **Un tête-à-tête avec une personne chère :** Vous triompherez des rivalités amoureuses.
- **Un tête-à-tête avec votre amant :** Vous mentez par habitude à l'homme de votre vie.
- **Un tête-à-tête avec votre maîtresse :** Sans motif, vous serez sur la défensive.

TÊTE DE MORT

- **Vous rêvez d'une tête de mort :** Vous découvrirez une énigme et sa cause.
- **Voir le crâne d'un proche :** Une naissance dans la famille.
- **Vous tenez une tête de mort entre vos mains :** L'avenir vous fera oublier vos déboires.
- **Une tête de mort est posée sur vos genoux :** Vous serez bientôt dépassé par vos actions.

THÉ

- **Dans votre rêve, vous buvez du thé :** Votre personnalité vous vaudra des privilèges.
- **Vous servez du thé à des relations :** Vos initiatives seront appréciées.
- **Vous êtes dans un salon de thé :** La personne censée vous aider vous trahira.
- **Avec d'autres personnes :** Des gens curieux vous poseront des problèmes.
- **Vous achetez du thé :** Vous manquez de moyens pour réaliser vos projets.
- **Vous êtes propriétaire d'un salon de thé :** Ne tapez pas dans vos économies, une période noire vous le ferait regretter.
- **Vous utilisez des feuilles de thé :** Un nouvel amour vous consolera.

THÉÂTRE

- **Vous rêvez de théâtre :** Vous êtes très exigeant avec ceux que vous aimez.
- **Vous vous rendez seul au théâtre :** Votre persévérance vous fera accomplir un beau travail.
- **Vous allez au théâtre avec un être cher :** Vous serez invité à une soirée.
- **Vous allez au théâtre avec d'autres personnes :** L'avenir vous apportera de belles récompenses.
- **Vous quittez le théâtre avant le tomber de rideau :** Une surprise malheureuse vous attend.
- **Vous rencontrez votre ennemi au théâtre :** Vous n'appréciez pas les remarques et les réflexions.
- **Votre conjoint est au théâtre avec une autre femme :** Il vous reste beaucoup à apprendre.
- **Votre régulière est au théâtre avec un autre homme :** Une réconciliation succédera à une dispute amoureuse.

THERMOMÈTRE

- **Rêver d'un thermomètre :** En toutes circonstances, vous resterez digne.
- **Le thermomètre affiche votre température, elle est très élevée :** Vous vivrez une histoire d'amour passionnée. **Si elle est en dessous de la normale :** Vos amis se désintéressent de vous.

- **La température de vos enfants est très élevée :** Vous subirez un choc émotif.
- **Le thermomètre d'une station météorologique indique une température très froide :** Vous perdrez toute une année de revenus.
- **Une température très élevée :** De bons profits annuels.
- **Vous cassez un thermomètre :** Les échanges amoureux seront sporadiques.

THYM

Symbole d'asepsie.

- **Vous rêvez de thym :** Vous mettrez de l'ordre dans votre vie.
- **Vous utilisez du thym en cuisine :** Votre santé est excellente.
- **Vous l'utilisez en infusion :** Vous rajeunissez de jour en jour.
- **Du thym pousse à profusion dans votre jardin :** Vous avez l'art de clarifier les situations complexes.
- **Vous avez horreur du thym :** Nul ne se hasarderait à vous contredire, par peur de sombrer dans les méandres de vos explications.

TIARE

- **Rêver d'une tiare** est un signe d'expérience qui cautionne une élévation de situation imminente.
- **Porter une tiare** confirme la réussite dans le domaine où l'on apporte son savoir.
- **Un souverain ou une souveraine porte une tiare :** Gloire, consécration.

TIGRE

- **Rêver d'un tigre en liberté :** Vous ne parviendrez pas à maîtriser votre fureur.
- **D'un tigre en chasse :** L'objectif que vous vous êtes assigné comporte de gros risques.
- **Vous chassez le tigre :** Un conflit va naître entre deux de vos proches.
- **Vous rêvez d'un tigre en captivité :** Laissez les événements se dérouler avant d'entreprendre ce qui vous tient à cœur.
- **D'un tigre dans un cirque :** Le danger n'est pas là où vous le voyez.
- **D'une tigresse et de ses petits :** Vos ennemis ne feront pas de trêve.
- **Vous possédez un bébé tigre :** Des liens d'amitié durables.
- **Plusieurs bébés tigres :** Vos amis seront très dépendants de vous.
- **Un tigre domestiqué :** Un excellent choix sentimental.
- **Un tigre vous saute dessus :** Une suite désastreuse à une querelle.
- **Vous tuez un tigre :** Désenchantement, des dépendances affectives ou financières.

TILLEUL

- **Rêver de tilleuls :** Une vie longue et paisible.
- **Posséder un tilleul dans son jardin :** Vous garderez toujours le contact avec vos amis.
- **Planter un tilleul :** Des liens d'amitié vont se resserrer.
- **Couper les branches d'un tilleul :** Une nouvelle déclenchera une dispute.
- **Cueillir du tilleul :** Vos centres d'intérêts seront très différents de ceux de votre partenaire.
- **Préparer une infusion de tilleul :** Vous aurez besoin d'être rassuré.
- **Boire une infusion de tilleul :** Vous partagerez un secret avec un ami.
- **Acheter du tilleul :** On fera appel à vous pour convaincre une personne.

TIMBRE

- **Rêver de timbres poste** est un signe de voyage d'agrément.
- **Apposer des timbres sur une enveloppe ou un document** annonce une amélioration de situation non prévue.
- **Si vous collectionnez les timbres,** une ère très prospère va se présenter à l'horizon.
- **Si vous échangez des timbres de collection,** prenez garde aux projets illicites.
- **Vendre des timbres pour la recherche médicale** indique que vous progresserez après de dures épreuves.
- **Acheter des timbres pour la recherche médicale :** Vous obtiendrez ce que vous désirez sans pour autant en éprouver de la satisfaction.

TIMIDITÉ

- **Si dans votre rêve vous êtes timide,** c'est l'assurance d'un succès rapide alors que vous vous attendiez à une défaite.
- **Si la timidité gère votre vie nocturne ainsi que votre vie diurne,** il est probable que vous souffriez d'injustice ; cette impression désagréable s'éternisera tant que votre goût pour la persécution demeurera.
- **Si une autre personne souffre de timidité maladive :** C'est une façon de vous dire qu'elle souffre de votre indifférence.

TIRELIRE

- **Rêver d'une tirelire :** Vos aspirations sont en passe de se matérialiser.
- **Vous possédez une tirelire :** Vous n'êtes pas sur la bonne voie pour vous enrichir.
- **Vous cassez votre tirelire :** Les économies d'une personne chère vous sont destinées.
- **Votre tirelire est vide :** Un mensonge va vous tirer de l'embarras et vous y replongerez aussitôt.

- **Vous augmentez votre cagnotte avec de l'argent volé :** Suite à un incident, vous dépenserez une petite fortune.
- **Des gens mettent de l'argent dans une tirelire :** Vos contestations feront annuler une sanction prise vis-à-vis d'un tiers.
- **Vous achetez une tirelire :** Vos résolutions ne verront pas le jour.
- **Votre enfant joue avec une tirelire :** Vous serez confronté à un sérieux problème d'argent.
- **Un enfant casse sa tirelire :** Un emprunt que vous ne pourrez rembourser.

TIROIR

- **Vous rêvez de tiroirs ouverts :** Une intrigue amoureuse vous concernera.
- **Vous ouvrez un tiroir :** Vous ouvrirez votre cœur à un ami.
- **Vous ouvrez un tiroir fermé à clef,** voir **FORCER.**
- **Vous videz tous vos tiroirs :** Une scène mémorable.
- **Un tiroir-caisse plein est ouvert :** L'argent est le seul but de vos préoccupations.
- **Un tiroir-caisse vide :** Vos déboires font sourires votre entourage.
- **Vous prenez de l'argent dans un tiroir-caisse :** Vous serez riche tardivement.

TISSER

- **Rêver de tissage :** Des affaires compliquées mais fructueuses.
- **Vous regardez un tisserand au travail :** De bonnes nouvelles en perspective.
- **Vous tissez un ouvrage :** Vous connaîtrez le succès dans toutes vos entreprises.

TOAST

- **Porter un toast en rêve** est un signe de chance qu'il faudra saisir à la volée.
- **D'autres personnes portent un toast :** Des amis prennent votre défense.
- **Un toast est porté en votre honneur :** Un privilège vient de vous être accordé.
- **Vous mangez des toasts :** Votre motivation explique votre réussite.
- **Vous mangez des toasts avec des amis :** Vous serez convié à de nombreuses festivités.
- **Vous servez des toasts à vos relations :** Ces mêmes relations vous rendront un service inestimable.
- **Vous faites griller des toasts :** Votre forme s'accroît lorsqu'on vous flatte.

TOBOGGAN

- **Rêver d'un toboggan :** Vous brûlerez les étapes.
- **Des enfants font du toboggan :** Financièrement, votre situation devient difficile.

- **Des gens font du toboggan :** C'est pour vous le début de l'insécurité.
- **Vous descendez un toboggan :** Une influence négative bloque votre progression.
- **Une personne vous pousse du haut d'un toboggan :** Trahison pour de l'argent.
- **Si vous vous blessez,** ne surestimez pas vos forces, tenez compte des années écoulées ou d'une fatigue antérieure.

TOILETTES

- **Vous rêvez des toilettes d'un établissement :** Un sujet sans grande importance vous causera beaucoup d'inquiétudes.
- **Vous allez aux toilettes :** Des courbettes à des gens déplaisants par obligation.
- **Vous allez aux toilettes pour vous peigner ou retoucher votre maquillage :** Vous parviendrez à atteindre votre but, faut-il encore que vous fournissiez l'effort nécessaire.
- **Vous ne parvenez pas à sortir des toilettes :** Attention, une relation influente peut vous ruiner en cherchant à vous venir en aide.
- **Vous nettoyez les toilettes :** Vos négligences engendreront des pertes.
- **Vous cherchez vainement des toilettes propres :** Vous n'êtes plus sûr d'avoir la cote.
- **Les toilettes sont toujours occupées :** Vous perdrez le contrôle de vous-même.
- **Vous faites votre toilette :** Vous mettrez un terme à une fréquentation.

TOIT

- **Vous montez sur le toit de votre maison :** Un vol aura lieu dans votre quartier.
- **Quelqu'un se trouve sur le toit de votre maison :** D'autres profiteront de vos idées.
- **Le toit de votre maison est en mauvais état :** Longtemps vos factures resteront insolvables.
- **Vous tombez d'un toit :** Des pertes financières affligeantes.
- **Un parent tombe d'un toit :** Il vous cachera son infortune.
- **Un enfant tombe d'un toit :** La vie d'un proche est en danger et vous le savez.
- **Vous vous promenez sur les toits :** Vos frasques amoureuses resteront secrètes.
- **Des ouvriers sont sur le toit de votre maison :** Des ennuis domestiques et des querelles.
- **Voir un toit d'église** présage un grand bonheur affectif.
- **Vous êtes sur le toit d'une église :** Vous vivrez très longtemps.
- **Vous tombez de la toiture de l'église :** Vous perdrez l'amour de votre époux ou de votre femme.

TOLÉRANCE

- **Vous êtes trop tolérant :** Vous le pensez à juste titre, des gens en profitent.
- **Vous êtes très tolérant avec vos enfants :** Les querelles détruisent votre vie amoureuse.
- **D'autres personnes sont tolérantes :** Les amitiés sont de courte durée.

TOMATE

- **Rêver de tomates :** De nombreuses passions amoureuses.
- **De tomates vertes :** Votre vie est trop superficielle.
- **Vous cueillez des tomates :** Des émotions fortes en perpective.
- **Vous mangez des tomates bien rouges :** Le hasard provoquera une situation dualitaire.
- **Vous mangez des tomates vertes :** Par impatience, vous passerez à côté de la chance.
- **Vous achetez des tomates :** Vous obtiendrez ce que vous désirez.
- **Vous faites pousser des tomates :** Des changements inattendus et heureux.

TOMBE, voir également CAVEAU

- **Rêver d'une tombe** est un signe de solitude et de désarroi.
- **Une tombe négligée** présage des ennuis familiaux.
- **Une tombe fleurie :** Une personne se languit de vous.
- **Une tombe ouverte :** Votre santé n'est pas aussi bonne qu'elle paraît.
- **Marcher sur une tombe :** Vous serez séparé de l'être que vous aimez le plus.
- **Rêver de sa propre tombe :** Les aspirations sont destructrices.
- **Creuser sa tombe,** voir **CREUSER.**
- **Visiter des tombes de personnalités :** Votre ascension se fera lentement.
- **Se voir enfermé dans une tombe :** Métamorphose dans un domaine quelconque ; parfois donne un second souffle à ce qui existe de longue date. **Si l'angoisse croît démesurément lors de ce rêve,** la prophétie est maléfique et porte sur la fin d'un amour.

TONNEAU

- **Rêver d'un tonneau plein** est un signe de prospérité.
- **D'un tonneau vide :** Vous tirerez le diable par la queue.
- **Voir plusieurs tonneaux :** Vos revenus vont s'accroître.
- **Acheter un tonneau :** Vous achèterez une maison que vous revendrez par la suite.
- **Vous recevez un tonneau plein :** Prenez garde, une personne spécule sur vos biens.

TONNELLE

- **Vous rêvez d'une tonnelle :** Vous souffrez d'incertitude.
- **Vous êtes sous une tonnelle avec l'être aimé :** Vous ferez une croisière en amoureux.
- **Vous êtes seul sous une tonnelle :** Des amours malheureuses.
- **Une tonnelle couverte de roses :** Une grande passion changera votre existence.

TORCHE

- **Vous fabriquez une torche :** Un concept vous rapportera de l'argent.
- **Vous allumez une torche :** La solution rapide à un problème.
- **Vous éclairez quelqu'un avec une torche :** Un ami n'entreprendra rien sans vous consulter.
- **Des gens portent des torches allumées :** Vous êtes à l'aube d'un nouveau cycle prometteur.
- **Votre torche provoque un incendie :** Les circonstances actuelles vous sont défavorables, remettez vos projets.
- **Vous courrez avec une torche enflammée :** Vous connaîtrez le succès, mais vous gagnerez peu d'argent.

TORNADE, voir VENT

TORRENT

- **Rêver d'un torrent** est signe de troubles et de dissensions.
- **Se baigner dans l'eau d'un torrent :** Vous n'aurez d'autres choix que celui d'accepter les fluctuations de votre fortune.
- **Vous tombez dans un torrent :** Des épreuves découlent de passions acérées.
- **Vous nagez pour échapper au courant,** voir **EAU.**
- **Une personne est emportée par le courant et réclame votre aide :** Soyez discret et prudent dans vos entreprises.
- **Vous plongez dans un torrent pour porter secours à une personne :** Les résultats face aux espérances sont satisfaisants.

TORTUE

- **Rêver de tortues marines :** Vous serez très riche. **Si vous en possédez :** Les gens vous trouveront très mystérieux(se).
- **Vous achetez des tortues marines :** Toutes les spéculations sont bénéfiques.
- **Vous possédez une tortue terrestre :** Vous perdez des avantages en remettant une action au lendemain.

- **Vous élevez des tortues :** Vous ne parviendrez à vous enrichir qu'au prix d'efforts considérables.
- **Vous achetez une tortue :** Vous resterez bloqué chez vous quelques jours.
- **Vous tuez une tortue :** Des événements bouleversants dans la famille.
- **Quelqu'un tue des tortues :** Des gens de votre entourage ont de mauvaises intentions.
- **Votre tortue est morte :** Le silence est faiblesse, dites ce que vous avez sur le cœur.
- **Vous mangez de la tortue :** Les maux deviendront chroniques.

TORTURE

- **Se voir en rêve torturer un être cher** révèle un caractère pervers ; il n'est pas exclu que la personne qui se comporte de cette façon, ne se délecte pas dans la réalité du malheur des gens qu'elle côtoie.
- **Si vous êtes torturé par un de vos proches** il est fort probable que ce thème montre à quel point vous êtes tendu nerveusement et susceptible. Peut-être que vos responsabilités sont très lourdes ou tout simplement que votre goût pour la persécution vous afflige.
  En revanche, ces interprétations ne sont pas recevables pour les personnes dont le vécu a été marqué par de telles pratiques.
- **D'autres personnes vous infligent des tortures :** Ne vous en prenez qu'à vous-même si votre vie est un désert, la méfiance vous empêche de faire confiance à autrui.
- **Assister à des tortures :** Un jugement trop rapide pourrait vous causer du tort, prenez le temps de réfléchir.

TOUR

- **Rêver d'une tour :** La vie sera facile.
- **Vous montez au sommet d'une tour :** La réussite sera au-delà de vos espérances.
- **Une tour penchée ou la tour de Pise :** Vos hésitations peuvent faire avorter la chance.
- **Une tour classée monument historique :** Les honneurs vous seront rendus.

TOURTERELLE

- **Rêver de tourterelles :** Signe de sociabilité et d'amitié.
- **Posséder des tourterelles :** Des amis vous viendront en aide.
- **Une tourterelle en cage :** Une personne cherche à vous faire de la peine.
- **Tuer une tourterelle :** Les sentiments sont inexistants, l'amour ou l'amitié est galvaudé.
- **Une tourterelle morte :** Une nouvelle funeste en cours.

TRAHISON

Ce n'est parfois que l'angoisse, le manque de confiance, la jalousie qui déclenchent ce rêve. Il est rare que les craintes soient fondées et se justifient. Et je ne fais pas ici juste allusion qu'à la trahison entre époux ou entre amants, mais aussi bien à la déloyauté ou à l'abus de confiance de proches ou de relations. Un examen approfondi montrera que votre nature impressionnable échappe mal aux suggestions de l'entourage et à la confusion ; vos pensées négatives vous enferment dans une sorte de prison mentale. Vous écarterez le risque de trahison si vous faites face aux réalités de ce monde. En approfondissant votre raisonnement, vous discernerez mieux le vrai du faux.

- **Si c'est vous qui trahissez quelqu'un dans votre rêve,** c'est peut-être parce que dans la réalité vous admettez difficilement que les autres soient aussi importants que vous. Cette certitude vous rassure entièrement et vous ôte tout scrupule dans vos transactions.
- **Si vous trahissez votre partenaire,** voir **INFIDÉLITÉ.**

TRAIN

- **Rêver de train :** Mélancolie, recherche inconsciente d'un mieux.
- **Vous attendez un train :** Goût de l'évasion et des émotions fortes.
- **Vous êtes dans un train :** Vous redoutez une séparation.
- **Vous manquez votre train :** Vous cherchez à vous soustraire à vos responsabilités.
- **Vous attrapez votre train au vol :** Le hasard sera pour vous, l'initiative d'une personne.
- **L'être aimé prend le train :** Sa fidélité sera mise en cause.
- **L'être aimé manque son train :** Le courage vous manque pour aborder un sujet qui vous préoccupe.
- **Un train déraille,** voir **ACCIDENT.**
- **Si vous êtes dans ce train :** Vous perdrez un procès.
- **Un train fonce sur vous :** Climat de tension, un conflit va éclater.
- **Des trains se croisent :** L'adaptation aux événements extérieurs est médiocre, il faut apprendre à s'en accommoder.
- **Vous tombez du train :** Il y a des erreurs qui ne pardonnent pas et engendrent la solitude.

TRAÎNEAU

- **Rêver de traîneau :** Vous saurez profiter de la vie et en retirer de beaux avantages.
- **Pousser un traîneau :** La mise au point d'un plan ou d'un projet vous angoisse.
- **Le traîneau se renverse :** Votre situation devient précaire, vous allez manquer d'argent.

TRANSPIRATION

Pour une juste compréhension de ce thème, il ne faut qu'en aucun cas il ne soit relié à la réalité et précède ou accompagne un cauchemar.

- **Se voir couvert de sueur** exprime parfois des exigences incitant à placer la barre très haut, les efforts et la persévérance sont inutiles, les échecs sont dus à des projets trop grandioses et ruineux.
- Par contre, **si l'odeur d'une personne qui transpire vous gêne,** c'est tout simplement que ce que vous n'avez pas vérifié par votre propre expérience vous semble contestable.
- **Si votre odeur de transpiration gêne d'autres personnes :** Une baisse de vitalité peut vous faire perdre provisoirement votre assurance.

TRÈFLE

Les feuilles trifoliées du trèfle sont synonymes d'argent.

Cependant, cette plante dans vos rêves vous recommande d'être prudent dans vos dépenses. Vous ne saurez pas dire non et résister à tout ce qui scintille.

- **Trouver un trèfle à quatre feuilles :** Vous êtes d'un naturel optimiste et vous espérez qu'une baguette magique va transformer votre existence.
- **Un trèfle de carte à jouer,** voir **CARTE.**

TREMBLEMENT DE TERRE

- **Rêver d'un tremblement de terre :** Inconsciemment, vous redoutez un bouleversement dans votre vie affective.
- **Vous êtes pris dans un tremblement de terre :** Des changements difficiles sont pressentis, parfois on doit expérimenter un déracinement. Si ce thème est accompagné d'angoisses et de sueurs, il faut consulter.
- **Votre maison disparaît dans un tremblement de terre :** Vous vous sentez en danger au sein d'une collectivité ou d'un environnement particulier où vous avez probablement à vous battre, à lutter pour des idées. Cette révolution vous épuise et vous sentez que vous allez lâcher prise. Votre seul risque serait de sombrer dans le piège du renoncement, repartez à l'attaque.

TRÉSOR

- **Rêver d'un trésor :** Vos atouts sont bénéfiques.
- **Trouver un trésor :** La rigueur est demandée dans la gestion de vos idées.
- **Cacher un trésor :** Votre imagination s'avère source de profits.
- **Creuser vainement dans le but de trouver un trésor :** Manque de confiance en soi.

TRICOTER

- **Vous tricotez :** Retard dans toutes les entreprises.
- **Voir une grand-mère tricoter :** Des journées paisibles et heureuses.
- **Votre époux ou un ami tricote :** Vous assumerez bientôt seule toutes les dépenses.
- **Votre épouse tricote :** Elle s'ennuie de ses amis ou de sa famille.
- **Tricoter à la machine :** Une personne influente accélérera une demande.
- **Vous tricotez pour d'autres personnes :** Vous manquez d'optimisme et d'entrain.

TUER

Difficile de donner un sens prophétique à cette impulsion meurtrière, nous faisons tous des rêves dépassant tout entendement. Bien que liée à nos principes, la morale se fait la malle dans un songe, comme si notre subconscient était parfaitement conscient de son irresponsabilité.

Aussi honnête que nous soyons dans la réalité, nous pouvons accomplir un crime déshonorant au cours de notre sommeil, car à ce moment là, nos pensées et notre volonté manquent de fondement.

Ces rêves prennent naissance pendant le jour sous des formes diverses, contrariétés, frustrations, échecs, sans parler des pensées coupables que tout individu peut avoir.

Un fait est confirmé, ce thème dévoile notre nature cachée et attire notre attention sur nos attitudes et nos réactions à l'état de veille. Il doit être pris au sérieux et perçu comme un avertissement.

- **Tuer pour assurer sa survie** fait allusion à des craintes réelles, mais aussi à un besoin inconscient de supprimer l'obstacle.
- **Tuer un animal intentionnellement** trahit des impulsions difficilement contrôlables, le stress régit le quotidien, on doit apprendre à se détendre.
- **Assister à un meurtre** sans règle absolue est un signe de dégradation des relations parentales.
- **Quelqu'un cherche à vous tuer :** Une névrose obsessionnelle dérègle votre existence.
- **Tuer avec préméditation,** voir **ASSASSINAT.**
- **Tuer quelqu'un que l'on aime,** voir **MEURTRE.**

TYPHON

- **Rêver d'un typhon :** Vous avez besoin de comprendre la raison des événements de votre existence.
- **Vous affrontez un typhon :** Vous serez amené à repenser vos rapports affectifs.

- **Vous êtes emporté par un typhon :** Un accident au cours d'un déplacement.
- **Des personnes chères sont emportées par un typhon :** Le refus d'un état de fait entraînera un changement radical.

TYRANNIE

Êtes-vous réellement l'objet de persécution au quotidien ? Ce thème est peut-être le résultat de tensions provoquées par le refus de vous plier à des normes difficilement contournables, ou simplement la projection d'une collaboration complexe avec des supérieurs.

Cela dit, si vous êtes dépendant matériellement d'une personne assez autoritaire, il est clair que ces schémas oniriques ne font que reproduire les sentiments d'un vécu journalier.

- **Si d'autre personnes sont tyrannisées :** Vous avez probablement besoin de relever un défi, quelque part il y a saturation, une nécessité de passer à autre chose.
- **Si vous vous comportez en tyran :** Vos préoccupations deviennent de plus en plus harassantes, il faut trouver un moyen de vous détendre.

U

ULCÈRE

- **Vous apprenez que vous avez un ulcère :** Vous ralentissez dans toutes vos activités.
- **Un membre de votre famille à un ulcère :** Il n'est probablement pas atteint par cette maladie, mais il manque de protection et de sécurité.
- **Une autre personne a un ulcère :** Une relation tournera sa veste.
- **Vous êtes hospitalisé pour un ulcère :** Une perte d'estime pourra être évitée si vous apportez plus d'attention aux autres.
- **Votre partenaire a un ulcère :** Il ou elle est sûr(e) de ne jamais vous satisfaire.

UNIFORME

- **Une femme rêve qu'elle porte un uniforme :** Un danger menace sa vertu.
- **Un homme rêve qu'il porte un uniforme :** Une femme le séduira.
- **Une femme rêve d'hommes en uniforme :** Elle se laisse trop porter par ses instincts.
- **Un homme rêve de femmes en uniforme :** Excellent présage pour la vie sociale.
- **Un membre de votre famille porte un uniforme :** Son autorité dans un domaine quelconque est sur le point d'être reconnue.
- **Vous achetez un uniforme :** Des dépenses superflues destinées à la séduction.
- **Vous vendez des uniformes :** Dites-vous que vos soucis amoureux sont temporaires.

UNIVERSITÉ

- **Rêver d'une université :** Vous rencontrerez l'amour.
- **Vous allez à l'université :** Votre amoureux vous ment.
- **Vos enfants vont à l'université :** Á moins que cela ne soit le cas, vous commettrez quelques imprudences en amour.
- **D'autres personnes se rendent à l'université :** Vous allez rencontrer vos futurs amis.
- **Vous avez de grandes responsabilités dans une université :** Vos actes sont en train de causer inconsciemment du tort à des tiers.

URINER,

Le stress peut provoquer ce rêve. L'impression ou le fait d'uriner libère les tensions. Par contre, si vous passez réellement à l'action pendant votre sommeil, c'est un autre problème que vous aurez à résoudre. L'interprétation est complexe, chaque perception onirique étant singulière et difficilement transmissible, mais dans les grandes lignes, on peut dire que c'est un phénomène de compensation. Sachez aussi que dans l'Antiquité l'urine était un symbole de fertilité. Aujourd'hui, de nouveaux adeptes pullulent et prônent ses vertus, n'hésitant pas à la boire dans un but de régénération.

- **Si vous ingérez de l'urine dans votre rêve,** il faut apprendre à gérer vos ressources physiques avec plus de rigueur, vous développerez mieux vos capacités d'endurance, un petit relâchement des sens ou un problème de santé peut être responsable de ce rêve.

URNE FUNÉRAIRE

- **Rêver d'une urne :** Des événements vont vous affecter.
- **Mettre ses mains dans une urne :** Des gains financiers importants devraient vous arriver sans tarder.
- **Transporter une urne :** La mort d'un proche.
- **Une urne vide :** Vous perdez le contact avec vos amis.
- **Une urne pleine de cendres :** Une affection viendra.
- **D'autres personnes manipulent une urne :** Des souffrances physiques et des remords.
- **Briser une urne :** La fin d'une illusion.
- **Une personne possède une urne funéraire chez elle :** Vous disposerez de moyens considérables pour mettre en œuvre une grande cause.
- **Les cendres d'un proche sont dans une urne :** La personne qui partage votre vie mourra avant vous.

USINE

- **Rêver d'une usine :** Les efforts et la persévérance apportent la réussite.
- **Vous vous trouvez dans une usine :** Soyez sur vos gardes avec vos associés ou vos collaborateurs.
- **Vous achetez une usine :** Signe d'élévation sociale.
- **Vous êtes propriétaire d'une usine :** Lorsqu'une période financièrement difficile précède ce rêve, c'est un signe d'amélioration.
- **L'être aimé possède une usine :** Une personne influente vous apportera son aide dans une affaire en cours.
- **L'usine est en faillite :** En tentant d'économiser de l'argent vous risquez de vous ruiner.
- **Vous travaillez dans une usine :** De nombreuses compétitions dans le domaine professionnel remettront les choses en question.

V

VACANCES

- **Rêver de vacances** est un excellent présage pour la vie matérielle.
- **Si vous les préparez,** vous cherchez à vous débarrasser de vos responsabilités.
- **Si vous les reportez,** vous laisserez filer de nombreuses opportunités.
- **Si vous les annulez,** votre enthousiasme retombera, ainsi que votre bonne humeur.
- **Si vous partez en vacances avec des amis,** des relations vous aideront à atteindre le but que vous vous êtes fixé.
- **Si vous partez avec l'être aimé,** vous profiterez avec lui de la récompense d'un travail.
- **Si on vous les offre,** vous ne manquerez jamais d'argent.
- **Si vous êtes en vacances,** les circonstances seront bénéfiques à toutes vos démarches.
- **Si d'autres personnes partent en vacances,** rien ne se déroulera comme prévu.

VACCINATION

- **Vous devez vous faire vacciner :** Regain de vitalité.
- **Un médecin ou une infirmière vous vaccine :** Tous vos maux vont disparaître.
- **Vous faites vacciner vos enfants :** Des états émotionnels intenses fragilisent votre santé.
- **L'être aimé se fait vacciner :** Tendance à la morosité, vous vous laissez un peu trop porter par les événements.
- **Vous achetez des vaccins :** Des accords inattendus faciliteront votre situation.
- **Un vaccin vous rend malade :** Danger d'instabilité mentale.

VACHE

- **Rêver de vaches :** Année prospère et heureuse.
- **Les voir paître :** Aisance matérielle.
- **En traire une :** Modérez vos exigences, elles peuvent faire échouer votre réussite.
- **Posséder des vaches laitières :** Votre fortune va s'accroître rapidement.
- **Les vaches sont très maigres :** Misère et restriction.
- **Les vaches sont malades :** Votre travail ruine votre santé.

- **Acheter des vaches :** Vous n'obtiendrez pas le secours financier attendu.
- **Vendre des vaches :** Vous profiterez pleinement de votre richesse si vous savez bien la gérer.
- **Voir une vache et son veau :** Tendresse et fidélité.
- **Une vache met bas :** Activité nouvelle et sous de bons auspices.
- **Une vache morte :** Perte d'un héritage ou de biens.

VAGABONDAGE

- **Rêver de vagabonds :** Vous êtes assoiffé de connaissances et vous manquez de dépenses physiques.
- **Vous êtes vagabond :** Votre progression est limitée car vous avez du mal à vous concentrer.
- **Un vagabond erre autour de chez vous :** Un voyage vous causera bien des déboires.
- **Des enfants vagabondent :** Les difficultés font que vous vous repliez sur vous-même.

VAGUE

- **Rêver de hautes vagues :** Indice d'instabilité, sentiments houleux.
- **Des vagues se brisent sur les rochers :** Votre tension nerveuse vous fait agir violemment.
- **Des vagues viennent mourir sur la plage :** Vous recevrez des manifestations concrètes de l'amour que l'on vous porte.
- **Les vagues emportent vos vêtements :** Vos exigences sont parfois déplacées et démesurées.
- **Vous jouez avec les vagues :** Prenez garde à l'amateurisme, ne prenez pas de risque.
- **Vos enfants jouent avec les vagues :** Vous laissez toujours planer un doute, soyez plus clair.
- **Vous êtes roulé par les vagues :** Vos implications sont forcées, votre générosité est discrète.

VAISSELLE

- **Rêver de vaisselle :** Les échéances seront un peu plus difficiles.
- **De vaisselle fragile :** Vous vous bercez d'illusions, soyez plus réaliste.
- **Casser de la vaisselle :** Une rupture avec des amis aura lieu chez vous.
- **D'autres cassent de la vaisselle :** Une décision en cours aura de fâcheuses conséquences pour vous.
- **Acheter de la vaisselle :** Les gains sont intéressants, mais vous serez constamment sur la touche.

VALIDER

- **Vous validez le billet de quelqu'un :** Une petite rentrée d'argent.
- **Vous faites valider un document :** Bientôt une meilleure situation.
- **Vous faites valider un chèque :** Vous réussissez une petite spéculation.
- **Vous faites valider votre billet :** Vous réaliserez une excellente opération financière.
- **Un être cher fait valider un document :** Vous prenez trop à cœur les histoires de famille.

VALISE, voir BAGAGES

VALLÉE

- **Rêver d'une vallée :** Désir d'évasion, mélancolie.
- **Vous vous trouvez dans une vallée :** Une nouvelle va vous attrister.
- **Vous contemplez une magnifique vallée :** Votre imagination vous permettra de sortir des sentiers battus.
- **Des amis ou de la famille se trouvent dans une vallée :** Vos proches s'éloigneront de vous pendant quelque temps.
- **Vous habitez dans une vallée :** Vous allez mettre un terme à votre activité.
- **Une vallée désertique :** Imprudence et désarroi.

VALSE, voir DANSE

VAMPIRE

- **S'il s'agit de la chauve-souris qui se repaît du sang d'un animal,** c'est l'indication que vos potentialités diminuent considérablement par la faute d'une fatigue physique ou d'une défaillance de la vie psychique.
- **Si la chauve-souris se repaît de votre sang ou vous attaque,** faites modérément confiance à ceux qui vous clament leur attachement, ils vous exploitent sentimentalement et peut-être bien matériellement aussi. Seuls, leurs propres intérêts les animent.
- **Si vous êtes effrayé ou attaqué par un vampire humain,** votre anxiété est inhabituelle, votre tension nerveuse est en hausse, une grande dualité doit exister sur le plan relationnel. Il faut trouver un moyen de vous détendre rapidement.
- **Si vous vous joigniez aux actes de ces « Dracula »** votre ambition et votre énergie sont destructrices et freinent votre épanouissement ou votre sérénité.
- **Si vous vous comportez comme un vampire,** vous êtes plus redoutable n'y paraît, vous entretenez votre ego en recherchant le pouvoir. Il faut penser aux conséquences des karmas et chercher à maîtriser ces attitudes extrêmes.

VASE

- **Vous rêvez d'un vase :** Des nouvelles d'une personne aimée.
- **D'un vase fleuri :** Richesse affective.
- **Vous cassez un vase :** Votre susceptibilité est mise à rude épreuve.
- **On vous offre un vase :** Une personne vous proposera son aide.
- **Vous offrez un vase :** Votre renommée est excellente et le restera.
- **Vous achetez un vase :** Vous serez trompé.

VAUTOUR

- **Rêver d'un vautour :** Les créanciers s'acharneront après vous.
- **De plusieurs vautours :** Un traquenard se prépare.
- **Un vautour plane dans le ciel :** Quelques minutes d'inattention pourront vous être fatales.
- **Un vautour dévore sa proie :** Vos ennuis financiers vont se dissiper pendant quelque temps.
- **Un vautour pique sur vous :** Quelqu'un cherche à vous voler ce que vous avez de plus précieux.
- **Tuer un vautour :** Vous gagnerez un procès ou une belle cause.

VEAU

- **Rêver d'un veau :** Signe d'abondance.
- **Un veau très maigre :** Vous aurez du mal à joindre les deux bouts.
- **Vous achetez un veau :** Vous perdrez de l'argent dans une transaction.
- **Vous mangez du veau :** Le bon sens peut vous aider à faire fortune.
- **Vous vendez un veau pour la boucherie :** Le deuil d'un proche vous accablera.
- **Rêver d'un veau d'or :** Méditez sur le proverbe : qui trop embrasse mal étreint.

VELOURS

- **Rêver d'étoffe de velours :** Tact et diplomatie.
- **Porter des vêtements de velours :** Vous fuyez tout ce qui heurte votre sensibilité.
- **D'autres personnes portent des vêtement de velours :** Vous gagnerez la sympathie de nombreuses personnes.
- **Des sièges sont recouverts de velours :** Vos décisions manquent de rigueur.
- **Voir des tentures ou une pièce tendues de velours** signifie que votre vie est trop agitée, vous aspirez à un vrai repos. **Si le velours est de couleur rouge,** voir **ROUGE.**
- **Du velours usé ou taché :** Une détérioration affective que rien ne laissait prévoir.
- **Acheter du velours au mètre :** Protégé et assumé, vous vivrez de belles années.

VENDANGES

- **Rêver de vendanges :** Période favorable aux ébats amoureux mais défavorable aux engagements sérieux.
- **On vous invite à des vendanges :** Vous rencontrerez une personne qui ne vous laissera pas indifférent.
- **Vous apportez votre aide pour les vendanges :** Optimisme, plaisirs au quotidien.
- **Votre famille vendange :** Honneurs et fortune.
- **La récolte est excellente :** Vos gains fructifieront.
- **La récolte est gâtée :** Une année d'inquiétudes et de restriction.
- **Porter la vendange au pressoir :** Des événements inattendus et bénéfiques à votre vie matérielle.

VENDRE

Ce thème est indicatif d'ennuis.

- **Vendre quelque chose qui vous appartient :** Montre la nécessité d'être plus économe, une gestion désordonnée peut causer des pertes.
- **Vendre quelque chose qui n'est pas à vous** signifie qu'il faudra payer une faute commise ou un oubli, très cher.
- **Vendre des vêtements :** Prudence, prémunissez-vous contre le vol ou les agressions.
- **D'autres personnes vendent leur biens :** Un gain pécuniaire imprévisible.

VENT

- **Vous rêvez d'un vent très doux ou chaud :** Les échanges seront agréables et prometteurs.
- **D'un vent violent ou d'une tornade :** Angoisse croissante, aggravation des problèmes en cours.
- **Vous vous trouvez en pleine tourmente :** On vous tient pour responsable d'un grave conflit.
- **Un vent d'orage qui amène la tempête :** Vous n'êtes plus maître de la situation, demandez de l'aide.
- **Un vent très froid, glacial :** Vous n'avez aucune chance de retrouver l'affection perdue.
- **Le vent retourne votre parapluie :** Vous aurez l'occasion de donner votre pleine mesure.
- **Le vent fait des dégâts autour de vous :** Les obstacles seront plus ennuyeux que prévus.
- **Le vent provoque des courants d'air :** Une scène nocturne violente.

VENTRE, voir ABDOMEN

VER

- **Vous avez le ver solitaire :** Vous ressassez de fausses idées qui vous privent d'énergie.
- **Vous avez d'autres parasites :** Manque de chaleur humaine, désir d'une véritable affection.
- **Vous prenez un traitement contre les vers :** Un voyage remettra vos objectifs en question.
- **Vous les éliminez :** Vous allez avoir besoin de calme et de détente.

VERDICT

- **Rêver d'un verdict :** Gain d'un procès.
- **Le verdict est prononcé contre vous :** Les erreurs des autres serviront votre cause.
- **Vous décidez ou prononcez un verdict :** Vous allez vous livrer à une action lourde de conséquences, réfléchissez bien.

VER LUISANT

- **Rêver de vers luisants :** Une agréable surprise.
- **Un ver luisant dans le creux de votre main :** Votre réussite sera rapide et enviée.
- **Vous cherchez des vers luisants :** Vos idées sont intéressantes et peuvent rapporter gros.
- **Un enfant regarde un ver luisant :** Un heureux événement se prépare.

VER DE TERRE

- **Rêver de vers de terre,** c'est le début d'une période difficile.
- **Des centaines de vers sortent de terre :** Vous appréhendez à juste titre la mauvaise réaction d'une personne.
- **Vous écrasez des vers de terre :** Quelques folies vont vous mettre sur la paille ou dans une situation plus qu'embarrassante.
- **Vous êtes couvert de vers de terre :** Vous serez humilié par une personne jalouse.

VERGER

- **Rêver d'un verger :** Vous allez vous diversifier bénéfiquement dans votre travail.
- **Vous vous promenez dans un verger :** Vie sentimentale heureuse.
- **Vous entretenez un verger :** Une personne va mettre vos sentiments à l'épreuve.
- **Vous arrachez un verger :** Les hostilités sont ouvertes, vos ennemis ne vous feront aucun cadeau.

VÉRITÉ

- **Si dans votre rêve vous êtes confronté à des gens qui clament des vérités,** attendez-vous à des changements rapides occasionnés par la précipitation de certains événements.
- **Si par contre vous contestez l'authenticité de certaines allégations,** c'est que vous serez sûr de votre bon droit dans des circonstances futures, mais que vous n'aurez aucun moyen de le faire valoir.
- **Si une personne aimée avoue spontanément un fait qui lui est reproché,** en fait cette personne n'est pas très sûre de ses choix, elle recherche l'approbation d'autres personnes ou peut-être la vôtre.
- **Votre enfant dit la vérité :** Un petit bouleversement va changer vos habitudes.

VERRE

- **Rêver d'une verrerie :** En doutant de vos capacités, vous rendez stériles vos projets.
- **Un artiste travaille le verre :** À force de renouveler les mêmes erreurs, vous finirez par progresser.
- **Vous soufflez le verre :** Vos pulsions sont à maîtriser, elles peuvent dégrader vos relations.
- **Vous coupez du verre :** La réflexion est nécessaire, ne prenez pas d'engagement dans l'immédiat.
- **Briser du verre :** Un ami mourra dans un accident.
- **Vous possédez du verre décoratif :** Vous craignez les projets novateurs et vous avez tort.
- **Voir du verre sale :** Confusion dans les sentiments qui met parfois mal à l'aise.
- **Du verre étincelant :** Présage d'union heureuse.
- **Briser une vitre :** Vous serez trahi.
- **Acheter des verres :** Une opération financière désavantageuse.
- **Offrir des verres** annonce un héritage pour un tiers.
- **Boire un verre d'eau :** Une rencontre amoureuse.
- **Boire un verre de vin :** Des satisfactions d'ordre sexuel.
- **Se blesser avec du verre :** Vous venez d'entrer en conflit avec vous-même.
- **Se blesser en marchant sur du verre,** voir **MARCHER.**
- **Blesser quelqu'un avec du verre :** Difficulté de dialogue avec l'être aimé ou un parent.
- **Changer une vitre :** Ne dévoilez pas trop vite vos idées.

VERRUE

- **Vous avez des verrues :** Vous souffrez de nombreux maux, mais vous serez riche.

- **Vous brûlez vous-même vos verrues :** L'argent divisera votre famille.
- **Vous faites traiter vos verrues :** Vous serez la proie des profiteurs.
- **Vos enfants ont des verrues :** Vous êtes tourmenté par leur comportement.
- **D'autres ont des verrues :** Des gens sans scrupules vous voleront.

VERSIFICATION

- **Rêver de poésie :** Vous êtes trop matérialiste.
- **Vous faites des vers :** Vos décisions sont concrètes.
- **Vous lisez des vers :** Quelque chose d'important se prépare.
- **Une autre personne s'exprime en prose :** Vous manquez de modestie dans vos possibilités.

VERT

Symbole de réalisation et d'action.

- **Si vous rêvez de la couleur verte,** toutes vos entreprises connaîtront le succès.
- **Un paysage ou un décor où le vert domine** annonce le meilleur événement que vous auriez pu souhaiter.
- **Des étoffes ou des tentures vertes :** L'arrivée d'un parent ou d'un ami porteur de nouvelles heureuses.
- **Vous portez des vêtements verts :** Les voies du hasard vous récompenseront au-delà de toute espérance.

VERTIGE

C'est le rêve des gens nerveux et anxieux, aux phobies héréditaires ou superstitieuses, toujours pressés de terminer ce qu'ils commencent.

Tous ces schémas se reproduisent dans ce thème qui implique des efforts personnels dans toutes les situations susceptibles de déclencher des inquiétudes. Ils doivent affronter leur appréhension en la dominant et en ayant réellement le désir d'y remédier.

Un vertige naturel est facilement identifiable et ne revêt pas la même signification. Comme exemple, je citerai la sensation éprouvée lorsqu'on se trouve au bord d'un gouffre ou d'un précipice.

Cette peur naturelle signifie que le rêveur va se trouver dans des conditions qui l'obligeront à prendre conscience du danger que représentent ses propres instincts.

- **Si une personne chère est prise de cette sorte de vertige,** c'est la certitude que votre faiblesse peut vous faire accomplir un acte insensé que vous regretterez par la suite.

VERTU

- **Rêver de vertu :** Vos fréquentations vous feront perdre petit à petit votre indépendance.
- **Vous êtes vertueux :** Vous êtes ambitieux et vulnérable aux beaux parleurs, ne vous lancez pas dans l'aventure sans garanties.
- **Vous êtes vertueuse :** Vos aspirations sont très élevées, mais vous n'empruntez pas les bonnes voies pour les réaliser.
- **Vos enfants sont vertueux :** Ils vont passer à côté d'une opportunité, aidez-les à la saisir.
- **La personne qui partage votre vie est vertueuse :** Elle n'est pas assez sélective dans ses amitiés.

VÊTEMENTS

- **Rêver de vêtements :** Votre vie sociale est correcte et vous réserve des satisfactions.
- **Vous portez des vêtements neufs :** Vos indécisions vous feront perdre de l'argent.
- **Vous portez des vêtements usés ou déchirés :** Vous tomberez en disgrâce.
- **Vous portez des vêtements de deuil :** Longue vie, remariage possible.
- **Vous achetez des vêtements :** Les affaires et les engagements seront sûrs.
- **Vous vendez des vêtements,** voir **VENDRE.**
- **Vous vous débarrassez de vêtements démodés :** Une année défavorable à la santé.

VEUF

- **Une femme rêve d'un veuf :** Une amitié se transformera en amour.
- **Elle épouse un veuf :** Son amant la laissera tomber.
- **Un homme rêve qu'il est veuf :** Une femme le dupera.
- **Un de ses amis est veuf :** Un changement va intervenir dans sa vie.

VEUVE

- **Un homme rêve d'une veuve :** Il va vivre une expérience décevante.
- **Il épouse une veuve :** Malchance en amour.
- **Une femme rêve qu'elle est veuve :** Son destin dépend d'un homme.
- **Une de ses amies est veuve :** Elle héritera d'une femme.

VIANDE

- **Rêver de viande :** Bon présage pour les affaires et les négociations.
- **Couper de la viande,** annonce une amélioration rapide du niveau de vie, mais pas obligatoirement par des moyens légaux.

- **Acheter de la viande :** Vos revenus vont augmenter, mais vous allez dépenser beaucoup plus.
- **De la viande faisandée ou avariée :** Il faut s'attendre à des médisances.
- **En manger avec dégoût :** Mépris, froideur cynique.
- **Manger de la chair humaine,** voir **ANTHROPOPHAGIE.**

VICE

Ce thème montre les aspects négatifs de la destinées et permet d'en situer les extrêmes. **Se voir sombrer dans le vice** est un appel à mieux considérer les règles humanitaires et les engagements.
Les centres d'intérêts sont nombreux et diversifiés ; malheureusement, certains peuvent conduire à la confusion. L'énergie est dispersée et non dépensée intelligemment.

- **Un vice, une mauvaise habitude, mis en évidence dans un rêve** dénoncent la négligence dans l'ordre et tous les moyens appliqués.
- **Un vice met la santé en danger :** Une scission affective se prépare. Quelquefois, c'est l'indication de tendances dépressives graves.
- **D'autres personnes ont des vices :** On recherche des expériences intéressantes pour satisfaire sa curiosité.
- **Une personne a une conduite immorale :** Contrôlez bien vos attitudes, vous n'aurez pas droit à l'erreur.

VICTOIRE

- **Rêver de victoire :** Alternance éprouvante de succès et d'échecs.
- **Vous remportez une victoire sur quelqu'un :** Accès imminent à une nouvelle vocation.
- **Vous remporterez une victoire en politique :** Vous êtes obsédé par la réussite matérielle.
- **Vous remporterez une victoire avec une équipe :** Joie de vivre, énergie constructive.

VIEILLESSE

Les personnes très âgées que l'on voit en rêve sont porteuses de messages de sagesse et de prudence. Bienveillantes, elles peuvent prévenir d'un danger, notamment dans le comportement ou les agissements.

- **Se voir très vieux ou très vieille par anticipation :** Vous conserverez une jeunesse de corps et d'esprit de très longues années.
- **Une personne âgée acariâtre ou cherchant querelle** prédit un incident fâcheux dans la journée.
- **Si cette vieille personne est de votre famille,** vous serez accablé d'une responsabilité qui ne vous concerne pas.

- **Se voir vieillir avec l'être aimé :** Prémonitoire de cette certitude. **Au-delà de la cinquantaine :** Ce rêve prédit une fin de vie confortable et chaleureuse.
- **Si l'idée de la vieillesse vous angoisse dans un rêve,** c'est qu'il est temps pour vous de tirer un trait sur votre passé et de penser à aller de l'avant dans vos projets ainsi que dans vos sentiments.

VIERGE

- **Vous rêvez de la Vierge :** À la fois symbole d'amour et de renoncement.
- **Voir le portrait de la Vierge :** Suite d'événements heureux et providentiels.
- **La Vierge vous apparaît en rêve :** La vie d'un être cher est en danger, ce message peut vous aider à rectifier le dénouement d'un épisode tragique.
- **Prier la Sainte Vierge,** voir **PRIER.**
- **Rêver que l'on parle de la Sainte Vierge :** Vous éprouverez le besoin de vous libérer d'une dépendance affective, mais cela vous effraie.
- **Rêver que l'on conserve sa virginité,** explique qu'une révolte profonde entrave l'épanouissement et étouffe l'objectivité.
- **Un homme rêve d'une femme vierge :** Dame la chance va lui sourire, il peut déjà concentrer ses forces sur la perpective d'une réalisation exceptionnelle.
- **Dans son rêve, il réalise qu'une femme n'est pas vierge :** Il est sujet aux coups de foudre et pense à chaque fois que c'est la femme de sa vie.
- **Il déflore une vierge :** Ses émotions doivent impérativement s'extérioriser, mais il devra les maîtriser afin d'avoir l'ascendant sur les événements.

VILLAGE

- **Rêver d'un village :** Recherche de plaisirs sains.
- **D'un village de montagne :** Les difficultés précéderont une belle réussite financière.
- **Vous habitez un village :** Votre santé sera excellente et vos amis généreux.
- **Vous vous promenez dans un village :** Signe d'altruisme.

VILLE

- **Rêver d'une ville inconnue :** Vous êtes fréquemment en conflit ou en contradiction avec vous-même.
- **D'une grande ville :** Les dépaysements et les voyages vous seront bénéfiques.
- **Vous habitez une autre ville :** Votre vie est linéaire, vous avez soif de nouvelles expériences.
- **Vous vous promenez dans une ville inconnue :** Vous ferez un petit voyage.

VIN

- **Rêver de vin :** Échanges subtils et amoureux.
- **Déguster du vin :** Vous profiterez des biens de votre conjoint.
- **Boire du vin à même la bouteille :** Vous porterez un jugement arbitraire qui vous fera beaucoup de tort par la suite.
- **Renverser du vin :** Frustration d'un désir.
- **Trinquer :** Vous vous apprêtez à faire des confidences, n'est-ce pas un peu prématuré ?
- **S'enivrer,** voir **IVRESSE.**
- **Acheter du vin :** Conclusion heureuse d'une affaire.
- **Vendre du vin :** Vous dépenserez une somme exorbitante pour séduire la personne que vous convoitez.
- **Vous versez du vin à un inconnu :** Brouille avec un ami.

VINAIGRE

- **Vous rêvez de vinaigre :** Vous ne savez pas vous exprimer sans monter le ton.
- **Vous préparez du vinaigre :** Vous «préparez» une explication à un de vos proches qui instaurera un climat glacial dans la famille.
- **Vous buvez du vinaigre :** Par votre faute, une personne vous créera des problèmes.
- **Vous détestez le vinaigre :** Vos propos ne sont pas en accord avec vos agissements.
- **Vous achetez du vinaigre :** Dans un moment d'égarement, vous ferez des confidences à un traître.

VIOLENCE, VIOL

La violence peut s'exprimer de différentes manières dans le rêve. Si cette force brutale est exercée contre un ennemi, sa manifestation devient alors un phénomène naturel, car elle traduit et libère la tension du dormeur, de même qu'elle exprime l'intensité de ses conflits relationnels.

- Un thème où la violence serait gratuite et sans cause apparente, révélerait un équilibre psychologique fragile et un état émotionnel extrême pouvant conduire à des situations excessivement dangereuses.
- **Assister à une scène de violence sans s'y impliquer,** montre que l'on peut aisément se laisser porter par les événements, mais cette passivité retardera l'évolution.
- **Faire violence à une femme** exprime une recherche consciente du pouvoir et de la femme idéale. Les aventures sentimentales entretiennent un caractère masochiste et prétentieux. **L'homme qui fait ce rêve** est un sentimental refoulé qui ne supporte pas d'être contré.
- **Se faire violer par un homme :** Les réactions de la rêveuse sont révélatrices de sa sensibilité et même de sa sexualité. **Si elle repousse violemment**

son violeur, c'est une nature franche et loyale qui choisit cependant ses relations en fonction de ses propres intérêts. Elle préfère une vie tranquille et sécurisante à une existence aventureuse sans garantie. Une forte tension émotionnelle suscitée par des circonstances inhabituelles peut être la cause de ce rêve.

- **Si elle éprouve une sorte de satisfaction à être violée :** Elle n'hésite pas à franchir le pont entre ses désirs et la réalité. Elle est incapable de se soumettre, ce qui est paradoxal à ce rêve, et suit ses objectifs en ne se souciant pas des gens qui l'entourent. Son refus de la médiocrité engendre des situations dualitaires qui reflètent sa propre ambiguïté.
- **Lorsqu'un homme rêve qu'il se fait violer par une femme :** C'est un homme dépendant mais qui ne l'admet pas, il se croit indispensable. En fait, il est faible et ne conduit jamais ses objectifs jusqu'au bout de leur réalisation. Il rêve d'une réussite utopique dans la passivité et ne s'investit sentimentalement qu'en surface.

VIOLON

- **Rêver d'un violon :** La vie sentimentale est harmonieuse.
- **Si vous en jouez :** Vous ne ferez pas aisément de concessions. Nonobstant, vous serez aimé et estimé.
- **Un violon endommagé** présage une situation dualitaire provoquée par ses propres attitudes.
- **Le son du violon est discordant :** L'amour ne sera pas réciproque.
- **Acheter un violon :** Aides et soutiens aisés.
- **Donner des cours de violon :** Perfectionnisme, sagesse.
- **Prendre des cours de violon :** Vos indécisions et vos caprices rendent la vie de vos proches difficile.

VIPÈRE, voir SERPENT

VISAGE

- **Rêver d'un visage d'enfant :** Vous êtes à un carrefour de votre existence.
- **Un homme rêve d'un beau visage de femme :** Désir d'amour, de sécurité affective.
- **Il rêve d'un visage d'homme ironique :** Un rival lui prépare un sale coup.
- **Il voit plusieurs visages d'hommes menaçants :** Il sera la cible de critiques non fondées.
- **Une femme rêve d'un beau visage de femme :** Elle attache de plus en plus d'importance à son aspect physique.
- **Elle rêve d'un beau visage d'homme :** Un succès matériel inattendu.
- **Elle rêve qu'on la complimente sur son visage :** Sans aucun mérite, elle réussira tout ce qu'elle entreprend.

VISITE

- **Un homme rêve qu'il reçoit la visite d'une femme :** De bonnes nouvelles vont modifier ses plans.
- **Un homme rêve qu'il reçoit la visite d'un homme :** Il éprouvera un sentiment de culpabilité.
- **Une femme rêve qu'elle reçoit la visite d'un homme :** Elle souhaite avoir une aventure amoureuse.
- **Une femme rêve qu'elle reçoit la visite d'une femme :** Le désaccord va régner dans sa famille.
- **Vous rendez visite à quelqu'un :** Une difficulté passagère sera suivie d'un changement positif.
- **Dans le but de vous réconcilier ou de régler un problème :** Vous ne cachez pas votre hostilité envers une personne qui éprouve pour vous de l'affection.
- **Une personne vous annonce sa visite :** Montrez-vous réservé et prudent en tout.

VOILE

- **Vous portez un voile blanc :** Fidélité et sagesse.
- **Vous portez un voile noir :** Danger physique.
- **Un être cher porte un voile blanc :** Un accord inattendu facilitera la vie professionnelle.
- **Un être cher porte un voile noir :** Un deuil.
- **Un voile déchiré :** Une séparation.
- **Les voiles d'un bateau** prédisent un voyage avec l'être aimé.

VOLCAN

- **Rêver d'un volcan en éruption :** Bonne concentration des énergies, période idéale pour donner forme aux idées.
- **Un volcan éteint :** Sensation d'étouffement, claustrophobie.
- **De la fumée s'échappe d'un volcan :** On s'investit vainement pour un idéal trop élevé.
- **Vous êtes atteint par des projections volcaniques :** Obsession de la trahison, manque de confiance en l'autre.

VOLER

Comme l'oiseau ! La cabale voit en ce rêve agréable la réalisation imminente d'une ambition d'envergure. De nombreuses théories s'appliquent à démontrer que ces rêves sont liés à l'érotisme et certaines les rattachent au phénomène de l'érection. En admettant que pour les hommes ce thème ait un sens plus primaire et atteste de leur virilité, il n'en réclame pas moins des explications plus subtiles.

Bien souvent, la psychologie rejoint la cabale et on comprend mieux pourquoi, si l'on admet que ce rêve se présente rarement au cours d'une phase dépressive ou lorsque l'état général est déficient. Donc, on en déduit qu'une bonne forme physique est favorable à «l'envol» et corollaire d'un état d'esprit propice aux entreprises les plus audacieuses.
Un fait est quasi certain : s'il pouvait se renouveler à volonté, cet élan nocturne pourrait nous aider à transcender notre condition dans les pires circonstances.
Les rêves où l'on vole entretiennent l'équilibre, à nous d'en dégager leurs messages futuristes et d'en extraire l'essence à des fins que nous souhaitons. (Voir «Ces rêves qui soignent».)

- **Si vous êtes interrompu au cours de votre vol et vous vous réveillez,** n'en tirez aucune conclusion maléfique. Dans la réalité, face à un obstacle, que faites-vous ? vous cherchez à le contourner ! Essayez de vous rendormir, votre rêve peut se poursuivre, sinon, une nuit prochaine, vous aurez votre chance.
- **D'autres personnes volent :** Elles représentent des potentialités susceptibles de se mettre en travers de votre réussite.
- **Essayer de voler sans y parvenir** dénonce un manque d'autonomie, les responsabilités alourdissent les élans.

VOLER

Un tel rêve implique que nous aimerions contrôler les événements et les rendre favorables ; la confirmation de cet état de fait est évidente. Lorsqu'on rêve, nous accomplissons un acte malhonnête pour satisfaire notre envie.

- **Une femme rêve qu'elle vole des bijoux ou des objets précieux :** Elle cherche à avoir le beau rôle dans ses aventures amoureuses, elle aime contrôler la situation.
- **Si elle vole des vêtements :** Elle aimerait changer de milieu, elle est insatisfaite, sa condition de vie s'améliorera tardivement.
- **Si elle vole de l'argent :** Elle sera déçue par l'homme qu'elle aime.
- **Un homme rêve qu'il vole des bijoux ou des objets précieux :** Il doit s'attendre à des aventures financières peu avantageuses.
- **S'il vole de l'argent :** Ses propres infidélités le tracasseront, mais il bénéficiera d'un doute auprès des femmes qui l'absoudront.
- **S'il vole tout autre chose :** Il souhaite ardemment gravir l'échelle sociale.
- **En général, si vous êtes victime d'un vol,** c'est une incitation à la prudence dans vos déplacements.
- **Voler un ami :** Vous élaborez des projets en pure perte, vous allez connaître des déboires éprouvants.

- **Un vol à la tire ou un pickpocket,** signifie qu'on se fera un ami d'une personne pas très recommandable.
- **Surprendre un voleur ou le regarder faire** annonce une liaison amoureuse très brève.
- **Si vous dénoncez un vol**, c'est qu'heureusement pour vous, les mots dépassent de loin vos pensées.
- **Si vous laissez échapper un voleur :** Vous commettrez un petit délit pour l'homme ou la femme de votre vie.
- **Dévaliser une banque pour un homme comme pour une femme** annonce de belles satisfactions dans les affaires. Mieux encore, **si le butin est en pièces d'or ou en lingots,** vous serez très riche.

VOMIR

Ce rêve est généralement provoqué par des réactions inconscientes ; les objectifs peuvent être liés au désir de changer de contexte.

Le rêveur frustré compense ses déceptions par des excès, dans le cadre d'une existence dissolue. Cela se traduit par des tensions, de l'impulsivité qui entraîne des luttes, des difficultés matérielles prévisibles, mais mal acceptées.

- **Plus le rejet est brutal et important,** plus l'équilibre sera difficile à maintenir et les projets contrariés. Attention à l'orgueil, il fera provoquer beaucoup d'erreurs dans les choix.
- **Voir une personne vomir** pronostique une adversité virulente, ou un retournement de situation en défaveur du rêveur.

VOYAGE

- **Rêver de voyages :** Votre liberté est provisoirement entravée.
- **Vous vous préparez à faire un grand voyage :** Les changements que vous redoutez ne vont pas tarder.
- **Vous faites des recommandations à vos proches avant de partir en voyage :** Les démarches et les contraintes vous fatiguent, votre tonus chute, c'est peut-être le moment de changer d'air ou de faire un «voyage».
- **Vous partez en voyage avec votre partenaire :** Certaines de vos priorités sont inversées, elles peuvent être la raison de vos difficultés actuelles.
- **Vous partez en voyage avec l'un ou l'une de vos ami(e)s :** Vous devriez penser à vous distraire, la solitude vous oppresse.
- **Votre famille part en voyage :** Vous avez besoin de faire le point.
- **Vous êtes en voyage :** Vous avez envie de reprendre une histoire sentimentale là où vous l'avez laissée. N'en faites rien vous le regretteriez.
- **Vous faites une rencontre en voyage :** Une période particulièrement heureuse.

- **Vous revenez de voyage :** Il va vous falloir très peu de temps pour réaliser que vous vous êtes trompé sur beaucoup de choses.
- **L'être aimé part en voyage :** Le doute s'installe dans votre cœur.
- **Une personne aimée revient de voyage :** La réalisation de ses ambitions dépend un peu de vous.
- **Vous annulez un voyage :** Votre pouvoir décisionnel est chancelant, il faut relativiser vos certitudes.
- **Vous gagnez un voyage :** Le hasard favorisera une réalisation ambitieuse.
- **Vous dirigez une agence de voyage :** Un conflit sera résolu grâce à votre intervention.

VOYAGE ASTRAL

Si vous expérimentez dans votre rêve une projection astrale, un voyage hors du corps, c'est l'indication que vous vivez vos désirs très librement, et que vous êtes doté d'une grande imagination.
Les rêves que vous formulez et les réactions qu'ils suscitent sont malheureusement parfois très décevants. Il est important que vous maîtrisiez et matérialisez vos potentialités, sans vous soucier des autres.

VOYANCE

- **Rêver de voyance :** Votre réceptivité est grande, tout ce qui touche au mystère vous attire, mais vous ne savez jamais sur quel pied danser !
- **Vous vous initiez à la voyance :** À la moindre occasion vous cherchez à prouver que vous avez raison.
- **Vous consultez une voyante :** Dans la réalité, vous avez l'habitude de vous reposer sur les autres dans de nombreuses circonstances et vous ne faites jamais, dès le début, les choses de la bonne façon.
- **La voyante de votre rêve se sert d'une boule de cristal :** Pour être en harmonie avec vos intimes, adaptez-vous à la manière dont ils voient les choses.
- **La voyante vous fait les tarots :** Une vérité va vous paraître inacceptable, sans doute la fuyez-vous volontairement depuis trop longtemps.
- **La voyante vous tire les cartes :** Des préoccupations fondées sur votre avenir.
- **La voyante vous annonce un décès :** Prudence, dans vos allégations, ne vous laissez pas aller à vos instincts, vos paroles sont indélébiles et destructives.
- **Vous pratiquez la voyance :** Vous avez tendance à croire que vous détenez le remède de tous les maux.
- **Vous utilisez une boule de cristal :** Votre intuition s'avère très souvent conforme aux événements qui se présentent.

- **Vous utilisez des tarots :** Une situation privilégiée permettra la réalisation de vos ambitions.
- **Vous utilisez des cartes à jouer :** Vous gérez assez bien vos difficultés, sans doute parce que vous recherchez le côté positif des choses.
- **Lire le futur dans les entrailles d'animaux,** voir **ENTRAILLES.**

VULGARITÉ

Le rêve ne manque jamais de signaler ce qui cloche dans les attitudes ou dans la mentalité du dormeur. Lorsque la vulgarité soutient ses dialogues et ceux des personnages mis en scène dans le thème, le rêveur est loin d'incarner le citoyen modèle qu'il croit représenter. Son image est celle d'un être immature et irrespectueux.

- Les mêmes données se retrouvent, si ses amis ou sa famille lui reprochent sa vulgarité. De surcroît, il canalise très mal ses humeurs, son côté susceptible et narcissique font que ses rapports avec les autres sont source de frustration.
- Dans le rêve, la moralité est parfois douteuse. Cette vulgarité peut prendre un tournant obscène et ouvrir la voie à de graves problèmes avec la société. Voir **OBSCÈNE.**

W

WAGON

- **Rêver de wagons ferroviaires :** Accroissement imprévisible de fortune.
- **D'un wagon-citerne :** Bénéfique pour ceux dont la profession est rattachée au commerce.
- **D'un wagon-postal :** Un courrier jouera un rôle importent dans le futur proche.
- **Vous montez dans un wagon-restaurant :** Vous allez rencontrer des amis que vous aviez perdu de vue.
- **Vous montez dans un wagon-lit :** Il arrive qu'une amitié se transforme en amour.
- **Vous montez dans le wagon de tête :** Il vous reste une dernière ligne droite pour atteindre votre but.
- **Vous êtes parmi les voyageurs d'un wagon :** Le travail apportera bientôt de belles satisfactions.

WEEK-END

- **Rêver de week-end :** Une nouvelle option vous mettra de bonne humeur.
- **Avec l'être aimé :** Meilleure forme physique.
- **Avec votre amant :** Projet utopique.
- **Avec votre maîtresse :** Danger imminent au sein du foyer.
- **Avec la famille :** Petite phrase affligeante, suivie de circonstances favorables.
- **Le week-end s'est très mal passé :** Des épreuves vous attendent, vous remontez la pente difficilement.
- **L'être aimé est parti en week-end sans vous :** Un voyage sera retardé à votre grand regret.
- **D'autres partent en week-end :** Des vagues de soucis, de contretemps obscurciront votre ciel. Rassurez-vous, les nuages ne sont que de passage.

WHISKY

- **Rêver de whisky :** Malgré quelques séries d'obstacles, la vie sera facile.
- **Vous offrez du whisky :** Vous devez sérieusement envisager une coupure avec certaines relations.
- **On vous offre du whisky :** Vous ne trouverez pas l'assistance que vous espériez auprès de vos amis.
- **Vous achetez du whisky :** Des irrégularités vous seront facturées très cher.
- **Vous consommez trop de whisky :** Ralentissement, entraves dans l'action.

X

XÉNOPHOBIE

- **Rêver de xénophobie :** Des relations épistolaires avec des amis étrangers seront contestées par certains de vos proches.
- **Vous êtes xénophobe :** Présage d'union stérile, probabilité d'un divorce.
- **Un de vos amis est xénophobe :** Défavorable à la matérialisation d'un projet.
- **D'autres sont xénophobes :** Des épreuves, le plus souvent liées à la justice.

XYLOPHONE

- **Rêver d'un xylophone :** Rencontre amoureuse lors d'une kermesse ou d'une manifestation.
- **Vous faites de la musique avec un xylophone :** Votre cœur agonise lentement.
- **Une autre personne joue du xylophone :** Même la complicité d'un ami ne pourra vous aider à résoudre vos problèmes sentimentaux.
- **Vous achetez un xylophone :** Votre progression sera entravée quelques mois ; ce contretemps vous fera faire une découverte.

Y

YACHT

- **Rêver d'un yacht :** Les objectifs sont très accessibles et le soutien des amis très apprécié.
- **Vous possédez un yacht :** Les passions sont rayonnantes, mais la réussite matérielle précaire.
- **Vous montez à bord d'un yacht :** Réussite sociale rapide.
- **Vous faites une croisière sur un yacht :** Sentiments forts, aboutissant à une vie à deux, voire à un mariage.
- **Vous achetez un yacht :** La situation financière prend un mauvais tournant, les dépenses sont excessives.
- **Vous êtes membre d'un yacht-club :** Vous obtiendrez appuis et protection.

YEUX

- **Une femme rêve que ses yeux sont bleus :** Elle vit d'espoir et de chimères.
- **Que ses yeux sont verts :** Elle ira jusqu'au bout de son idée. Son idée deviendra un projet et son projet une réalisation d'éclat.
- **Que ses yeux sont bruns :** Elle aime faire stagner les choses et se gargariser de «plus tard».
- **Que ses yeux sont noisettes :** Comme un aimant, elle attire les nécessiteux.
- **Que ses yeux sont dorés :** Un homme lui fera une cour frénétique.
- **Un homme rêve aux yeux bleus d'une femme :** Son épouse ou sa compagne le quittera. **Aux yeux verts d'une femme :** Il va rencontrer une femme fatale qui le conduira à sa perte. **Aux yeux noirs d'une femme :** Il manque d'honnêteté et va bientôt s'aliéner tous ses amis. **Rêver d'un enfant aux yeux bleus :** Vos vœux seront exaucés.
- **Vous reconnaissez une personne dans la rue à son regard :** Par la force des choses, vous devrez vous remettre en question.
- **Vous reconnaissez les yeux d'une personne dans un magazine, etc. :** Une visite donnera naissance à une amitié.
- **Vous possédez des yeux immenses :** Vous serez aimé et choyé.
- **Des petits yeux :** Une personne vénale vous décevra.
- **Des yeux cernés :** Une maladie affectera votre moral.
- **Des yeux rougis et irrités :** Vous redoutez à juste titre les reproches et les sanctions.
- **Vous êtes blessé à l'œil :** Une situation affective délicate vous obligera à prendre du recul.
- **Vous perdez la vue :** Danger dans l'action.

- **Un proche perd la vue :** Il se trouve au sein d'un conflit douloureux qui réclame votre implication.
- **Une autre personne a perdu la vue :** Vous manquez un peu d'objectivité pour faire face aux aléas de l'existence.
- **Voir un œil désincarné :** Signe d'épuisement nerveux ou de fatigue intellectuelle.
- **Des yeux d'animaux sains** sont révélateurs d'un climat de confiance.
- **Malades,** ils dénoncent un courant de malchance dans la famille.
- **Des yeux désincarnés d'animaux :** Une mort précédée de souffrances.
- **Se voir loucher :** On ne voit pas ce qu'il faudrait voir.
- **Un femme rêve d'un homme qui louche :** Elle va s'enrichir aux dépens d'un tiers.
- **Un homme rêve d'une femme qui louche :** Il ment le jour et la nuit et construit des châteaux de sable.
- **Voir double :** Votre vision des choses est spéciale et vous soutient dans les épreuves.
- **Vos yeux sont bandés :** Votre naïveté est le berceau de vos déboires.
- **Quelqu'un vous bande les yeux :** Ce que vous désirez savoir ne vous plairait pas.
- **D'autre personnes ont les yeux bandés :** La société n'est en aucun cas responsable de vos échecs.
- **Voir un œil de verre :** D'une démarche mystérieuse peut découler un engagement périlleux mais passionnant.
- **Un œil vous fixe ou vous suit dans le noir :** Votre inquiétude croît, c'est le moment de prendre une décision.
- **Rêver du «mauvais œil» :** Sens controversé, vous bénéficierez d'heureuses opportunités.
- **«Œil pour œil» :** Effet en retour inévitable et pressenti par le rêveur.

YOGA

- **Vous faites du yoga :** Thème favorable à la santé et à la vie affective.
- **La personne aimée fait du yoga :** Vous allez vous trouver dans un milieu inhabituel.
- **D'autres font du yoga :** Vos démarches sont concrètes, favorisées et satisfaisantes.
- **Vous enseignez le yoga :** La carrière ou une activité se déroulera dans un contexte sécurisant.

Z

ZÈBRE

- **Si vous rêvez d'un zèbre en liberté,** cycliquement, vous êtes tantôt très optimiste tantôt très négatif.
- **Si le zèbre est poursuivi par des hommes :** Tous vos efforts convergent vers une mauvaise direction.
- **Si le zèbre est poursuivi par un animal :** Vous affronterez une vérité insupportable.
- **Si le zèbre est tué :** Vous ne pourrez jamais prendre la revanche que vous souhaitez.
- **Si le zèbre se fait dévorer :** Une passion vous ravagera.
- **Si le zèbre est captif :** Par nécessité, vous changerez de travail et de partenaire.
- **Si le zèbre est apprivoisé :** Vous avez tendance à vous apitoyer sur votre sort, cela vous fait régresser.

ZÉNITH

- **Si dans votre rêve vous prononcez ce mot à propos de votre santé,** c'est un signe d'accomplissement et de libération.
- **À propos de votre réussite ou de votre carrière :** Vous serez bientôt adulé.
- **À propos du succès d'autres personnes :** Votre destin sera marqué par de nombreuses rencontres.
- **Vous rêvez de ce point céleste :** Indice certain de bonheur affectif et matériel.

ZIBELINE

- **Rêver de l'animal :** Prédiction de gains et de succès.
- **Vous portez un manteau de zibeline :** Danger ! Vous dévoilez trop rapidement vos plans.
- **Vous achetez un manteau de zibeline :** Quelqu'un va jouer un rôle protecteur et vous suivre dans vos combines.
- **Vous vendez un manteau de zibeline :** Attaquez-vous de front à vos problèmes.
- **On vous offre un manteau de zibeline :** Une aventure sentimentale vous fera oublier vos obligations.
- **Une autre personne porte un manteau de zibeline :** Ne dites jamais que vous préférez la gloire à l'argent, vous ne tromperez personne.

ZIGZAG

- **Vous marchez en zigzaguant :** Instabilité, vagabondage de l'esprit.
- **Vous zigzaguez à cheval :** Danger de marginalité.
- **À bicyclette :** Par manque de disponibilité, vous perdrez tendresse et amour.
- **Votre enfant va en zigzaguant :** Il commettra une indélicatesse.
- **L'être aimé marche en zigzaguant :** Vos relations avec votre partenaire sont complexes et vouées à l'échec.

ZINC

- **Rêver de ce métal :** Bénéfique au plan santé, l'organisme s'autorégule.
- **Vous utilisez du zinc ou des plaques de zinc :** Finalement, votre impulsivité intimide les autres et sert vos plans, ne tombez pas dans les extrêmes.
- **Par contre, acheter du zinc** est un présage de mauvaises augure, vos tendances coercitives vous entraîneront devant les tribunaux, si vous n'y mettez pas un holà.

ZODIAQUE, voir ASTROLOGIE

- **Rêver du zodiaque :** Vous vous rapprochez de votre idéal.
- **D'un signe zodiacal, si c'est un signe de terre :** Une réussite matérielle et affective. **Un signe d'air :** Une fin de vie heureuse et entourée d'amis. **Un signe d'eau :** Par manque de prévoyance, d'amères déceptions. **Un signe de feu :** Les prises de positions seront bénéfiques et récompensées par l'existence.
- **Vous rêvez de votre propre signe :** Vous bénéficierez d'influx protecteurs et stimulants.

ZOO

- **Rêver d'un zoo :** Votre existence ne ressemble pas à l'idée que vous vous en étiez faite.
- **Vous visitez un zoo en solitaire :** Vous envisagez difficilement une autre vie affective ou une nouvelle situation.
- **Vous visitez un zoo avec un enfant de la famille :** Encore de grands efforts à fournir pour vous stabiliser.
- **Vous focalisez sur les animaux en cages :** Vous vous sentez esclave de vos propres idées et de vos illusions.
- **Cette visite vous rend triste :** Vous êtes «triste» et vous manquez d'initiatives.
- **Vous travaillez dans un zoo :** Attention à l'introversion, il faut rechercher une ouverture optimale sur les autres.

TABLE DES MATIÈRES

Achevé d'imprimer en mai 2011
sur les presses de la Nouvelle Imprimerie Laballery
58500 Clamecy
Dépôt légal : mai 2011
Numéro d'impression : 104297

Imprimé en France

La Nouvelle Imprimerie Laballery est titulaire de la marque Imprim'Vert®